人力资源社会保障政策法规大全

(1951—2017)

第4册

中国政府承认与批准加入的国际劳工公约

已废止人力资源社会保障文件目录

《人力资源社会保障政策法规大全》编写组　编

中国民主法制出版社

编写说明

本册是《人力资源社会保障政策法规大全(1951—2017)》的第4册,正文的第7部分。内容为中国政府承认与批准加入的国际劳工公约,共24件;已废止人力资源社会保障法律、行政法规、规章、地方性法规、政策性文件及相关法规目录附后,共4146件。

《人力资源社会保障政策法规大全》编写组

2018年11月

目 录

中国政府承认与批准加入的国际劳工公约

附　已废止人力资源社会保障文件目录

中国政府承认与批准加入的国际劳工公约

一、中华人民共和国政府1984年5月决定承认的14个国际劳工公约

确定准许儿童在海上工作的最低年龄公约

（1920年第二届国际劳工大会通过）

国际劳工组织全体大会，经国际劳工局理事会的召集，于1920年6月15日在热那亚举行会议，经议决采纳关于本大会热那亚会议议程第三项所列“上年11月在华盛顿所制定的禁止使用14岁以下儿童公约适用于海员”的若干提议，并经决定这些提议应采取公约的方式，通过下列公约，供国际劳工组织各会员国依据国际劳工组织章程的规定加以批准，此公约得称为1920年最低年龄（海上）公约。

第一条

本公约所称的“船舶”一词，系指不问属于任何性质，从事海上航行，无论公有或私有的一切船舶而言，但军舰除外。

第二条

凡儿童在14岁以下者，不得受雇用或工作于船舶上，但船舶使用的人员仅为同一家庭成员者，不在此限。

第三条

凡儿童在教学船或培训船上所作的工作，如该种工作系经政府机关核准并受其监督者，应不适用第二条的规定。

第四条

为便利本公约各项规定的实施起见，每一船长应置备一名册，将在其船上所使用的所有16岁以下的人员姓名及其出生日期，予以登记，或在协议条文中列一名单。

第五条

（一）凡国际劳工组织会员国已批准本公约者，承允将本公约实施于其殖民地、被保护国及未完全自治的属地，但同时得依下列规定办理：

（1）由于当地情形不能适用本公约者，予以除外；

（2）酌作必要的修改，以使本公约的规定适应当地情形。

（二）每一会员国应将其对于其每一殖民地、被保护国及未完全自治的属地所已采取的措施，通知国际劳工局。

第六条

本公约的正式批准书应送请国际劳工局局长登记。

第七条

国际劳工局局长于国际劳工组织两会员国的批准书已经国际劳工局登记时，应即以之通知国际劳工组织的全体会员国。

第八条

本公约应自国际劳工局局长发出前述通知之日起生效，其效力应仅及于批准书已经国际劳工局登记的会员国，此后对于其他任何会员国，本公约自其批准书已经国际劳工局登记之日起生效。

第九条

凡会员国已批准本公约者，如适合第八条的规定时，承允实行本公约之规定，不迟于1922年7月1日，并采取必要的措施，使之切实有效。

第十条

凡批准本公约的会员国，自本公约初次生效之日起满10年后，得向国际劳工局局长通知解约，并请其登记。此项解约通知书，自经国际劳工局登记之日起满1年后，始得生效。

第十一条

国际劳工局理事会在必要时，应将本公约的实施情况向大会提出报告，并审查应否将本公约的全部或局部修正问题列入大会议程。

第十二条

本公约的法文本与英文本同等为准。

（编者注：这14个国际劳工公约，旧中国政府已于1930年—1947年分别批准加入。中华人民共和国国务院于1984年5月30日决定予以承认）

农业工人的集会结社权公约

（1921年第三届国际劳工大会通过）

国际劳工组织全体大会，经国际劳工局理事会的召集于1921年10月25日在日内瓦举行第三届会议，经议决采纳关于本届会议议程第四项所列“农业工人的集会结社权”的若干提议，并经决定这些提议应采取国际公约的方式，通过下列公约，供国际劳工组织各会员国依据国际劳工组织章程的规定加以批准，此公约得称为1921年结社权（农业）公约。

第一条

凡国际劳工组织会员国已批准本公约者，承允保证使从事农业的工人取得与工业工人同等的集会结社权，并废除限制农业工人集会结社权的一切法令或其他规定。

第二条

本公约的正式批准书，应送请国际劳工局局长登记。

第三条

（一）本公约应自国际劳工组织两会员国的批准书已经局长登记之日起生效。

（二）本公约应仅对批准书已经国际劳工局登记的会员国生效。

（三）此后对于任何会员国，本公约应自其批准书已经国际劳工局登记之日起生效。

第四条

国际劳工局局长于国际劳工组织两会员国的批准书已经国际劳工局登记时，应即以之通知国际劳工组织的全体会员国，此后续有其他会员国的批准书登记时，该局长亦应予以通知。

第五条

凡会员国已批准本公约者，如适合第三条的规定时，承允实行第一条的规定，不迟于1924年1月1日，并采取必要的措施，使之切实有效。

第六条

凡国际劳工组织会员国已批准本公约者，承允依照国际劳工组织章程第35条的规定，将本公约实施于其殖民地、属地及被保护国。

第七条

凡批准本公约的会员国，自本公约初次生效之日起满10年后，得向国际劳工局局长通知解约，并请其登记。此项解约通知书，自经国际劳工局登记之日起满1年后，始得生效。

第八条

国际劳工局理事会在必要时应将本公约的实施情况向大会提出报告，并审查应否将本公约的全部和局部修正问题列入大会议程。

第九条

本公约的法文本与英文本同等为准。

工业企业中实行每周休息公约

（1921 年第三届国际劳工大会通过）

国际劳工组织全体大会，经国际劳工局理事会召集于 1921 年 10 月 25 日在日内瓦举行其第三届会议，经决定采纳本届会议议程第七项关于工业中每周休息的若干提议，并经决定这些提议应采取国际公约的形式，兹通过下列公约，引用时得称之为 1921 年（工业）每周休息公约，供国际劳工组织各会员国按照国际劳工组织章程的规定加以批准。

第一条

（一）本公约所称的“工业”包括：

（1）矿场、采石场及其他土中矿物开采业。

（2）从事各种物件的制造、更改、刷新、修理、装饰、完成、整理待售、分散或拆毁，或从事各种原料的变换的工业，船舶制造及电力或他种动力的产出、变换与传送亦包括在内。

（3）房屋、铁路、电车路、海港、船坞、码头、运河、内河、公路、隧道、桥梁、栈道、暗渠、明沟、水井、电报或电话装置、电器设备和企业、煤气企业、自来水企业或其他建筑的建筑、改建、维护、修理、更改或拆毁，以及此类企业或建筑物的准备与奠基。

（4）公路、铁路或内河的客货运输，包括船坞、码头、埠头或货栈的货物搬运，但用手运输者除外。

（二）在限制工业工作时间每日为 8 小时，每周为 48 小时的华盛顿公约内原有的特殊国家例外规定，如其能适用于本公约者，应适用于前款所述的定义。

（三）除以上的列举外，各会员国的必要时，得将工业有别于商业与农业的界限予以划明。

第二条

（一）凡公营或私营的工业企业或其任何分部所使用的全体职工除以下各条所规定者外，均应于每 7 日的期间内享有连续至少 24 小时的休息时间。

（二）此项休息时间，如可能时，应同时给与每一企业的全体职工。

（三）休息时间的规定，如可能时，应与本国或当地的风俗或习惯相符合。

第三条

各会员国对于仅使用同一家庭成员的工业企业所使用的人得以除外，不适用第二条的规定。

第四条

（一）各会员国特别基于所有人道方面与经济方面的正当理由，并如有雇主与工人的负责组织存在时，在征询这些组织的意见后，对于第二条的规定得准许全部或局部的例外（包括暂停或缩短休息时间）。

（二）如现行法律已规定有例外时，即无须征询雇主与工人组织的意见。

第五条

各会员国对于依第四条而暂停或缩短的休息时间，应在可能范围内规定补偿休息时间，但如协议或习惯已订有补偿休息时间者，不在此限。

第六条

（一）各会员国将依本公约第三条与第四条所规定的例外，列成一表，提送国际劳工局，此后每隔 1 年，将该表已有的修改通知该局。

（二）国际劳工局就此事项向国际劳工组织的大会提出报告。

第七条

为便利本公约各项规定的实施起见，各雇主、董事或经理，应依照下列规定办理：

（1）如每周的休息，系同时给与全体职工者，应在工作场所中或其他任何适当地点张贴明显的通告，或采用政府所许可的其他方法，以公布全体同时休息的日期与时间。

（2）如休息时间非同时给与全体职工者，应依照本国法律或主管机关规定所许可的方法，拟订名册，以公布适用特别休息办法的工人或雇员，并应揭示该项办法。

第八条

本公约的正式批准书应送请国际劳工局局长登记。

第九条

（一）本公约应自国际劳工组织两会员国的批准书已经局长登记之日起生效。

（二）本公约应仅对批准书已经国际劳工局登记的会员国有约束力。

（三）此后对于任何会员国，本公约应自其批准书已经国际劳工局登记之日起生效。

第十条

国际劳工局局长于国际劳工组织两会员国的批准书已经国际劳工局登记时，应即以之通知国际劳工组织的全体会员国，此后续有其他会员国的批准书登记时，该局长亦应予以通知。

第十一条

凡会员国已批准本公约者，承允实行第一、第二、第三、第四、第五、第六与第七各条的规定，不迟于 1924 年 1 月 1 日，并采取必要的措施，使之切实有效。

第十二条

凡国际劳工组织会员国已批准本公约者，承允依照国际劳工组织章程第三十五条的规定，将本公约实施于其殖民地、属地及被保护国。

第十三条

凡批准本公约的会员国，自本公约初次生效之日起满 10 年后，得向国际劳工局局长通知解约，并请其登记。此项解约通知书，自经国际劳工局登记之日起满 1 年后，始得生效。

第十四条

国际劳工局理事会在必要时应将本公约的实施情况向大会提出报告，并审查应否将本公约的全部或局部修正问题列入大会议程。

第十五条

本公约的法文本与英文本同等为准。

（编者注：本公约是经第 80 号国际劳工组织公约《1946 年最后条款修订公约》修订后的文本）

确定准许使用未成年人为扒炭工或司炉工的最低年龄公约

（1921 年 10 月 25 日第三届国际劳工大会通过）

国际劳工组织全体大会，经国际劳工局理事会的召集于 1921 年 10 月 25 日在日内瓦举行第三届会议，并经议决采纳关于本届会议议程第八项所列“禁止使用 18 岁以下的未成年人为扒炭工或司炉工”的若干提议，并经决定这些提议应采取国际公约的方式，通过下列公约，供国际劳工组织各会员国依据国际劳工组织章程的规定加以批准，此公约得称为 1921 年最低年龄（扒炭工及司炉工）公约。

第一条

本公约所称“船舶”一词，系指不问属于任何性质，从事海上航行，无论公有或私有的一切船舶而言，但军舰除外。

第二条

凡 18 岁以下的未成年人，不得受雇用或工作在船舶上充任扒炭工或司炉工。

第三条

下列事项应不适用第二条的规定：

（1）未成年人在教学船或培训船上所做的工作，如该项工作系经政府机关核准并受其监督者；

（2）未成年人被使用于主要系以蒸汽以外的方法航驶的船舶者；

（3）凡 16 岁以上的未成年人，经体格检查后，如认为体格适宜者，得在专从事在印度及日本沿岸贸易的船舶上受雇用为扒炭工或司炉工，但须受各该国在征询最能代表雇主与工人的组织的意见后所制定的条例的限制。

第四条

如在某一港口需用一个扒炭工或司炉工，而当地仅有18岁以下的未成年人可供使用时，可使用这种未成年人，在这种情况下，必须使用2个未成年人以代替所需的1个扒炭工或司炉工，这种未成年人的年龄，至少须为16岁。

第五条

为便利本公约各项规定的实施起见，每一船长应置备一名册，将在其船上所使用的所有18岁以下的人员、姓名及其出生日期，予以登记，或在协议条文中列一名单。

第六条

协议中应摘要载明本公约的各项规定。

第七条

本公约的正式批准书应送请国际劳工局局长登记。

第八条

（一）本公约应自国际劳工组织两会员国的批准书已经局长登记之日起生效。

（二）本公约应仅对批准书已经国际劳工局登记的会员国有约束力。

（三）此后对于任何会员国，本公约应自其批准书已经局长登记之日起生效。

第九条

国际劳工局局长在国际劳工组织两会员国的批准书已经国际劳工局登记时，应即以之通知国际劳工组织的全体会员国，此后续有其他会员国的批准书登记时，该局长亦应予以通知。

第十条

凡会员国已批准本公约者，如适合第八条的规定时，承允实行第一、第二、第三、第四、第五与第六各条的规定，不迟于

1924 年 1 月 1 日，并采取必要的措施，使之切实有效。

第十一条

凡国际劳工组织会员国已批准本公约者，承允依照国际劳工组织章程第三十五条的规定，将本公约实施于其殖民地、属地及被保护国。

第十二条

凡批准本公约的会员国，自本公约初次生效之日起满 10 年后，得向国际劳工局局长通知解约，并请其登记。此项解约通知书，自经国际劳工局登记之日起满 1 年后，始得生效。

第十三条

国际劳工局理事会在必要时应将本公约的实施情况向大会提出报告，并审查应否将本公约的全部或局部修正问题列入大会议程。

第十四条

本公约的法文本与英文本同等为准。

在海上工作的儿童及未成年人的强制体格检查公约

（1921 年第三届国际劳工大会通过）

国际劳工组织全体大会，经国际劳工局理事会的召集于 1921 年 10 月 25 日在日内瓦举行第三届会议，经议决采纳关于本届大会议程第八项所列“在海上工作的儿童及未成年人的强制体格检查”的若干提议，并经决定这些提议应采取国际公约的方式，通过下列公约，供国际劳工组织各会员国依据国际劳工组织章程的规定加以批准，此公约得称为 1921 年未成年人（海上）的体格检查公约。

第一条

本公约所称“船舶”一词，系指不问属于任何性质，从事海上航行，无论公有或私有的一切船舶而言，但军舰除外。

第二条

任何船舶对于 18 岁以下的儿童或未成年人的使用，应以提出证明其适宜于此种工作并经主管机关认可的医生签字的体格检查证明书为条件，但船舶所使用的人员仅为家属者，不在此限。

第三条

凡继续在海上工作的上述儿童或未成年人，至多每隔 1 年，应重受体格检查，并在每次检查后，重新提出证明其适宜于此种工作的体格检查证明书，如体格检查证明书在航程中满期时，其效力应延长至该次航程终了时为止。

第四条

如遇有紧急情况时，主管机关得准许 18 岁以下的未成年人未受本公约第二条与第三条所规定的检查，先行登船，但当该船驶抵第一个港口时，概须受此种检查。

第五条

本公约的正式批准书应送请国际劳工局局长登记。

第六条

（一）本公约应自国际劳工组织两会员国的批准书已经局长登记之日起生效。

（二）本公约应仅对批准书已经国际劳工局登记的会员国有约束力。

（三）此后对于任何会员国，本公约应自其批准书已经国际劳工局登记之日起生效。

第七条

国际劳工局局长在国际劳工组织两会员国的批准书已经国际劳工局登记时，应即以之通知国际劳工组织的全体会员国，此后续有其他会员国的批准书登记时，该局长亦应予以通知。

第八条

凡会员国已批准本公约者，如适合第六条的规定时，承允实行第一、第二、第三与第四各条的规定，不迟于 1924 年 1 月 1 日，并采取必要的措施，以使之切实有效。

第九条

凡国际劳工组织会员国已批准本公约者，承允依照国际劳工组织章程第三十五条的规定，将本公约实施于其殖民地、属地及被保护国。

第十条

凡批准本公约的会员国，自本公约初次生效之日起满 10 年后，得向国际劳工局局长通知解约，并请其登记。此项解约通知书，自经国际劳工局登记之日起满 1 年后，始得生效。

第十一条

国际劳工局理事会在必要时，应将本公约的实施情况向大会提出报告，并审查应否将本公约的全部或局部修正问题列入大会议程。

第十二条

本公约的法文本与英文本同等为准。

本国工人与外国工人关于事故赔偿的同等待遇公约

（1925年第七届国际劳工大会通过）

国际劳工组织全体大会，经国际劳工局理事会的召集于1925年5月19日在日内瓦举行第七届会议，经议决采纳关于本届会议议程第二项所列“本国工人与外国工人关于事故赔偿的同等待遇”的若干提议，并经决定这些提议应采取国际公约的方式，于1925年6月5日通过下列公约，供国际劳工组织各会员国依据国际劳工组织章程的规定加以批准，此公约得称为1925年同等待遇（事故赔偿）公约。

第一条

（一）凡批准本公约的国际劳工组织会员国，承允对于已批准本公约的任何其他会员国的人民在其国境内因工业意外事故而受伤害者，或对于需其赡养的家属，在工人赔偿方面，应给予与本国人民同等的待遇。

（二）对于外国工人及需要其赡养的家属，应保证给予此种同等待遇，在住所方面不得附有任何条件。关于一会员国或其国民在实行此原则时须在该国国境以外给予赔偿一事，所应采取的办法，在必要时应由有关会员国之间以特别协定规定。

第二条

有关会员国之间得订立特别协议，规定工人暂时或间断地在一会员国国境内为设在另一会员国国境内的企业工作时受工业事故者，其赔偿应依照另一会员国的法律与条例办理。

第三条

凡批准本公约的会员国，对于工业事故的工人赔偿制度，不论其为保险制度或其他办法，尚未建立者，承允自批准之日起3年之内建立此项制度。

第四条

凡批准本公约的会员国，还承允彼此互助，以便利本公约的实施及各本国工人赔偿法律与条例的执行，并承允将关于工人赔偿的现行法律与条例的任何修改，通知国际劳工局，该局应即转告其他有关各会员国。

第五条

本公约的正式批准书应送请国际劳工局局长登记。

第六条

（一）本公约应自国际劳工组织两会员国的批准书已经局长登记之日起生效。

（二）本公约应仅对批准书已经国际劳工局登记的会员国有约束力。

（三）此后对于任何会员国，本公约应自其批准书已经国际劳工局登记之日起生效。

第七条

国际劳工局局长在国际劳工组织两会员国的批准书已经国际劳工局登记时，应即以之通知国际劳工组织的全体会员国，此后续有其他会员国的批准书登记时，该局长亦应予以通知。

第八条

凡会员国已批准本公约者，如适合第六条的规定时，承允实行第一、第二、第三与第四各条的规定，不迟于1927年1月1日，并采取必要的措施，使之切实有效。

第九条

凡国际劳工组织会员国已批准本公约者，承允依照国际劳工组织章程第三十五条的规定，将本公约实施于其殖民地、属地及被保护国。

第十条

凡批准本公约的会员国，自本公约初次生效之日起满 10 年后，得向国际劳工局局长通知解约，并请其登记。此项解约通知书，自经国际劳工局登记之日起满一年后，始得生效。

第十一条

国际劳工局理事会在必要时，应将本公约的实施情况向大会提出报告，并审查应否将本公约的全部或局部修正问题列入大会议程。

第十二条

本公约的法文本与英文本同等为准。

海员协议条款公约

（1926 年 6 月 24 日国际劳工大会通过）

国际劳工组织全体大会，经国际劳工局理事会的召集于 1926 年 6 月 7 日在日内瓦举行第九届会议，经议决采纳关于本届会议议程第 4 项所列“海员协议条款”的若干提议，并经决定这些提议应采取国际公约的方式，于 1926 年 6 月 24 日通过下列公约，供国际劳工组织各会员国依据国际劳工组织章程的规定加以批准，此公约得称为《1926 年海员协议条款公约》。

第一条

（一）本公约应适用于已在批准本公约的任何会员国登记的一切航海船舶及此等船舶的船主、船长及海员。

（二）本公约不适用于下列船舶：

军舰；

非从事贸易的政府船舶；

从事沿岸贸易的船舶；

游艇；

印度帆船；

渔船。

登记总吨位不满 100 吨或不足 300 立方米的船舶，及从事国内贸易的船舶，其吨位低于国家法律在本公约通过时为特别管理此项贸易所规定的吨位限制。

第二条

本公约所称的下列各名词，其意义如下：

(1)“船舶”一词，包括不问属于任何性质、无论公有或私有、通常从事海上航行的任何船舶。

（2）“海员”一词，包括以任何资格受雇用或从事在任何船舶上工作并参与船舶协议条款的任何人员。但船长、领港、培训船上的学生、订有适当契约的学徒、海军人员以及担任政府永久职务的其他人员，均予除外。

（3）“船长”一词，包括指挥及主持一船舶的任何人员，但领港除外。

（4）“国内贸易船舶”一词，系指一国与邻国港口之间在国家法律所规定的地理界限内从事贸易的船舶。

第三条

（一）海员协议条款，应由船主或其代表与海员双方签订，在签字之前，应给予海员及其顾问以审查协议条款之相当便利。

（二）海员应依照国家法律所规定的条件，签订协议，以期保证主管机关的适当监督。

（三）如主管机关证明协议的规定经以书面呈送该机关，并经船主或其代表与海员双方证实时，上述各项规定，应视为已经遵行。

（四）国家法律应有适当的规定，以保证海员对于协议确已了解。

（五）协议中不得载有违背国家法律或本公约的规定。

（六）国家法律应规定关于协议订立完成的其他必要手续与保证，以保护船主与海员的利益。

第四条

（一）应依照国家法律采取适当措施，以保证协议中不得含有双方意图预先约定违背关于此项协议的司法管辖通则的任何规定。

（二）本条不得解释为不许交付仲裁。

第五条

（一）应发给每一海员一种文件，记载其在船上的工作。该文件的格式内容和登记方式，均应由国家法律规定。

（二）该文件不得记载海员工作的效能或其工资。

第六条

（一）协议可为定期或订明一次航程，如为国家法律所许可，亦可订立无定期的协议。

（二）协议应明白载明双方的权利与义务。

（三）协议内概须载明下列各项：

（1）海员的姓名、出生日期或年龄及其出生地；

（2）订立协议的地点及日期；

（3）海员从事服务的船舶的名称；

（4）如为国家法律所规定时，全体船员的人数；

（5）承担的航程，如能在订约时决定者；

（6）海员所担任的职务；

（7）如属可能，海员须报告上船服务的地点及日期；

（8）海员给养的标准，如国家法律未另作规定时；

（9）工资数额；

（10）协议的终止及其条件如下：

（甲）如协议有定期者，其规定的期满日期；

（乙）如协议订明一次航程者，其航行之目的港，以及到达目的港后海员应被解雇前所须经历的时间；

（丙）如协议无定期者，任何一方当事人有权解约的条件及解约所需有的预告期间，但船主的预告期间不得短于海员；

（11）海员在同一轮船公司服务满1年后每年给予的工资照付的假期，如此种假期为国家法律所规定者；

（12）国家法律规定的其他项目。

第七条

如国家法律规定船上应备船员名单时，该法律应明确规定，协议应载入或附入该名单中。

第八条

为使海员了解其权利及义务的性质及范围，国家法律应规定采取各种措施，将协议的条件张贴在船员易到的处所，或用其他适当方法，以使海员在船上对于雇用条件能有清楚的了解。

第九条

（一）无定期的协议，得由任何一方当事人在船舶装卸货物的任何港口声明终止，但事先须发出协议上所规定的预告，此项预告期不得少于24小时；

（二）预告应用书面形式，国家法律应规定妥当的预告方式，以免此后双方对于此点发生争执；

（三）国家法律应规定虽经依照手续预告而仍不得终止协议的例外情况。

第十条

凡订明一次航程或有定期或无定期的协议，如遇下列情况，应属当然终止：

（1）双方同意；

（2）海员死亡；

（3）船舶损失，或完全不适于航海；

（4）国家法律或本公约所规定的其他原因。

第十一条

国家法律应规定船主或船长得立即解雇海员的情况。

第十二条

国家法律亦应规定海员得要求立即解雇的情况。

第十三条

（一）如一海员向船主或其代理人证实他可获得船长或大副或轮机员或高于其现有地位的其他职位时，或在其受雇用后发生任何其他情况，使其为本身利益计有解雇的必要时，该海员得要求解雇，但须保荐一适当可靠的人代替，而不增加船主的负担，并经船主或其代理人认为满意者。

（二）遇此种情况，海员应领取工资至其离职之时为止。

第十四条

（一）无论协议终止或解除是何原因，均应在依第 5 条所发给海员的文件上及船员名单上登记，注明该海员已被解雇，此种登记，如经任何一方的要求，应由主管机关核准。

（二）除第 5 条所提到的文件外，海员应有权利随时向船长要求另发一个关于其工作效能的证明书，如无此项证明书时，或发给一证件，述明该海员是否完全履行其协议上的义务。

第十五条

国家法律应规定各种办法，以保证本公约各条款的执行。

第十六条

本公约的正式批准书应送请国际劳工局局长登记。

第十七条

（一）本公约应自国际劳工组织两会员国的批准书已经局长登记之日起生效。

（二）本公约应仅对批准书已经国际劳工局登记的会员国有约束力。

（三）此后对于任何会员国，本公约应自其批准书已经国际劳工局登记之日起生效。

第十八条

在国际劳工组织两会员国的批准书已经国际劳工局登记时，国际劳工局局长应立即通知国际劳工组织的全体会员国，此后，继有其他会员国的批准书登记时，该局长亦应予以通知。

第十九条

凡会员国已批准本公约者，如适合第 17 条的规定时，承允实行第 1、第 2、第 3、第 4、第 5、第 6、第 7、第 8、第 9、第 10、第 11、第 12、第 13、第 14 与第 15 各条的规定，不迟于 1928 年 1 月 1 日，并采取必要的措施，以使之切实有效。

第二十条

凡国际劳工组织会员国已批准本公约者，承允依照国际劳工组织章程第 35 条的规定，将本公约实施于其殖民地、属地及被保护国。

第二十一条

凡批准本公约的会员国，自本公约初次生效之日起满 10 年后，得向国际劳工局局长通知解约，并请其登记。此项解约通知书，自经国际劳工局登记之日满 1 年后，始得生效。

第二十二条

国际劳工局理事会在必要时，应将本公约的实施情况向大会提出报告，并审查应否将本公约的全部或局部修正问题列入会议议程。

第二十三条

本公约的法文本与英文本同等为准。

海员遣返公约

（1987 年修正本）

国际劳工组织全体大会，经国际劳工局理事会召集于 1987 年 9 月 24 日在日内瓦举行第 74 届会议，并注意到自《1926 年海员遣返公约》和《1926 年遣返（船长和学徒）建议书》通过以来，航运业的发展使得有必要对该公约进行修正以便和建议书的适当部分合并，并进一步注意到由于各国向海员提供遣返的立法和实际做法而取得了很大进步，而《1926 年海员遣返公约》关于海员遣返的各项事务未包括在内。并考虑到航运业日益广泛雇用非本国海员，从而使采取进一步行动在海员遣返问题的某些方面制定一项新的国际文件是可取的，经议决采纳本届会议议程第 5 项所列关于修订《1926 年海员遣返公约》（第 23 号）和《1926 年遣返（船长和学徒）建议书》（第 27 号）的若干提议，经决定这些提议应采取国际公约的方式，于 1987 年 10 月 9 日制订下述公约，此公约得称为《1987 年海员遣返公约（修正本）》。

第一部分　范围和定义

第 1 条

1. 本公约适用于在本公约生效的任何会员国领土上登记的、无论公有或私有的、通常从事商业海上航行的一切海船，以及此种船舶的船东和海员。

2. 经与有代表性的渔船船东和渔民组织协商，主管当局应在其认为可行的范围内使本公约各条款适用于商业海上捕鱼。

3. 如对本公约所指的船舶是否被视为从事商业海运或商业

海上捕鱼有疑问，该问题应由主管当局经与有关船东、海员和渔民组织协商后决定。

4. 就本公约而言，“海员”一词系指以任何身份受雇于适用本公约的海船上的任何人员。

第二部分 权 利

第2条

1. 海员在下列情况下应享有遣返权利：

（a）如某一特定时间或特定航次的雇用国外期满；

（b）当根据协议条款或海员雇用合同规定的通知时限期满；

（c）因患病、受伤或其他身体状况而需要他或她遣返且身体条件适于旅行；

（d）船舶失事；

（e）因破产、变卖船舶、改变船舶登记或其他任何类似原因，船东不能继续履行其作为海员雇主的法律或合作义务；

（f）如船舶驶往海员不同意前往的、由国家法律或条例或集体协议限定的战乱区域；

（g）根据产业裁定书或集体协议终止或中断雇用，或出于其他任何类似原因终止雇用。

2. 国家法律、条例或集体协议应规定海员在船上最长工作多少时间才有享受遣返的权利，这种期限应少于 12 个月。在决定该最长期限时，应考虑影响海员工作环境的因素。各会员国应根据技术变化和发展情况尽可能缩短这些期限，并可以参照联合海事委员会对此问题所提的任何建议。

第三部分 目的地

第3条

1. 凡本公约生效的会员国，应以国家法律或条例规定海员可被遣返的各目的地。

2. 如此规定的目的地应包括海员开始受雇的地点、集体协议规定的地点、海员的居住国、或开始受雇时双方可能商定的其他地点。海员应有权从规定的目的地中选择其被遣返的地点。

第四部分　遣返的安排

第 4 条

1. 通过合适而快速的工具安排遣返应是船东的责任，通常的运送方式应为空运。

2. 遣返费用应由船东负担。

3. 如员根据国家法律、条例或集体协议被视为严重失职并因此被遣返，则本公约的任何规定均不得侵害根据国家法律、条例或集体协议向海员收取遣返费或部分遣返费的权利。

4. 船东负担的费用包括：

(a) 到达根据上述第 3 条选定的遣返目的地的旅费；

(b) 自海员离船时起至抵达遣返目的地时止的食宿；

(c) 自经国家法律、条例或集体协议规定，自海员离船时起至抵达遣返目的地时止的薪酬和津贴；

(d) 至遣返目的地的海员个人 39 公斤行李的运输；

(e) 直到海员身体状况适于旅行到遣返目的地时为止的必要的医疗。

5. 船东不得在海员开始受雇时要求其预付遣返费，也不得从海员的工资或其他应得报酬收取遣返费，但上述第 3 款规定的情况除外。

6. 国家法律或条例不得影响船东向非其雇用的海员的雇主收取遣返费的任何权利。

第 5 条

如船东对有权遣返的海员不能安排遣返或负担其遣返费时：

(a) 船舶在其领土上登记的会员国主管当局应安排有关海员的遣返和负担其遣返费；如不能这样做，海员遣返启程的国家或海员为其国民的国家可安排该海员的遣返，并从船舶在其领土上登记的会员国收取费用；

（b）遣返海员所耗费的费用应由船舶在其领土上登记的会员国从船东处得到补偿；

（c）无论在何种情况下，不得向海员收取遣返费，但上述第 4 条第 3 款规定的情况除外。

第五部分　其他安排

第 6 条

准备遣返的海员应能获得护照或以遣返为目的的其他证件。

第 7 条

等候遣返的时间和遣返旅行的时间不得从海员的带薪假期中扣除。

第 8 条

当海员在上述第 3 条所述目的地登陆时，或在国家法律、条例或集体协议确定的合理时间内未对遣返权利提出要求时，应被视为已得到正式遣返。

第 9 条

本公约中尚未以集体协议或适合国家条件的其他类似形式使之生效的条款，应通过国家法律或条例生效。

第 19 条

各会员国应为停靠其港口的、或通过其领水或内部水域的船舶上的海员的遣返及其安置提供方便。

第 11 条

各会员国主管当局应采取适当监督措施，保证在其领土上登记的船舶的所有人遵守本公约各项规定，并应向国际劳工局提供有关资料。

第 12 条

在本公约已生效的会员领土上登记的任何船舶，应将本公约文本以适当语种提供给全体船员。

第六部分　最后条款

第 13 条

本公约修正《1926 年海员遣返公约》。

第 14 条

本公约的正式批准书应送请国际劳工局局长登记。

第 15 条

1. 本公约应仅对批准书已经局长登记的国际劳工组织各会员国具有约束力。

2. 本公约应自两会员国的批准书已经局长登记之日起 12 个月生效。

3. 此后，对于任何会员国，本公约应自其批准书已经登记之日起 12 个月后生效。

第 16 条

1. 凡批准本公约的会员国，自本公约初次生效之日起满 10 年后可向国际劳工局局长通知解约，并请其登记。此项解约通知书自经登记之日起 1 年后始得生效。

2. 凡批准本公约的会员国，如果在上款所述 10 年期满后 1 年内未行使本条所规定的解约权利，即须再遵守 10 年，此后每当 10 年期满，可依本条规定通知解约。

第 17 条

1. 国际劳工局局长应将国际劳工组织各会员国所送达的一切批准书和解约通知书的登记情况，通知本组织全体会员国。

2. 局长在将所送达的第二份批准书的登记通知组织各会员国时，应提请本组织各会员国注意本公约开始生效的日期。

第 18 条

国际劳工局局长应按照联合国宪章第 102 条将其按照以上各规定所登记的一切批准书和解约通知书的详细情况，送请联合国秘书长登记。

第19条

国际劳工局理事会在其认为必要时，应将本公约的实施情况向大会提出报告，并审查是否将本公约的全部或局部修正问题列入大会议程。

第20条

1. 如大会制定一项对本公约作全部或局部修正的新公约，除该新公约另有规定外，则：

（a）在新修正公约生效时，尽管有上述第16条的规定，会员国对于新修正公约的批准，依法应为对本公约的立即解除；

（b）自新修正公约生效之日起，本公约应立即停止接受会员国的批准。

2. 对于已批准本公约而未批准新修正公约的会员国，本公约现有的形式及内容，在任何情况下，仍应有效。

第21条

本公约的英文本与法文本同等为准。

制订最低工资确定办法公约

（1928年第十一届国际劳工大会通过）

国际劳工组织全体大会，经国际劳工局理事会的召集于1926年5月30日在日内瓦举行第十一届会议，经议决采纳关于本届会议议程第一项所列“确定最低工资办法”的若干提议，并经决定这些提议应采取国际公约的方式，于1928年6月16日通过下列公约，供国际劳工组织各会员国依据国际劳工组织章程的规定加以批准，此公约得称为1928年确定最低工资办法公约。

第一条

（一）凡批准本公约的国际劳工组织会员国，承允制订或维持一种办法，以便能为那些在无从用集体协议或其他方法有效规定工资且工资特别低廉的若干种行业或其部分（特别在家中工作的行业）中工作的工人，确定最低工资率。

（二）本公约所称“行业”一词，包括制造业及商业。

第二条

凡批准本公约的会员国，应自由决定第一条所称确定最低工资办法应实施在何种行业或其何种部分，特别应实施在何种家中工作的行业或其部分，如有关行业或其部分有工人与雇主的组织时，应在征询其意见后予以决定。

第三条

（一）凡批准本公约的会员国，应自由决定最低工资确定办法的性质与形式及其实行的方法。

（二）但是，

（1）在此办法实施在某种行业或其某种部分之前，应征询有关的雇主与工人代表的意见，如雇主与工人有组织时，应征询各该组织代表的意见。其他人员在因行业或职务关系而在此方面具有特别适合的资格，并经主管机关认为宜于咨询者，亦应征询其意见。

(2) 有关的雇主与工人应参与此办法的实施事宜，其参与的方式及程度，得由国家法律或条例予以规定。但在任何情况下，双方参与的人数及条件，均应相等。

(3) 凡已经确定的最低工资率，对于有关的雇主与工人应有效力，不得由彼等以个人协议或集体协议予以减低，但集体议约经主管机关通案或专案核准者，不在此限。

第四条

(一) 凡批准本公约的会员国，应采取必要的措施，实行一种监督与制裁办法，以保证有关的雇主与工人明了现行最低工资率，并保证在适用最低工资率的场合支付的工资不少于最低工资率。

(二) 凡适用最低工资率的工人，其工资的支付少于此项工资率者，应有经由司法或其他合法手续在国家法律或条例规定的期限内追还其被短付数额的权利。

第五条

凡批准本公约的会员国，应每年向国际劳工局提送一份全面报告，其中列举已实施最低工资确定办法的各种行业或其部分，说明实施此办法的方法与成果，并简述所包括的工人约数及确定的最低工资率，如有经确认的与最低工资率有关的其他事项，亦择要予以叙明。

第六条

本公约的正式批准书应送请国际劳工局局长登记。

第七条

(一) 本公约仅对批准书已经国际劳工局登记的会员国有约束力。

(二) 本公约应自国际劳工组织两会员国的批准书已经局长

登记之日起 12 个月后生效。

（三）此后对于任何会员国，本公约应自其批准书已经登记之日起 12 个月后生效。

第八条

国际劳工局局长在国际劳工组织两会员国的批准书已经国际劳工局登记时，应即以之通知国际劳工组织的全体会员国，此后续有其他会员国的批准书登记时，该局长亦应予以通知。

第九条

（一）凡批准本公约的会员国，自本公约初次生效之日起满 10 年后，得向国际劳工局局长通知解约，并请其登记。此项解约通知书，自经国际劳工局登记之日起满 1 年后，始得生效。

（二）凡批准本公约的会员国，在前款所述的 10 年期满后的 1 年内，如未行使本条所规定的解约权利者，即须再遵守 5 年，此后得依本条的规定，每当 5 年期满，通知解约。

第十条

国际劳工局理事会在必要时应将本公约的实施情况向大会提出报告，并审查应否将本公约的全部或局部修正问题，列入大会议程。

第十一条

本公约的法文本与英文本同等为准。

航运的重大包裹标明重量公约

（1929 年第十二届国际劳工大会通过）

国际劳工组织全体大会，经国际劳工局理事会的召集于 1929 年 5 月 30 日在日内瓦举行第十二届会议，经议决采纳关于本届会议议程第一项所列“航运的重大包裹标明重量”的若干提议，并经决定这些提议应采取国际公约的方式，于 1929 年 6 月 21 日通过下列公约，供国际劳工组织各会员国依据国际劳工组织章程的规定加以批准，此公约得称为 1929 年标明重量（航运包裹）公约。

第一条

（一）凡在批准本公约的会员国国境内交付总重量在 1000 公斤（1 公吨）或 1000 公斤以上的任何包裹或物件，由海道或内河运送者，应在未装上船舶之前，用明晰而坚牢的标志，标明其总重量于该包裹或物件外面。

（二）凡遇特殊情况，难以决定确实重量时，国家法律或条例得准许标明大概重量。

（三）监督遵行此项规定的义务，应完全由运出包裹或物件的国家的政府负责，而非由包裹或物件运往目的地途中所经过的国家的政府负责。

（四）上述标明重量的义务，究应属于交运人还是属于他人或团体，应由国家法律或条例自行规定。

第二条

本公约的正式批准书应送请国际劳工局局长登记。

第三条

（一）本公约应仅对批准书已经国际劳工局登记的会员国有约束力。

（二）本公约应自国际劳工组织两会员国的批准书已经局长登记之日起12个月后生效。

（三）此后对于任何会员国，本公约应自其批准书已经登记之日起12个月后生效。

第四条

国际劳工局局长在国际劳工组织两会员国的批准书已经国际劳工局登记时，应即以之通知国际劳工组织的全体会员国，此后续有其他会员国的批准书登记时，该局长亦应予以通知。

第五条

（一）凡批准本公约的会员国，自本公约初次生效之日起满10年后，得向国际劳工局局长通知解约，并请其登记。此项解约通知书，自经国际劳工局登记之日起满1年后，始得生效。

（二）凡批准本公约的会员国，在前款所述的10年期满后的1年内，如未行使本条所规定的解约权利者，即须再遵守10年，此后得依本条的规定，每当10年期满，通知解约。

第六条

国际劳工局理事会在必要时，应将本公约的实施情况向大会提出报告，并审查应否将本公约的全部或局部修正问题，列入大会议程。

第七条

（一）如本大会制定新公约，系对本公约作全部或局部的修正，且新修正公约已生效时，凡会员国对于新修正公约的批准，不须依照前述第五条的规定，依法应为对本公约的立即解除。

（二）自新修正公约生效之日起，本公约应即停止接受各会员国的批准。

（三）但对于已批准本公约而未批准修正公约的会员国，本公约现有的形式及其内容仍应有效。

第八条

本公约的法文本与英文本同等为准。

船舶装卸工人伤害防护公约

（1932年第十六届国际劳工大会修正通过）

国际劳工组织全体大会，经国际劳工局理事会的召集于1932年4月12日在日内瓦举行第16届会议，经议决采纳关于本届会议议程第4项所列“大会第12届会议通过的局部修正本关于船舶装卸工人伤害防护公约”的若干提议，并认为这些提议须采取国际公约的方式，于1932年4月27日通过下述公约，供国际劳工组织各会员国依据国际劳工组织章程的规定加以批准，此公约得称为《1932年伤害防护（码头工人）公约（修正）》。

第一条

本公约所称的下列名词，其含义如下：

（1）“装卸工作”一词，系指包括在海港、内河、港埠、船坞、码头、埠头或进行船舶装卸工作的其他类似场所，在岸上或在船舶上装卸航行海洋或内河的任何船舶的工作的全部或任何一部，但军舰除外；

（2）“工人”一词，系指被雇用从事装卸工作的任何人员。

第二条

（一）工人往来在装卸工作场所所须通过的船坞、码头、埠头或其他类似处所的任何要道及岸上的任何此种工作场所均应适当顾及利用此要道或工作场所的工人的安全而加以维护。

（二）下列事项应予特别注意：

（1）前述岸上的工作场所及从最近公路以达工作场所的前述要道的危险部分，均应设置安全而有效的灯光；

（2）码头应经常充分清除货物，以保持抵达本公约第三条所称上下船的设备的通道无阻；

（3）如码头边缘留有空隙时，其宽度至少应有 3 英尺（90 米），且除固定建筑物、机械设备及应用器具外，应清除一切障碍物；

（4）斟酌运输及工作情况，在可能范围内，应依下列规定办理：

（甲）凡前述要道及工作场所的危险部分（例如有危险的敞开处、拐角及边缘），应护以适当的栏杆，其高度不得少于 2 英尺 6 英寸（75 厘米）；

（乙）桥梁上危险的人行道、潜箱及船坞门，应在两旁护以栏杆，其高度不得少于 2 英尺 6 英寸（75 厘米），此项栏杆的两端，应各展长至相当距离，其长度不得超过 5 码（4.5 米）；

（5）在批准本公约时已用的设备，如实际尺寸未少于本条第 2 款第（4）项所规定尺寸的 10% 以上者，应视为已符合该项所规定的尺寸。

第三条

（一）当船舶靠近一码头或其他船舶以从事装卸工作时，应有上下船的安全设备，以为工人上下船之用；但纵无专门设备，工人亦不致遭遇重大危险事故者，不在此限。

（二）上述所称的上下船设备，应如下列：

（1）如实际可行时，船舶应有舷梯、跳板、或其他类似的构造物；

（2）在其他情况下，应有扶梯。

（三）本条第二款第（1）项所规定的设施，其宽度至少应有 22 英寸（55 厘米），须相当稳固以防移动，倾斜角度应不过陡，应以质地优良现状良好的材料制作，两边并须护以坚牢的栏杆，净高不得少于 2 英尺 9 英寸（82 厘米）；如系舷梯的一面已以船边作适当的围护者，其他一面须设同样高度的坚牢栏杆。

但前述设施在本公约批准时已使用者，应依下列规定准予继续使用：

（1）两旁栏杆净高至少有2英尺8英寸（80厘米）者，可沿用至重换之时；

（2）两旁栏杆净高至少有2英尺6英寸（75厘米）者，自批准之日起续用2年。

（四）本条第（二）款第（2）项所规定的扶梯，应有适当的长度，并须相当坚牢稳固。

（五）（1）主管机关如确知在工人安全方面本条所规定的设施并无需要时，得许有例外情况，不适用本条的规定。

（2）专用于装卸工作的过货栈台和过货跳板，应不适用本条的规定。

（六）除本条所规定或准许的上下船设备外，工人不得使用或被命令使用其他设备。

第四条

工人为从事装卸工作而由水上往来于船舶时，应规定适当办法，以保证其安全运送，办法中应包括运送船舶所应遵守的条件。

第五条

（一）工人如须在货舱中进行装卸工作，而自甲板面至舱底的深度超过5英尺（1.5米）者，甲板与货舱间应有进出口的安全设备，以供工人之用。

（二）前称进出口的设备通常应为扶梯，但不合于下列条件的不得认为安全：

（1）扶梯的踏脚处，连同扶梯背后的空隙计算在内，其深度不得少于4.5英寸（11.5厘米），其宽度不得少于10英寸（25厘米），并应有稳固的扶手；

（2）扶梯的安置只须其不阻碍舱口，不必过于凹入甲板之下；

（3）扶梯应接连舱口栏板上的稳固扶手及踏脚的设备（例如铁栓或杯形物），并应与此种设备适合；

（4）前述栏板上的设备，其踏脚处的深度连同该项设备背后的空隙计算在内，不得少于4.5英寸（11.5厘米），其宽度不得少于10英寸（25厘米）；

（5）如在各下层甲板间分设扶梯，应尽可能使其与上层甲板扶梯相衔接。

但遇船舶构造不适合设梯时，主管机关得准予适用其他进出口设备，仍须在可能范围内，符合本条关于扶梯规定的条件。

关于批准本公约时已有的船舶，如扶梯及其他设备的实际尺寸未少于本款第（1）项与第（4）项所规定尺寸的10%以上者，应视为已符合该两项所规定的尺寸，直至其重新更换时为止。

（三）舱口栏板上应留有通路，以便设备进出舱口。

（四）轴隧两旁应设适当的扶手及踏脚处。

（五）当在无甲板货舱内应使用扶梯时，该扶梯由装卸工作的承包者负责提供。扶梯的顶端应设置钩子或其他工具，以使它牢系于栏板上。

（六）除本条所规定或准许的进出口设备外，工人不得使用或被命令使用其他设备。

（七）批准本公约时已有的船舶，在自本公约批准之日起不超过4年的期间内，应免予遵行本条第（二）款第（1）项与第（4）项关于尺寸的规定及第（四）款的规定。

第六条

（一）当工人在船上进行装卸工作时，工人进出的货舱舱口，其自甲板面至舱底的深度超过5英尺（1.5米），并未护以净高2英尺6英寸（75厘米）的栏板者，在无货物、煤或他种物资通过时，应护以3英尺（90厘米）高的坚牢栏杆，或加以稳固的掩盖。吃饭及其他暂时停止工作时应否实施本款的规定，应由国家法律或条例规定。

（二）甲板中的其他任何洞口或可危害工人的安全者，在必要时，应采取同样措施以防护之。

第七条

（一）当装卸工作须在船上进行时，上下船的设备，及工人工作所在处或工作时所需前往的船上一切场所，均应得到充足的照明。

（二）照明设备应当既不危及工人的安全又不妨碍其他船舶的航行。

第八条

为保障工人从事移去或重置舱口盖板及盖板用的横梁时的安全起见，应依照下列规定办理：

（1）舱口盖板用的横梁，应保持良好的状况；

（2）舱口盖板应配以大小与重量相称的把手，但因舱口或舱口盖板的构造关系无需此项设备者，不在此限；

（3）盖板用的横梁，应设适当的绞辘，以便移去或重置，此项绞辘应在工人予以排整时，无须走上横梁者为适合；

（4）所有舱口盖板及纵梁横梁，如不能互相调换者，应在其上标明所属的甲板与舱口及其位置；

（5）舱口盖板不得用于过货栈台的搭建或易于招致损坏的其他用途。

第九条

（一）应规定适当办法，以保证岸上或船上装卸工作所使用的升降机或与升降机联合使用的固定或活动绞辘确属安全坚牢。

（二）下列规定应特别予以注意：

（1）前述的升降机、国家法律或条例所规定装置船上附属在升降机的固定绞辘及与升降机及固定绞辘联合使用的铁链与钢缆，在使用之前，应由政府机关认可的适当人员依规定方式妥为检查与试验，并证明其安全载重量；

（2）凡岸上或船上使用的升降机及国家法律或条例所规定的装置船上附属在升降机的固定绞辘，经使用之后，均应依下列规定详加查验：

（甲）动臂、鹅头管、帆柱索、动臂索、眼头钉、拱阔及特别难于拆卸的其他固定绞辘等均应每12个月检查一次，每4年详细检验一次；

（乙）所有升降机（例如起重机、绞车）、滑车、搭链以及未包括在（加）目内的所有其他附属绞辘，均应每12个月详细检验一次。

一次活动绞辘（例如铁链、钢缆、环钩），除曾在前3个月内经过检查者外，应在每次使用前加以检查。

铁链不得打结缩短，并应注意防止其触及锐利的边缘而受损。

任何钢缆衔接处的箍圈或接环，至少应以缆的分股分作三卷，并分割每股的一半铁丝为二卷以结成之；但使用其他方法，而能证明与以上规定的方法有同等功效者，应不予禁止。

（3）凡铁链及国家法律或条例规定的绞辘（例如钩、环、搭链、转环），除曾按照国家法律或条例的规定切实处理者外，应在政府机关认可的适当人员监督之下，依下列规定退火：

（甲）关于船上所带的铁链及绞辘：

①普通用的0.5英寸（12.5毫米）及不足半英寸的铁链或绞辘，至少每6个月一次；

②所有其他普通的铁链或绞辘（包括拱阔铁链，但不包括附属于动臂或帆柱的缰链），至少每12个月一次。

但绞辘专用于起重机及其他手力升降机件者，前列①目原定6个月一次者，应改为12个月一次，②目原定12个月一次者，应改为2年一次。

除铁链外，如主管机关因前述绞辘的体积、形状、质料或久置不常用的，认为本项关于退火的规定在工人的安全保护方面并无必要时，得发给证明书（亦可视情况吊销），免除此种绞辘受前述退火的限制，但证明书得规定免除退火的条件。

（乙）关于非船上所带的铁链及绞辘，应规定办法以确保此等铁链及绞辘的退火。

(丙) 凡铁链及绞辘已经锻接法展长、改变、修理者，无论其为船上所带或非船上所带，均应加以试验与复验。

(4) 无论在岸上或船上，均应备置经过正式登记的记录、载明安全载重量及本款第(1)项与第(2)项所称的试验与检验的日期与结果以及本款第(3)项所称的退火或其他处理的日期与结果，从而可以充分认定有关机件及绞辘的安全状况。

该项记录在奉命视察的任何人员索阅时，应由负责保管的人员出示。

(5) 所有起重机、动臂、吊链，以及国家法律或条例所规定船上使用的任何类似的升降绞辘，均应标明安全载重量；吊链上所标的安全载重量，应用数码或文字记在铁链上或牢系在铁链的质料坚固的牌或环上。

(6) 所有发动机、齿轮、铁链及摩擦轮、轴系、导电体及蒸汽管等，均应在可能范围内妥加围护，而同时不致妨害船舶操作的安全(但如能证明因其位置与构造关系对于工作的各工人与妥加围护者有同样的安全时，不在此限)。

(7) 起重机及绞车应有相当设备，以尽量减少所载物件在升降时偶然坠落的危险。

(8) 应采取适当的措施，以防止由起重机或绞车排出的蒸汽蒙蔽工人工作场所的任何部分，在可能范围内，对于进入起重机或绞车的蒸汽亦同。

(9) 应采取适当的措施，以防动臂脚根偶然脱出插座或脱离撑柱。

第十条

使用以机械或其他动力推动的升降机或运输机或发放信号给此种机械的操作人员，或在绞车末端或绞车鼓轮处照料吊货绳索的人员，均应由有充分能力并可靠的人员任之。

第十一条

下列规定均应切实施行：

(1) 物件不得悬留在任何升降机上；但在悬留之际，有适当人员确实管理升降机者，不在此限。

(2) 为工人的安全而有使用发信号人的必要时，应就其使用事项规定适当办法。

(3) 应规定适当措施，以防止在堆货、清货、装货、卸货或与此等工作有关的处理时采用危险方法。

(4) 在舱口开始工作之前，应移去其横梁，或牢系之，以防移动。

(5) 当工人在货舱或中舱处理煤或其他笨重货物时，应有预防措施以便利工人的躲避。

(6) 凡构造不坚、支撑不固及需要系缚时而系缚不牢的栈台，不得用于装卸工作。

在船与岸边间倾斜过陡的栈台上，不得使用载运货物的手推车，以防发生危险。

遇必要时，栈台上应覆盖适当物质，以防工人滑跌。

(7) 如货舱中的工作空间只限于舱口的方孔时，除目的在于解除或连结吊链外，下列规定应予注意：

(甲) 吊钩不得系于棉花、羊毛、软木、麻袋或其他类似货物包捆的束条或扎索上；

(乙) 因货桶或活动钩子的构造或状况，如使用活动钩子装卸货桶可能有危险时，不得予以使用。

(8) 除遇有特殊情况，除国家法律或条例所许可者外，不论何种绞辘的载重，均不得超过安全载重量。

(9) 岸上起重机具有不同能力者（例如其载重能力依起落臂角度变化而异者），应在机上设一自动指示器或度数表，表明依照起落臂斜度而具有的相应安全载重量。

第十二条

工人处理货物时由于固有性质或当时状况，而对其生命或健康有危险者；或贴近此处货物工作，或在装载过此种货物地方工作时，为保证工人的适当保护，国家法律或条例应视当地环境，规定所认为必要的预防措施。

第十三条

（一）在经常用于装卸工作的船坞、码头、埠头及其他类似场所，应具有国家法律或条例斟酌当地环境所规定的设备，使受伤工人可迅速获得急救；如遇严重的意外事故时，且可移至最近的医疗地点。以上处所中应随时保有充足的急救设备，并准备妥当，以便在工作时间内可立即使用。此等设备应由专人负责管理，其中应包括能施急救的人员一人或多人，且在工作时间内须能随时服务。

（二）前述的船坞、码头及其他类似场所，应配置适当设备，以拯救坠入水中的工人，免致溺毙。

第十四条

除经特许或确有必要外，任何护栏、跳板、绞辘、扶梯、救生器具、灯光、标记、栈台，或依照本公约需要置备的其他任何设备，任何人不得移动，或加以阻碍；即或必须移动，而至必需移动期间终了时，亦应立即恢复原状。

第十五条

（一）对于船坞、码头、埠头及其他类似场所的不常有装卸工作，或运输不繁且限于小船者，或若干特殊或特种船舶或在某一小吨位以下的船舶，或因气候关系不能实施本公约的规定者，各会员国得准许其免除适用本公约的规定，或为本公约规定的例外。

（二）遇有上述准许免除或例外的规定，应即通知国际劳工局。

第十六条

除本公约另有规定外，凡与船舶构造及其永久设备有关的本公约各条款，应实施于本公约批准后开始建造的船舶，并应在本公约批准后4年期限内实施于所有其他船舶；但在期限届满前，上述各条款应在合理可行的范围内实施于这些其他船舶。

第十七条

为保证所有的工人伤害防护条例的切实实施起见，应依下列规定办理：

(1) 此等条例应明白规定负责遵行各该条例的个人或团体；

(2) 对于有效的检查制度及违反条例的罚则，应有规定；

(3) 应在经常有装卸工作的船坞、码头、埠头及其他类似场所的明显地方，张贴这些条例或其摘要。

第十八条

(一) 各会员国承诺与已经批准本公约的其他会员国根据本公约制定相互办法，内中特别包括相互承认各该国所规定的试验、检查与退火的办法及关于此等事项的证明书与记录。

(二) 关于船舶的构造与船上所用的机械、设备、记录以及依本公约的规定应在船上遵行的其他事项，每一会员国须确悉另一会员国采取的办法能保证工人的一般安全标准，从而与其本国法律及条例所规定的标准同样有效。

(三) 各国政府并应适当顾及国际劳工组织章程所规定的义务。

第十九条

本公约的正式批准书应送请国际劳工局局长登记。

第二十条

(一) 本公约应仅对批准书已经国际劳工局登记的会员国具有约束力。

(二) 本公约应自国际劳工组织两会员国的批准书已经局长登记之日起12个月后生效。

(三) 此后对于任何会员国，本公约应自其批准书已经登记之日起12个月后生效。

第二十一条

国际劳工局局长在国际劳工组织两会员国的批准书已经国际劳工局登记时，应立即通知国际劳工组织的全体会员国，此后续有其他会员国的批准书登记时，该局长亦应予以通知。

第二十二条

（一）凡批准本公约的会员国，自本公约初次生效之日起满10年后，得向国际劳工局局长通知解约，并请其登记。此项解约通知书，自经国际劳工局登记之日起满1年后，始得生效。

（二）凡批准本公约的会员国，在前款所述10年期满后的1年内，如未行使本条所规定的解约权利，即须再遵守5年，此后得依本条的规定，每当5年期满，通知解约。

第二十三条

国际劳工局理事会在必要时，应将本公约的实施情况向大会提出报告，并审查是否将本公约的全部或局部修正问题，列入大会议程。

第二十四条

（一）如本大会制定一项对本公约作全部或局部修正的新公约，且新修正公约已生效时，会员国对于新修正公约的批准，尽管有前述第22条的规定，依法应为对本公约的立即解除。

（二）自新修正公约生效之日起，本公约应即停止接受各会员国的批准。

（三）但对于已批准本公约而未批准修正公约的会员国，本公约现有的形式及其内容，仍应有效。

第二十五条

本公约的法文本与英文本同等为准。

各种矿场井下劳动使用妇女公约

（1935年6月21日第十九届国际劳工大会通过）

国际劳工组织全体大会，经国际劳工局理事会召集于1935年6月4日在日内瓦举行第十九届会议，经议决采纳关于本届会议议程第二项所列“各种矿场井下劳动使用妇女”的若干提议，并经决定这些提议应采取国际公约的方式，兹于1935年6月21日通过下列公约，此公约得称为1935年井下劳动（妇女）公约。

第一条

本公约所称的“矿场”一词，包括由地面下开采任何物质的任何公私企业。

第二条

凡女性不论其年龄如何，概不得使用于任何矿场的井下劳动。

第三条

国家法律或条例对于下列人员得予免除，不在前条禁止之列：

（1）妇女任管理职务，而非从事体力劳动者；

（2）妇女从事卫生及福利工作者；

（3）妇女在学习期间中在一矿场的地下部分，受若干时间的训练者；

（4）其他任何妇女，偶然须入矿场的地下部分，担任非体力的职务者。

第四条

本公约的正式批准书应送请国际劳工局局长登记。

第五条

（一）本公约应仅对批准书已经局长登记的国际劳工组织会员国有约束力。

（二）本公约应自两会员国的批准书已经局长登记之日起 12 个月后生效。

（三）此后对于任何会员国，本公约应自其批准书已经登记之日起 12 个月后生效。

第六条

国际劳工局局长在国际劳工组织两会员国的批准书已经登记时，应即以之通知国际劳工组织的全体会员国，此后续有其他会员国的批准书登记时，该局长亦应予以通知。

第七条

（一）凡批准本公约的会员国，自本公约初次生效之日起满 10 年后，得向国际劳工局局长通知解约，并请其登记。此项解约通知书，自经登记之日起满 1 年后始得生效。

（二）凡批准本公约的会员国，在前款所述的 10 年期满后的 1 年内，如未行使本条所规定的解约权利者，即须再遵守 10 年，此后得依本条的规定，每当 10 年期满，通知解约。

第八条

国际劳工局理事会在必要时应将本公约的实施情况向大会提出报告，并审查应否将本公约的全部或局部修正问题，列入大会议程。

第九条

（一）如大会制定新公约，系对本公约作全部或局部的修正时，除新公约另有规定外，应：

（1）在新修正公约生效时，会员国对于新修正公约的批准，不须依照前述第七条的规定，依法应为对本公约的立即解除；

（2）自新修正公约生效之日起，本公约应即停止接受各会员国的批准。

（二）对于已批准本公约而未批准修正公约的会员国，本公约现有的形式及其内容，在任何情况下，仍应有效。

第十条

本公约的法文本与英文本同等为准。

确定准许使用儿童于工业工作的最低年龄公约

（1937 年第二十三届国际劳工大会修正）

国际劳工组织全体大会，经国际劳工局理事会召集于 1937 年 6 月 3 日在日内瓦举行第二十三届会议，并经议决采纳关于本届会议议程第六项所列“局部修正本大会第一届会议所通过的确定准许使用儿童于工业工作的最低年龄公约”的若干提议，并认为这些提议应采取国际公约的方式，兹于 1937 年 6 月 22 日通过下列公约，此公约得称为 1937 年最低年龄（工业）公约（修正）。

第一章 一般规定

第一条

（一）本公约所称的“工业”一词，特指下列而言：

（1）矿场、采石场及其他土中矿物开采业。

（2）从事各种物件的制造、更改、刷新、修理、装饰、完成、整理待售、分散或拆毁，或从事各种原料的变换的工业，船舶制造及电力或他种动力的产出、变换与传送亦包括在内。

（3）房屋、铁路、电车路、海港、船坞、码头、运河、内河、公路、隧道、桥梁、栈道、暗渠、明沟、水井、电报或电话装置、电气设备和企业、煤气企业、自来水企业或其他建筑物的建筑、改建、维护、修理、更改或拆毁，以及此类企业或建筑物的准备与奠基。

（4）公路、铁路或内河的客货运输，包括船坞、码头、埠头或货栈的货物搬运，但用手运输者除外。

（二）各国主管机关应将工业有别于商业与农业的界限予以划明。

第二条

（一）凡儿童在15岁以下者，不得受雇用或工作在任何公营或私营工业企业或其任何分部。

（二）但除因工作性质或工作环境对于受雇用人的生命、健康或道德有危险性者外，国家法律或条例得准许前述的儿童受雇用于所雇用者仅为雇主家属的企业。

第三条

凡儿童在技术学校所做的工作，如该种工作系经政府机关核准并受其监督者，应不适用本公约的规定。

第四条

为便利本公约各项规定的实施起见，各工业企业的所有雇主，应置备一名册，将其所使用的所有18岁以下的人员及其出生日期予以登记。

第五条

（一）因工作性质或工作环境对受雇者的生命、健康或道德有危险性者，国家法律应依下列任何一项办理：

(1) 对于未成年人或青年人的使用，规定年龄高于15岁；

(2) 授权适当机关对于未成年人或青年人的使用，规定年龄高于15岁。

(二) 依照国际劳工组织章程第二十二条所应提送的年度报告中，关于国家法律依照前款第（1）项所规定的一种或数种年龄或关于适当机关为行使依照前款第（2）项所赋予的权力而采取的措施，应有完备的报告。

第二章　对于若干国家的特殊规定

第六条

（一）本条的规定，应适用于日本，以替代第二条与第五条的规定。

（二）凡儿童在 14 岁以下者，不得受雇用或工作在任何公营或私营工业企业或其分部，但国家法律或条例得准许此类儿童受雇用于所雇用者仅为雇主家属的企业。

（三）凡儿童在 16 岁以下者，不得受雇用或工作在矿场或工厂中经国家法律或条例明定为危险或不卫生的工作。

第七条

（一）第二、第四与第五条的规定，应不适用于印度，但在印度，下列的规定，应适用于印度立法机关有权实施的一切地域。

（二）凡儿童在 12 岁以下者，不得受雇用或工作在使用动力工作并雇用工人超过 10 人的厂。

（三）凡儿童在 13 岁以下者，不得受雇用或工作在铁路的客货邮件运输，或船坞、码头或埠头的货物搬运，但用手运输者除外。

（四）凡儿童在 15 岁以下者，不得受雇用或工作在下列企业或职业：

（1）矿场、采石场及其他土中矿物开采业；

（2）适用本条的职业，经主管机关列为危险或不卫生者。

（五）关于下列的工人，除经医生证明其适合工作者外，规定如下：

（1）凡已满 12 岁而在 17 岁以下者，不得准许其工作在使用动力工作并雇用工人超过 10 人的工厂；

（2）凡已满 15 岁而在 17 岁以下者，不得准许其工作在矿场。

第八条

（一）本条的规定，应适用于中国，以替代第二、第四与第五条的规定。

（二）凡儿童在 12 岁以下者，不得受雇用或工作于使用动力发动的机器，平时雇用工人在30人以上的任何工厂。

（三）凡儿童在15岁以下者，不得受雇用或工作在下列企业或职业：

（1）平时雇用工人在50人以上的矿场；

（2）使用动力发动的机器，平时雇用工人在30人以上的任何工厂中的工作，经国家法律或条例明定为危险或不卫生者。

（四）凡适用本条的企业的每一雇主，应置备一名册，将其所雇用所有18岁以下的人予以登记，并附有主管机关所规定的年龄证明文件。

第九条

（一）国际劳工大会在其任何一届会议中，如其议程内列有关于本公约第二章前述任何一条或多条的修正草案时，得以三分之二多数通过。

（二）任何此项修正草案，应叙明适用的会员国，并应由适用的会员国在大会会议闭幕后1年内，或在特殊情况下，在18个月内，将其提交主管此事的机关，以便制定法律或采取其他措施。

（三）此种会员国，如得主管此事的机关的同意，即将修正案的正式批准书送请国际劳工局局长登记。

（四）任何此项修正草案一经适用的会员国批准后，即作为本公约的修正案生效。

第三章　最后条款

第十条

本公约的正式批准书应送请国际劳工局局长登记。

第十一条

（一）本公约应仅对批准书已经局长登记的国际劳工组织会员国有约束力。

（二）本公约应自两会员国的批准书已经局长登记之日起12

个月后生效。

（三）此后对于任何会员国，本公约应自其批准书已经登记之日起 12 个月后生效。

第十二条

国际劳工局局长在国际劳工组织两会员国的批准书已经登记时，应即以之通知国际劳工组织的全体会员国，此后续有其他会员国的批准书登记时，该局长亦应予以通知。

第十三条

（一）凡批准本公约的会员国，自本公约初次生效之日起满 10 年后，得向国际劳工局局长通知解约，并请其登记。此项解约通知书，自经登记之日起满 1 年后始得生效。

（二）凡批准本公约的会员国，在前款所述的 10 年期满后的 1 年内，如未行使本条规定的解约权利者，即须再遵守 10 年，此后得依本条的规定，每当 10 年期满后，通知解约。

第十四条

国际劳工局理事会在必要时，应将本公约的实施情况向大会提出报告，并审查应否将本公约的全部或局部修正问题列入大会议程。

第十五条

（一）如大会制定新公约，系对本公约作全部或局部的修正时，除新公约另有规定外，应：

（1）在新修正公约生效时，会员国对于新修正公约的批准，不须依照前述第十三条的规定，依法应为对本公约的立即解约；

（2）自新修正公约生效之日起，本公约应即停止接受各会员国的批准。

（二）对于已批准本公约而未批准修正公约的会员国，本公约现有的形式及其内容，在任何情况下，仍应有效。

第十六条

本公约的法文本与英文本同等为准。

对国际劳工组织全体大会最初二十八届会议通过的各公约予以局部的修正以使各该公约所赋予国际联盟秘书长的若干登记职责今后有所规定并因国际联盟的解散及国际劳工组织章程的修正而将各该公约一并酌加修正的公约

（1946年10月9日第二十九届国际劳工大会通过）

国际劳工组织全体大会，经国际劳工局理事会的召集于1946年9月19日在蒙特利尔举行第二十九届会议，经议决采纳关于本届会议议程第二项所列“对本大会最初二十八届会议通过的各公约予以局部的修正以使各该公约所赋予国际联盟秘书长的若干登记职责今后的执行事宜有所规定，并因国际联盟的解散及国际劳工组织章程的修正而将各该公约一并酌加修正”一问题的若干提议，并认为这些提议须采取国际公约的方式，兹于1946年10月9日通过下列公约，此公约得称为1946年最后条款修正公约。

第一条

（一）国际劳工大会最初二十五届会议通过的各公约其本文各段落内凡遇有“国际联盟秘书长”等字样，应一律改为“国际劳工局局长”等字样；又凡遇有“秘书长”等字样，应一律改为“局长”等字样；凡遇有“秘书处”等字样，应一律改为“国际劳工局”等字样。

（二）国际劳工局局长对于本大会最初二十五届会议通过的各公约中所规定的公约与修正案的批准书、解约通知书及声明书所作的登记，与国际联盟秘书长依照各该公约原文规定，对于上述批准书、解约通知书及声明书所为之登记，应完全具有同等的效力。

（三）国际劳工局局长应将依照本大会最初二十五届会议通过并照本条前列各款加以修正的各公约的规定所登记的一切批准书、解约通知书及声明书的详情，送请联合国秘书长依照联合国宪章第一百零二条登记。

第二条

（一）本大会最初十八届会议通过的各公约序文首段中所有国际联盟的”等字样，统应予以删除。

（二）本大会最初十七届会议通过的各公约的序文中所有“依据凡尔赛条约第十三章及其他各和约相当章次的规定”等字样及与此大同小异的字样，应一律改为“依据国际劳工组织章程所定的条件”等字样。

（三）本大会最初二十五届会议通过的各公约条文中，凡遇有“依照凡尔赛条约第十三章及其他各和约相当章次所定的条件”等字样，或与此大同小异的任何字样，应一律改为“依照国际劳工组织章程所定的条件”等字样。

（四）本大会最初二十五届会议通过的各公约条文中，凡遇有“凡尔赛条约第四百零八条及其他各和约相当条款”等字样，或与此大同小异的任何字样，应一律改为“国际劳工组织章程第二十二条”等字样。

（五）本大会最初二十五届会议通过的各公约条文中，凡遇有“凡尔赛条约第四百二十一条及其他各和约相当条款”等字样，或与此大同小异的任何字样，应一律改为“国际劳工组织章程第三十五条”等字样。

（六）本大会最初二十五届会议通过的各公约序文及一切条

文中，凡遇有“公约草案”等字样，统应将“草案”等字样予以删除。

（七）本大会第二十八届会议通过的各公约条文凡提及国际劳工局局长者，其所有“Director”的头衔，应一律改为“Director-Genera1”的头衔。

（八）本大会最初十七届会议通过的各公约序文中，均应添入“此公约得称为”等字样，其下应将国际劳工局对有关公约习用的简称一并添入。

（九）本大会最初十四届会议通过的各公约，其条文含不只一款者，所有未标明次序之款，均应依次予以标明。

第三条

凡本组织会员国在本公约生效之后，将本大会最初二十八届会议所通过任何公约的正式批准书提送国际劳工局局长者，均应视为该会员国系批准已照本公约加以修正的公约。

第四条

本公约的2份，应由本大会主席及国际劳工局局长签署证明，其中1份应存入国际劳工局档案，另1份应送请联合国秘书长依照联合国宪章第一百零二条登记，局长并应将本公约的印证本分送国际劳工组织各会员国。

第五条

（一）本公约的正式批准书应提送国际劳工局局长。

（二）本公约应自局长收到国际劳工组织两会员国的批准书之日起开始生效。

（三）本公约开始生效及陆续收到本公约的其他批准书时，国际劳工局局长应以之通知国际劳工组织的全体会员国及联合国秘书长。

（四）凡本组织会员国批准本公约者，对于自本公约最初生效至该会员国批准日的期间内依照本公约所采取的任何措置，均因此项批准而承认其有效。

第六条

本公约开始生效时，国际劳工局局长应将本大会最初二十八届会议通过并照本公约规定加以修改的各公约的正式原文准备2份，加以签署证明，其中1份应存入国际劳工局档案，另1份应送请联合国秘书长，依照联合国宪章第一百零二条登记，局长并应将上述原文的印证本分送本组织各会员国。

第七条

本大会最初二十八届会议通过的任何公约，不论其中含有任何的规定，凡会员国对于本公约的批准，依法不得为对上述任何公约的解除，且本公约的开始生效，亦不得停止上述任何公约的续受批准。

第八条

（一）如大会通过新公约，系对本公约作全部或局部的修正时，除该新公约另有规定外，应依照下列规定办理：

（1）如新修正公约已生效时，凡会员国对于新修正公约的批准，依法应为对本公约的解除；

（2）自新修正公约生效之日起，本公约应即停止接受各会员国的批准。

（二）对于已批准本公约而未批准修正公约的会员国，本公约的现有形式及其内容，在任何情况下，仍应有效。

第九条

本公约的英文本与法文本同等为准。

二、全国人民代表大会常务委员会批准的 10 个国际劳工公约

男女工人同工同酬公约

国际劳工组织全体大会，经国际劳工局理事会的召集，于 1951 年 6 月 6 日在日内瓦举行第三十四届会议，决议通过关于本届会议议程第七项所列“男女工人同工同酬原则”的若干提议，决定这些提议应采取国际公约的方式，于 1951 年 6 月 29 日通过下列公约，此公约可称为 1951 年同工同酬公约。

第一条

本公约中：

a.“报酬”一词，系指通常的、基本的或最低的工资或薪金，以及雇主因雇用工人而直接或间接向其支付的其他任何现金报酬或实物报酬；

b.“男女工人同工同酬”一词，系指无性别歧视的报酬率。

第二条

1. 凡会员国，应通过与现行决定报酬率的方法相适应的各种手段，促使并在与这种方法相一致的条件下保证男女工人同工同酬原则适用于全体工人。

2. 此项原则可通过下列方法予以适用：

a. 国家法律或法规；

b. 依法制订或认可的决定工资的办法；

c. 雇工与工人之间的集体协议；

d. 同时采用上述几种方法。

第三条

1. 在有助于本公约各项条款的实施时，应采取各种措施，以促进根据所从事的工作对各种工作岗位进行客观评定。

2. 进行这种评定所使用的方法可由决定报酬率的机关确定，如报酬率系由集体协议决定，则须由有关各方确定。

3. 凡因从事不同工作而由上述客观评定所规定的工人之间的不同报酬率，在与性别无关的情况下，不得被视为违反男女工人同工同酬原则。

第四条

凡会员国应与有关雇主和工人组织适当合作，以实施本公约各项条款。

第五条

本公约的正式批准书应送交国际劳工局局长登记。

第六条

1. 本公约应仅对批准书已经局长登记的国际劳工组织会员国有约束力。

2. 本公约应自两个会员国的批准书已经局长登记之日起 12 个月后生效。

3. 此后，对于任何会员国，本公约应自其批准书已经登记之日起 12 个月后生效。

第七条

1. 依照国际劳工组织章程第 35 条第 2 款送交国际劳工局局长的声明书，应依下列各款指明：

a. 有关会员国承允将本公约的规定不加修改完全实施的领地；

b. 该会员国承允本公约的规定加以修改后实施的领地，并附送此项修改的细目；

c. 本公约不能实施的领地，在此种情况下，并说明其不能实施的理由；

d. 该会员国在对情况未作进一步研究以前，暂缓决定的领地。

2. 本条第 1 款 a 项与 b 项所称的承允，应视为批准书的一个组成部分，并具有批准书的效力。

3. 任何会员国对于在原送声明书中依照本条第1款b、c或d项所作的任何保留，此后可随时以另一声明书予以全部或局部撤销。

4. 任何会员国在依照第九条规定有权解除本公约时，可向局长送交声明书，在其他任何方面修改其以前声明书的内容，并叙明其所举领地的现状。

第八条

1. 依照国际劳工组织章程第35条第4款或第5款送交国际劳工局局长的声明书，应指明本公约的规定是否将不加修改或加以修改而实施于有关领地；如此项声明书指明本公约的规定将修改而实施时，应即列举此项修改的细目。

2. 有关的一个或多个会员国或国际机构，此后可随时以另一个声明书全部或局部放弃援引其在此前任何声明中所作任何修改的权利。

3. 有关的一个或多个会员国或国际机构，在依照第九条规定有权解除本公约时，可向局长送交声明书，在其他任何方面修改其以前声明书的内容，并叙明有关本公约实施的现状。

第九条

1. 凡批准本公约的会员国，自本公约起始生效之日起满10年后可向国际劳工局局长通知解约，并请其登记，此项解约通知书自经登记之日起满1年后始得生效。

2. 凡批准本公约的会员国，在前款所述10年期满后1年内未行使本条规定的解约权利者，即须再遵守10年，此后每当10年期满，可依本条规定通知解约。

第十条

1. 国际劳工局局长应将国际劳工组织各会员国所送交的一切批准书、声明书和解约通知书的登记情况，通知本组织全体会员国。

2. 局长在将所送交的第二份批准书的登记通知本组织各会员国时，应请本组织各会员国注意本公约开始生效的日期。

第十一条

国际劳工局局长应将他按照以上各条规定所登记的一切批准书、声明书和解约通知书的详细情况，送交联合国秘书长按联合国宪章第一百零二条进行登记。

第十二条

国际劳工局理事会在必要时，应就本公约的实施情况向大会提出报告，应审查可否将本公约的全部或局部修正问题列入大会议程。

第十三条

1. 如大会通过新公约对本公约作全部或局部修正时，除新公约另有规定外，应：

a. 在新修正公约生效时，会员国对于新修正公约的批准，依法应为对本公约的立即解除，而不适用上述第九条的规定；

b. 自新修正公约生效之日起，本公约应即停止对会员国开放批准。

2. 对于已批准本公约而未批准新修正公约的会员国，本公约现有的形式及内容，在任何情况下仍应有效。

第十四条

本公约的英文本与法文本同等作准。

（编者注：1990 年 9 月 7 日第七届全国人民代表大会常务委员会第十五次会议《关于批准两个国际劳工公约的决定》批准）

三方协商促进实施国际劳工标准公约

国际劳工组织大会，经国际劳工局理事会的召集，于 1976 年 6 月 2 日在日内瓦举行第六十一届会议，并忆及现行的部分国际劳工公约和建议书的条文，尤其是 1948 年结社自由和保护组织权利公约、1949 年组织权利和集体谈判公约以及 1960 年协商（产业和国家级）建议书，确定了雇主和工人建立自主和独立组织的权利并要求采取措施促进国家一级的政府机关与雇主和工人组织之间的有效协商，以及许多国际劳工公约和建议书中关于使雇主和工人组织的协商产生效果的规定，并考虑到本届会议第四项议程题为“建立三方机制以促进实施国际劳工标准”，决定通过关于三方协商促进实施国际劳工标准的若干提议，并决定这些提议应采取国际公约的方式，于 1976 年 6 月 21 日通过下列公约，此公约可称为 1976 年三方协商（国际劳工标准）公约。

第一条

本公约中“代表性组织”一词系指享有结社自由权利的最有代表性的雇主和工人组织。

第二条

1. 凡批准本公约的国际劳工组织会员国，承允运用各种程序保证就下述第五条第 1 款规定的国际劳工组织活动的有关事宜在政府、雇主和工人代表之间的有效协商。

2. 本条第 1 款规定的程序的性质和形式由各国经与代表性组织（如果此类组织存在及此种程序尚未建立）协商后根据国家惯例决定。

第三条

1. 以本公约所规定的程序为目的的雇主和工人代表应由他

们的代表性组织（如果此类组织存在）自由选任。

2. 雇主和工人应以平等地位参加从事协商的任何机构。

第四条

1. 主管机关应保证负责对本公约所规定程序的行政支持。

2. 应在主管机关与代表性组织（如果此类组织存在）之间作出适当安排，以对这些程序的参加者的必要培训给予财务支持。

第五条

1. 本公约所规定程序的目的是就下列事项进行协商：

a. 政府对国际劳工大会议程项目调查表的答复和政府对供大会讨论的拟议文本的意见；

b. 根据国际劳工组织章程第 19 条向主管机关或各主管机关提交公约和建议书时所提出的建议；

c. 经过适当时间间隔后对未批准的公约和尚未使之生效的建议书的再审查，以考虑可采取何种措施促进其实施以及考虑如属适宜，采取何种措施促进其批准；

d. 根据国际劳工组织章程第 22 条向国际劳工局提交的报告的有关问题；

e. 关于对已批准公约的解约建议。

2. 为保证充分考虑本条第 1 款提到的事项，应每隔根据协议确定的适当时间进行协商，但至少每年一次。

第六条

在与代表性组织（如果此类组织存在）协商后，如认为属适宜，主管机关应发表有关本公约规定程序实施情况的年度报告。

第七条

本公约的正式批准书应送交国际劳工局局长登记。

第八条

1. 本公约应仅对批准书已经局长登记的国际劳工组织会员

国有约束力。

2. 本公约应自两个会员国的批准书已经局长登记之日起 12 个月后生效。

3. 此后，对于任何会员国，本公约应自其批准书已经登记之日起 12 个月后生效。

第九条

1. 凡批准本公约的会员国，自本公约起始生效之日起满 10 年后可向国际劳工局局长通知解约，并请其登记。此项解约通知书自经登记之日起满 1 年后始得生效。

2. 凡批准本公约的会员国，在前款所述 10 年期满后 1 年内未行使本条规定的解约权利者，即须再遵守 10 年，此后每当 10 年期满，可依本条规定通知解约。

第十条

1. 国际劳工局局长应将国际劳工组织各会员国所送交的一切批准书和解约通知书的登记情况，通知本组织全体会员国。

2. 局长在将所送交的第二份批准书的登记通知本组织各会员国时，应请本组织各会员国注意本公约开始生效的日期。

第十一条

国际劳工局局长应将他按照以上各条规定所登记的一切批准书和解约通知书的详细情况，送交联合国秘书长按联合国宪章第一百零二条进行登记。

第十二条

国际劳工局理事会在必要时，应就本公约的实施情况向大会提出报告，并应审查可否将本公约的全部或局部修正问题列入大会议程。

第十三条

1. 如大会通过新公约对本公约作全部或局部修正时，除新公约另有规定外，应：

a. 在新修正公约生效时，会员国对于新修正公约的批准，依法应为对本公约的立即解除，而不适用上述第九条的规定；

b. 自新修正公约生效之日起，本公约应即停止对会员国开放批准。

2. 对于已批准本公约而未批准新修正公约的会员国，本公约现有的形式及内容，在任何情况下仍应有效。

第十四条

本公约的英文本与法文本同等作准。

（编者注：1990 年 9 月 7 日第七届全国人民代表大会常务委员会第十五次会议《关于批准两个国际劳工公约的决定》批准）

准予就业最低年龄公约

国际劳工组织大会，经国际劳工局理事会召集，于 1973 年 6 月 6 日在日内瓦举行其第 58 届大会，并经决定采纳本届会议议程第 4 项关于准予就业最低年龄的某些提议，并注意到 1919 年（工业）最低年龄公约、1920 年（海上）最低年龄公约、1921 年（农业）最低年龄公约、1921 年（扒炭工和司炉工）最低年龄公约、1932 年（非工业就业）最低年龄公约、1936 年（海上）最低年龄公约（修订）、1937 年（工业）最低年龄公约（修订）、1937 年（非工业就业）最低年龄公约（修订）、1959 年（渔民）最低年龄公约和 1965 年（井下工作）最低年龄公约的条款，并考虑到就此主题制订一个总文件的时机已到，这一文件将逐步替代现有的适用于有限经济部门的文件，以达到全部废除童工的目的，并经确定这些提议应采取国际公约的形式，于 1973 年 6 月 26 日通过以下公约，引用时得称之为 1973 年准予就业最低年龄公约：

第一条

凡本公约对其生效的会员国，承诺执行一项国家政策，以保证有效地废除童工并将准予就业或工作的最低年龄逐步提高到符合年轻人身心最充分发展的水平。

第二条

1. 凡批准本公约的会员国应在附于其批准书的声明中，详细说明准予在其领土内及在其领土注册的运输工具上就业或工作的最低年龄；除了符合本公约第 4 至第 8 条规定外，未满该年龄者不得允许其受雇于或从事任何职业。

2. 凡批准本公约的会员国得随后再以声明书通知国际劳工

局长，告知其规定了高于以前规定的最低年龄。

3. 根据本条第 1 款规定的最低年龄应不低于完成义务教育的年龄，并在任何情况下不得低于 15 岁。

4. 尽管有本条第 3 款的规定，如会员国的经济和教育设施不够发达，得在与有关的雇主组织和工人组织（如存在此种组织）协商后，初步规定最低年龄为 14 岁。

5. 根据上款规定已定最低年龄为 14 岁的各会员国，应在其按照国际劳工组织章程第 22 条的规定提交的实施本公约的报告中说明：

（a）如此做的理由；或

（b）自某日起放弃其援用有关规定的权利。

第三条

1. 准予从事按其性质或其工作环境很可能有害年轻人健康、安全或道德的任何职业或工作类别、其最低年龄不得小于 18 岁。

2. 本条第 1 款适用的职业类别应由国家法律或条例，或由主管当局在与有关的雇主组织和工人组织（如存在此种组织）协商后确定。

3. 尽管有本条第 1 款的规定，国家法律或条例，或主管当局在与有关的雇主组织和工人组织（如存在此种组织）协商后可准予从 16 岁起就业或工作，条件是必须充分保护有关年轻人的健康、安全和道德，这些年轻人并须在有关的活动部门受过适当的专门指导或职业训练。

第四条

1. 如属必要，主管当局在与有关的雇主组织和工人组织（如存在此种组织）协商后，对运用本公约将产生特殊和重大问题的有限几种职业或工作得豁免其应用本公约。

2. 凡批准本公约的会员国应在其按照国际劳工组织章程第 22 条的规定提交的关于实施本公约的第一次报告中，列举按照本条第 1 款的规定得豁免于应用本公约的任何职业或工作类别，陈述豁免的理由，并应在以后的报告中说明该国法律和实践对豁免此类职业或工作所做规定的状况，并说明在何种程度上已经或建议对此类职业或工作实施本公约。

3. 本公约第 3 条所规定的职业或工作，不得按照本条规定而免于应用本公约。

第五条

1. 经济和行政设施不够发达的会员国在与有关的雇主组织和工人组织（如存在此种组织）协商后，得在开始时限制本公约的应用范围。

2. 凡援用本条第 1 款规定的会员国，应在附于其批准书的声明书中，详细说明哪些经济活动部门或企业类别将应用本公约的规定。

3. 本公约的规定至少应适用于下列行业：采矿和采石、制造、建筑、电、煤气和水、卫生服务、运输、仓储和交通，以及种植园和其他主要为商业目的而生产的农业企业，但不包括为当地消费而生产又不正式雇工的家庭企业和小型企业。

4. 任何会员国按照本条规定已限制应用本公约的范围者：

（a）应在其根据国际劳工组织章程第 22 条的规定提交的报告中，说明不包括在应用本公约范围内的经济活动部门中年轻人和儿童就业或工作的一般状况，以及为扩大应用本公约的规定所可能取得的任何进展；

（b）得在任何时候通过向国际劳工局长提交声明书，正式扩大应用范围。

第六条

本公约不适用于在普通学校、职业技术学校或其他培训机构中的儿童和年轻人所做的工作，或企业中年龄至少为 14 岁的人所做的工作，只要该工作符合主管当局在与有关的雇主组织和工人组织（如存在此种组织）协商后规定的条件，并是下列课程或计划不可分割的一部分：

(a) 一所学校或一个培训机构主要负责的教育或培训课程；

(b) 经主管当局批准，主要或全部在一个企业内实施的培训计划；或

(c) 为便于选择一种职业或行业的培训指导或引导计划。

第七条

1. 国家法律或条例得允许年龄为13至15岁的人在从事轻工作的情况下就业或工作，这种工作是：

(a) 大致不会危害他们的健康或发育；并

(b) 不会妨碍他们上学、参加经主管当局批准的职业指导或培训计划或从所受教育中获益的能力。

2. 国家法律或条例还得允许年龄至少为15岁但还未完成其义务教育的人从事符合本条第1款（a）和（b）所要求的工作。

3. 主管当局应确定按照本条第1和2款的规定得被允许就业或工作的活动，并应规定从事此种就业或工作的工作小时数和工作条件。

4. 尽管有本条第1款和第2款的规定，已援用第2条第4款的会员国，只要其继续这样做，得以12岁和14岁取代本条第1款的13岁和15岁，并以14岁取代本条第2款的15岁。

第八条

1. 主管当局在与有关的雇主组织和工人组织（如存在此种组织）协商后，得在个别情况下，例如参加艺术表演，准许除外于本公约第2条关于禁止就业或工作的规定。

2. 如此作出的准许应对准予就业或工作的小时数加以限制，并规定其条件。

第九条

1. 主管当局应采取一切必要措施，包括规定适当惩罚，以保证本公约诸条款的有效实施。

2. 国家法律或条例或主管当局应规定何种人员有责任遵守实施公约的条款。

3. 国家法律或条例或主管当局应规定雇主应保存登记册或其他文件并使其可资随时取用；这种登记册或文件应包括他所雇用或为他工作的不足18岁的人的姓名、年龄或出生日期，尽可能有正式证明。

第十条

1. 本公约按照本条条款修正1919年（工业）最低年龄公约、1920年（海上）最低年龄公约、1921年（农业）最低年龄公约、1921年（扒炭工和司炉工）最低年龄公约、1932年（非工业就业）最低年龄公约、1936年（海上）最低年龄公约（修订）、1937年（工业）最低年龄公约（修订）、1937年（非工业就业）最低年龄公约（修订）、1959年（渔民）最低年龄公约、以及1965年（井下工作）最低年龄公约。

2. 本公约生效不应停止接受下列公约的批准：1936年（海上）最低年龄公约（修订）、1937年（工业）最低年龄公约（修订）、1937年（非工业就业）最低年龄公约（修订）、1959年（渔民）最低年龄公约，或1965年（井下工作）最低年龄公约。

3. 如有关各方都以批准本公约或向国际劳工局长送达声明书表示同意停止对1919年（工业）最低年龄公约、1920年（海上）最低年龄公约、1921年（农业）最低年龄公约和1921年（扒炭工和司炉工）最低年龄公约的继续批准，则应停止其继续批准。

4. 如本公约生效或当其生效之时：

（a）一个已批准了1937年（工业）最低年龄公约（修订）的会员国承担本公约的义务且已遵照本公约第2条规定了最低年龄不低于15岁，则依法应为对该公约的立即解约，

（b）关于1932年（非工业就业）最低年龄公约所规定的非工业就业，如一个批准了该公约的会员国承担本公约的义务，则依法应为对该公约的立即解约，

（c）关于1937年（非工业就业）最低年龄公约（修订）所规定的非工业就业，如一个批准了该公约的会员国承担本公约的义务，并遵照本公约第2条规定了最低年龄不低于15岁，则依法应为对该公约的立即解约，

（d）关于海事就业，如一个批准了1936年（海上）最低年龄公约的会员国承担本公约的义务，并遵照本公约第2条规定了最低年龄不低于15岁或该会员国规定本公约第3条适用于海事就业，则依法应为对该公约的立即解约，

（e）关于海上捕鱼就业，如一个批准了1959年（渔民）最低年龄公约的会员国承担本公约的义务，并遵照本公约第2条规定了最低年龄不低于15岁或该会员国规定本公约第3条适用于海上捕鱼就业，则依法应为对该公约的立即解约，

（f）一个批准了1965年（井下工作）最低年龄公约的会员国承担本公约的义务，并遵照本公约第2条规定了不低于该公约规定的最低年龄或该会员国因本公约第3条而规定此年龄适用于井下就业时，则依法应为对该公约的立即解约。

5. 如本公约生效或当其生效之时：

（a）关于1919年（工业）最低年龄公约，承担本公约的义务应涉及根据该公约第12条对该公约解约，

（b）关于农业，承担本公约的义务应涉及根据1921年（农业）最低年龄公约第9条对该公约解约，

（c）关于海事就业，承担本公约的义务应涉及根据1920年（海上）最低年龄公约第10条和1921年（扒炭工和司炉工）最低年龄公约第12条对该公约解约。

第十一条

本公约的正式批准书应送请国际劳工局长登记。

第十二条

1. 本公约应仅对其批准书已经国际劳工局长登记的会员国有约束力。

2. 本公约应自两个会员国的批准书已经登记之日起12个月后生效。

3. 此后对于任何会员国，本公约应自其批准书已经登记之日起12个月后生效。

第十三条

1. 凡批准本公约的会员国，自本公约初次生效之日起满10年后，得向国际劳工局长通知解约，并请其登记。此项解约通知书，自登记之日起满1年后，始得生效。

2. 凡批准本公约的会员国，在前款所述10年期满后的1年内未行使本条所规定的解约权利者，即须再遵守10年，此后每当10年期满，得依本条的规定通知解约。

第十四条

1. 国际劳工局长应将国际劳工组织各会员国所送达的一切批准书和解约通知书的登记情况，通知本组织的全体会员国。

2. 局长在将所送达的第2份批准书的登记通知本组织的各会员国时，应提请本组织各会员国注意本公约开始生效的日期。

第十五条

国际劳工局长应将他按照以上各条规定所登记的一切批准书和解约通知书的详细情况，按照联合国宪章第102条的规定，送请联合国秘书长进行登记。

第十六条

国际劳工局理事会在必要时，应将本公约的实施情况向大会提出报告，并审查应否将本公约的全部或部分修订问题列入大会议程。

第十七条

1. 如大会通过新公约对本公约做全部或部分修订时，除新公约另有规定外，应：

（a）如新修订公约生效和当其生效之时，会员国对于新修订公约的批准，不需按照上述第13条的规定，依法应为对本公约的立即解约。

（b）自新修订公约生效之日起，本公约应即停止接受会员国的批准。

2. 对于已批准本公约而未批准修订公约的会员国，本公约以其现有的形式和内容，在任何情况下仍应有效。

第十八条

本公约的英文本和法文本同等为准。

（编者注：1999 年 12 月 29 日第九届全国人民代表大会常务委员会第六次会议《关于批准〈准予就业最低年龄公约〉的决定》批准）

残疾人职业康复和就业公约

目　录

国际劳工组织全体大会，经国际劳工局理事会的召集于 1983 年 6 月 1 日在日内瓦举行第六十九届会议。注意到 1955 年职业康复（残疾人）建议书和 1975 年人力资源开发建议书制定的现有国际标准，注意到自 1955 年残疾人职业康复建议书通过以来，对康复需要的认识，康复工作的范围和组织，及许多会员国在该建议书所涉及的问题上的法律和实际情况，都有了重大发展，考虑到联合国大会已宣布 1981 年为国际残疾人年，其主题为“充分参与和平等”，同时，一项关于残疾人的综合性世界行动计划将在国际和各国为实现残疾人“充分参与”社会生活和发展以及“平等”的目标提供有效措施，考虑到这些发展已使得宜于就此主题通过新的国际标准，这些新标准尤其考虑到保障城市和农村地区所有各类残疾人在就业与参与社会方面的平等机会和待遇的需要，经议决采纳关于本届会议议程第四项所列“职业康复”的若干提议，并经决定这些提议应采取国际公约的形式，兹于 1983 年 6 月 20 日通过下列公约，此公约得称为 1983 年残疾人职业康复和就业公约。

第一章　定义和范围

第一条

一、本公约所称“残疾人”一词，系指因经正式承认的身体或精神损伤，从而在获得、保持适当职业并得到提升方面的前景大受影响的个人。

二、就本公约而言，所有会员国应视职业康复的目的是使残疾人能获得、保持适当职业并得到提升，从而促进他们参与或重新参与社会。

三、本公约各项规定应由会员国通过适合国家条件和符合国家实际情况的措施予以实施。

四、本公约各项规定应适用于各类残疾人。

第二章　残疾人职业康复和就业政策原则

第二条

所有会员国应根据国家条件、实际情况和可能制定、实施并定期检查关于残疾人职业康复和就业的国家政策。

第三条

此项政策应致力于保证为各类残疾人提供适当的职业康复措施，以及增加残疾人在公开劳工市场中的就业机会。

第四条

此项政策应基于残疾工人与一般工人机会平等的原则。尊重男女残疾工人的平等机会和待遇。为残疾工人获得与其他工人同等的有效机会和待遇而制定的积极的特别措施，不应认为是对其他工人的歧视。

第五条

关于此项政策的实施，包括为促进从事职业康复活动的公办和私立机构间的合作与协调而采取的措施，应与有代表性的雇主和工人组织进行磋商。还应与有代表性的残疾人或为残疾人服务的组织进行磋商。

第三章　发展残疾人职业康复和就业服务的国家行动

第六条

所有会员国应通过法律、法规或符合国家条件和实际情况的其他办法，采取必要步骤使本公约第二、三、四、五条生效。

第七条

主管机关应采取措施为残疾人提供职业指导、职业培训、安置、就业和其他有关服务并对之进行评价，以使残疾人能够获得、保持职业及提升；在可能和适当情况下，现有的为一般工人提供的有关服务应经必要调整后使用。

第八条

应采取措施促进在农村和边远社区建立及发展残疾人职业康复与就业服务。

第九条

所有会员国应致力于保证对康复顾问和负责残疾人职业指导、职业培训、安置和就业的其他符合要求的工作人员的培训和使用。

第十条

本公约的正式批准书应送请国际劳工局长登记。

第十一条

一、本公约仅对其批准书已经局长登记的国际劳工组织会员国有约束力。

二、本公约自两个会员国的批准书已经局长登记之日起 12 个月后生效。

三、此后，对于任何会员国，本公约自其批准书已经登记之日起 12 个月后生效。

第十二条

一、凡批准本公约的会员国，自本公约初次生效之日起满10年后可向国际劳工局长通知解约，并请其登记。此项解约通知书自登记之日起满1年后始得生效。

二、凡批准本公约的会员国，在前款所述10年期满后的1年内，如未行使本条所规定的解约权利，即须再受本公约约束10年，此后每当10年期满，可依本规定通知解约。

第十三条

一、国际劳工局长应将国际劳工组织各会员国所送达的一切批准书和解约通知书的登记情况，通知本组织的全体会员国。

二、局长在通知本组织各会员国关于第二份批准书已送达并登记时，应请本组织各会员国注意本公约开始生效的日期。

第十四条

国际劳工局长应将他按照以上各条规定所登记的一切批准书和解约通知书的详细情况送请联合国秘书长，按照联合国宪章第一百零二条进行登记。

第十五条

国际劳工局理事会在必要时，应将本公约的实施情况向大会提出报告，并审查应否将本公约的全部或局部修正问题列入大会议程。

第十六条

一、如大会通过对本公约作全部或局部修正的新公约时，除新公约另有规定外：

（一）在新修正公约生效时，会员国对于新修正公约的批准，即依法视为对本公约的立即解除，而不须按照上述第十二条的规定办理。

（二）自新修正公约生效之日起本公约即停止接受会员国的批准。

二、对于已批准本公约而未批准修正公约的会员国，本公约现有的形式及内容，在任何情况下，仍应有效。

第十七条

本公约的英文本与法文本同等为准。

（编者注：1987 年 9 月 5 日第六届全国人民代表大会常务委员会第二十二次会议关于批准《第 159 号残疾人职业康复和就业公约》的决定批准）

作业场所安全使用化学品公约

目　录

国际劳工组织大会，国际劳工局理事会召集，于 1990 年 6 月 6 日在日内瓦举行第 77 届会议，并注意到有关的国际劳工公约和建议书，特别是 1971 年苯公约和建议书、1974 年职业病公约和建议书、1977 年工作环境（空气污染、噪音的震动）公约和建议书、1981 年职业安全卫生公约和建议书、1985 年职业卫生设施公约和建议书、1986 年石棉公约和建议书，以及作为 1964 年工伤津贴公约附件、1980 年经修订的职业病清单，并注意到保护工人免受化学品的有害影响同样有助于保护公众和环境，并注意到工人需要并有权利获得他们在工作中使用的化学品的有关资料，并考虑到通过下列方法预防或减少工作中化学品导致的疾病和伤害事故的重要性：

（a）保证对所有化学品的评价以确定其危害性；

（b）为雇主提供一定机制，以从供货者处得到关于作业中使用的化学品的资料，这样他们能够实施保护工人免受化学品危害的有效计划；

(c) 为工人提供关于其作业场所的化学品及适当防护措施的资料，这样他们能有效地参与保护计划；

(d) 确定关于此类计划的原则，以保证化学品的安全使用，并认识到在国际劳工组织、联合国环境计划署和世界卫生组织之间，以及与联合国粮食和农业组织及联合国工业发展组织就国际化学品安全计划进行合作的需要，并注意到这些组织制订的有关文件、规则和使用指南，并经决定采纳本届会议议程第五项关于作业场所安全使用化学品的某些提议，并经确定这些提议应采取国际公约的形式，于 1990 年 6 月 25 日通过以下公约，引用时得称之为 1990 年化学品公约。

第一部分　范围和定义

第一条

1. 本公约适用于使用化学品的所有经济活动部门。

2. 凡批准本公约的会员国主管当局，经与最有代表性的有关雇主组织和工人组织协商，及在评价所包含的危害和应采取的保护措施的基础上：

(a) 准许某些特殊经济活动部门、企业或产品在下列情况中免于实施本公约或其若干条款；

(Ⅰ) 存在实质性特殊问题；

(Ⅱ) 依照国家法律或实践提供的全部保护不低于完全实施本公约各项条款所构成的保护；

(b) 制定专门规定，以保护那些泄露给竞争对手可能对雇主的经营造成损害的机密资料，但是，只要工人的安全和健康不因此而受到损害。

3. 本公约不适用于其在正常或合理可预见条件下的使用不造成工人接触有害化学品的物品。

4. 本公约不适用于各类有机物，但适用于有机物衍生的化学品。

第二条

就本公约而言：

(a)“化学品”一词系指各类化学元素和化合物，及其混合物，无论其为天然或人造；

(b)“有害化学品”一词包括根据第六条被分类为有害，或有适当资料指明其为有害的任何化学品；

(c)“作业场所使用化学品”一词系指可能使工人接触化学制品的任何作业活动，包括：

(Ⅰ) 化学品的生产；

(Ⅱ) 化学品的搬运；

(Ⅲ) 化学品的贮存；

(Ⅳ) 化学品的运输；

(Ⅴ) 化学品废料的处置或处理；

(Ⅵ) 因作业活动导致的化学品的排放；

(Ⅶ) 化学品设备和容器的保养、维修和清洁；

(d)“经济活动部门”一词系指雇用工人的所有部门，其中包括公共服务机构；

(e)“物品”一词系指在生产过程中形成特定形状或结构型，或以原始形状存在的一种物质，其在这种形态下，该物体的用途全部或部分地取决于其形状或构型；

(f)“工人代表”一词系指根据 1971 年工人代表公约被国家法律或惯例所承认的人员。

第二部分　总　则

第三条

应就为使本公约各项规定生效所采取的措施与最有代表性的有关雇主组织和工人组织进行协商。

第四条

会员国应依照国家条件和惯例并经与最有代表性的雇主组织和工人组织协商，制定和实施一项有关作业场所安全使用化学品政策，并进行定期检查。

第五条

如在安全和健康方面认为适当，主管当局应有权禁止或限制某些有害化学品的使用，或要求在使用此种化学品时事先通知主管当局并得到批准。

第三部分　分类和有关措施

第六条　分类制度

1. 应由主管当局，或经主管当局批准或认可的机构，根据国家或国际标准，建立适当的制度或专门标准，以按照其固有的对健康和身体的危害方式和程度对所有化学品进行分析，并对确定化学品是否有害所需的有关资料进行评价。

2. 通过以其各种化学品固有危害为基础进行的评价，确定两种或多种化学品的危害特性。

3. 各项在运输时，此种制度和标准应考虑关于危险品运输的联合国建议书。

4. 分类制度及其实施应逐步推广。

第七条　标签和标识

1. 所有化学品应加以标识以表明其特性。

2. 有害化学品应以易于为工人理解的方式另外加贴标签，以便提供关于其分类，其具有的危害以及应遵循的安全预防措施的基本资料。

3. (1) 应由主管当局，或经主管当局批准或认可的机构，根据国家或国际标准，依照本条第 1 和第 2 款做出对化学品加以标识或加贴标签的要求。

(2) 在运输时，此种要求应考虑联合国关于危险品运输的建议书。

第八条

化学品安全使用说明书

1. 对于有害化学品，应向雇主提供化学品安全使用说明书，其中应列明其特性、供货人、分类、危害、安全防预措施和应急处置方法的基本资料。

2. 应由主管当局，或经主管当局批准或认可的机构，根据国家或国际标准，制订关于编制化学品安全使用说明书的标准。

3. 化学品安全使用说明书中用于识别化学品的化学或通用名称应与标签上使用的名称一致。

第九条

供货人的责任

1. 化学品供货人，无论是制造商，进口商或经销商，均应保证:

（a）已在了解其特性和对现有资料进行查询的基础上，根据第六条对这些化学品进行分类，或已根据下列第 3 款对其进行评价;

（b）根据第七条第 1 款对这些化学品加以标识以表明其特性;

（c）根据第七条第 2 款对其提供的有害化学品加贴标签;

（d）根据第八条第 1 款为这些有害化学品编制化学品安全使用说明书并提供给雇主。

2. 有害化学品的供货人应保证，在得到新的适当安全卫生资料时，以符合国家法律和实践的方法编制经修订的标签和化学品安全使用说明书并提供给雇主。

3. 未根据第六条进行分类的化学品的供货人，应在对现有资料进行查询的基础上，对其供应的化学品进行识别并对其成份进行评价以确定其是否为有害化学品。

第四部分　雇主的责任

第十条

识别

1. 雇主应保证作业场所使用的所有化学品均按第七条的要求加贴标签或加以标识，化学品安全使用说明书已按第八条的要求提供并可供工人及其代表使用。

2. 收到尚未按第七条要求加贴标签或加以标识，或尚未按第八条要求提供化学品安全说明书的化学品的雇主，应从供货人或其他合理的可能来源处获得有关资料，在未获得此种资料前不应使用此种化学品。

3. 雇主应保证所使用的化学品都是根据第六条进行分类的，或根据第九条第3款进行识别或评价的，并根据第七条加贴标签或加以标识的化学品，同时需要保证在使用前采取必要的预防措施。

4. 雇主应参照适当的化学品安全使用说明书对作业场所使用的有害化学品进行登记。所有有关工人及其代表都能查阅此种登记册。

第十一条　化学品的转移

雇主应保证在将化学品转移到其他容器或设备中时，以一定方式对其内容加以列明，以使工人明了其特性，以及有关的危害和应遵守的安全措施。

第十二条

接触

雇主应：

（a）保证工人接触化学品的程度不超过主管当局、或经主管当局批准或认可的机构，根据国家或国际标准制订的用于评估和控制作业环境的接触限值或其他接触标准；

（b）评价工人接触有害化学品的情况；

（c）在对保障工人安全和健康属必要或经主管当局决定时，监测并记录工人接触有害化学品的情况；

（d）保证对工作环境和使用有害化学品工人的接触情况的监测记录按主管当局规定的期限加以保存及可供工人及其代表使用。

第十三条

操作控制

1. 雇主应对作业场所中使用化学品所造成的危险进行评价，并通过适当的办法，包括下列方法使工人避免这些危险：

（a）选用可将危险消除或减到最低程度的化学品；

（b）选用可将危险消除或减到最低程度的技术；

（c）使用适当的工程控制措施；

（d）采用可将危险消除或减到最低程度的工作制度和实际做法；

（e）采取适当的职业卫生措施；

（f）在依靠上述措施仍不足的情况下，免费向工人提供并适当保养个人防护装备和服装，并采取措施保证其使用。

2. 雇主应：

（a）限制接触有害化学品以保护工人的安全与健康；

（b）提供急救；

（c）做好处置紧急情况的安排。

第十四条

处置

对不再需要的有害化学品和可能残留有害化学品的空容器，应依照国家法律和惯例以一定方式加以处理或处置，以将其对安全和健康，以及环境的危害加以消除或减到最低程度。

第十五条

资料和培训

雇主应：

（a）通知工人所接触作业场所使用的化学品有关的危害；

（b）指导工人如何获得和使用就标签和化学制品安全使用说明书所提供的资料；

（c）按照化学品安全使用说明书以及关于作业场所的专门资料，编制工人作业须知，如适宜应采用书面形式；

（d）对工人经常进行作业场所安全使用化学品方面应遵循的做法和程度的培训。

第十六条

合作

雇主在履行其责任时，应尽可能在作业场所安全使用化学品方面与工人及其代表密切合作。

第五部分　工人的义务

第十七条

1. 在雇主履行其责任时，工人应尽可能与其雇主密切合作，并遵守与作业场所安全使用化学品有关的所有程序和做法。

2. 工人应采取一切合理步骤将作业场所使用化学品对他们自己以及他人的危险加以消除或减到最低程度。

第六部分　工人及其代表的权利

第十八条

1. 工人应有权在有正当理由确信存在对其安全或健康的紧迫和严重危险的情况下，从使用化学品造成的危险中撤离，并应立即报告其上级主管。

2. 根据前款规定从危险中撤离或行使本公约规定的任何其他权利的工人应受保护以免遭不适当的待遇。

3. 有关工人及其代表应有权获得：

（a）关于作业场所使用的化学品的特性、此种化学品的有害成份、预防措施、教育和培训的资料；

(b) 标签和标识包含的资料；

(c) 化学品安全使用说明书；

(d) 本公约要求加以保存的任何其他资料。

4. 在某种化学混合物的成份的特殊性性向竞争者透露可能对雇主的经营造成损害的情况下，雇主在提供上述第 3 款要求的资料时，可以根据第一条第 2 款（b）由主管机关批准的方式对该种特性予以保密。

第七部分　出口国的责任

第十九条

在某出口化学品的会员国因工作安全和健康原因全部或部分禁用有害化学品的情况下，此种禁用的事实和原因应由该出口会员国通知进口化学品的国家。

第二十条

本公约的正式批准书应送请国际劳工局长登记。

第二十一条

1. 本公约应仅对其批准书已经局长登记的国际劳工组织会员国有约束力。

2. 本公约应自两个会员国的批准书已经局长登记之日起 12 个月后生效。

3. 此后，对于任何会员国，本公约应自其批准书已经登记之日起 12 个月后生效。

第二十二条

1. 凡批准本公约的会员国，自本公约初次生效之日起满 10 年后可向国际劳工局局长通知解约，并请其登记。此项解约通知书自登记之日起满 1 年后始得生效。

2. 凡批准本公约的会员国，在前款所述 10 年期满后的 1 年内未行使本条所规定的解约权利者，即须再遵守 10 年，此后每当 10 年期满，可依本条的规定通知解约。

第二十三条

1. 国际劳工局长应将国际劳工组织各会员国所送达的一切批准书和解约通知书的登记情况，通知本组织的全体会员国。

2. 局长在将所送达的第2份批准书的登记通知本组织的各会员国时，应提请本组织各会员国注意本公约开始生效的日期。

第二十四条

国际劳工局长应将他按照以上各条规定所登记的一切批准书和解约通知书的详细情况，按照《联合国宪章》第102条的规定，送请联合国秘书长进行登记。

第二十五条

国际劳工局理事会在必要时，应将本公约的实施情况向大会提出报告，并审查应否将本公约的全部或部分修订问题列入大会议程。

第二十六条

1. 如大会通过新公约对本公约作全部或部分修订时，除新公约另有规定外，则：

(a) 如新修订公约业已生效，尽管有上述第22条的规定，会员国对新修订公约的批准应立即构成对本公约的废止。

(b) 自新修订公约生效之日起，本公约应即停止接受会员国的批准。

2. 对于已批准本公约而未批准修订公约的会员国，本公约以其现有的形式和内容，在任何情况下仍应有效。

第二十七条

本公约的英文本和法文本同等为准。

（编者注：1994年10月27日第八届全国人民代表大会常务委员会第十次会议关于批准《作业场所安全使用化学品公约》的决定批准）

劳动行政管理公约

国际劳工组织大会，经国际劳工局理事会召集，于1978年6月7日在日内瓦举行其第六十四届会议，并忆及现行的国际劳工公约和建议书条款，特别是1947年劳动监察公约，1969年劳动监察公约（农业）和1948年就业服务机构公约的条款均提倡实行特定的劳动行政管理活动，并认为有必要通过制订文件来确定有关劳动行政管理总体系的指导方针，并忆及1964年就业政策公约和1975年人力资源开发公约；又忆及为达到有适当报酬的充分就业的目的和实现上述各公约确定的目标，确需制订劳动行政管理纲领，并承认充分尊重雇主组织和工人组织自治权的必要性，忆及在这方面现行国际劳工公约和建议书的有关保障结社、组织和集体谈判权利的条款，特别是1948年结社自由和保护组织权利公约和1949年组织权利和集体谈判权利公约，禁止由公共当局采取限制或阻挠这些权利合法实施的任何干预行为，并且考虑到雇主组织和工人组织在争取达到经济、社会和文化进步的目标方面所起的重要作用，并经决定采纳本届会议议程第四项关于劳动行政管理的作用、职能及组织的某些提议，并经确定这些提议应采取国际公约的形式，于1978年6月26日通过以下公约，引用时得称之为1978年劳动行政管理公约：

第一条

就本公约而言：

（a）“劳动行政管理”一词系指在国家劳动政策领域内的公共行政管理活动；

（b）“劳动行政管理系统”一词覆盖负责、从事劳动行政管理的一切公共行政管理机构（无论是政府部门或是公共管理机构，包括准国家性和区域性，或地方性等行政管理分权机构）和为协调此类机构的活动、为与雇主和工人及其组织协商并使其参与管理的任何组织机构。

第二条

凡批准本公约的会员国得根据国家法律或条例或本国的实践，指派或委托非政府组织特别是雇主组织和工人组织、或在条件允许的情况下指派或委托雇主代表和工人代表，从事某些劳动行政管理活动。

第三条

凡批准本公约的会员国对其国家劳动政策领域内的某些特定活动，得按国家法律或条例或本国的实践，由雇主组织和工人组织直接协商调节。

第四条

凡批准本公约的会员国应以符合本国条件的方式，保证劳动行政管理系统在其领土上得以组织和有效运转，并使其职能和责任得到相应调整。

第五条

1. 凡批准本公约的会员国应作出符合本国条件的安排，在劳动行政管理系统内，促成公共当局与最有代表性的雇主组织和工人组织、或在条件允许的情况下与雇主代表和工人代表进行协商、合作和谈判。

2. 在符合国家法律和条例以及本国实践的范围内，此种安排可在全国、地区和地方各级进行，也可在经济活动不同部门的层次上进行。

第六条

1. 劳动行政管理系统内的主管机构，应在适当情况下负责或帮助准备、施行、协调、检查和审议国家劳动政策，以使其在公共行政管理的范围内发挥贯彻实施国家劳动政策的法律和条例的作用。

2. 特别考虑到国际劳工标准，这些机构应：

（a）根据国家法律和条例及本国实践，参与国家就业政策的准备、施行、协调、检查和审议；

（b）研究和不断审议就业、失业和不充分就业者的状况，考虑与工作条件、工作生活和就业条款有关的国家法律和条例及本国实践，注意这些条件和条款的缺陷及其滥用，并提出解决这些问题的办法和建议；

（c）在符合国家法律或条例或本国实践的情况下，为雇主和工人及其各自的组织提供服务，以便在国家、区域和地方各级以及在经济活动不同部门的层次上，促进公共当局和公共机构与雇主组织和工人组织之间以及这些组织相互之间的有效协商与合作；

（d）根据雇主、工人及其各自组织的要求，提供技术咨询。

第七条

凡批准本公约的会员国，在国家条件允许时，为尽可能满足最大多数工人的需要，必要时分阶段和其他主管机构进行合作，促使劳动行政管理系统的职能逐步扩大到尚未涉及的活动，使之包括有关在法律上尚未计入受雇人员之列的某些类别工人的工作条件和工作生活的各种活动。上述人员类别如下：

（a）不请外来帮工的佃农、分成佃农和相似类别的农业工人；

（b）不请外来帮工而在按本国实践理解为非正规部门工作的自雇工人；

（c）合作社和工人自行管理的企业中的成员；

（d）在按村镇习惯或传统建立的体系中工作的人员。

第八条

在符合国家法律和条例及本国实践的范围内，劳动行政管理系统内的主管机构应协助准备制订有关国际劳工事务的国家政策，代表国家参与上述事务，并协助国家在这方面采取全国性措施。

第九条

为妥善协调劳动行政管理系统的各种职能和责任，劳动部或与其相当机构应以国家法律或条例或本国实践所确定的方式，查明负责特定劳动行政管理活动的准国家机构和授权其担任特定劳动行政管理活动的地区机构或地方机构是否按照国家法律、条例为其规定的目标进行运作。

第十条

1. 劳动行政管理系统的职工由具备担任该活动资格的人员组成，这些人员应接受过必需的培训且不受外来影响。

2. 应为上述职工提供为有效完成其任务所必需的地位、物质手段和财政资源。

第十一条

本公约的正式批准书应送请国际劳工局长登记。

第十二条

1. 本公约应仅对其批准书已经局长登记的国际劳工组织会员国有约束力。

2. 本公约应自两个会员国的批准书已经局长登记之日起12个月后生效。

3. 此后，对于任何会员国，本公约应自其批准书已经登记之日起12个月后生效。

第十三条

1. 凡批准本公约的会员国，自本公约初次生效之日起满10年后得向国际劳工局长通知解约，并请其登记。此项解约通知书自登记之日起满1年后始得生效。

2. 凡批准本公约的会员国，在前款所述10年期满后的1年内未行使本条所规定的解约权利者，即须再遵守10年，此后每当10年期满，得依本条的规定通知解约。

第十四条

1. 国际劳工局长应将国际劳工组织各会员国所送达的一切

批准书和解约通知书的登记情况，通知本组织的全体会员国。

2. 局长在将所送达的第 2 份批准书的登记情况通知本组织全体会员国时，应提请本组织各会员国注意本公约开始生效的日期。

第十五条

国际劳工局长应将他按照以上各条规定所登记的一切批准书和解约通知书的详细情况，按照《联合国宪章》第 102 条的规定，送请联合国秘书长进行登记。

第十六条

国际劳工局理事会在必要时，应将本公约的实施情况向大会提出报告，并审查应否将本公约的全部或部分修订问题列入大会议程。

第十七条

1. 如大会通过新公约对本公约作全部或部分修订时，除新公约另有规定外，应：

（a）如新修订公约已生效，自其生效时，会员国对新修订公约的批准，不需按照上述第 13 条的规定，即为依法对本公约立即解约；

（b）自新修订公约生效之日起，本公约应即停止接受会员国的批准。

2. 对于已批准本公约而未批准修订公约的会员国，本公约以其现有的形式和内容，在任何情况下仍应有效。

第十八条

本公约的英文本和法文本同等作准。

（编者注：2001 年 10 月 27 日第九届全国人民代表大会常务委员会第二十四次会议决定批准）

建筑业安全卫生公约

国际劳工组织大会，经国际劳工局理事会召集，于1988年6月1日在日内瓦举行其第七十五届会议，并注意到有关的国际劳工公约和建议书，特别是1937年（建筑业）安全规定公约和建议书，1937年（建筑业）预防事故合作建议书、1960年辐射防护公约和建议书、1963年机器防护公约和建议书，1967年最大负重量公约和建议书、1974年职业性癌公约和建议书、1977年工作环境（空气污染、噪音和震动）公约和建议书、1981年职业安全和卫生公约和建议书、1985年职业卫生服务系统公约和建议书、1986年石棉公约和建议书，并注意到1964年工伤事故和职业病津贴公约所附并于1980年经修订的职业病一览表，并经决定采纳本届会议议程第四项关于建筑业安全和卫生的某些提议，经确定这些提议应采取修订1937年（建筑业）安全规定公约的国际公约的形式，于1988年6月20日通过以下公约，引用时得称之为1988年建筑业安全卫生公约。

一、范围和定义

第一条

1. 本公约适用于一切建筑活动，即建造、土木工程、安装与拆卸工作，包括从工地准备工作直到项目完成的建筑工地上的一切工序、作业和运输。

2. 凡批准本公约的会员国在与最有代表性的有关雇主组织和工人组织（如存在此类组织）磋商后，可对存在较重大特殊问题的特定经济活动部门或特定企业免于实施本公约或其某些条款，但应以保证安全卫生的工作环境为条件。

3. 本公约还适用于由国家法律或条例确定的独立劳动者。

第二条

就本公约而言：

（a）“建筑”一词包括：

（1）建造，包括挖掘和建筑、改建、修复、修理、维护（包括清扫和油漆）以及拆除一切类型的建筑物或工程；

（2）土木工程，包括诸如机场、码头、港口、内河航道、水坝、河流和海滨堤坝或海防工程、公路和高速公路、铁路、桥梁、隧道、高架桥以及用于通讯、排水、污水处理、饮水和能源供应等公共工程的挖掘和建筑、改建、修理、维修及拆除；

（3）安装、拆除预制建筑物和结构，以及在建筑工地制造预制构件；

（b）“建筑工地”一词指从事上述（a）项所述任何一项工序或作业的工作场地；

（c）“工作场所”一词指工人因工作原因必须在场或前往的，并由下述（e）项限定的雇主所控制的一切场所；

（d）“工人”一词指从事建筑的任何人员；

（e）“雇主”一词指：

（1）在建筑工地雇佣一名或数名工人的任何自然人或法人；和

（2）视具体情况而定的主承包商、承包商或转包商；

（f）“主管人员”一词指具有适当资格，即能顺利地完成一些特定任务所需的经适当培训以及有足够的知识、经验和技能的人员。主管当局可规定任命此类人员的适当标准并确定赋予他们的职责；

（g）“脚手架”一词指任何固定、悬吊或活动的临时台架及用于承载工人和物料或进入此种台架的支撑结构，不包括下述（h）项所限定的“起重机械”；

（h）“起重机械”一词指任何用于升降人员或装载物的固定

或活动机械；

(i)“升降附属装置”一词指可将装载物固定在起重机械上，但不构成该机械或装载物的组成部分的任何装置。

二、一般规定

第三条

应就使本公约各项规定生效而采取的措施，与最有代表性的有关雇主组织和工人组织进行磋商。

第四条

凡批准本公约的会员国应承诺，在对所涉及的安全和卫生危害作出评估的基础上，制订法律或条例并使之生效，以保证本公约各项规定的实施。

第五条

1. 根据上述第四条制订的法律或条例可通过制定技术标准或实施规则，或以其他适合国情和惯例的方法保证其具体实施。

2. 各会员国在使上述第四条和本条第1款生效时，应充分考虑在标准化领域中公认的国际组织所制订的有关标准。

第六条

应按照国家法律或条例规定的办法采取措施，保证雇主和工人之间的合作，以促进建筑工地的安全和卫生。

第七条

国家法律或条例应规定雇主和独立劳动者有遵守工作场所安全和卫生方面的义务。

第八条

1. 凡两个或更多雇主同时在同一建筑工地从事活动时：

(a) 主承包商或实际控制或主要负责建筑工地全部活动的其他人员或机构，应负责协调安全和卫生方面规定的措施，并在符合国家法律或条例的情况下确保这些措施得以实施；

(b) 如主承包商或实际控制或主要负责建筑工地全部活动

的其他人员或机构不在建筑工地，则他们应在符合国家法律或条例的情况下就地指定有必要权力和手段的主管人员或机构，以代表他们保证协调和遵守上述（a）项提及的措施；

（c）雇主应对其管辖下的工人执行规定措施负责。

2. 凡若干雇主或独立劳动者同时在同一建筑工地从事活动时，他们有责任按照国家法律或条例的要求在执行规定的安全和卫生措施方面进行合作。

第九条

负责建筑项目的设计和计划工作的人员，应根据国家法律、条例和惯例考虑建筑工人的安全和健康。

第十条

国家法律或条例应规定工人有参与保证对他们所掌管的设备与工作方法的工作条件的安全性以及对所采用的可能影响安全和卫生的工作程序发表意见的权利和义务。

第十一条

国家法律或条例应规定工人有责任：

（a）在实施规定的安全和卫生措施方面与其雇主尽可能密切合作；

（b）适当注意自己的安全和健康以及可能受到他们工作中行为或疏忽而影响其他人员的安全和健康；

（c）使用由他们支配的设施，不得滥用为他们的自我保护或保护其他人而提供的任何设备；

（d）及时向其直接主管人以及工人安全代表（如存在此类代表）报告他们认为可能造成危险而他们自己又不能适当处理的任何情况；

（e）遵守规定的安全和卫生措施。

第十二条

1. 国家法律或条例应规定工人应有权利在有充分理由认为对其安全或健康存在紧迫的严重危险时躲避危险，并有义务立即通知其主管人。

2. 在工人安全遇到紧迫危险时，雇主应立即采取措施停止作业并按情况安排撤离。

三、预防和保护措施

第十三条 工作场所的安全

1. 应采取一切适当预防措施保证所有工作场所安全可靠，不存在可能危及工人安全与健康的危险。

2. 应提供、保持及（如属适宜）标明出入一切工作场所的安全手段。

3. 应采取一切适宜的预防措施，保护在建筑工地或附近的人员免遭工地可能发生的任何危险。

第十四条 脚手架和梯子

1. 当无法在地面或地面上方或建筑物的一个部分或其他固定结构上安全操作时，应提供并保持安全可靠的脚手架，或其他符合同样要求的设施。

2. 在进入不具备安全作业条件的高架工作岗位时，应提供适用作业的优质梯子，并应对其予以适当固定以防止因疏忽而移动。

3. 一切脚手架和梯子应按照国家法律和条例建造、使用。

4. 脚手架应按国家法律或条例规定的情况和时间由主管人员进行检查。

第十五条 起重机械和升降附属装置

1. 任何起重机械和升降附属装置，包括其元件、附件、锚具和支架，均应：

（a）设计和制造良好，使用优质材料并就其使用目的而言有足够强度；

（b）安装和使用得当；

（c）保持良好工作状态；

（d）按国家法律或条例规定的期限和情况由专业主管人员检查测试，并应将检查测试结果记录在案；

（e）按国家法律或条例由经过适当培训的工人操作。

2. 除非是按国家法律或条例以载人为目的建造、安装和使用，起重机械不得用于提升、降落或运载人员，但有可能造成人员严重伤亡且起重机械能被安全使用的紧急情况除外。

第十六条　运输机械、土方和材料搬运设备

1. 所有土方和材料搬运的设备和运载工具均应：

（a）设计和制造良好并尽可能考虑到工程生理学原理；

（b）保持良好的工作状态；

（c）使用得当；

（d）由按照国家法律或条例经过适当培训的工人操作。

2. 在使用运载工具、土方或材料搬运设备的所有建筑工地：

（a）应为此类机械和设备提供安全和适宜的通道；

（b）交通的组织和管理应保证其安全运行。

第十七条　固定装置、机械、设备和手用工具

1. 固定装置、机械和设备，包括手动和电动工具应：

（a）设计和制造良好并尽可能考虑到工程生理学原理；

（b）保持良好的工作状态；

（c）只能按设计意图使用，除非主管人员对超出原设计目的以外的使用进行了全面评估并确认此种使用无危险性；

（d）由经过适当培训的工人操作。

2. 如属适宜，应由制造商或雇主以使用者能看懂的方式提供适当的安全使用说明。

3. 带有压力的装置和设备应由主管人员按国家法律或条例规定的情况和时间进行检查测试。

第十八条　高空包括屋顶作业

1. 如对预防危险属必要，或工程的高度或坡度超过国家法律或条例规定，应采取预防措施防止工人、工具或其他物品或材

料坠落。

2. 如工人需在以易碎材料覆盖的屋顶或其近旁或其他易于坠落的平面上工作，应采取预防措施防止工人无意中踏上易碎材料或从易碎材料处坠落。

第十九条　挖方工程、竖井、土方工程、地下工程和隧道

任何挖方工程、竖井、土方工程、地下工程或隧道均须采取适当预防措施以便：

(a) 通过适当的支撑或其他措施防止土块、岩石或其他物质掉落或倒塌对工人造成危险；

(b) 防止由于人员、材料或物体坠落或水涌入挖方工程、竖井、土方工程、地下工程或隧道而造成危险；

(c) 保证所有工作场所有足够的通风，以保持空气适于呼吸，并将烟雾、瓦斯、蒸气、尘土或其他杂质限制在对健康无危险和无害的水平及国家法律或条例规定的限度之内；

(d) 使工人在发生火灾或水或固体物质涌入时能置身于安全处；

(e) 通过进行适当调查确定冒水或瓦斯漏气的位置，使工人免遭可能发生的地下灾难。

第二十条　潜水箱和沉箱

1. 每一潜水箱和沉箱应该：

(a) 制造良好，使用适宜和牢固的材料，并有足够强度；

(b) 具备适当装置使工人在水或固体物质涌入时能躲避。

2. 潜水箱或沉箱的建造、定位、改造或拆除必须在主管人员直接监督下进行。

3. 每一潜水箱或沉箱应由主管人员按规定的期限进行检验。

第二十一条　在压缩空气中工作

1. 在压缩空气中工作只能按国家法律或条例规定的措施进行。

2. 在压缩空气中工作只能由经体检证明具有从事此项工作体能的工人在主管人员现场监督操作的情况下进行。

第二十二条　构架和模板

1. 构架和构件、模板、临时支架和支撑的架设只能在主管人员监督下进行。

2. 应采取足够的预防措施防止因结构一时的不坚固或不稳定对工人造成的危险。

3. 模板、临时支架和支撑应按能安全支撑可能置于其上的一切负荷的要求设计、建造和保养。

第二十三条　水上作业

凡在水面以上或接近水面处作业，应采取适当措施以便：

（a）防止工人坠入水中；

（b）营救有溺水危险的工人；

（c）提供安全和足够的运载手段。

第二十四条　拆除工程

当拆除任何建筑或工程可能对工人或公众造成危险时：

（a）应按照国家法律或条例采取包括清除废弃和残余物在内的适当的预防措施、方法和程序；

（b）拆除工作只能在主管人员监督下规划和进行。

第二十五条　照　明

在工人可能需要通过的建筑工地的每一工作场所以及任何其他地点均应提供充分和适当的照明，必要时包括手提的照明设施。

第二十六条　电

1. 一切电器设备与装置均应由主管人员建造、安装与维修，其使用应毫无危险。

2. 施工前和施工期间应采取适当措施，确定工地地下、地面或地面以上一切通电的电缆或电器的位置，并防止其对工人造成任何危险。

3. 在建筑工地铺设和维修电缆和电器应遵守全国通用的规则和标准。

第二十七条 炸药

炸药的贮存、搬运、装卸和使用必须：

(a) 符合国家法律或条例规定的条件；

(b) 由主管人员进行，并应采取必要措施使工人和其他人员免受危害。

第二十八条 健康危害

1. 在工人可能接触化学、物理或生物危害至可能危及其健康的程度时，应采取适当预防措施防止此类接触。

2. 上述第1款提及的预防措施应包括：

(a) 如属可能，以无害或危害较小的物质取代有害物质；或

(b) 对机械、设备装置或操作采取技术措施；或

(c) 在无法遵照上述（a）项和（b）项时，采取其他有效措施，包括使用个人防护用具和防护服。

3. 在要求工人进入空气中可能存在有毒或有害物质，或含氧不足，或含有易燃气体的任何地方时，应采取适当措施防止任何危险。

4. 建筑工地废弃物的销毁或以其他方式清除，不得危及健康。

第二十九条 防火

1. 雇主应采取一切适当措施：

(a) 避免火灾危险；

(b) 迅速有效地在刚起火时灭火；

(c) 迅速安全地撤离人员。

2. 应有足够且适当的存放易燃液体、固体和气体的方法。

第三十条 个人防护用具和防护服

1. 如其他方法均不足以保护工人，使其免遭事故危险或健

康的损害，包括避免接触有害环境，则可由国家法律或条例作出规定，根据工种和危险的性质，由雇主免费向工人提供适当的个人防护用具和防护服并加以维护。

2. 雇主应向工人提供适当手段使其能使用个人防护用具，并应保证其使用得当。

3. 防护用具和防护服应符合主管当局规定的标准，并尽可能考虑到工程生理学原理。

4. 工人必须正确使用和保管供其使用的个人防护用具和防护服。

第三十一条　急　救

雇主应负责保证随时提供包括训练有素人员在内的急救，并应采取措施保证遭遇事故或得急病的工人及时就医。

第三十二条　福　利

1. 应在每一建筑工地或其附近地方提供足够的饮用水。

2. 应在每一建筑工地或其附近地方，按照工人人数和工期长短提供和维护以下设施：

(a) 卫生和盥洗设备；

(b) 更衣、存衣和衣服烘干设备；

(c) 供工人就餐并在恶劣气候条件下暂停工作时躲避用的地方。

3. 应为男女工人分别提供卫生和盥洗设备。

第三十三条　信息与培训

工人应充分而适当地：

(a) 获得他们在工作场所可能遇到事故或危害健康的信息；

(b) 获得预防和控制这些危害以及有关保护的可行措施的指导和培训。

第三十四条　事故与疾病的报告

国家法律或条例应确定在规定期限内向主管当局报告工伤事故与职业病的情况。

四、执行

第三十五条

各会员国应：

(a) 采取一切必要措施，包括规定适当的惩罚和纠正措施，以确保有效执行本公约各项规定；

(b) 提供适当检查设施，以监督根据本公约应采取的措施的执行情况，并为这些设施提供完成任务所必须的手段，或确保已进行适当检查。

五、最后条款

第三十六条

本公约修订1937年（建筑业）安全规定公约。

第三十七条

本公约的正式批准书应送请国际劳工局长登记。

第三十八条

1. 本公约应仅对其批准书已经局长登记的国际劳工组织会员国有约束力。

2. 本公约应自两个会员国的批准书已经局长登记之日起12个月后生效。

3. 此后，对于任何会员国，本公约应自其批准书已经登记之日起12个月后生效。

第三十九条

1. 凡批准本公约的会员国，自本公约初次生效之日起满10年后得向国际劳工局长通知解约，并请其登记。此项解约通知书自登记之日起满1年后始得生效。

2. 凡批准本公约的会员国，在前款所述10年期满后的1年内未行使本条所规定的解约权利者，即须再遵守10年，此后每当10年期满，得依本条的规定通知解约。

第四十条

1. 国际劳工局长应将国际劳工组织各会员国所送达的一切批准书和解约通知书的登记情况，通知本组织的全体会员国。

2. 局长在将所送达的第二份批准书的登记情况通知本组织全体会员国时，应提请本组织各会员国注意本公约开始生效的日期。

第四十一条

国际劳工局长应将他按照以上各条规定所登记的一切批准书和解约通知书的详细情况，按照《联合国宪章》第 102 条的规定，送请联合国秘书长进行登记。

第四十二条

国际劳工局理事会在必要时,应将本公约的实施情况向大会提出报告,并审查应否将本公约的全部或部分修订问题列入大会议程。

第四十三条

1. 如大会通过新公约对本公约作全部或部分修订时，除新公约另有规定外，应：

(a) 如新修订公约生效，自其生效时，会员国对新修订公约的批准，不需按照上述第 39 条的规定，即为依法对本公约的立即解约；

(b) 自新修订公约生效之日起，本公约应即停止接受会员国的批准。

2. 对于已批准本公约而未批准修订公约的会员国，本公约以其现有的形式和内容，在任何情况下仍应有效。

第四十四条

本公约的英文本和法文本同等作准。

（编者注:2001 年 10 月 27 日第九届全国人民代表大会常务委员会第二十四次会议决定批准。同时声明:在中华人民共和国政府另行通知前,《建筑业安全卫生公约》暂不适用于中华人民共和国香港特别行政区）

禁止和立即行动
消除最恶劣形式的童工劳动公约

国际劳工组织大会，经国际劳工局理事会召集，于1999年6月1日在日内瓦举行其第87届会议，并考虑到需要通过新的文书，把禁止和消除最恶劣形式的童工劳动作为包括国际合作和援助在内的国家和国际行动的主要优先目标，以便补充依然是童工劳动方面基本文书的1973年准予就业最低年龄公约和建议书，并考虑到立即采取全面行动切实消除最恶劣形式的童工劳动，既要关注免费基础教育的重要性，又要关注需要使有关儿童脱离所有此类工作以及为其康复和社会融合提供援助，还要同时解决其家庭需要问题，并忆及1996年第83届国际劳工大会上通过的关于消除童工劳动的决议，并认识到童工劳动在很大程度上是由于贫困造成的，长期的解决办法有赖于经济的持续增长带来的社会进步，特别是在消除贫困和普及教育方面，并忆及联合国大会于1989年11月20日通过的《儿童权利公约》，并忆及1998年第86届国际劳工大会上通过的《国际劳工组织关于工作中基本原则和权利的宣言及其后续措施》，并忆及某些最恶劣形式的童工劳动已涵盖在其他国际文书中，特别是1930年《强迫劳动公约》和联合国1956年《废止奴隶制、奴隶贩卖及类似奴隶制的制度与习俗补充公约》，并经决定采纳本届会议议程第四项关于童工劳动的若干提议，并经确定这些提议应采取一项国际公约的形式，于1999年6月17日通过以下公约，引用时得称之为1999年《禁止和立即行动消除最恶劣形式的童工劳动公约》。

第一条

凡批准本公约的会员国应立即采取有效的措施，以保证将禁止和消除最恶劣形式的童工劳动作为一项紧迫事务。

第二条

就本公约而言，“儿童”一词适用于18岁以下的所有人员。

第三条

就本公约而言，“最恶劣形式的童工劳动”一词包括：

(a) 所有形式的奴隶制或类似奴隶制的作法，如出售和贩卖儿童、债务劳役和奴役，以及强迫或强制劳动，包括强迫或强制招募儿童用于武装冲突；

(b) 使用、招收或提供儿童卖淫、生产色情制品或进行色情表演；

(c) 使用、招收或提供儿童从事非法活动，特别是生产和贩卖有关国际条约中界定的毒品；

(d) 在可能对儿童健康、安全或道德有伤害性的环境中工作。

第四条

1. 第三条(d)项所指的工作类型应由国家法律或条例，或是主管当局，在同有关雇主组织和工人组织磋商之后，考虑有关国际标准，特别是1999年《禁止和立即行动消除最恶劣形式的童工劳动建议书》第3款、第4款的情况，然后确定。

2. 主管当局在同有关雇主组织和工人组织磋商之后，应查明所确定的工作类型存在场所。

3. 根据本条第1款确定的工作类型一览表，应同有关雇主组织和工人组织磋商，进行定期审查并视需要予以修订。

第五条

凡批准本公约的会员国在同雇主组织和工人组织磋商之后，应建立或指定适当机构，监督实施使本公约发生效力的各项条款。

第六条

1. 凡批准本公约的会员国应将制定和实施行动计划，作为优先目标，以消除最恶劣形式的童工劳动。

2. 制定和实施此类行动计划，应同有关政府机构以及雇主组织和工人组织进行磋商，凡适宜时，考虑其他有关群体的意见。

第七条

1. 凡批准本公约的会员国应采取一切必要措施，包括规定和执行刑事制裁或其他必要制裁，以保证有效实施和强制执行使本公约发生效力的各项条款。

2. 考虑到教育对消除童工劳动的重要性，凡批准本公约的会员国应采取有效的和有时限的措施，以便：

(a) 防止雇用儿童从事最恶劣形式的童工劳动；

(b) 为使儿童脱离最恶劣形式的童工劳动，以及为其康复和社会融合，提供必要和适宜的直接援助；

(c) 保证脱离了最恶劣形式的童工劳动的所有儿童，能享受免费基础教育，以及凡可能和适宜时，接受职业培训；

(d) 查明和接触处于特殊危险境地的儿童；以及

(e) 考虑女童的特殊情况。

3. 凡批准本公约的会员国应指定主管当局，负责实施使本公约发生效力的各项条款。

第八条

凡批准本公约的会员国应采取适宜步骤，通过加强国际合作和/或援助，包括支持社会与经济发展、消除贫困计划与普及教育，以相互帮助，落实本公约的条款。

第九条

本公约的正式批准书应送请国际劳工局长登记。

第十条

1. 本公约应仅对其批准书已经国际劳工局长登记的国际劳

工组织会员国有约束力。

2. 本公约自两个会员国的批准书已经国际劳工局长登记之日起 12 个月后生效。

3. 此后，对于任何会员国，本公约应自其批准书已经登记之日起 12 个月后生效。

第十一条

1. 凡批准本公约的会员国，自本公约初次生效之日起满 10 年后得向国际劳工局长通知解约，并请其登记。此项解约通知书自登记之日起满 1 年后始得生效。

2. 凡批准本公约的会员国，在前款所述 10 年期满后的 1 年内未行使本条所规定的解约权利者，即须再遵守 10 年，此后每当 10 年期满，得依本条的规定通知解约。

第十二条

1. 国际劳工局长应将国际劳工组织各会员国所送达的一切批准书和解约通知书的登记情况，通知本组织的全体会员国。

2. 国际劳工局长在将所送达的第二份批准书的登记情况通知本组织全体会员国时，应提请本组织各会员国注意本公约开始生效的日期。

第十三条

国际劳工局长应将他按照以上各条规定所登记的一切批准书和解约通知书的详细情况，按照《联合国宪章》第 102 条的规定，送请联合国秘书长进行登记。

第十四条

国际劳工局理事会在必要时，应将本公约的实施情况向大会提出报告，并审查应否将本公约的全部或部分修订问题列入大会议程。

第十五条

1. 如大会通过新公约对本公约作全部或部分修订时，除新公约另有规定外，应：

（a）如新修订公约已生效，自其生效时，会员国对于新修订公约的批准，不需按照上述第 11 条的规定，即为依法对本公约的立即解约；

（b）自新修订公约生效之日起，本公约应即停止接受会员国的批准。

2. 对于已批准本公约而未批准修订公约的会员国，本公约以其现有的形式和内容，在任何情况下仍应有效。

第十六条

本公约的英文本和法文本同等作准。

（编者注：2002 年 6 月 29 日第九届全国人民代表大会常务委员会第二十八次会议决定批准）

就业政策公约

经国际劳工局理事会召集，于1964年6月17日在日内瓦举行其第48届会议，考虑到费城宣言确认国际劳工组织在世界各国中促进获得充分就业和提高生活水平的纲领的庄严义务，以及国际劳工组织章程序言中规定防止失业和提供足够维持生活的工资，并进一步考虑到，根据费城宣言的条款，国际劳工组织的责任是按照“全人类不分种族、信仰或性别都有权在自由和尊严、经济保障和机会均等的条件下，谋求其物质福利和精神发展”的基本目标，审查和考虑经济和财政政策对就业政策的影响，并考虑到世界人权宣言规定“每个人都有享受工作、自由选择职业、公正和满意的工作条件，以及得到保护免遭失业的权利”，并注意到现行的直接与就业政策有关的国际劳工公约和建议书的条款，特别是1948年职业介绍所公约和建议书，1949年职业指导建议书，1962年职业培训建议书，以及1958年（就业和职业）歧视公约和建议书，并考虑到这些文件应置于以确保建立在充分的、自由选择的、生产性就业基础上，以发展经济为目的的国际纲领的更大范围之内，并经决定采纳本届会议议程第八项关于就业政策的某些提议，并经确定这些提议应采取国际公约的形式，于1964年7月9日通过以下公约，引用时得称之为1964年就业政策公约。

第一条

1. 为了促进经济增长和发展，提高生活水平，满足对人力的需求，并解决失业和不充分就业的问题，各会员国作为一项主要目标，应宣布并实行一项积极的政策，其目的在于促进充分的、自由选择的、生产性就业。

2. 上述政策应以保证下列各项要求的实现为目的：

（a）向一切有能力工作并寻找工作的人提供工作；

（b）此种工作应尽可能是生产性的；

（c）每个工人不论其种族、肤色、性别、宗教信仰、政治见解、民族血统或社会出身如何，都有选择职业的自由，并有获得必要技能和使用其技能与天赋的最大可能的机会，并取得一项对其很合适的工作。

3. 上述政策应适当考虑经济发展的阶段和水平，以及就业目标同其他经济和社会目标之间的相互关系，其实施办法应合乎各国的条件和实践。

第二条

各会员国应在符合本国条件的方法和范围内：

（a）在经济和社会政策相互协调的范围内，决定采取和经常检查为达到第一条所列目标而制定的措施；

（b）采取必需的步骤，以实施这些措施，包括适宜时制定纲要。

第三条

在实施本公约时，对受到所要采取的措施影响的人员的代表，特别是雇主代表和工人代表，应就有关就业政策问题征询其意见，以便充分考虑他们的经验和见解，并在制定和争取支持此项政策方面得到他们的充分合作。

第四条

本公约的正式批准书应送请国际劳工局长登记。

第五条

1. 本公约应仅对其批准书已经局长登记的国际劳工组织会员国有约束力。

2. 本公约应自两个会员国的批准书已经局长登记之日起 12 个月后生效。

3. 此后，对于任何会员国，本公约应自其批准书已经登记之日起12个月后生效。

第六条

1. 凡批准本公约的会员国，自本公约初次生效之日起满10年后得向国际劳工局长通知解约，并请其登记。此项解约通知书自登记之日起满1年后始得生效。

2. 凡批准本公约的会员国，在前款所述10年期满后的1年内未行使本条所规定的解约权利者，即需再遵守10年，此后每当10年期满，得依本条的规定通知解约。

第七条

1. 国际劳工局长应将国际劳工组织各会员国所送达的一切批准书和解约通知书的登记情况，通知本组织的全体会员国。

2. 局长在将所送达的第2份批准书的登记通知本组织的各会员国时，应提请本组织各会员国注意本公约开始生效的日期。

第八条

国际劳工局长应将他按照以上各条规定所登记的一切批准书和解约通知书的详细情况，按照联合国宪章第102条的规定，送请联合国秘书长进行登记。

第九条

国际劳工局理事会在必要时，应将本公约的实施情况向大会提出报告，并审查应否将本公约的全部或部分修订问题列入大会议程。

第十条

1. 如大会通过新公约对本公约作全部或部分修订时，除新公约另有规定外，应:

(a) 如新修订公约生效和当其生效之时，会员国对于新修订公约的批准，不须按照上述第6条的规定，依法应为对本公约的立即解约;

(b) 自新修订公约生效之日起，本公约应即停止接受各会员国的批准。

2. 对于已批准本公约而未批准修订公约的会员国，本公约以其现有的形式和内容，在任何情况下仍应有效。

第十一条

本公约的英文本和法文本同等为准。

（编者注：1997年5月9日第八届全国人民代表大会常务委员会第二十五次会议决定批准）

2006年海事劳工公约

目　录

规则 4.1　船上和岸上医疗

规则 4.2　船东的责任

规则 4.3　健康和安全保护及事故预防

规则 4.4　获得使用岸上福利设施

规则 4.5　社会保障

标题 5：遵守与执行

规则 5.1　船旗国责任

规则 5.1.1　一般原则

规则 5.1.2　对认可组织的授权

规则 5.1.3　海事劳工证书和海事劳工符合声明

规则 5.1.4　检查和执行

规则 5.1.5　船上投诉程序

规则 5.1.6　海上事故

规则 5.2　港口国责任

规则 5.2.1　在港口的检查

规则 5.2.2　海员投诉的岸上处理程序

规则 5.3　劳工提供责任

附录 A5-Ⅰ

附录 A5-Ⅱ

附录 A5-Ⅲ

附录 B5-Ⅰ　国家声明样本

序　言

国际劳工组织大会，经国际劳工局理事会召集，于 2006 年 2 月 7 日在日内瓦举行了其第 94 届会议，并希望制订一项条理统一的单一文件，尽可能体现现有国际海事劳工公约和建议书中所有最新标准以及其他国际劳工公约中的基本原则，特别是：《1930 年强迫劳动公约》（第 29 号），《1948 年结社自由和保护组织权利公约》（第 87 号），《1949 年组织和集体谈判权利公约》（第

98号)，《男女工人同工同酬公约》（第100号)，《1957年废除强迫劳动公约》（第105号)，《1958年消除就业和职业歧视公约》（第111号)，《准予就业最低年龄公约》（第138号)，《禁止和立即行动消除最恶劣形式的童工劳动公约》（第182号)，并意识到本组织倡导体面劳动条件的核心使命，并忆及1998年《国际劳工组织工作中的基本原则和权利宣言》，还意识到海员也受国际劳工组织其他文件保护，且享有已确立的其他适用于所有人的基本权利和自由，并认为由于航运业的全球性特点，海员需要特殊保护，还意识到经修订的《1974年国际海上人命安全公约》和经修订的《1972年国际海上避碰规则公约》中关于船舶安全、人身安保和船舶质量管理的国际标准，以及经修订的《1978年海员培训、发证和值班标准国际公约》中的海员培训和适任要求，并忆及《联合国海洋法公约》规定了一个总体法律框架，海洋中的所有活动都必须在此框架下展开，它是海事部门进行国家、地区和全球性活动和合作的基础，具有战略性意义，其完整性需要得到维持，并忆及《联合国海洋法公约》第九十四条特别确立了船旗国对悬挂其旗帜船舶的劳动条件、船员配备和社会事务的责任和义务，并忆及《国际劳工组织章程》第十九条第八款规定，无论在何种情况下，大会通过任何公约或建议书或任何成员国批准任何公约都不能被视为影响到那些确保有关工人得到优于公约或建议书所规定条件的法律、裁定、惯例或协议，并确定此新文件的制订应保证得到致力于体面劳动原则的各国政府、船东和工人尽可能最广泛的接受，且能够便于更新并使其能够有效地实施和执行，并确定就本届会议议程的唯一项目通过某些建议，以完成这一文件，并确定这些建议应采取一项国际公约的形式；于2006年2月23日通过以下公约，引用时可称之为《2006年海事劳工公约》。

一般义务

第一条

一、批准本公约的各成员国承诺按第六条规定的方式全面履行公约的规定，以确保海员体面就业的权利。

二、成员国应为确保有效实施和执行本公约之目的而相互合作。

定义和适用范围

第二条

一、除非具体条款另有规定，就本公约而言：

（一）“主管当局”一词系指有权就公约规定的事项颁布和实施具有法律效力的法规、命令或其他指令的部长、政府部门或其他当局；

（二）“海事劳工符合声明”一词系指规则 5.1.3 所述之声明；

（三）“总吨位”一词系指根据《1969 年船舶吨位丈量国际公约》附则 1 或任何后续公约中的吨位丈量规定所计算出的总吨位；对于国际海事组织通过的临时吨位丈量表所包括的船舶，总吨位为填写在《国际吨位证书（1969）》的“备注”栏中的总吨位；

（四）“海事劳工证书”一词系指规则 5.1.3 中所述之证书；

（五）“本公约的要求”一词系指本公约的正文条款和规则及守则 A 部分中的要求；

（六）“海员”一词系指在本公约所适用的船舶上以任何职务受雇或从业或工作的任何人员；

（七）“海员就业协议”一词包括就业合同和协议条款；

（八）“海员招募和安置服务机构”一词系指公共或私营部门中从事代表船东招募海员或与船东安排海员上船的任何个人、

公司、团体、部门或其他机构；

（九）“船舶”一词系指除专门在内河或在遮蔽水域之内或其紧邻水域或适用港口规定的区域航行的船舶以外的船舶；

（十）“船东”一词系指船舶所有人或从船舶所有人处承担了船舶经营责任并在承担这种责任时已同意接受船东根据本公约所承担的职责和责任的任何其他组织或个人，如管理人、代理或光船承租人，无论是否有任何其他组织或个人代表船东履行了某些职责或责任。

二、除非另有明文规定，本公约适用于所有海员。

三、如就某类人员是否应被视为本公约所指的海员存在疑问，该问题应由各成员国的主管当局与此问题所涉及的船东组织和海员组织进行协商后作出决定。

四、除非另有明文规定，本公约适用于除从事捕鱼或类似捕捞的船舶和用传统方法制造的船舶，例如独桅三角帆船和舢板以外的通常从事商业活动的所有船舶，无论其为公有或私有。本公约不适用于军舰和军事辅助船。

五、如就本公约是否适用于某一船舶或特定类别船舶存在疑问，该问题应由各成员国的主管当局与有关船东组织和海员组织进行协商后作出决定。

六、如主管机关确定目前对悬挂该成员国旗帜的一艘船舶或特定类别船舶适用第六条第一款中所述守则的某些细节不合理或不可行，只要该事项由国家法律或法规或集体谈判协议或其他措施来处理，守则的有关规定将不适用。此决定只能在与有关船东组织和海员组织协商后作出，并只能针对不从事国际航行的200总吨以下船舶。

七、成员国根据本条第三款或第五款或第六款所作的任何决定均应通报国际劳工组织总干事，总干事应通知本组织成员国。

八、除非另有明文规定，提及本公约同时意味着提及规则和守则。

基本权利和原则

第三条

就本公约所涉事项，各成员国应自行确认其法律和法规的规定尊重以下基本权利：

（一）结社自由和有效承认集体谈判权利；

（二）消除所有形式的强迫和强制劳动；

（三）有效废除童工劳动；

（四）消除就业和职业方面的歧视。

海员的就业和社会权利

第四条

一、每一海员均有权获得符合安全标准的安全并受保护的工作场所。

二、每一海员均有权获得公平的就业条件。

三、每一海员均有权获得体面的船上工作和生活条件。

四、每一海员均有权享受健康保护、医疗、福利措施及其他形式的社会保护。

五、各成员国在其管辖范围内应确保本条上述各款所规定的海员就业和社会权利根据本公约的要求得以充分实施。除非本公约中另有专门规定，此种实施可通过国家法律或法规、通过适用的集体谈判协议或通过其他措施或实践来实现。

实施和执行责任

第五条

一、各成员国应对管辖下的船舶和海员实施和执行为承诺履行本公约所通过的法律、法规或其他措施。

二、各成员国应通过建立确保遵守本公约要求的制度，对悬挂其旗帜的船舶有效行使管辖和控制，包括定期检查、报告、监督和可适用法律下的法律程序。

三、各成员国应确保悬挂其旗帜的船舶持有本公约所要求的海事劳工证书和海事劳工符合声明。

四、本公约适用的船舶，当其位于船旗国以外的成员国的港口时，可根据国际法受到该成员国的检查以确定是否符合本公约的要求。

五、各成员国应对在其领土内设立的海员招募和安置服务机构有效行使管辖和控制。

六、各成员国应对违反本公约要求的行为予以禁止，并应按国际法，根据其法律规定，制裁或要求采取改正措施，以充分阻止此种违反行为。

七、各成员国应以确保悬挂未批准本公约的任何国家旗帜的船舶比悬挂已批准本公约的任何国家旗帜的船舶不能得到更优惠待遇的方式履行本公约赋予的责任。

规则以及守则 A 部分和 B 部分

第六条

一、规则和守则 A 部分的规定具有强制性。守则 B 部分为非强制性。

二、各成员国保证尊重规则中规定的权利和原则，并按守则 A 部分相关内容规定的方式实施每条规则。此外，各成员国还应充分考虑到按守则 B 部分列出的方式履行其责任。

三、除非本公约另有明文规定，不能按守则 A 部分规定的方式履行权利和原则的成员国，可以通过实质等效 A 部分规定的法律和法规或其他措施实施 A 部分。

四、仅就本条第三款而言，任何法律、法规、集体协议或其他履约措施只有在成员国确认符合以下情况时，才应被视为实质等效本公约的规定：

（一）它有助于充分达到守则 A 部分有关规定的总体目标和

目的；

（二）它事实遵守了守则A部分的有关规定。

与船东组织和海员组织协商

第七条

如一成员国内不存在船东或海员的代表组织，公约中要求与船东组织和海员组织进行协商的任何对本公约的偏离、免除或其他灵活适用，只能由该成员国通过与第十三条所述的委员会协商决定。

生　效

第八条

一、对本公约的正式批准书应送请国际劳工组织总干事登记。

二、本公约只对其批准书已由国际劳工组织总干事登记的国际劳工组织成员国具有约束力。

三、本公约应在合计占世界船舶总吨位至少33%的至少30个成员国的批准书已经登记之日12个月后生效。

四、此后，对于任何成员国，本公约将于其批准书经登记之日12个月后对其生效。

退　出

第九条

一、已批准本公约的成员国可自公约初次生效之日起满10年后向国际劳工组织总干事通知退出并请其登记。此项退出应自登记之日起1年后发生效力。

二、在本条第一款所述10年期满后的1年内未行使本条所规定之退出权利的成员国，即需再遵守10年，此后每当新的10年期满，可依本条的规定退出本公约。

生效的影响

第十条

本公约修订以下公约：

《确定准许儿童在海上工作的最低年龄公约》（第 7 号）

《1920 年（海难）失业赔偿公约》（第 8 号）

《1920 年海员安置公约》（第 9 号）

《在海上工作的儿童及未成年人的强制体格检查公约》（第 16 号）

《海员协议条款公约》（第 22 号）

《海员遣返公约》（第 23 号）

《1936 年高级船员适任证书公约》（第 53 号）

《1936 年（海上）带薪假期公约》（第 54 号）

《1936 年船东（对病、伤海员）责任公约》（第 55 号）

《1936 年（海上）疾病保险公约》（第 56 号）

《1936 年（海上）工时和配员公约》（第 57 号）

《1936 年（海上）最低年龄公约（修订）》（第 58 号）

《1946 年（船上船员）食品和膳食公约》（第 68 号）

《1946 年船上厨师证书公约》（第 69 号）

《1946 年（海员）社会保障公约》（第 70 号）

《1946 年（海员）带薪休假公约》（第 72 号）

《1946 年（海员）体检公约》（第 73 号）

《1946 年一等水手证书公约》（第 74 号）

《1946 年船员起居舱室公约》（第 75 号）

《1946 年（海上）工资、工时和配员公约》（第 76 号）

《1949 年（海员）带薪休假公约（修订）》（第 91 号）

《1949 年船员起居舱室公约（修订）》（第 92 号）

《1949 年（海上）工资、工时和配员公约（修订）》（第 93 号）

《1958年（海上）工资、工时和配员公约（修订）》（第109号）

《1970年船员起居舱室（补充规定）公约》（第133号）

《1970年防止事故（海员）公约》（第134号）

《1976年（海员）连续就业公约》（第145号）

《1976年海员带薪年休假公约》（第146号）

《1976年商船（最低标准）公约》（第147号）

《〈1976年商船（最低标准）公约〉的1996年议定书》

《1987年海员福利公约》（第163号）

《1987年（海员）健康保护和医疗公约》（第164号）

《1987年（海员）社会保障公约（修订）》（第165号）

《1987年海员遣返公约（修订）》（第166号）

《1996年（海员）劳动监察公约》（第178号）

《1996年海员招募和安置公约》（第179号）

《1996年海员工时和船舶配员公约》（第180号）

保存人职责

第十一条

一、国际劳工组织总干事应将各成员国就本公约所交存的所有批准书、接受书和退出书的登记情况通报国际劳工组织全体成员国。

二、在第八条第三款规定条件得到满足后，总干事应提请本组织成员国注意本公约开始生效日期。

第十二条

国际劳工组织总干事应按照《联合国宪章》第一百零二条规定，将根据本公约登记的所有批准、接受和退出的详细情况送请联合国秘书长进行登记。

三方专门委员会

第十三条

一、国际劳工局理事会应通过其设立的一个在海事劳工标准领域有专长的委员会持续审议公约实施情况。

二、就根据本公约处理的事项，委员会应由已批准本公约的各成员国政府指派的两名代表和理事会经与联合海事委员会协商后指定的船东代表和海员代表组成。

三、未批准本公约的成员国政府代表可参加委员会，但对根据本公约处理的任何事项无表决权。理事会可邀请其他组织或机构以观察员身份列席委员会。

四、应对委员会中每个船东代表和海员代表的票数予以加权，以保证船东组和海员组各拥有出席有关会议并有表决权的政府总投票权的一半。

本公约的修正案

第十四条

一、对本公约条款的任何修正案均可由国际劳工组织大会在《国际劳工组织章程》第十九条和本组织通过公约的议事规则的框架下予以通过。对守则的修正案还可按第十五条的程序通过。

二、应将修正案文本送交在修正案通过前已登记公约批准书的成员国供批准。

三、应根据《国际劳工组织章程》第十九条将经修订的公约文本送交本组织其他成员国供批准。

四、修正案应在合计占世界船舶吨位至少 33%的至少 30 个成员国对修正案或视情经修订公约的批准书已经登记后视为已被接受。

五、在《国际劳工组织章程》第十九条框架下通过的修正案应只对那些批准书已交国际劳工组织总干事登记的本组织成员国具有约束力。

六、对本条第二款所述的任何成员国，修正案应于本条第四款中所述的接受之日起 12 个月后生效，或于其对修正案的批准书登记之日起 12 个月后生效，以较晚日期为准。

七、取决于本条第九款的规定，对本条第三款所述的成员国，经修订的公约应于本条第四款中所述的接受之日起 12 个月后生效，或于其对公约的批准书登记之日起 12 个月后生效，以较晚日期为准。

八、对批准本公约的批准书在有关修正案通过之前登记但并未批准修正案的成员国，未作相关修订的公约应继续对其有效。

九、修正案通过以后但在本条第四款所述日期之前已登记本公约批准书的任何成员国，可在批准书后附一份声明，明确其批准书涉及的是未经相关修订的公约。对批准书附有这样一份声明的情况，本公约将在批准书登记之日 12 个月后对该成员国生效。如批准书未附有这样一份声明，或批准书于第四款所述日期或之后登记，本公约将在批准书登记之日 12 个月以后对该成员国生效，并在修正案根据本条第七款生效后，该修正案对该成员国有约束力，除非修正案另有规定。

对守则的修正案

第十五条

一、守则既可以按第十四条规定的程序修订，或除非另有明文规定，也可以根据本条规定程序修订。

二、本组织的任何成员国政府或被指定参加第十三条所述委员会的船东代表组或海员代表组可向国际劳工组织总干事提出对守则的修正案。由一国政府提出的修正案必须得到至少 5 个已批准本公约的成员国政府的共同提议或支持，或得到本款所述船东代表组或海员代表组的共同提议或支持。

三、修正案提议经核实满足本条第二款的要求后，总干事应立即将此提议连同任何适当的评论或建议通知本组织所有成员国，并请成员国在6个月内或理事会规定的其他时间期限（不应少于6个月但不超过9个月）内提出其对该提议的意见或建议。

四、在本条第三款所述的期限结束后，应将该提议连同成员国根据该款所提出的意见或建议的要点提交委员会召开会议审议。符合下列条件时，修正案应视为已获得委员会通过：

（一）至少半数以上已批准本公约的成员国政府出席审议该提议之会议；

（二）并且委员会成员中至少三分之二多数投票支持修正案；

（三）并且多数票中至少包含对提议表决时在会议注册的委员会成员中政府表决权的半数支持票、船东表决权的半数支持票和海员表决权的半数支持票。

五、根据本条第四款通过的修正案应提交下一届大会批准。批准要求出席大会代表三分之二多数投票支持。如没有获得这种多数，如委员会愿意，应将建议修正案送回委员会重新审议。

六、总干事应将经大会批准的修正案通知每一个在大会批准修正案前已登记其公约批准书的成员国（以下称这些成员国为批约成员国）。通知应援引本条，并应规定提出任何正式异议的期限。除非大会在批准时确定了不同但应至少为1年的期限，此期限应为自通知之日起2年。通知副本应送本组织其他成员国。

七、除非总干事在规定期限内收到超过40%的批约成员国的正式异议，并代表不少于批约成员国船舶总吨位的40%，大会通过的修正案应视为已被接受。

八、视为已被接受的修正案应于规定期限结束之日6个月后对所有批约成员国生效，根据本条第七款正式表示异议且未根据第十一款撤销该异议的批约成员国除外。但是：

（一）任何批约成员国可在规定期限结束前通知总干事，只有明确通知接受修正案后，才受其约束；

（二）任何批约成员国可在修正案生效之日前通知总干事，在一段确定的期间内不执行该修正案。

九、本条第八款第（一）项所述通知中所指修正案，应于成员国通知总干事接受修正案之日 6 个月后对其生效，或于修正案初次生效之日对其生效，以较晚日期为准。

十、本条第八款第（二）项所述期间自修正案生效之日起不应超过 1 年或超过大会批准修正案时确定的任何更长时间。

十一、对一修正案正式表示异议的成员国可随时撤销异议。如总干事在修正案生效后收到此种撤销通知，修正案应于该通知登记之日 6 个月后对该成员国生效。

十二、一修正案生效后，只能批准经修订的公约。

十三、只要海事劳工证书与已生效公约修正案所涉及的事项有关：

（一）接受了一项修正案的成员国没有义务在签发的海事劳工证书方面将公约益处扩展到悬挂下述另一成员国旗帜的船舶：

1. 根据本条第七款，正式表示对修正案的异议并未撤销者；

2. 根据本条第八款第（一）项，已通知其对修正案的接受取决于以后的明确通知并还未接受该修正案者；

（二）如一成员国根据本条第八款第（二）项作出了在本条第十款规定的期间内将不执行修正案的通知，接受该修正案的成员国在签发的海事劳工证书方面应将公约益处扩展到悬挂上述成员国旗帜的船舶。

作准语言

第十六条

本公约的英文本和法文本同等作准。

海事劳工公约的规则和守则的解注

一、本解注旨在作为海事劳工公约的一般性指导，不构成公约的组成部分。

二、本公约由3个不同但相关部分构成：条款、规则和守则。

三、条款和规则规定了核心权利和原则以及批准本公约成员国的基本义务。条款和规则只能由大会在《国际劳工组织章程》第十九条的框架下修改（见《公约》第十四条）。

四、守则包含规则的实施细节，由A部分（强制性标准）和B部分（非强制性导则）组成。守则可以通过公约第十五条规定的简化程序进行修订。由于守则涉及具体实施，对守则的修订必须保持在条款和规则的总体范畴内。

五、规则和守则按以下标题被划归为五个领域：

标题1：海员上船工作的最低要求

标题2：就业条件

标题3：起居舱室、娱乐设施、食品和膳食服务

标题4：健康保护、医疗、福利和社会保障保护

标题5：遵守与执行

六、每一标题包含关于一项具体权利或原则（或标题5中的执行措施）的几组规定，顺序编号。例如，标题1的第一组包括关于最低年龄的规则1.1、标准A1.1和导则B1.1。

七、本公约有三个根本目标：

（一）在正义和规则中规定一套坚定的权利和原则；

（二）通过守则允许成员国在履行这些权利和原则的方式上有相当程度的灵活性；

（三）通过标题5确保这些权利和原则得以准确遵守和执行。

八、实施中有两个方面的灵活性：一是成员国在必要时（见第六条第三款）实质等效（根据第六条第四款定义）执行守则A部分具体要求的可能性。

九、实施中灵活性的第二个方面在于A部分许多规定的强

制性要求用更加一般性的方式表述，这样为各成员国在国家层面采取确切的行动留出更大的自主权。在这种情况下，守则中非强制性 B 部分给出了实施指导。这样，批准本公约的成员国可以确定在 A 部分相应的一般性义务下应当采取的行动，以及可能非必要采取的行动。例如，标准 A4.1 要求在所有船舶上能够迅速取得用于船上医疗所必需的药品（第一款第（二）项）并“配备一个医药箱”（第四款第（一）项）。很明显，忠实履行后一项规定意味着不仅是简单地在每艘船上配备一个医药箱。相应的导则 B4.1.1（第四款）对所涉问题给出了更明确的说明，以确保妥善存放、使用和维护医药箱内的物品。

十、批准本公约的成员国不受相关导则的约束，并且，正如标题 5 港口国监督的规定所指出，检查只针对本公约的有关要求（条款、规则和 A 部分的标准）。但是，第六条第二款要求成员国充分考虑按照 B 部分规定的方式履行 A 部分规定的责任。援用上述例子，在充分考虑到相关导则后，如成员国决定，按 A 部分标准要求，对妥善存放、使用和维护医药箱中的物品作出不同的安排，这也是可以接受的。另一方面，通过遵循 B 部分的指南，有关成员国以及国际劳工组织负责审议实施国际劳工公约的机构无需更多审议即能够肯定，成员国作出的安排充分履行导则所涉 A 部分中的责任。

规则与守则

标题 1：海员上船工作的最低要求

规则 1.1　最低年龄

目的：确保未成年人不得上船工作。

一、低于最低年龄的人不得在船上受雇、受聘或工作。

二、本公约初始生效时，最低年龄为 16 岁。

三、守则规定情形中的最低年龄应要求更高。

标准 A1.1　最低年龄

一、禁止雇佣、使用任何16岁以下的人员上船工作。

二、禁止18岁以下海员夜间工作。就本标准而言，“夜间”应根据国家法律和实践予以定义，应该包括从不晚于午夜开始至不早于上午5点钟结束的一段至少9个小时的时段。

三、下列情况下，主管当局可对严格遵守关于夜间工作的限制作出例外规定：

（一）根据已经确定的项目和日程安排，有关海员的有效培训将被扰乱；或

（二）职责的具体性质或认可的培训项目要求例外情况所涵盖的海员履行夜间职责，且主管当局在与有关船东组织和海员组织协商后确定该工作不会对他们的健康或福利产生有害影响。

四、禁止雇佣或使用18岁以下海员从事可能损害其健康或安全的工作。这些工作的类型应由国家法律或法规确定，或由主管当局根据相关国际标准与有关船东组织和海员组织协商后确定。

导则B1.1　最低年龄

在对工作和生活条件进行规范时，成员国应特别关注18岁以下未成年人的需要。

规则1.2　体检证书

目的：确保所有海员的健康状况适合履行其海上职责。

一、除非海员的健康状况经证明适合履行其职责，否则不得上船工作。

二、只有在本守则规定的情况下才允许例外。

标准A1.2　体检证书

一、主管当局应要求，海员在上船工作之前持有有效的体检证书，证明其健康状况适合将在海上履行的职责。

二、为确保体检证书真实反映海员的健康状况，主管当局应根据其将要履行的职责，并充分考虑本守则B部分提及的适用国际性导则，与船东组织和海员组织协商后规定体格检查和证书

的性质。

三、本标准并不损害经修订的《1978年海员培训、发证和值班标准国际公约》(《STCW公约》)。就规则1.2而言，主管当局应接受根据《STCW公约》要求签发的体检证书。对于《STCW公约》未包括的海员，实质性满足《STCW公约》要求的体检证书应同样予以接受。

四、体检证书应由有正规资格的医师签发，只涉及视力的证书也可由经主管当局认可的具备签发证书资格的人员签发。医师在履行体检程序时作出医学判断应完全享有职业独立性。

五、被拒绝发证的海员，或在工作能力，特别是时间、工作内容或航行区域方面被实施限制的海员，应得到由另一位独立的医师或独立的鉴定人做进一步检查的机会。

六、每份体检证书应特别载明：

(一) 该海员的听力和视力，以及会受到不良色觉视力影响上岗资格的海员的色觉视力全部符合要求；

(二) 该海员未患有任何海上工作可能导致加重或使其不适合从事此种工作或威胁船上其他人员健康的疾患。

七、除非相关海员将履行特殊职责或《STCW公约》规定要求更短的时间：

(一) 体检证书有效期最长为2年，除非海员低于18岁，在这种情况下体检证书有效期最长应为1年；

(二) 色觉视力证书有效期最长应为6年。

八、在紧急情况下，主管当局可允许没有有效体检证书的海员工作，直至该海员可从有资质的医师处取得一份体检证书的下一停靠港。条件是：

(一) 所允许的期间不超过3个月；

(二) 该海员持有最近过期的体检证书。

九、如在航行途中证书到期，该证书应继续有效至该海员能够从有资质的医师处取得体检证书的下一停靠港，条件是这段时间不超过3个月。

十、在通常从事国际航行船舶上工作的海员的体检证书至少必须用英文写成。

导则 B1.2　体检证书

导则 B1.2.1　国际导则

主管当局、医师、体检人员、船东、海员的代表和所有其他对求职海员和在职海员实施体格健康检查的相关人员应遵循《国际劳工组织和世界卫生组织海员上船工作前和定期体格健康检查实施指南》，包括修订版本以及国际劳工组织、国际海事组织或世界卫生组织出版的任何其他适用的国际导则。

规则 1.3　培训和资格

目的：确保海员经过培训并具备履行其船上职责的资格。

一、海员非经培训或经证明适任或具备履行其职责的资格，不得在船上工作。

二、海员未成功完成船上个人安全培训，不能获准在船上工作。

三、按国际海事组织通过的强制性文书进行的培训和发证应视为满足本规则第一款和第二款的要求。

四、任何在批准本公约时受《1946年一等水手证书公约》（第74号）约束的成员国，应继续履行该公约的义务，除非并且直到国际海事组织通过了覆盖该公约事项的强制性规定并已生效，或直到本公约根据第八条第三款生效5年后，两者以较早日期为准。

规则 1.4　招募和安置

目的：确保海员有机会利用高效和规范的海员招募和安置系统。

一、所有海员应能够利用不向海员收费的高效、充分和可靠的系统寻找船上就业机会。

二、在成员国领土内开办的海员招募和安置服务机构应符合本守则所规定的标准。

三、对于在悬挂其旗帜船舶上工作的海员，各成员国应要求：船东如利用在本公约不适用的国家或领土内设立的招募和安置服务机构，应确保这些服务机构符合本规则的要求。

标准 A1.4　招募和安置

一、开办公共海员招募和安置服务机构的各成员国应确保该服务机构以保护和促进本公约所规定的海员就业权利的方式有序运作。

二、如成员国有以招募和安置海员为主要目的或招募和安置相当数量海员的私营海员招募和安置服务机构在其领土内运营，这些服务机构运营必须遵守发放执照或证件的标准化体系或其他形式的规范制度。这种制度必须在与有关船东组织和海员组织协商后才能建立、修改或改变。对本公约是否适用于某一私营招募和安置服务机构存有疑问时，应由各成员国的主管当局与有关船东组织和海员组织协商决定。不应鼓励私营海员招募和安置服务机构过度扩散。

三、本标准第二款规定还应适用于在成员国领土内由海员组织运营的招募和安置服务机构向悬挂该成员国旗帜的船舶提供本国海员的情况，适用程度由主管当局与有关船东组织和海员组织协商确定。本款所包括的服务得满足以下条件：

（一）招募和安置服务根据该组织与船东之间的集体谈判协议运营；

（二）海员组织和船东均设立于成员国的领土之内；

（三）该成员国有国家法律或法规或程序对允许运营招募和安置服务机构的集体谈判协议进行授权或登记；

（四）招募和安置服务运营有序，并与本标准第五款所规定的保护和促进海员就业权利的措施相当。

四、本标准或规则 1.4 中的任何规定都不应被视为：

（一）阻止一成员国在满足海员和船东需要的政策框架内为

海员保持一个免费的公共海员招募和安置服务机构，无论该服务机构是面向所有工人和雇主的公共就业服务机构的组成部分还是协调单位；

（二）向成员国施加在领土内建立私营海员招募或安置服务体系的义务。

五、采用本标准第二款所述制度的成员国，应至少在其法律和法规或其他措施中：

（一）禁止海员招募和安置服务机构利用各种方式、机制或清单来阻止或妨碍海员获得有资格承担的工作；

（二）要求海员招募或安置费用、为海员提供就业的费用或其他收费不得直接或间接、全部或部分由海员承担，海员取得国家法定体检证书、国家海员服务簿、护照或其他类似个人旅行证件的费用除外，但不包括签证费，签证费应由船东负担；

（三）确保其领土内的海员招募和安置服务机构：

1. 保有1份其所招募或安置的所有海员的最新登记册，以备主管当局检查；

2. 保证海员在受聘前或受聘过程中被告知就业协议中的权利和职责，为海员在签署就业协议前后对协议进行核阅并为他们得到该协议副本作出适当安排；

3. 核实被招募和安置的海员合格和持有相关工作所必需的证书，并核实海员就业协议符合所适用的法律法规以及构成就业协议一部分的任何集体谈判协议；

4. 尽实际可能保证船东有保护海员免于流落外国港口的手段；

5. 对有关活动的任何投诉进行核查和作出反应，并将任何未解决的投诉报告主管当局；

6. 建立一个保护机制，通过保险或适当的等效措施，赔偿由于招募和安置服务机构或有关船东未能按就业协议履行对海员的义务而可能给海员造成的资金损失。

六、主管当局应密切监督和控制在成员国领土内运营的所有海员招募和安置服务机构。只有经核验表明有关海员招募和安置服务符合国家法律法规要求后才为其核发或更换在该领土内的经营许可、证书或类似授权。

七、主管当局应确保具有适当的机制和程序，在必要时对有关海员招募和安置服务机构活动的投诉开展调查，并视情请船东代表和海员代表参与。

八、批准本公约的各成员国应尽实际可能，对将在悬挂未批准本公约国家旗帜的船舶上工作可能存在的问题告知本国国民，直至认为与本公约确定标准等效的标准在该船实施。已批准本公约的成员国为此而采取的措施不应与两个相关国家可能都已参加条约所规定的工人自由流动原则相矛盾。

九、已批准本公约的各成员国应要求悬挂其旗帜船舶的船东，如使用了在不适用本公约的国家或领土内设立的海员招募和安置服务机构，尽实际可能确保这些服务机构符合本标准的要求。

十、本标准的任何要求都不得被理解为减少了船东或成员国对悬挂本国旗帜的船舶的义务和责任。

导则 B1.4　招募和安置

导则 B1.4.1　组织和操作导则

一、在履行标准 A1.4 第一款下的义务时，主管当局应考虑：

（一）采取必要措施，促进海员招募和安置服务机构间的有效合作，无论其为公共或私营；

（二）国家和国际海运业在船东、海员和相关培训机构参与下为参与负责船舶安全航行和防污染操作的海员制定培训计划时的需要；

（三）如存在公共招募和安置服务机构，为有代表性的船东组织和海员组织在公共招募和安置服务机构组织和运作方面的合作作出适当安排；

（四）充分考虑到隐私权和保密需要，确定在何种条件下海员的个人资料可由海员招募和安置服务机构来处理，包括这些资料的收集、存储、合并以及向第三方传送；

（五）保持一种安排，收集和分析海事劳动力市场所有相关信息，包括根据年龄、性别、等级和资格以及航运业要求分类的海员目前和预期供应情况，有关年龄或性别数据的收集只能用于统计目的，或只能用于防止年龄或性别歧视的项目框架中；

（六）确保负责监督为承担船舶安全航行和防污染操作职责的船员服务的公共和私营海员招募和安置服务机构的人员受过适当培训，包括具备经认可的海上服务资历和海运业的相关知识，其中包括培训、发证和劳工标准的相关国际海事文书；

（七）为海员招募和安置服务机构规定经营标准并通过行为准则和道德规范；

（八）基于质量标准体系对许可或证书制度实施监督。

二、在建立标准 A1.4 第二款所述制度时，成员国应考虑要求在其领土内设立的海员招募和安置服务机构制定并维持可以核验的经营规范。私营海员招募和安置服务机构以及在适用的限度内公共海员招募和安置机构的这些经营规范应涉及以下事项：

（一）体格检查、海员身份证书以及海员为获得就业可能被要求的其他项目；

（二）充分考虑到隐私权和保密需要，保持其招募和安置系统涉及的关于海员的全面和完整记录，此类记录应包括但不限于下列内容：

1. 海员资格；

2. 就业记录；

3. 与就业有关的个人资料；

4. 与就业有关的健康资料；

（三）保持由该海员招募和安置服务机构提供海员船舶的最

新名单，并确保具有可随时与该服务机构紧急联络的手段；

（四）具有程序确保海员在被聘用到某些特定船舶或被某些特定公司聘用时，不受海员招募和安置服务机构或其工作人员的剥削；

（五）具有程序防止出现通过预付费用上船或由海员招募和安置服务机构操纵的船东与海员之间任何其他财务转账而产生的剥削海员的机会；

（六）清晰公布招募过程中任何需要由海员承担的费用；

（七）确保海员被告知即将从事工作的任何特定条件以及与其就业相关的特定船东的政策；

（八）具有根据自然公正原则处理不称职或不守纪律情况的程序，此类程序符合国家法律和惯例，并符合适用的集体协议；

（九）具有程序尽实际可能确保申请就业所提交的所有强制性证书和文件都是最新的，不是通过欺骗获得，且就业情况经过核实；

（十）具有程序确保海员在海上期间家属获得海员的信息或建议的要求能够得到迅速和体谅的处理，并不收取费用；

（十一）核实安置海员船舶的劳动条件符合船东与海员代表组织签定的有效集体谈判协议，并作为一项政策，只向为海员提供的就业条款和条件符合适用的法律、法规或集体协议的船东提供海员。

三、应考虑鼓励成员国和相关组织之间的国际合作，例如：

（一）在双边、区域和多边基础上系统地交换关于海运业和海事劳动力市场的信息；

（二）交换关于海事劳动立法的信息；

（三）协调涉及海员招募和安置的政策、工作方法和立法；

（四）改善海员国际招募和安置的程序和条件；

（五）根据海员的供求情况和海运业的要求制订劳动力规划。

标题2　就业条件

规则2.1　海员就业协议

目的：确保海员取得公平的就业协议。

一、海员就业条款和条件应在一项明确的、具有法律强制性的书面协议中予以规定或提及，且应与守则中规定的标准一致。

二、海员就业协议应在确保海员有机会对协议中的条款和条件进行审阅和征求意见并在签字前自由接受的前提下，获得海员的同意。

三、在符合成员国国家法律和惯例的范围内，海员就业协议应被理解为包括了任何适用的集体谈判协议。

标准A2.1　海员就业协议

一、各成员国应通过法律或法规要求悬挂其旗帜的船舶符合下述要求：

（一）在悬挂其旗帜船舶上工作的海员应持有1份由海员和船东或船东的代表双方签署的海员就业协议（或，如非雇佣，契约性或类似协议的证明），为其提供本公约所要求的体面的船上工作和生活条件；

（二）签署海员就业协议的海员在签字前应有机会对协议进行审查和征询意见，还要为海员提供其他必要的便利，确保其在充分理解权利和义务后自由达成协议；

（三）有关船东和海员应各持有1份经签字的海员就业协议原件；

（四）应采取措施确保包括船长在内的海员在船上可以容易地获得关于其就业条件的明确信息，这些信息包括一份海员就业协议的副本，还应能够供主管当局的官员，包括船舶所挂靠港口的官员查验；

（五）应发给海员1份载有其船上就业记录的文件。

二、如集体谈判协议构成海员就业协议的全部或一部分，该协议的1份副本应保留在船上。如海员就业协议和任何适用的集体谈判协议的语言非英文，以下内容还应用英文提供（仅从事国内航行的船舶除外）：

（一）1份协议的标准格式；

（二）根据规则5.2，集体谈判协议中要受港口国检查的部分。

三、本标准第一款第（五）项中所述文件不得包括关于海员工作质量和工资的陈述。该文件的格式、将要记录的细节和细节被记录的方式由国家法律确定。

四、成员国应通过法律法规，具体规定受国家法律约束的所有海员就业协议需要包括的事项。在所有情况下海员就业协议均应包括以下细节：

（一）海员的全名、出生日期或年龄及出生地；

（二）船东的名称和地址；

（三）订立海员就业协议的地点及日期；

（四）海员将担任的职务；

（五）海员的工资数额，或如适用，用于计算工资的公式；

（六）带薪年休假的天数，或如适用，用于计算天数的公式；

（七）协议的终止及其终止条件，包括：

1. 如协议没有确定期限，各方有权终止协议的条件，以及所要求的预先通知期，船东的预先通知期不得短于海员的预先通知期；

2. 如协议有确定期限，其确定的到期日；

3. 如协议是为单次航程而订，其航行的目的港，以及到达目的港后海员应被解雇前所须经历的时间；

（八）将由船东提供给海员的健康津贴和社会保障保护津贴；

（九）海员获得遣返的权利；

（十）提及所适用的集体谈判协议；

（十一）国家法律所要求的其他细节。

五、各成员国应通过法律或法规确定海员和船东提前终止海员就业协议发出预先通知的最短期限。期限长度应在与有关船东组织和海员组织协商后确定，但不得短于7天。

六、在国家法律或法规或适用的集体谈判协议承认合理的更短预先通知时间或不经通知即终止就业协议的情形下，预先通知期可短于最短期限。在确定这些情形时，各成员国应保证考虑到海员出于值得同情的原因或其他紧急原因提前较短时间通知或不通知即终止就业协议的需要。

导则 B2.1　海员就业协议

导则 B2.1.1　就业记录

在确定标准 A2.1 第一款第（五）项所述就业记录簿将记录的细节时，各成员国应确保该文件包含足够的信息并有英文译文，以便另寻工作或满足升级或升职所需的海上资历要求。海员派遣书可满足该标准第一款第（五）项的要求。

规则 2.2　工资

目的：确保海员得到工作报酬。

所有海员均应根据其就业协议定期获得全额工作报酬。

标准 A2.2　工资

一、各成员国应要求按不超过1个月的间隔并根据任何适用的集体协议向在悬挂其旗帜船舶上工作的海员支付其应得报酬。

二、应给海员一个应得报酬和实付数额的月薪账目，包括工资、额外报酬，以及在其报酬采用的货币或兑换率不同于曾经达成一致的货币或兑换率时所用的兑换率。

三、各成员国应要求船东采取措施，例如本标准第四款中规定的措施，为海员提供一种将其收入的全部或部分转给其家人或受扶养人或法定受益人的方式。

四、确保海员能够将其收入转给其家人的措施包括：

（一）在海员订立协议时或在协议期间，经本人同意可允划拨其工资一定比例的机制，使其能通过银行转账或类似方式定期给家庭汇款；

（二）应按时将划拨款项直接汇给海员指定的人员。

五、本标准第三款和第四款下服务的收费数额须合理，除非另有规定，货币兑换率应根据国家法律或法规采用主要市场汇率或官方公布的汇率，并不得对海员不利。

六、各成员国在通过管理海员工资的国家法律或法规时，应充分考虑到守则 B 部分列出的指导。

导则 B2.2　工资

导则 B2.2.1　具体定义

就本导则 B2.2 而言：

（一）“一等水手”一词系指被视为除监管或专业职责外，能够胜任甲板部工作的普通船员所有职责的任何海员，或根据国家法律、法规、惯例或集体协议被定义为一等水手的任何海员；

（二）“基本报酬或工资”一词系指正常工作时间的报酬，无论这一报酬如何构成；它不包括加班报酬、奖金、津贴、带薪休假或任何其他额外酬劳；

（三）“合并工资”一词系指包括基本工资和与工资有关的其他补贴在内的工资或薪资；合并工资可包括对所有加班工作给予的补偿和所有其他与工资相关的补贴，或者也可包括部分合并工资内的某些补贴；

（四）“工作时间”一词系指要求海员为船舶工作的时间；

（五）“加班”一词系指超出正常工作时间之外工作的时间。

导则 B2.2.2　计算和支付

一、对于报酬中含有另计加班补偿的海员：

（一）出于计算工资目的，在海上和港口的正常工作时间每天不应超过 8 小时；

（二）出于计算加班目的，对于由基本报酬或工资所涵盖的每周正常工作时间，如集体协议未予确定，应由国家法律或法规确定，但每周不得超过 48 小时；集体协议可规定不同但不低于此的待遇；

（三）加班补偿率不应低于基本工资或每小时工资的 1.25 倍，并应由国家法律、法规或由适用的集体协议予以规定；

（四）所有加班时间应由船长或船长指定人员进行记录，并至少按月间隔由海员签字。

二、对于工资系全部或部分合并的海员：

（一）凡适宜，海员就业协议应明确说明海员为这一报酬需工作的时间，并说明除合并工资外可能应支付的任何额外津贴以及在何种情况下支付；

（二）如超出合并工资所涵盖的工作时间按每小时加班支付，该小时报酬率不应低于本导则第一款所界定的与正常工作时间对应的基本工资的 1.25 倍；同样原则也适用于包括在合并工资内的加班时间；

（三）全部和部分合并工资中属于本导则第一款第（一）项所界定的正常工作时间的报酬部分不应低于适用的最低工资；

（四）对于其工资为部分合并的海员，应保持其所有加班记录，并应按本导则第一款第（四）项的规定在记录上签字认可。

三、国家法律、法规或集体协议可以规定，对加班或在每周休息日和公共节假日工作的补偿，至少应以相等休息时间和离船时间，或是以追加休假方式代替报酬或为此规定的任何其他补偿。

四、与船东代表组织和海员代表组织协商后通过的国家法律、法规或可适用的集体协议应考虑到以下原则：

（一）同工同酬应适用于同一船舶雇佣的所有海员，不得因种族、肤色、性别、宗教信仰、政治观点、民族血统或社会出身予以歧视；

（二）具体说明适用的工资或工资率的海员就业协议应随船携带；应通过海员理解的语言向其提供至少 1 份已签字的有关信

息副本，或在全体海员能够出入的地点张贴1份协议副本，或其他适宜方式使每个海员能得到有关工资额或工资率的信息；

（三）工资应以法定方式支付；凡适宜时，可以通过银行转账、银行支票、邮政支票或汇款支付工资；

（四）在终止雇佣时，应支付所有应付报酬，不得无故延误；

（五）如船东无理拖延支付，或未能支付所有应付报酬，主管当局应给以适当惩罚或强制采取其他适当补救措施；

（六）工资应直接支付到海员指定的银行账户，除非海员以书面形式提出不同要求；

（七）除依照本款第（八）项规定者，船东不应限制海员自由支配其报酬；

（八）只有在下列情况下，才允许在报酬中进行扣减：

1. 国家法律、法规或适用的集体协议有明确规定，并已按主管当局认为最合适的方式告知海员此种扣减的条件；

2. 扣减总额不超过国家法律、法规或集体协议或法院裁决可能已为此种扣减规定的限额；

（九）不应为获得或保持就业而在海员的报酬中进行扣减；

（十）除国家法律、法规、集体协议或其他措施授权外，不得对海员罚款；

（十一）主管当局出于对海员利益的考虑，有权检查船上配备的小卖部和提供的服务，以保证其价格公平合理；

（十二）如根据《1993年船舶优先权和抵押权国际公约》的规定，无法保障海员工资和其他就业应付款项的债权，应根据《1992年（雇主破产）保护工人债权公约》（第173号）予以保护。

五、各成员国应在与船东组织和海员组织协商后，建立涉及本导则任何事项有关投诉的调查程序。

导则 B2.2.3 最低工资

一、在不损害自由集体谈判原则的前提下，各成员国应在与船东代表组织和海员代表组织协商后，建立确定海员最低工资的程序。船东代表组织和海员代表组织应参与此类程序的运作。

二、在建立此类程序和确定最低工资时，应充分考虑确定最低工资的有关国际劳工标准及以下原则：

（一）最低工资水平应考虑到海上就业的性质、船舶的配员水平和海员的正常工作时间；

（二）最低工资水平应根据海员生活费用和需求的变化予以调整。

三、主管当局应保证：

（一）通过监督和制裁制度，使所支付工资不低于所确定的工资率；

（二）已按低于最低工资的工资率领取工资的任何海员，能通过一种费用低廉且快捷的司法或其他程序，追偿欠付金额。

导则 B2.2.4　一等水手月最低基本报酬或工资数额

一、一等水手 1 个日历月工作的基本报酬或工资不应低于联合海事委员会或国际劳工局理事会授权的其他机构定期确定的数额。理事会一旦作出决定，总干事应将数额变更通告本组织成员国。

二、本导则任何条款都不应被视为有损船东或船东组织和海员组织之间就规范标准的最低条款和就业条件所达成的协议，条件是此种条款和条件得到主管当局的承认。

规则 2.3 工作时间或休息时间

目的：确保海员享有规范的工作时间或休息时间。

一、各成员国应确保对海员的工作时间或休息时间进行规范。

二、各成员国应根据守则规定一段特定时间内的最长工作时间或最短休息时间。

标准 A2.3 工作时间或休息时间

一、就本标准而言：

（一）“工作时间”一词系指要求海员为船舶工作的时间；

（二）“休息时间”一词系指工作时间以外的时间，该词不包括短暂的休息。

二、各成员国须在本标准第五款至第八款规定范围内，确定一段特定时间内不得超过的最长工作小时数，或应提供的最短休息小时数。

三、各成员国承认，同其他工人一样，海员的正常工时标准应以每天 8 小时、每周休息 1 天和公共节假日休息为依据。但是，这不妨碍成员国通过程序授权或登记集体协议，在不低于此标准基础上确定海员的正常工时。

四、确定国家标准时，各成员国应考虑到海员疲劳造成的危险，特别是职责涉及到航行安全以及船舶安全和安保操作的海员。

五、工作或休息时间应作如下限制：

（一）最长工作时间：

1. 在任何 24 小时时段内不得超过 14 小时；

2. 在任何 7 天时间内不得超过 72 小时；或

（二）最短休息时间：

1. 在任何 24 小时时段内不得少于 10 小时；

2. 在任何 7 天时间内不得少于 77 小时。

六、休息时间最多可分为两段，其中一段至少有 6 小时，相连两段休息时间间隔不得超过 14 小时。

七、集合、消防和救生艇训练以及国家法律、法规和国际文书规定的训练应对休息时间的影响最小且不会造成疲劳。

八、在一海员处于随时待命情况下，例如机舱处于无人看管时，如海员因被招去工作而打扰了正常休息时间，则应给予充分的补休。

九、如没有集体协议或仲裁裁决，或如主管当局确定协议或裁决的条款中关于本标准第七款或第八款的规定不充分，主管当局应确定此类条款以确保有关海员得到充分的休息。

十、各成员国应要求在进出方便的地点张贴 1 份船上工作安排表，该表格应至少包括每一岗位的下列内容：

（一）在海上和在港口的工作时间表；

（二）国家法律、法规或适用的集体协议所要求的最长工作时间和最短休息时间。

十一、本标准第十款所述的表格应按标准化的格式以船上的一种或多种工作语言和英文制订。

十二、成员国应要求保持对海员的日工作时间或日休息时间进行记录，以便监督是否符合本标准第五款至第十一款的规定。记录应采用主管当局考虑到国际劳工组织的所有指导原则而确定的标准格式，或应采用本组织制定的任何标准格式。应使用本标准第十一款所要求的语言。海员应得到 1 份由船长或船长授权人员以及海员本人认可的其本人记录的副本。

十三、本标准第五款和第六款的规定不得妨碍成员国制订国家法律、法规或主管当局授权或登记集体协议的程序，但允许超出规定限制的例外情况。此类例外应尽可能遵循本标准的规定，但可考虑给予值班海员或在短途航行船舶上工作的海员更经常或更长时间的休假或准予补休。

十四、本标准的任何规定不得妨碍船长出于船舶、船上人员或货物的紧急安全需要，或出于帮助海上遇险的其他船舶或人员的目的而要求一名海员从事任何时间工作的权力。为此，船长可中止工作时间或休息时间安排，要求一名海员从事任何时间的必要工作，直至情况恢复正常。一旦情况恢复正常，船长应尽快地确保所有在计划安排的休息时间内从事工作的海员获得充足的休息时间。

导则 B2.3　工作时间或休息时间

导则 B2.3.1　未成年海员

一、在海上和港口，下述规定应适用于所有18岁以下的未成年海员：

（一）工作时间不能超过每日8小时、每周40小时，只有在出于安全原因无法避免的情况下才加班工作；

（二）各餐要留有充足的时间，并应保证在日间正餐有至少1个小时的休息时间；

（三）应允许每连续工作2小时后有15分钟的休息时间。

二、作为例外，以下情况不必适用本导则第一款的规定：

（一）如在甲板部、轮机部和膳食部的未成年海员被安排值班或按班组倒班制工作不可行；

（二）如未成年海员根据既定计划和安排的培训将会受影响。

三、上述例外应予记录并说明原因，且有船长签字。

四、本导则第一款对未成年海员不免除标准A2.3第十四款规定的关于所有海员在任何紧急情况时工作的一般义务。

规则2.4　休假权利

目的：确保海员有充分的休假。

一、各成员国应要求悬挂其旗帜船舶所雇佣的海员在适当的条件下根据守则的规定享受带薪年休假。

二、应准许海员上岸休息以利海员的健康和福利并符合其职务的实际要求。

标准A2.4　休假权利

一、各成员国应通过法律和法规，确定在悬挂其旗帜船舶上工作的海员的最低年休假标准，并充分考虑到海员对这类休假的特殊需要。

二、根据按海员特殊需要规定适当计算方法的任何集体协议或法律法规，带薪年休假的权利应以每服务一个月最低2.5个日历天为基础计算。服务期限的计算方法应由各国主管当局或通过适当的机制确定。合理的缺勤不应被视作年假。

三、除非属于主管当局规定的情况，否则禁止达成放弃享受本标准规定的最低带薪年休假的任何协议。

导则 B2.4　休假权利

导则 B2.4.1　假期权利的计算

一、根据各国由主管当局或通过适当机制确定的条件，合同之外的服务时间应计算为服务期的一部分。

二、根据由主管当局或适用的集体协议确定的条件，因参加获批的海事职业培训班或因患病、受伤或生育等原因造成的缺勤，应计算为服务期的一部分。

三、在年休假期间的报酬水平应为国家法律、法规或适用的海员就业协议中规定的海员正常报酬水平。对受雇期短于1年的海员，或在雇佣关系终止的情况下，休假权利应按比例计算。

四、下述情况不应计算为带薪年休假的一部分：

（一）船旗国认可的公共和传统假日，不论其是否发生在带薪年休假期间内；

（二）在由各国主管当局或通过适当的机制确定的条件下，因患病、受伤或生育而无法工作的期间；

（三）在履行就业协议期间准许海员的短期上岸休息；

（四）在由主管当局或通过各国适当的机制确定的条件下，任何类型的补休。

导则 B2.4.2　年休假的使用

一、除非由法规、集体协议、仲裁决定或其他符合国家惯例的方式确定，年休假的休假时间应由船东在与有关海员或其代表协商并尽可能达成一致后确定。

二、原则上海员应有权在与其具有实质性联系的地点休假，该地点通常与其有权获得遣返之地相同。除非海员就业协议或国家法律法规规定，未经海员同意，不得要求海员在另一地点休年休假。

三、如要求海员从本导则第二款所允许地点以外开始休年休假，他们应有权免费前往其受雇或被招募的地点，以离其家较近者为准；补助及其他直接相关费用应由船东承担；旅行所花费的时间不应从海员应享的带薪年休假中扣减。

四、只有在极端紧急情况下并征得海员同意后才能将休年休假的海员召回。

导则 B2.4.3　分段和累积休假

一、各国主管当局或通过适当的机制可批准将年休假分成几个部分，或将一年应享的此种年休假与后一段休假累积在一起。

二、除本导则第一款情形外，除非适用于船东和海员的协议另有规定，本导则所建议的带薪年休假应为一段连续的时间。

导则 B2.4.4　未成年海员

对于根据集体协议或海员就业协议在一艘前往国外的船上服务 6 个月或任何更短时间，并在该段时间内没有回到过其居住国，且在该航行之后 3 个月内也不会回去的 18 岁以下未成年海员，应考虑特别的措施。此种措施可以包括，将其免费送回到其居住国原来的受聘地，按其在航行期间获得的任何假期休假。

规则 2.5　遣返

目的：确保海员能够回家。

一、在守则所规定的情形和条件下，海员有权利得到遣返并无需承担费用。

二、各成员国应要求悬挂其旗帜的船舶提供财务保障以确保海员根据守则得以适时遣返。

标准 A2.5　遣返

一、各成员国应确保悬挂其旗帜船舶上的海员在以下情形有权得到遣返：

（一）如海员在国外时海员就业协议到期；

（二）如其海员就业协议：

1. 被船东终止；或

2. 被海员出于合理的理由终止；

（三）如果海员不再具备履行其就业协议中职责的能力或在具体情形下无法履行这些职责。

二、各成员国应确保在其法律、法规或其他措施中或在集体谈判协议中有适当的条款，规定：

（一）海员有权根据本标准第一款第（二）项和第（三）项得到遣返的情形；

（二）海员有权得到遣返前在船上服务的最长期间——这段时间应少于 12 个月；

（三）船东应同意给予的具体遣返权利，包括关于遣返的目的地、旅行方式、船东将负担的费用项目和其他安排。

三、成员国应禁止船东要求海员在开始受雇时预付遣返费用，禁止船东从海员工资或其他收益中扣除遣返费用，除非根据国家法律、法规或其他措施或适用的集体谈判协议，海员出现严重失职而被遣返。

四、国家法律和法规不得妨碍船东根据第三方合同安排收回遣返费用的任何权利。

五、如船东未能为有权得到遣返的海员安排遣返或负担其遣返费用：

（一）船舶悬挂其旗帜的成员国的主管当局应安排有关海员的遣返；如未能安排，海员遣返的起程国家或海员国籍国可安排遣返，并向船舶所悬旗帜成员国收回费用；

（二）船舶悬挂其旗帜的成员国应能够向船东收回遣返海员发生的费用；

（三）不论何种情况，均不得向海员收取遣返费用，本标准第三款规定的情况除外。

六、考虑到包括《1999 年国际扣船公约》在内的适用国际文书，根据本守则支付遣返费用的成员国，可扣留或要求扣留有关船东的船舶，直至其按本标准第五款作出偿付。

七、各成员国应为停靠在其港口或通过其领水或内水的船舶上工作的海员的遣返和船上人员补聘提供便利。

八、特别是，成员国不得因船东财务状况或因船东不能或不愿替换海员而拒绝任何海员得到遣返的权利。

九、各成员国应要求悬挂其旗帜的船舶携带并向海员提供一份以适当语言书写的有关遣返的适用国家规定。

导则 B2.5　遣返

导则 B2.5.1　应享权利

一、在以下情况，海员应享有得到遣返的权利：

（一）在标准 A2.5 第一款第（一）项所涵盖的情况下，当根据海员就业协议的规定作出的通知期结束时；

（二）在标准 A2.5 第一款第（二）项和第（三）项所涵盖的情况下：

1. 因患病、受伤或其他健康问题需要遣返且身体状况适于旅行；

2. 船舶失事；

3. 由于破产、变卖船舶、改变船舶登记或任何其他类似原因船东不能继续履行其作为海员雇佣者的法律或契约义务；

4. 船舶驶往国家法律、法规或海员就业协议所界定的战乱区域而海员不同意前往的情况；

5. 根据仲裁裁定或集体协议而终止或中断雇佣，或出于其他类似原因终止雇佣。

二、在根据本守则确定海员有权得到遣返须在船上服务的最长时间时，应考虑到影响海员工作环境的多种因素。凡可行时，各成员国应视技术的变化和发展减少这一时间，并可参考联合海事委员会就此事项提出的建议。

三、根据标准 A2.5，船东应承担的遣返费用至少包括以下项目：

（一）到达根据本导则第六款选定的遣返目的地的旅费；

（二）从海员离船时起至抵达遣返目的地时止的食宿费；

（三）如本国法律、法规或集体协议有规定，从海员离船时起至抵达遣返目的地时止的工资和津贴；

（四）将海员个人行李30公斤运至遣返目的地的运输费；

（五）必要时，提供医疗使海员身体状况适合前往遣返目的地的旅行。

四、等待遣返所用的时间和遣返旅行时间不应从海员积累的带薪年休假中扣减。

五、应要求船东继续承担遣返的费用，直到有关海员到达本守则所规定的目的地，或在前往这些目的地之一的船舶上为其提供了合适的就业。

六、成员国应要求船东负责通过适当和迅速的方式对遣返作出安排。通常的旅行方式应为乘坐飞机。成员国应规定海员可被遣返的目的地。目的地应包括可视为海员与之存在着实质性联系的国家，包括：

（一）海员同意接受雇佣时的地点；

（二）集体协议规定的地点；

（三）海员的居住国；或

（四）在聘用时双方可能同意的其他地点。

七、海员应有权从规定的目的地中选择其将被遣返的地点。

八、如有关海员在国家法律、法规或集体协议规定的合理时间内未提出遣返要求，其应享有的遣返权利可能失效。

导则 B2.5.2　成员国实施

一、对被困于外国港口等候遣返海员应给予各种可能的实际援助。对于海员遣返受到延误的情况，外国港口的主管当局应立即视情通知船旗国和海员国籍国或居住国的领事或当地代表。

二、各成员国应关注是否作出妥善安排：

（一）在悬挂外国旗帜船舶上工作的海员，如因非个人原因在外国港口被置于岸上，应予送回到：

1. 海员受雇时的港口；或

2. 海员的国籍国或居住国（视情而定）的一个港口；或

3. 经主管当局批准或在其他适当保障措施下，海员和船长或船东之间同意的另一港口；

（二）医治和照料由于在船上服务期间非因其自身故意行为不当而患病、受伤，导致其在外国港口被置于岸上的受雇于悬挂外国旗帜船舶的海员。

三、首次出航国外的18岁以下未成年海员在船上服务至少4个月后，如显示出不适应海上生活，应给予其从设有船旗国或其国籍国或居住国领事馆的第一个合适的挂靠港口被免费遣返回国的机会。应向为该未成年海员签发准许其上船就业的有关当局报告任何此种遣返情况及其原因。

规则 2. 6　船舶灭失或沉没时对海员的赔偿

目的：确保在船舶灭失或沉没时对海员进行赔偿。

海员有权因船舶灭失或沉没造成的伤害、损失或失业得到充分的赔偿。

标准 A2. 6　船舶灭失或沉没时对海员的赔偿

一、各成员国应制订规章，确保在任何船舶灭失或沉没的各种情况下，船东应就这种灭失或沉没所造成的失业向船上每个海员支付赔偿。

二、本标准第一款所述的规则应不妨碍海员根据有关成员国船舶灭失或沉没造成损失或伤害的国家法律可能享有的其他权利。

导则 B2. 6　船舶灭失或沉没时对海员的赔偿

导则 B2. 6. 1　失业赔偿的计算

一、对因船舶灭失或沉没造成失业所给予的赔偿，在海员事实失业期间，应以与就业协议中同样的工资率，按海员事实失业的天数予以支付，但向任何海员支付的赔偿总额可仅限于2个月的工资。

二、成员国应确保海员享有索取此种赔偿的法律救济，与其索取服务期间拖欠工资所享受的法律救济相同。

规则 2.7 配员水平

目的：为了船舶运营的安全、高效和安保，确保海员在人员充足的船上工作。

各成员国应要求悬挂其旗帜的所有船舶考虑到海员的疲劳以及航行的性质和条件，在船上配有充足人数的海员以确保船舶的安全、高效操作，并充分注意到在各种条件下的安保。

标准 A2.7 配员水平

一、各成员国应要求悬挂其旗帜的所有船舶在船上配有充足的海员人数，确保船舶的安全和高效操作，并充分注意安保。各船舶均应根据主管当局签发的最低安全配员证书或等效文件，并满足本公约标准，从数量和资格角度配备充足的海员，在各种运行情况下确保船舶及人员的安全和安保。

二、在确定、批准或修改配员水平时，主管当局应考虑到需避免或最大限度减少过度超时工作，从而确保充分休息和限制疲劳，并考虑到适用的国际文书，特别是国际海事组织文书中关于配员的原则。

三、在确定配员水平时，主管当局应考虑到规则 3.2 和标准 A3.2 关于食品和膳食服务的所有要求。

导则 B2.7 配员水平

导则 B2.7.1 争议解决

一、各成员国应维持一种调查和解决任何有关船上配员水平申诉或争议的高效机制，或确认其得以维持。

二、无论有无其他人员或当局的参与，船东组织和海员组织的代表应参与此种机制的运作。

规则 2.8 海员职业发展和技能开发及就业机会

目的：促进海员职业发展和技能开发及就业机会。

各成员国应制定促进海事部门就业的国家政策，鼓励在其领土内居住海员的职业发展和技能开发以及更多就业机会。

标准 A2.8　海员职业和技能开发及就业机会

一、为向海运业提供稳定和胜任的劳动力，各成员国应制定鼓励海员职业发展和技能开发及海员就业机会的国家政策。

二、本标准第一款所述政策目标应为帮助海员增强其能力、资格，并增加就业机会。

三、各成员国应在与有关的船东组织和海员组织协商后，为船上主要负责船舶安全操作和航行的海员确定职业指导、教育和培训的明确目标，包括继续培训。

导则 B2.8　海员职业发展和技能开发及就业机会

导则 B2.8.1　促进海员职业发展和技能开发及就业机会的措施

实现标准 A2.8 所列目标的措施可以包括：

（一）与船东或船东组织达成提供职业发展和技能培训的协议；或

（二）通过建立和维护合格海员分类登记册或名单的方式作出促进就业的安排；或

（三）增加海员在船上和岸上进一步培训和教育的机会，提供技能开发和发展海员自身能力，从而促进海员获得并保持体面工作，改善个人就业前景并适应海事行业技术和劳动市场状况的变化。

导则 B2.8.2　海员登记册

一、如采用登记册或名单来管理海员就业，这些登记册和名单应按国家法律或惯例或通过集体协议所确定的方式，包括海员的所有职业类别。

二、此种登记册或名单上的海员应优先受雇出海工作。

三、应要求此种登记册或名单上的海员随时准备按国家法律或惯例或通过集体协议确定的方式工作。

四、在国家法律或法规许可范围内，应定期审查海员登记册或名单上的海员人数，使之符合海事行业需要。

五、在此登记册或名单的总人数需要减少时，应考虑到相关国家的经济和社会状况，采取一切适当措施，防止或最大限度地减小对海员的不利影响。

标题3：起居舱室、娱乐设施、食品和膳食服务

规则3.1 起居舱室和娱乐设施

目的：确保海员在船上有体面的起居舱室和娱乐设施。

一、各成员国应确保悬挂其旗帜的船舶向工作和（或）生活在船上的海员提供并保持与促进海员的健康和福利一致的体面起居舱室和娱乐设施。

二、实施本规则的守则中与船舶建造和设备有关的要求仅适用于本公约对有关成员国生效之日或以后建造的船舶。对于该日之前建造的船舶，《1949年船员起居舱室公约（修订）》（第92号）和《1970年船员起居舱室（补充规定）公约》（第133号）中规定的关于船舶建造和设备的要求在该日之前应根据有关成员国的法律或实践继续在其适用的范围内适用。一艘船舶在其龙骨铺设之日或当其处于类似建造阶段应被视为已建造。

三、除非另有明文规定，守则修正案中与海员居住舱室和娱乐设施有关的任何要求应仅适用于修正案对有关成员国生效之日或以后建造的船舶。

标准A3.1 起居舱室和娱乐设施

一、各成员国应通过法律和法规要求悬挂其旗帜的船舶：

（一）满足最低标准，以确保在船上工作和（或）生活的海员的任何居住舱室安全、体面并符合本标准的相关规定；

（二）经过检查，确保开始并持续符合这些标准。

二、在制订并适用法律和法规来实施本标准时，主管当局在与有关船东组织和海员组织协商后，应：

（一）根据船上生活和工作海员的具体需要，考虑规则4.3及相关守则中关于保护健康和安全及事故预防的规定；

（二）充分考虑本守则B部分所载指导。

三、在以下情形应进行规则5.1.4所要求的检查：

（一）在登记一艘船舶或重新登记一艘船舶时；或

（二）对船上海员起居舱室作了实质性改动时。

四、主管当局应特别注意确保实施本公约关于以下方面的要求：

（一）房间和其他起居舱室空间的尺寸；

（二）取暖和通风；

（三）噪音和振动及其他环境因素；

（四）卫生设施；

（五）照明；

（六）医务室。

五、各成员国主管当局应要求悬挂其旗帜的船舶满足本标准第六款至第十七款中规定的船上起居舱室和娱乐设施最低标准。

六、关于居住舱室的一般要求：

（一）海员所有起居舱室具有充足的净高；所有需要海员充分和自由移动的起居舱室的最低允许净高不得低于203厘米；主管当局可准许在任何起居舱室或舱室的一部分酌量降低上述高度，如果主管当局认为该降低：

1. 是合理的；

2. 不会给海员带来不适；

（二）起居舱室应予充分隔热；

（三）在经修订的《1974年国际海上人命安全公约》（《SO1AS公约》）第2（5）和（6）条所定义客船以外的船舶上，卧室应位于船舶的中部或尾部的载重线以上，但在特殊情况下，因船舶大小、类型或其预期用途使卧室放在其他位置不可行，卧室可放在船舶首部，但无论如何不得放在防撞舱壁之前；

（四）在客船上以及在根据国际海事组织《1983年特殊用途船舶安全规则》及其后续版本而建造的特殊船舶（以下称特殊

用途船舶）上，如对照明和通风状况作出满意安排，主管当局可准许将海员卧室放在载重线以下，但无论如何不得置于紧贴工作通道之下；

（五）卧室不得与货物和机器处所、厨房、仓库、烘干房或公共卫生区域直接相通；上述处所与卧室分开的舱壁部分和外部舱壁应使用钢材或其他经认可的材料有效地建造，并具备水密性和气密性；

（六）用于建造内部舱壁、天花板和衬板、地板和铺设的材料应适合于其自身功用并有益于保证健康环境；

（七）应提供适当的照明和充分的排水系统；

（八）起居舱室和娱乐设施及膳食服务设施应满足规则 4.3 以及守则的相关规定中关于保护健康和安全及事故预防的要求，充分考虑到防止海员暴露于达到有害水平的噪音、振动和其他环境因素以及船上化学品中的风险，并为海员提供一个可接受的职业和船上生活环境。

七、关于通风和供暖的要求：

（一）卧室和餐厅应通风良好；

（二）除常年在温带地区航行不需要空调的船舶以外，应为船舶的海员起居舱室、所有独立的无线电报务室和中央机器控制室配备空调设备；

（三）所有盥洗处所应有直接通向露天的通风装置，并独立于起居舱室的其他部分；

（四）除专门在热带气候中航行的船舶外，应通过适当的供暖系统提供充分的取暖。

八、就照明的要求而言，根据客船可能允许的特殊布置，卧室和餐厅应有合适的自然采光，并应配备足够的人工灯光。

九、如果要求船上有卧室，应适用以下关于卧室的要求：

（一）在除客船以外的船舶上，应为每一海员提供单独的卧室，对于低于 3,000 总吨的船舶或特殊用途船舶，主管当局在与有关船东组织和海员组织协商后可准予免除此要求；

（二）应为男海员和女海员提供分开的卧室；

（三）卧室应有足够的尺寸并配备适当的陈设，以保证合理的舒适度并便于保持整洁；

（四）在所有情况下都应为每个海员提供单独的床位；

（五）每个床位最小内部面积应至少为 198×80 厘米；

（六）在单床位的海员卧室，地板面积应不小于：

1. 在 3,000 总吨以下的船舶上，4.5 平方米；

2. 在 3,000 总吨或以上但低于 10,000 总吨的船舶上，5.5 平方米；

3. 在 10,000 总吨或以上的船舶上，7 平方米；

（七）但是，为了在 3,000 总吨以下的船舶、客船和特殊用途船舶上提供单床位的卧室，主管当局可允许减少地板面积；

（八）对于客船和特殊用途船舶以外的 3,000 总吨以下的船舶，卧室最多可容许两名海员居住；此类卧室的地板面积应不小于 7 平方米；

（九）在客船和特殊用途船上，不担任高级船员职责的海员的卧室地板面积应不小于：

1. 双人间：7.5 平方米；

2. 三人间：11.5 平方米；

3. 四人间：14.5 平方米；

（十）在特殊用途船舶上，卧室可容纳 4 人以上，此类卧室的地板面积不小于每人 3.6 平方米；

（十一）在客船和特殊用途船舶以外的船舶上，对于担任高级船员职责的海员的卧室，如果不提供专用起居室或休息室，地板面积每人应不小于：

1. 在 3,000 总吨以下的船舶上，7.5 平方米；

2. 在 3,000 总吨或以上但低于 10,000 总吨的船舶上，8.5 平方米；

3. 在10,000总吨或以上的船舶上，10平方米；

（十二）在客船和特殊用途船舶上，对担任高级船员职责的海员的卧室，如果不提供专用的起居室或休息室，每人所占的地板面积对于低级别的高级船员应不小于7.5平方米，对于高级别的高级船员应不小于8.5平方米；低级别的高级船员指操作级，高级别的高级船员指管理级；

（十三）除卧室外，船长、轮机长和大副还应有相连的起居室、休息室或等效的额外空间。主管当局经与有关船东组织和海员组织协商后，可对3,000总吨以下的船舶免除此要求；

（十四）对于每个居住者，家具应包括一个宽敞的衣柜（至少为475升）和空间不小于56升的抽屉或等效空间；如果抽屉设在衣柜里面，则衣柜的合计容积至少应为500升；柜内应设搁板，并能够由居住者上锁以确保隐私；

（十五）每间卧室应备有一张桌子或书桌，可以为固定式、折叠式或可滑动式，并按需要配备舒适的座位。

十、关于餐厅的要求：

（一）餐厅的位置应与卧室隔开，并应尽可能靠近厨房；主管当局在与有关的船东组织和海员组织协商后可对低于3,000总吨的船舶免除此要求；

（二）餐厅应足够大且舒适，并在考虑到任一时间可能用餐船员人数的基础上，配备适当的家具和设备（包括提供饮料全时便利设施）；在适当时应配备分开的或共用的餐厅设施。

十一、关于卫生设施的要求：

（一）船上的所有海员均应能够使用满足最低健康和卫生标准以及合理的舒适标准的卫生设施，为男海员和女海员应提供分开的卫生设施；

（二）在驾驶台和机器处所容易到达之处或靠近机舱控制中心处应设有卫生设施；主管当局在与有关的船东组织和海员组织协商后可对低于3,000总吨的船舶免除此要求；

（三）在所有船舶上，对于没有个人卫生设施的海员应在方便的位置为每 6 人或以下至少提供一个厕所、一个洗脸池和一个浴盆和（或）淋浴；

（四）除客船外，船上每个卧室均应配备带有流动冷热淡水的洗脸池，除非个人浴室配有洗脸池；

（五）对于航行时间通常在四小时以内的客船，主管当局可考虑作出特殊安排或减少所要求的卫生设施数目；

（六）所有盥洗场所均应有流动的冷热淡水。

十二、关于医务室的要求，航程时间超过 3 天、船上海员 15 人以上的船舶应设有独立的医务室，专供医疗使用。对从事沿岸航行的船舶，主管当局可放宽此项要求；在批准船上医务室时，主管当局应确保该设施在各种天气状况下都容易进出、为使用者提供舒服的居住条件并有助于其获得迅速和适当的照料。

十三、在合适位置安装配备齐全的洗衣设施。

十四、所有船舶应根据其大小和船上海员的人数，在露天甲板上安排一块或数块具有充足面积的场地，供不当班的海员休息。

十五、所有船舶应配备分开或共用的船舶办公室，供甲板部和轮机部使用；主管当局在与有关的船东组织和海员组织协商后可对低于 3,000 总吨的船舶免除此要求。

十六、如船舶经常停靠蚊虫猖獗的港口，应按主管当局的要求安装适当的设施。

十七、为了所有海员的利益，在船上应提供适合于满足必须在船上工作和生活海员特殊需求的海员娱乐设施、福利设施和服务，同时考虑到规则 4.3 和相关守则中关于保护健康和安全及事故预防的规定。

十八、主管当局应要求由船长或在船长授权下，在船上开展经常性的检查，以确保海员起居舱室干净、体面、适宜居住，并维护良好状态。每次此种检查结果均应记录并供审核。

十九、对于需要对拥有不同宗教信仰和社会习惯的海员的利益给予一视同仁考虑的船舶，主管当局经与有关船东组织和海员组织协商后，可以允许对本标准进行适当的变通，条件是这种变通不能导致总体设施劣于实施本标准的情况。

二十、各成员国考虑到船舶的尺度和船上人员的数量，经与有关船东组织和海员组织协商后，可以对200总吨以下的船舶免除本标准下述规定中的有关要求：

（一）第七款第（二）项、第十一款第（四）项和第十三款；

（二）第九款第（六）项和第（八）项至第（十二）项，仅涉及地板面积。

二十一、关于本标准要求作出的任何免除只有在标准明确准许，且只有在此种免除有充分明显理由的特定环境下，并应以保护海员的健康和安全为前提。

导则 B3.1　起居舱室和娱乐设施

导则 B3.1.1　设计和建造

一、卧室和餐厅的外部舱壁应适当隔热。如在毗邻起居舱室或过道处有可能产生发热影响，厨房和其他发热处所的所有机器外罩和所有界限舱壁应予充分隔热。还应采取措施防止蒸汽和（或）热水管道的发热影响。

二、卧室、餐厅、娱乐室和起居舱室内的通道应适当隔热，以防止蒸汽凝结或室温过高。

三、舱壁表面和舱室天花板的材料应为表面易于保持清洁的材料。不得使用容易隐藏害虫的构造方式。

四、卧室和餐厅的舱壁和天花板应易于保持清洁并应使用耐久、无毒的浅色涂料装饰。

五、所有海员起居舱室的甲板应为经认可的材料和构造，其表面应能防滑、防潮并易于保持清洁。

六、如地板用复合材料制成，其与侧面的搭接应该严密，避免留下缝隙。

导则 B3.1.2　通风

一、卧室和餐厅通风系统应受到控制，以使空气的状况令人满意，并确保空气在任何季节和任何天气和气候下都充分流通。

二、空调系统，无论其为中央空调还是单个空调，均应设计成：

（一）根据户外大气条件使室内空气保持适宜的温度和相对湿度，并保证在全部空调处所有充分的通风，并考虑海上作业的特点，避免产生过度的噪音或振动；

（二）便于清洁和灭菌，以防止或控制疾病的传播。

三、如海员在船上生活或工作且情况需要，本导则前述各款要求的空调和其他通风设施工作所需动力应随时可用。但是，此动力不必由应急电源提供。

导则 B3.1.3　供暖

一、如海员在船上生活或工作且情况需要，海员起居舱室的供暖系统应始终开放。

二、在所有要求配备供暖系统的船上，可用热水、热气、电力、蒸汽或等效方式供暖。但是，在起居舱室区域，不应使用蒸汽作为传热媒介。在船舶航行中可能遇到的正常气候和天气状况时，供暖设备应能使海员起居舱室温度保持在适当水平；主管当局应对须达到的标准作出规定。

三、应设置取暖器和其他供暖装置。必要时，应安装保护罩以避免火灾或对居住者构成危险或带来不便。

导则 B3.1.4　照明

一、应在所有船舶为海员起居舱室配备电灯。如没有两个独立的照明电源，应通过适当建造的灯具或照明装置提供应急使用的补充照明。

二、在卧室，应在每个铺位床头安装一个台灯。

三、自然和人工采光的适当标准应由主管当局确定。

导则 B3.1.5　卧室

一、船上应有充分的床位安排，使海员及可能与其同住者尽可能舒适。

二、在船舶的尺寸、其所从事的航行活动及其布置合理可行时，应为卧室规划并配备带有一个卫生间的单独浴室，为居住者提供合理的舒适性并便于保持整洁。

三、应尽可能在安排海员卧室时将值班人员分开，避免使日间工作的海员与值班人员同住一间。

四、对于担任见习高级船员职责的海员，每间卧室居住的人数不应超过 2 人。

五、凡可行时，应考虑将标准 A3.1 第九款第（十三）项中的设施待遇扩展到大管轮。

六、在丈量地板面积时，应包括床铺位和储物柜、抽屉柜和座位所占空间。不应包括那些不能有效增加自由移动的空间且不能用来放置家具的狭小的或形状不规则的空间。

七、不应使用超过两层的床铺；床位靠船侧摆放时，如床位上方有舷窗，只应设置单层床位。

八、如安置双层床，下床在地面上的高度不应小于 30 厘米；上床应大约位于下床床板与天花板甲板梁底部的中间位置。

九、床架及如有挡板应使用经认可的材料，质地坚硬而光滑，不易腐蚀或隐藏害虫。

十、如床架为管状材料，应将它们完全封闭，不留孔穴，以免害虫进入。

十一、每张床铺应配备带有缓冲底板的舒服床垫或包括弹簧底板或弹簧床绷在内的复合缓冲床垫。床垫和缓冲材料应采用经认可的材料。不得使用易隐藏害虫的充填材料。

十二、如使用双层床，上铺床垫下的弹簧床绷下方应垫上一层防灰尘的底板。

十三、家具应使用光滑、坚硬、不易变形和腐蚀的材料制作。

十四、卧室舷窗应装有窗帘或类似物。

十五、每间卧室应备有一面镜子、存放盥洗用具的小柜、一个书架和足够数量的衣服挂钩。

导则 B3.1.6　餐厅

一、餐厅既可以共用也可以分开。关于此事项的决定应在与海员组织和船东组织协商并经主管当局批准后作出。应考虑到船舶的尺寸和海员不同的文化、宗教和社会需要等因素。

二、如向海员提供分开的餐厅设施，则分开餐厅应提供给：

（一）船长和高级船员；

（二）见习高级船员和其他海员。

三、在客船以外的船舶上，海员餐厅的地板面积应按计划容纳人数不小于每人1.5平方米。

四、所有船舶的餐厅应配备固定式或移动式的餐桌和适当的座位，足以满足在任一时间可能使用的最大数量的海员。

五、当海员在船上时，应随时提供：

（一）一台冰箱，位置方便，且容量足够在该餐厅就餐的人使用；

（二）制作热饮料的设备；

（三）冷水设备。

六、如可用的餐具室不与餐厅直接相通，应提供充足的餐具柜和洗涤餐具的适当设备。

七、桌面和椅面应为防潮材料。

导则 B3.1.7　卫生设施

一、洗脸池和浴缸应具备适当的尺寸，用表面光滑，不易开裂、剥落或腐蚀的经认可材料制成。

二、所有厕所均应为经认可的样式，有足够的冲水力或其他一些适合的冲洗方式，例如空气，随时可用且能够独立控制。

三、一人以上使用的卫生设施应符合以下要求：

（一）地板应为经认可的耐久材料，防潮，并应能够有效排水；

（二）隔板应选用钢材或其他经认可的材料，防水部分至少在甲板以上 23 厘米；

（三）室内应有充分的照明、供暖和通风；

（四）厕所应位于卧室和盥洗室方便到达之处，但又要与之隔开，厕所门不应正对卧室或卧室与厕所之间的唯一通道；但如果厕所位于总居住人数不到 4 人的两间卧室之间，则可不执行后一项规定；

（五）如同一舱室有一个以上厕所，应予充分遮挡，确保隐私。

四、供海员使用的洗衣设施应包括：

（一）洗衣机；

（二）烘干机或具有足够加热和通风的烘干室；

（三）熨斗和熨衣板或其等效物品。

导则 B3.1.8　医务室

一、医务室的设计应便于会诊和进行医疗急救，并有助于防止传染性疾病传播。

二、入口、床位、照明、通风、取暖及供水设计安排，应以保证病人的舒适和便于治疗为目的。

三、所需病床的数量应由主管当局规定。

四、应为医务室使用者提供专用卫生间，既可作为医务室的一部分也可就近设置。此类卫生间至少应包括一个厕所、一个洗脸池和一个浴盆或淋浴。

导则 B3.1.9　其他设施

如果为轮机部人员提供单独的更衣室，这些更衣室应：

（一）设在机器房之外但易于进入机器房的位置；

（二）配备个人衣柜以及有流动冷热淡水的浴盆和（或）淋浴和洗脸池。

B3.1.10　床具、餐具和杂项规定

各成员国应考虑适用以下原则：

（一）船东应向在船上工作的全体海员提供洁净的床具和餐具供在船上服务期间使用；当海员完成在该船上的服务时，应有责任按照船长规定的时间归还上述用品；

（二）床具应质量好，盘子、杯子和其他餐具应用经许可的材料制成，便于清洗；

（三）船东应向全体海员提供毛巾、肥皂和卫生纸。

导则 B3.1.11　娱乐设施、邮件和上船探访安排

一、应经常评估娱乐设施和服务，保证其适应海运业技术、操作和其他方面发展对海员需求所带来的变化。

二、娱乐设施的配备应至少包括一个书架和供阅读、书写的设施，以及如实际可行时，游戏设施。

三、在涉及娱乐设施规划时，主管当局应考虑设立一个小卖部。

四、在实际可行时，还应考虑包括以下向海员免费的设施：

（一）一个吸烟室；

（二）观看电视和收听广播；

（三）放映电影，存片应足够航程期间使用，必要时，每隔适当时间予以更换；

（四）运动器械，包括锻炼器械、台式运动和甲板运动器械；

（五）如可能，提供游泳设施；

（六）藏有业务书籍和其他书籍的图书馆，其藏书量应够航程期间使用，并每隔适当时间予以更换；

（七）娱乐性手工制作设施；

（八）电子设备，如收音机、电视机、录像机、DVD/CD 播放机、个人电脑和软件以及磁带录音机；

（九）凡适宜，只要不违反国家、宗教或社会习俗，在船上

为海员提供酒吧；

（十）凡可能，提供合理的船对岸电话通信、电子邮件和互联网设施，如有这些设施，使用这些服务设施的收费额应合理。

五、应尽力保证尽可能稳妥迅速投递海员邮件。还应努力避免使海员在不得不转寄邮件时额外加付邮资。

六、在国家和国际法律或法规允许情况下，如可能且合理，应考虑采取措施保证船舶在港口停留期间，从速批准海员的伴侣、亲属和朋友登船探视。此种措施应符合任何有关安保审查的要求。

七、应考虑在合理可行的情况下，可以允许海员的伴侣偶尔陪伴其航海。此类伴侣应携有充分的事故和疾病保险；船东应为海员获得这种保险给予一切帮助。

导则 B3.1.12　防止噪音和振动

一、居住和娱乐及膳食服务设施的位置应尽可能远离主机、舵机室、甲板绞盘、通风设备、取暖设备和空调设备以及其他有噪音的机器和装置。

二、发出声音处所内的舱壁、天花板和甲板应使用隔音材料和其他适当的吸音材料制造和装修，并应为机器处所安装隔音自动关闭门。

三、凡可行，应在机舱和其他机器处所为机舱人员设立隔音的中心控制室。工作场所，例如机修间，应尽实际可能隔离普通机舱的噪音，并应采取措施减少机器运转时产生的噪音。

四、工作和生活场所的噪音水平限制，应符合国际劳工组织关于暴露水平的国际导则，包括国际劳工组织 2001 年标题为《工作场所环境因素》的行为守则，及在适宜时，国际海事组织建议的具体保护，以及任何关于船上可接受噪音水平的修正和补充文件。适用文件的英文或船上工作语言的副本应随船携带并供海员随时使用。

五、居住舱室、娱乐及膳食服务设施均不得暴露于过度振动中。

规则3.2　食品和膳食服务

目的：确保海员获得根据规范卫生条件提供的优质食品和饮用水。

一、各成员国应确保悬挂其旗帜的船舶随船携带和供应充分满足船舶需求并同时考虑到不同的文化和宗教背景要求的质量、营养价值和数量均合适的食品和饮用水。

二、应为船上受雇期间的海员免费提供食物。

三、作为负责食品准备的船上厨师受雇的海员必须经过拟任岗位培训并取得资格。

标准A3.2　食品和膳食服务

一、各成员国应通过法律和法规或其他措施，为悬挂其旗帜的船舶供应给海员的食品和饮用水的数量和质量及适用于各餐的膳食标准规定最低标准，并应开展教育活动促进对该标准的认识和实施。

二、各成员国应确保悬挂其旗帜的船舶满足以下最低标准：

（一）考虑到船上海员人数、与食物相关的宗教要求和文化习惯，以及航行时间和性质，供应数量、营养价值、质量和品种方面均为适当的食品和饮用水；

（二）组织、装备膳食服务部门，以便在良好卫生条件下为海员准备和提供充足、多样和营养的餐食；

（三）膳食服务人员应接受过职责需要的适当培训和指导。

三、船东应确保以船上厨师身份受雇的海员必须按有关成员国法律和法规所规定的要求接受过培训、合格并胜任其职位。

四、本标准第三款中的要求应包括完成主管当局批准或认可的培训课程，包括实用厨艺、食品和个人卫生、食品储存、备料管理和环境保护以及膳食健康和安全。

五、在按照船舶营运规定配员少于10人的船上，因船员数目或航行特点，主管当局可不要求配备完全具备正式资格的厨师。厨房加工食品的任何人员应在食品和个人卫生以及船上处理和储存食品方面受过培训或指导。

六、在特别必要的情况下，主管当局可签发特免证明，允许不具备正式资格的厨师在规定的有限时间内，为某一特定船舶服务，直到下一个方便挂靠港或不超过 1 个月时间，条件是获发特免证明的人员在包括食品和个人卫生以及船上处理和储存食品方面受到过培训或指导。

七、根据标题 5 中的持续符合程序，主管当局应要求由船长或经船长授权，在船舶上对以下方面开展有记录的经常性检查：

（一）食品和饮用水供应；

（二）用于储存和处理食物、饮用水的所有场所和设备；

（三）用于准备和供应餐食的厨房或其他设备。

八、不得雇佣或聘用 18 岁以下海员担任船上厨师工作。

导则 B3.2　食品和膳食服务

导则 B3.2.1　检查、教育、研究和出版

一、主管当局应与其他相关机构和组织合作，收集有关食品营养和食品购买、储存、保存、烹调和服务方法方面的最新信息，并特别注意船上膳食服务的要求。此类信息应免费或以合理价格提供给供应船用食品或设备的专门生产厂家和经销商、船长、管事和厨师以及有关船东组织和海员组织。为此目的，应利用诸如手册、小册子、招贴画、图表或在专业期刊登载广告等适当宣传手段。

二、主管当局应发布建议，避免食物浪费，促进保持良好卫生标准，并确保工作安排中最大程度的实际方便。

三、主管当局应与有关组织和机构合作，开发有关保证适当食品供应和膳食服务方法的教材和船上信息。

四、主管当局应与涉及食品和健康问题的有关船东组织和海员组织以及有关国家和地方当局密切合作，并在必要时，可使用这些机构的服务。

导则 B3.2.2　船上厨师

一、海员应只有满足以下条件才有资格成为船上厨师：

（一）在海上服务的时间达到主管当局确定的最低期限，此期限可考虑现有相关资格和经验有所变化；

（二）通过主管当局规定的考试或通过经认可的厨师培训课程的同等考试。

二、可直接由主管当局或在其监督下由经认可的烹饪学校进行规定的考试并颁发证书。

三、主管当局应规定，在适宜时，承认由批准本公约或《1946年船上厨师证书公约》（第69号）的其他成员国或其他认可机构签发的船上厨师资格证书。

标题4：健康保护、医疗、福利和社会保障保护

规则 4.1　船上和岸上医疗

目的：保护海员健康并确保其迅速得到船上和岸上医疗。

一、各成员国应确保悬挂其旗帜船舶上所有海员均被保护其健康的充分措施所覆盖，在船上工作期间能够得到迅速和适当的医疗。

二、本规则第一款规定的保护和医疗原则上不由海员支付费用。

三、各成员国应确保在其领土内船舶上需要紧急医疗的海员能够使用成员国岸上医疗设施。

四、守则中规定的船上健康保护和医疗要求包括旨在向海员提供尽可能相当于岸上工人能够得到的健康保护和医疗的措施标准。

标准 A4.1　船上和岸上医疗

一、各成员国应确保采取措施向在悬挂其旗帜船舶上工作的海员提供健康保护和医疗，包括必需的牙科治疗，这些措施应：

（一）保证将任何与海员职责相关的关于职业健康保护和医疗的一般规定以及专门针对船上工作的特殊规定适用于海员；

（二）保证向海员提供尽可能相当于岸上工人一般能够得到的健康保护和医疗，包括迅速使用诊断和治疗所必需的药品、医疗设备和设施，以及获取医疗信息和利用医疗专业技能；

（三）凡可行，在停靠港不延误地给予海员看合格医生或牙医的权利；

（四）在与成员国国家法律和惯例一致限度内，保证向船上海员或在外国港口下船海员免费提供健康保护和医疗；

（五）并且不局限于患病或受伤海员的治疗，同时还应包括预防性措施，如促进健康和保健教育计划。

二、主管当局应制订1个标准海员医疗报告表格，供船长和相关岸上和船上医疗人员使用。填好后表格及其内容应予保密，且只应用于方便海员治疗。

三、各成员国应通过法律和法规对悬挂其旗帜的船舶规定船上医务室及医疗设施和设备以及培训的要求。

四、国家法律和法规应最低限度规定以下要求：

（一）所有船舶均应携带医药箱、医疗设备和医疗指南，具体内容由主管当局规定并受到主管当局定期检查；国家要求应考虑到船舶类型、船上人员数量及航行性质、目的地和航程以及相关国家和国际建议的医疗标准；

（二）载员100人或以上，通常从事3天以上国际航行的船舶应配备1名医生负责提供医疗；国家法律或法规还应考虑到诸如航行时间、性质和条件以及船上海员人数等因素，规定哪些其他船舶也应要求配备1名医生；

（三）未配备医生的船舶，应要求船上至少有1名海员的一部分正式职责是负责医疗和管理药品，或者船上至少有1名海员胜任提供医疗急救；非专职医生负责船上医疗人员应完成符合经修正的《1978年海员培训、发证和值班标准国际公约》（《STCW公约》）要求的合格培训；被指定提供医疗急救的海员应完成符合《STCW公约》要求的医疗急救合格培训；国家法律或法规应规定所要求的培训水平，并特别考虑到诸如航行时间、性质和条件以及船上海员人数等因素；

（四）主管当局应通过一个预先安排机制，保证海上船舶每天 24 小时能得到无线电台或卫星通信提供的医疗指导，包括专家指导；医疗指导，包括船舶与岸上提供医疗咨询机构通过无线电台或卫星通信进行的医疗信息沟通，应由所有船舶（无论悬挂何国旗帜）免费使用。

导则 B4.1　船上和岸上医疗

导则 B4.1.1　医疗提供

一、在确定不要求配备医生船舶上提供的医疗培训水平时，主管当局应要求：

（一）通常能够在 8 小时内获得合格医疗和医疗设施的船舶应至少有 1 名指定的海员接受过《STCW 公约》所要求的经认可的医疗急救培训，使其能对船上可能发生事故或出现疾病立即采取有效行动和使用无线电台或卫星通信获得医疗建议；

（二）所有其他船舶应至少有 1 名指定的海员接受过《STCW 公约》所要求的经认可的培训，包括实际训练以及诸如静脉治疗这类抢救技能的培训。这些培训能使相关人员有效参与海上船舶医疗救助协调计划，并能向可能继续留在船上的病员或伤员提供符合标准的医疗。

二、本导则第一款所述培训应以以下文件最新版本内容为基础：《国际船舶医疗指南》、《用于涉及危险品事故的医疗急救指南》《指导文件—国际海事培训指南》，以及《国际信号规则》的医疗部分及类似的国家指南。

三、本导则第一款所述人员和主管当局可能要求的其他海员，应每隔 5 年左右参加进修课程，以保持和提高其知识与技能，适应新的发展。

四、船上医药箱及其箱内药品以及医疗设备和医疗指南应由主管当局指定负责人员妥善维护，并每隔不超过 12 个月进行定期检查。这些人员应确保核对全部药品的标签、失效日期和存放条件及其用法用量，并确保所有设备功能合乎要求。在通过或审定国内使用的船舶医疗指南以及在确定医药箱内的药品和医疗设备时，主管当局应考虑此领域的国际建议，包括最新版本的《国际船舶医疗指南》和本导则第二款所述的其他指南。

五、如属未列入最新版本的《用于涉及危险品事故的医疗急救指南》的危险品货物，应向海员提供关于该物品的性质、存在的风险、必要的个人保护装置、相关的医疗程序和专用解毒剂方面的必要信息。凡船舶载运危险品时，船上应备有此类专用解毒剂和个人保护装置。此信息应纳入规则 4.3 和相关守则规定所述的船舶职业安全和健康的政策和计划中。

六、所有船舶均应携有一份能获得医疗指导的最新的完整的无线电台清单；并且，如装备了卫星通信系统，还应携有一份能获得医疗指导的岸上地面站的完整最新的清单。应指导负责船上医疗或医疗急救的海员使用船舶医疗指南以及最新版《国际信号规则》的医疗部分，使他们理解指导医生所需的信息类型及其所收到的指导建议。

导则 B4. 1. 2　医疗报告表格

本守则 A 部分要求的标准海员医疗报告表格应设计为便于海员生病或受伤时在船舶与岸上之间交换有关医疗及相关信息。

导则 B4. 1. 3　岸上医疗

一、用于海员治疗的岸上医疗设施应充分符合其目的。医生、牙医和其他医务人员应具备合适的资格。

二、应采取措施确保海员在港口时能够：

（一）在生病或受伤时得到门诊治疗；

（二）在必要时住院治疗；

（三）特别是在紧急情况下得到牙病治疗的便利。

三、应采取适当措施便利生病海员的治疗。特别是，应不论国籍和宗教信仰，毫无困难地立即接受海员进入岸上诊室和医院，并凡可能，应安排补充海员可用的医疗设施，保证必要的连续治疗。

导则 B4.1.4　对其他船舶的医疗援助和国际合作

一、各成员国应充分考虑参与健康保护和医疗领域援助、项目和研究的国际合作。此类合作可包括：

（一）按照经修订的《1979 年国际海上搜寻救助公约》和《国际航空和海上搜寻救助手册》（IAMSAR），发展和协调搜寻和救助力量，并通过定期船位报告制度、救助协调中心和应急直升飞机服务等手段，迅速安排船上重病员或重伤员的海上治疗协助和撤离；

（二）充分利用载有医生的所有船舶，并向海上派驻能够提供医院和救助设施的船舶；

（三）汇编和保有一份世界范围内的医生和医疗设施国际名录，以向海员提供应急医疗；

（四）安排海员上岸进行紧急治疗；

（五）根据负责医生的医疗建议并考虑海员本人的愿望和需要，尽可能迅速地将在国外住院的海员遣返回国；

（六）根据负责医生的医疗建议并考虑海员本人的愿望和需要，在遣返期间为海员提供个人帮助；

（七）努力建立海员健康中心，以便：

1. 对海员的健康状况、医疗和预防性保健问题开展研究；

2. 培训从事海事医学的医疗和健康服务人员；

（八）搜集和评估有关海员职业事故、疾病和伤亡的统计数据，将其纳入国家现行涵盖其他各类工人职业事故和疾病的统计系统中并与之协调；

（九）组织技术信息、培训材料和人员的国际交流，以及组织国际培训课程、研讨会和工作组；

（十）在港口向所有海员提供专门的治疗和预防性健康和医疗服务，或使他们能够获得一般性的保健、医疗和康复服务；

（十一）根据已故海员最近亲属的意愿，视情况尽早安排将已故海员的遗体或骨灰运回。

二、海员健康保护和医疗领域的国际合作应以成员国间的双边或多边协议或协商为基础。

导则 B4.1.5　海员的受扶养人

如不存在适用范围总体上包括工人及其受扶养人的医疗服务，在建立此种服务之前，各成员国应采取措施保障海员在其领土内居住的受扶养人得到妥善和充分的医疗，并应将为此目的采取的措施通报国际劳工局。

规则 4.2　船东的责任

目的：确保在因就业而产生的疾病、伤害或死亡所造成的经济后果方面对海员予以保护。

一、对于海员根据就业协议或在此种协议下就业因疾病、伤害或死亡产生经济影响时，各成员国应根据守则确保悬挂其旗帜的船舶上采取措施，使在船上就业的海员有权从船东处获得物质援助和支持。

二、本规则不影响海员可能寻求的任何其他法律救济。

标准 A4.2　船东的责任

一、各成员国应制定法律和法规，要求悬挂其旗帜船舶的船东根据以下最低标准，对船上工作的所有海员的健康保护和医疗负责：

（一）对于在其船上工作的海员，从其开始履职之日起到被视为妥善遣返之日期间所发生的，或因这一期间内就业而产生的疾病和伤害，应由船东负责承担费用；

（二）船东应提供财务担保，保证对海员因工伤、疾病或危害造成的死亡或长期残疾提供国家法律、海员就业协议或集体协议所确定的赔偿；

（三）船东应有责任支付医疗费用，包括治疗及提供必要的药品和治疗设备以及在外的膳宿，直到患病或受伤的海员康复，或被宣布为永久性疾病或机能丧失的；

（四）如受雇期间海员在船上或岸上死亡，船东应负责支付丧葬费用。

二、国家法律或法规可把船东支付医疗和膳宿费用的责任限制在自受伤或患病之日起不少于16周的期间内。

三、如疾病或伤害造成工作能力丧失，船东应负责：

（一）当患病或受伤海员仍留在船上，或在海员根据本公约被遣返以前，向其支付全额工资；

（二）自海员被遣返或到达岸上之时起至身体康复，或如早于康复则至有权根据成员国的法律获得现金津贴之时，按照国内法律或法规的规定或集体协议的约定，支付全部或部分工资。

四、国家法律或法规可将船东向1名离船海员支付全部或部分工资的责任限制在自患病或受伤之日起不少于16周的期间内。

五、国家法律或法规可在以下情况下排除船东的责任：

（一）在船舶服务之外发生的伤害；

（二）伤害或疾病是由患病、受伤或死亡海员的故意不当行为所致；

（三）在接受雇佣时故意隐瞒的疾病或病症。

六、国家法律或法规可免除船东支付船上医疗费用及膳宿和丧葬费用的责任，由公共当局承担此类责任。

七、船东或其代表应采取措施，保护患病、受伤或死亡海员留在船上的财物，并归还给海员或其最近亲属。

导则 B4.2　船东的责任

一、标准 A4.2 第三款第（一）项所要求的支付全额工资可不包括奖金。

二、国家法律或法规可规定：自患病或受伤海员能够根据强制疾病保险计划、强制事故保险计划或工人事故赔偿计划获取医疗津贴之日起，船东停止承担对其支付费用的责任。

三、如有关社会保险和工人赔偿的法律或法规规定可向死亡海员支付丧葬津贴，国家法律或法规可规定由保险机构偿付船东已支付的丧葬费用。

规则 4.3　健康和安全保护及事故预防

目的：确保海员的船上工作环境有利于职业安全和健康。

一、各成员国应确保悬挂其旗帜船舶上的海员得到职业健康保护，并在安全和卫生的环境下在船上生活、工作和培训。

二、经与船东和海员的代表性组织协商，并考虑到国际组织、国家管理机关和海事行业组织所建议的适用守则、导则和标准，各成员国应为悬挂其旗帜的船舶制订和颁布职业安全和健康管理的国家导则。

三、各成员国应考虑到相关的国际文书，制定国家法律和法规及其他措施处理守则中规定的事项，并为悬挂其旗帜的船舶规定职业安全和健康保护及事故预防的标准。

标准 A4.3　健康和安全保护及事故预防

一、根据规则 4.3 第三款制定的法律和法规或其他措施应包括以下主题：

（一）在悬挂其旗帜的船舶上制定、有效实施和促进职业安全和健康政策和计划，包括风险评估及培训和海员指导；

（二）合理的预防措施，防止船上的职业事故及伤害和疾病，包括减少和防止接触达到有害水平的环境因素和化学品的风险，以及由于使用船上设备和机械而可能引起伤害和疾病的风险；

（三）船上预防职业事故、伤害和疾病并确保不断改进职业安全和健康保护的计划，让海员代表和所有其他相关人员参与实施，并应考虑预防性的措施，包括工程和设计控制、对集合或独立的任务采取替代工序或程序以及使用个人保护设备；

（四）有关检查、报告和纠正不安全状况的要求，及有关调查和报告船上安全事故的要求。

二、本标准第一款所述规定应：

（一）考虑到涉及一般性和特殊性风险职业安全和健康保护的相关国际文书，并应涉及所有可能适用于海员工作，特别是海上就业所特有的职业事故、伤害和疾病预防事项；

（二）明确规定船东、海员和其他有关人员遵守适用的标准和船上职业安全和健康政策和计划的义务并特别注意 18 岁以下海员的安全和健康；

（三）规定船长或船长指定人员或二者共有的职责，以承担执行并遵守船舶职业安全和健康政策和计划的具体责任；

（四）规定船上被任命或被选举为安全代表的船上海员参与船舶安全委员会会议的权力。拥有五名或以上海员的船上应成立此类委员会。

三、规则 4.3 第三款中所述的法律和法规及其他措施，各成员国应与船东组织和海员组织的代表协商予以定期审查，并在必要时加以修订，以便考虑技术和研究的变化，从而促进职业安全和健康政策和计划的不断改善，并为悬挂其旗帜船舶上的海员提供安全的职业环境。

四、符合适用的国际文书中关于接触船上工作场所中可接受的危害水平及关于制订和实施船上职业安全和健康政策和计划的要求，应被视为符合本公约的要求。

五、主管当局应确保：

（一）考虑到国际劳工组织关于报告和记录职业事故和疾病的指导，充分报告职业事故、伤害和疾病；

（二）保留、分析和公布此类事故和疾病的全面统计数据，并在适宜时，对总体趋势和所确定的危害进行跟踪研究；

（三）对职业事故开展调查。

六、职业安全和健康事项的报告和调查安排应确保保护海员的个人资料，并应考虑国际劳工组织关于此事项提供的指南。

七、主管当局应与船东组织和海员组织合作，采取措施使所有海员注意有关船上特殊危险的信息，例如张贴包含相关指导的正式通知。

八、主管当局应要求船东利用来自其船舶的统计数据和主管当局提供的一般性统计数据开展职业安全和健康管理的风险评估。

导则 B4.3　健康和安全保护及事故预防

导则 B4.3.1　关于职业事故、伤害和疾病的规定

一、标准 A4.3 中的规定应考虑到国际劳工组织《1996 年海上和港口防止船上事故》的行为守则及其后续版本，以及关于职业安全和健康保护国际劳工组织其他相关及其他国际标准、指南和行为守则，包括其中可能确定的任何接触水平。

二、主管当局应确保关于职业安全和健康管理的国家指南应特别涉及以下事项：

（一）一般和基本规定；

（二）船舶结构特征，包括出入方式和与石棉有关的风险；

（三）机器；

（四）海员可能会接触到的任何超高温或超低温表面的影响；

（五）工作场所和船上起居舱室中的噪音影响；

（六）工作场所和船上起居舱室中的振动影响；

（七）工作场所和船上起居舱室内除第（五）项和第（六）项中所述之外的环境因素的影响，包括吸烟的影响；

（八）甲板上面和下面的特别安全措施；

（九）装卸设备；

（十）防火和灭火；

（十一）锚、锚链和绳索；

（十二）危险货物和压载；

（十三）海员个人保护设备；

（十四）在封闭处所工作；

（十五）疲劳对身心的影响；

（十六）毒品和酒精依赖的影响；

（十七）防护和预防艾滋病毒/艾滋病；

（十八）应急和事故反应。

三、本导则第二款所述项目的风险评估和减少危险的措施应考虑到：身体方面的职业健康影响，包括人工装卸货物、噪音和振动；化学和生物方面的职业健康影响；心理方面的职业健康影响；疲劳对身心健康的影响以及职业事故。必要的措施应充分考虑预防性原则。根据这一原则，除其他事项外，从源头治理风险，使工作适合于个人，特别是关于工作场所的设计，应先于考虑海员的个人保护设备之前，优先考虑使用无危险或危险性小的设计取代危险的设计。

四、此外，主管当局应确保考虑到健康和安全的影响，特别是下列领域：

（一）应急和事故反应；

（二）毒品和酒精依赖的影响；

（三）防护和预防艾滋病毒/艾滋病。

导则 B4.3.2　接触噪音

一、主管当局应与相关国际机构及船东组织和海员组织的代表一起，不断评估船上的噪音问题，旨在实际可行地改进海员保护，使其免遭噪音的不利影响。

二、本导则第一款所述评估应考虑到接触过度噪音对海员听觉、健康和舒适感所产生的不利影响，以及为减少船上噪音、保护海员需规定或建议的措施。需要考虑的措施应包括以下内容：

（一）向海员讲解长时间接触高分贝噪音可能对听觉和健康造成的危害，以及噪音防护装置和器材的妥善使用；

（二）凡必要时向海员提供经认可的听力保护设备；

（三）进行风险分析，并减少所有居住舱室及娱乐和膳食设施以及机舱和其他机器处所的噪音水平。

导则 B4.3.3 接触振动

一、主管当局应与相关的国际机构及船东组织和海员组织的代表一起，并适当考虑到相关国际标准，不断评估船上的振动问题，旨在实际可行地改进海员保护，使其免受振动的不利影响。

二、本导则第一款所述的审议应包括接触过度振动对海员健康和舒适感的影响，以及为减少船上振动、保护海员需规定或建议的措施。需要考虑的措施应包括以下内容：

（一）向海员讲解长时间接触振动对其健康的危害；

（二）凡必要时，向海员提供经认可的个人保护设备；

（三）进行风险分析，并根据国际劳工组织 2001 年《工作场所环境因素》的行为守则及其任何后续修订本采取措施，减少所有居住舱室及娱乐和膳食设施内的振动，并考虑在此类场所接触振动与在工作场所接触振动之间的区别。

导则 B4. 3. 4　船东的责任

一、任何关于船东须提供防护设备或其他事故预防的保障措施的义务，一般都应有配套规定，要求海员使用此类设备和要求海员遵守有关事故预防和健康保护措施。

二、还应考虑《1963 年机器防护公约》（第 119 号）第七条和第十一条以及《1963 年机器防护建议书》（第 118 号）的相应规定。根据这些规定，雇主有责任确保遵守对所用机器进行适当防护、防止使用无保护装置机器的要求；而工人则有义务不使用未安保护装置的机器，也不得损坏这些保护装置。

导则 B4. 3. 5　报告和统计数据收集

一、一切职业事故以及职业伤害和疾病均应报告，以使能够开展调查以及保有、分析和公布完整的统计数据，并应考虑保护有关海员的个人数据。报告不应局限于伤亡或涉及到船舶的事故。

二、本导则第一款中所述的统计数据应包括职业事故及职业伤害和疾病的次数、性质、原因和影响，并如可行，应明确指出事故发生在船上的岗位、事故的类型以及发生在海上或港口。

三、各成员国应充分考虑到国际劳工组织可能业已确立的任何记录海员事故的国际制度或模式。

导则 B4.3.6 调查

一、主管当局应对所有造成人命损失或严重个人伤害的职业事故及职业伤害和疾病的原因和情况，以及国家法律或法规可能规定的其他情形进行调查。

二、应考虑将以下内容列入调查项目：

（一）工作环境，如作业场地、机器布置、出入通道、照明和工作方法；

（二）不同年龄组发生职业事故及职业伤害和疾病的事件；

（三）船上环境产生的特殊生理或心理问题；

（四）船上的生理压力所产生的问题，特别是工作量增加引起的生理压力；

（五）技术进步带来的问题和后果及其对船员造成的影响；

（六）任何人为失误产生的问题。

导则 B4.3.7 国家保护和预防计划

一、为促进职业安全和健康保护，防止海上就业特有危害所引发的事故、伤害和疾病，采取各项措施打下坚实基础，应对统计结果揭示的总趋势以及各种危害进行研究。

二、在组织实施促进职业安全和健康保护的保护和预防计划时，应发挥主管当局、船东和海员或其代表及其他相关部门的积极作用，包括采用诸如信息通报会、关于潜在危害工作场所环境因素和其他危害最高接触水平的船上指南，或系统性风险评估结果等方式。特别是应成立由有关船东组织和海员组织代表参加的，全国性或地方性职业安全和健康保护及预防事故联合委员会或特设工作组和船上委员会。

三、如在公司层面上开展此类活动，应考虑在该船东船舶上的任何安全委员会中都有海员代表参加。

导则 B4.3.8 保护和预防计划的内容

一、导则 B4.3.7 第二款中所述委员会和其他机构职能中应考虑包括以下内容：

（一）制订职业安全和健康管理系统和预防事故发生规定、规章和手册的国家导则和政策；

（二）组织职业安全和健康保护及预防事故的培训和计划；

（三）通过电影、宣传画、通知和小册子等形式，组织对职业安全和健康保护及预防事故进行宣传；

（四）散发有关职业安全和健康保护及防止事故的材料和信息，以便船上工作海员获取。

二、负责起草有关职业安全和健康保护及预防事故措施或建议的人员，应考虑到国内有关当局或组织或国际组织所通过的有关规定或建议。

三、在制定关于职业安全和健康保护及预防事故的计划时，各成员国应充分考虑到国际劳工组织可能业已出版的关于海员安全和健康的任何实用守则。

导则 B4.3.9　职业安全和健康保护及预防职业事故的指导

一、应根据船舶及其设备类型和大小的发展，以及在配员实践、国籍、语言和船上工作组织等方面发生的变化，定期审议标准 A4.3 第一款第（一）项中所述的培训大纲，加以更新。

二、应持续不断地对有关职业安全和健康保护及预防事故进行宣传。宣传可采取如下形式：

（一）在海员职业培训中心或如可能时在船上放映诸如电影等教育性视听材料；

（二）在船上张贴宣传画；

（三）在海员阅读的期刊上登载关于海上就业中的危害以及关于职业安全和健康保护及预防事故措施的文章；

（四）组织专题宣传活动，利用各种宣传媒体教育海员，包括对安全工作实践的宣传推广。

三、本导则第二款所述宣传工作应考虑到船上海员的不同民族、语言和文化。

导则 B4. 3. 10　未成年海员的安全和健康教育

一、安全和健康法规应提及有关上岗前和工作期间须进行体格检查的一般规定，以及可能适用于海员工作特点的有关工作中预防事故和健康保护的规定。这些法规还应明确规定尽量减少未成年海员履行职责过程中职业危险的措施。

二、除非未成年海员经主管当局认可充分具备相关的技能资格，法规应规定一些限制，防止未成年海员在没有适当监督和教育的情况下从事某些存在特别事故风险或对其健康或发育有不利影响，或对成熟程度、工作经验和技能有特殊要求的工作。在确定法规中需加以限制的工作类型时，主管当局可特别考虑涉及以下方面的工作：

（一）搬举、挪动或运送重荷或重物；

（二）进入锅炉、液舱和隔离舱；

（三）置身于有害水平的噪音和振动中；

（四）操作起重机械或其他动力设备或器械，或向操作此类机械的人员发信号；

（五）操作系泊或拖缆或锚具；

（六）索具作业；

（七）恶劣天气中在高处或甲板上工作；

（八）夜间值班；

（九）电气设备维护；

（十）接触有潜在危害的物质，或诸如危险或有毒物质等有害的物理试剂，及受到电离辐射；

（十一）清洗厨房机械；

（十二）操作或负责小艇。

三、主管当局应采取或通过适当机制采取切实措施，使未成年海员注意关于船上预防事故和保护其健康的信息。措施可包括适当的课程讲授、针对未成年海员的官方预防事故宣传，以及对未成年海员的专业指导和监督。

四、在陆地和船上对未成年海员的教育和培训应包括关于酗酒和吸毒及其他潜在有害物质对其身心健康的危害作用以及与艾滋病毒/艾滋病有关风险和担忧及其他存在健康风险的活动的指导。

导则 B4.3.11　国际合作

一、在政府间和其他国际组织适当帮助下，各成员国应相互合作，在促进职业安全和健康保护及预防事故方面尽最大可能采取统一行动。

二、在根据标准 A4.3 制定促进职业安全和健康保护及预防事故的计划时，成员国应充分考虑到国际劳工组织出版的行为守则和国际组织的适当标准。

三、各成员国应注意到在不断促进与职业安全和健康保护及预防职业事故有关的活动方面进行国际合作的必要性。此类合作可采取以下形式：

（一）为统一有关职业安全和健康保护及预防事故的标准和保障而作出的双边或多边安排；

（二）交换关于影响海员的特殊风险和关于职业安全和健康保护及预防事故方法方面的信息；

（三）根据船旗国的国家法规，在设备测试以及检查方面提供帮助；

（四）在编制和传播职业安全和健康及预防事故规定、规则或手册的过程中开展合作；

（五）在培训材料的制作和使用方面开展合作；

（六）在对海员进行职业安全和健康保护及预防事故和安全工作实践方面的培训，共享设施或相互提供帮助。

规则 4.4　获得使用岸上福利设施

目的：确保在船上工作的海员能使用岸上设施和服务，以确保其健康和福利。

一、各成员国应确保，如果有岸上福利设施，应易于供海员使用。成员国还应促进在指定港口开发本守则中所列福利设施，为挂靠其港口的船舶上的海员提供充分的福利设施与服务。

二、在守则中规定各成员国关于岸上设施的责任，如福利、文化、娱乐和信息等设施和服务。

标准 A4.4　获得使用岸上福利设施

一、各成员国应要求，如果在其领土内存在福利设施，应向所有海员开放，无论其国籍、种族、肤色、性别、宗教信仰、政治见解或社会出身，也无论他们受雇、受聘或工作船舶的船旗国。

二、成员国应促进其国内适当的港口发展港口福利设施，并应在与有关的船东组织和海员组织协商后，确定哪些港口应被视为适当港口。

三、成员国应鼓励设立福利委员会，该委员会应定期审查福利设施与服务，以保证其适应因航运业技术、运营和其他方面发展所带来的海员需求变化。

导则 B4.4　获得使用岸上福利设施

导则 B4.4.1　成员国的责任

一、各成员国应：

（一）采取措施确保在指定挂靠港口向海员提供充分的福利设施与服务，并对从事其职业的海员提供充分的保护；

（二）在实施这些措施时，应考虑海员安全、健康和业余活动方面的特殊需要，特别是在外国和进入战争地区时。

二、福利设施与服务的监督安排应包括有代表性的船东组织和海员组织的参与。

三、各成员国应采取措施，加速福利器材在船舶、中央供应机构和福利部门之间的自由周转，例如影片、图书、报纸和体育器材，供海员在其船舶和岸上福利中心使用。

四、成员国应相互合作，促进海员在海上和港口的福利。合作应包括以下内容：

（一）各主管当局之间为提供和改进海员港口和船上福利设施与服务进行协商；

（二）就集中资源及在主要港口联合提供福利设施达成协议，避免不必要的重复；

（三）组织国际体育竞赛，并鼓励海员参加体育活动；

（四）组织以海员在海上和港口的福利为主题的国际研讨会。

导则 B4.4.2　港口的福利设施与服务

一、各成员国应在其国内的适当港口提供或确保提供可能要求的福利设施和服务。

二、应根据国家条件和惯例，由下列一方或几方提供福利设施与服务：

（一）公共当局；

（二）有关的船东组织和海员组织按照集体合同或其他协议安排提供；

（三）志愿组织。

三、应在港口建立或发展必要的福利和娱乐设施，这些设施应包括：

（一）必要的会议室和娱乐室；

（二）运动设施和户外活动设施，包括比赛设施；

（三）教育设施；

（四）凡适当时，举行宗教仪式和个人咨询的设施。

四、提供设施时，可按海员需要向其提供设计更针对一般性使用的设施。

五、如在某特定港口有众多不同国籍海员需要旅馆、俱乐部和体育设施等设施，海员本国和船旗国各主管当局或机构以及有关国际协会应与港口所在国的各主管当局和机构协商与合作，并进行相互间的协商与合作，以集中资源并避免不必要的重复。

六、在需要的地方，应有适合于海员的旅馆或招待所。这些旅馆或招待所应提供与优等饭店中相当的设施，并在可能时，设于周边环境良好的区域。远离紧靠码头的区域。这些旅馆和招待所应受到适当的监督，收费应合理，并应在需要和可能时，为海员家庭提供食宿。

七、这些居住设施应向所有海员开放，无论其国籍、种族、肤色、性别、信仰、政治观点或社会出身，也不论他们受雇、受聘或工作的船舶的船旗国。在不以任何方式违背此原则前提下，可能有必要在某些港口提供一些不同类型、标准相当但适合于不同海员群体的习惯和需要的设施。

八、除任何志愿工作者外，还应采取必要措施，保证雇佣全职合格技术人员从事海员的福利设施与服务工作。

导则 B4.4.3　福利委员会

一、如适宜，应在港口、地区和国家层次上成立福利委员会。其职能应包括：

（一）经常评估现有福利设施是否适当，监督有无需要提供更多设施或撤销利用不足的设施；

（二）帮助提供福利设施的主管人员，并向他们提出建议，保证他们之间的协调。

二、福利委员会的成员应包括船东组织和海员组织的代表、各主管当局的代表，以及在适当时，志愿组织和社会机构的代表。

三、如适宜时，应根据国家法律和法规，使海事国家的领事和外国福利组织的当地代表参与港口、地区和国家福利委员会的工作。

导则 B4.4.4　福利设施的资金来源

一、根据国家条件和做法，应通过以下一种或几种途径为港口福利设施提供财政支持：

（一）公共基金拨款；

（二）航运征税或其他专项收费；

（三）船东、海员或其组织自愿捐款；

（四）其他渠道的自愿捐款。

二、如征收福利税、税费和专项费，这些款项应仅用于征收时确立的目的。

导则 B4.4.5　信息传播和便利措施

一、应在海员中传播有关挂靠港内向普通公众开放的设施的信息，特别是交通、福利、娱乐和教育设施和礼拜场所，以及专门为海员提供设施的信息。

二、为使海员能从港口方便地点进入市区，应在任何合理时间内提供充足、价格适当的交通工具。

三、主管当局应采取所有适当措施，使进入港口的船东和海员了解那些若违反可能危及其自由的法律和习俗。

四、主管当局应在港口区域和进出港通道提供充分的照明和路标，并提供定期巡逻，以保护海员。

导则 B4.4.6　在外国港口的海员

一、为保护在外国港口的海员，应采取措施以便于：

（一）接触其国籍国或居住国的领事；

（二）领事与地方或国家当局的有效合作。

二、应按照适当的法律程序迅速处理被扣留在外国港口的海员并给予充分的领事保护。

三、无论任何原因，如海员在一成员国领土上被扣留，若该海员提出要求，主管当局应立即通知船旗国和海员的国籍国。主管当局应立即通知海员有提出此种要求的权利。海员的国籍国应立即通知海员的最近亲属。如海员被拘禁，主管当局应允许这些国家的领事官员立即会见该海员，并在此后允许定期会见该海员。

四、当船舶位于一成员国的领海，特别是港口的引航道时，该成员国应在必要时采取措施保证海员安全，使他们不受侵袭和其他非法行为的侵害。

五、港口和船上负责人员应尽一切努力在船舶抵达港口后，方便海员尽速上岸休假。

规则 4.5　社会保障

目的：确保采取措施向海员提供社会保障的保护。

一、各成员国应确保所有海员，以及按其国家法律规定的受扶养人，能够获得符合守则的社会保障的保护，但不得妨碍《国际劳工组织章程》第十九条第八款中所述的任何更优厚条件。

二、各成员国承诺根据本国情况采取措施，独自或通过国际合作，逐步为海员提供全面的社会保障的保护。

三、成员国应确保受到其社会保障法律管辖的海员，以及其国家法律规定范围内的受扶养人，有权享受不低于岸上工人所享受的社会保障的保护。

标准 A4.5　社会保障

一、为逐步实现规则 4.5 中的全面社会保障保护，而需要考虑的分项是：医疗、疾病津贴、失业津贴、养老津贴、工伤津贴、家庭津贴、生育津贴、病残津贴和遗属津贴，以此来补充规则 4.1 规定的医疗、规则 4.2 规定的船东责任以及本公约其他标题所规定的保护。

二、批准本公约时，各成员国根据规则 4.5 第一款所提供的保护应至少包括本标准第一款所列九个分项中的三个。

三、各成员国应根据其本国情况采取措施，向通常在其领土内居住的海员提供本标准第一款所述的补充社会保障的保护。例如，此义务可通过适当的双边或多边协定或建立在缴费基础上的制度履行。所构成的保护应不低于居住在其领土上的岸上工人所享受的保护。

四、尽管有本标准第三款中的责任归属，成员国还可以通过双边和多边协定并通过区域经济一体化组织框架通过的规定，决定关于海员社会保障立法的其他规定。

五、各成员国对悬挂其旗帜船舶上海员的责任应包括规则 4.1 和规则 4.2 及守则相关条款所规定的内容，及其根据国际法一般义务中的固有内容。

六、各成员国应考虑本标准第一款所述分项未充分覆盖的情况下，根据国家法律和实践向海员提供类似津贴的不同方法。

七、规则 4.5 第一款中的保护可视情包含在法律或法规、私人计划或集体谈判协议中或其组合中。

八、在与国家法律和实践一致的范围内，成员国应通过双边或多边协定或其他安排进行合作，保证维持所有海员已经获得或正在获得的，通过缴费或非缴费的计划所提供的社会保障权利，无论其居住地在哪里。

九、各成员国应建立公平有效的争议解决程序。

十、各成员国批准公约时应明确指出其根据本标准第二款所提供的保护项目险种。提供本标准第一款中所述的一种或几种其他分项的社会保障保护时应随即通知国际劳工组织总干事。总干事应保持一份关于此信息的记录，并应备所有相关各方索取。

十一、按照《国际劳工组织章程》第二十二条向国际劳工局提交的报告还应包括关于根据规则 4.5 第二款采取步骤将保护扩展到其他分项的信息。

导则 B4.5　社会保障

一、在批准公约时根据标准 A4.5 第二款所提供的保护项目应至少包括医疗、疾病津贴和工伤津贴。

二、在标准 A4.5 第六款所述情况下，考虑到有关集体谈判协议的规定，可以通过保险、双边和多边协议或其他有效方式提供类似的津贴。如果采取了此种措施，应将各种社会保障保护分项的提供方式告知被此种措施覆盖的海员。

三、如果海员受到不止一个国家社会保障法律的管辖，有关成员国应开展合作，以便通过相互间协议，在考虑到各自法律中，哪一个能向有关海员提供更优越的保护种类和水平以及海员的个人选择等因素的同时确定适用哪一国法律。

四、根据标准 A4.5 第九款建立的程序应设计为能覆盖与相关海员的索赔请求有关的所有争议，无论保障覆盖以何种方式提供。

五、有本国海员和（或）非本国海员在悬挂其旗帜船舶上服务的各成员国，应提供公约中适用的社会保障保护，并应定期审查标准 A4.5 第一款中的社会保障保护项目，以确定适合相关海员的任何补充项目。

六、海员就业协议应明确由船东向海员提供各社会保障项目保护的方式和船东掌握的所有其他相关信息。例如，经授权指定机构要求根据相关国家社会保障项目，可能从海员工资中法定扣减及船东缴费的情况。

七、船旗所属成员国在对社会事务有效行使管辖时，应确认船东已履行社会保障保护义务，包括已向社会保障机构缴费。

标题 5：遵守与执行

一、本标题下的规则确定各成员国有责任充分实施和执行本公约正文所规定的原则和权利，以及标题 1、2、3 和 4 所规定的具体义务。

二、公约第六条第三款和第四款允许通过实质等效规定实施守则 A 部分，但不适用于本标题下守则 A 部分。

三、根据公约第六条第二款，各成员国应按守则 A 部分相应标准规定的方式实施其在规则下的责任，并充分考虑到守则 B 部分的相关导则。

四、实施本标题中的规定时应切记，同其他任何人一样，海员和船东在法律面前平等，有权受到法律同等保护，不得在诉诸法院、仲裁庭或其他争议解决机制方面受到歧视。本标题中的规定并不决定法律管辖权和法院管辖权。

规则 5.1　船旗国责任

目的：确保各成员国对悬挂其旗帜的船舶履行其在本公约下的责任。

规则 5.1.1　一般原则

一、各成员国有责任确保在悬挂其旗帜的船舶上实施本公约为其规定的义务。

二、各成员国应根据规则 5.1.3 和 5.1.4 建立一套有效的海事劳工条件检查和发证系统，确保悬挂其旗帜船舶上的海员工作和生活条件符合并持续符合本公约标准。

三、在建立有效的海事劳工条件检查和发证系统时，凡适宜，成员国可授权经其认可具备能力和独立性的公共机构或其他组织（包括另一成员国的机构或组织，如后者同意）开展检查、发证工作或两者一并开展工作。在所有情况下，成员国仍应对悬挂其旗帜船舶的有关海员的工作和生活条件的检查或发证承担全部责任。

四、辅以一项海事劳工符合声明的海事劳工证书，应构成船舶业经船旗国正规检查，且在其所证明范围内已满足本公约关于海员工作和生活条件的要求的形式证明。

五、成员国根据《国际劳工组织章程》第二十二条提交给国际劳工局的报告中应包括关于本规则第二款所述系统的信息，包括用于评估其有效性方法的信息。

标准 A5.1.1　一般原则

一、各成员国应设定检查和发证系统管理的明确目标和标准，以及对达到这些目标和标准程度进行总体评估的足够的程序。

二、各成员国应要求悬挂其旗帜的所有船舶均携带一份本公约。

导则 B5.1.1　一般原则

一、主管当局应作出适当安排，以促进规则 5.1.1 和 5.1.2 中所述的关注船上海员工作和生活条件的公共机构和其他组织之间的有效合作。

二、为了更好地确保检查员与船东、海员及其各自组织之间的合作，并保持和改善海员工作和生活条件，主管当局应定期与上述组织的代表就达到这些目标的最佳方法进行协商。此种协商的方式应由主管当局在与船东组织和海员组织协商后确定。

规则 5.1.2　对认可组织的授权

一、规则 5.1.1 第三款所述的公共机构或其他组织（以下称认可组织）应经主管当局认可其满足本守则关于能力和独立性的要求。认可组织可被授权从事的检查和发证职能应在本守则明确规定由主管当局或认可组织从事的活动范围之内。

二、规则 5.1.1 第五款所述报告应包含关于任何认可组织的信息、所授权范围的信息和成员国为确保完整和有效实施所授权活动所作安排的信息。

标准 A5.1.2　对认可组织的授权

一、为实现根据规则 5.1.2 第一款的认可目的，主管当局应审查有关组织的能力和独立性，并确定在开展经授权活动所必要的限度内是否能够表明该组织：

（一）在本公约的相关方面具备必要的专业知识和船舶营运的适当知识，包括对海员上船工作的最低要求、就业条件、居住舱室、娱乐设施、食品和膳食服务、预防事故、健康保护、医疗、福利和社会保障保护方面的知识；

（二）具备维持和更新其人员专业水平的能力；

（三）具备公约要求以及适用国家法律和法规及相关国际文书方面的必要知识；

（四）规模、结构、经验和能力与其被授权的类型和级别相符。

二、所准予的任何检查授权，最低限度应授予该组织对发现海员工作和生活条件方面的缺陷有要求纠正的权力，以及在港口国要求下开展这方面的检查的权力。

三、各成员国应建立：

（一）一个确保认可组织所做工作恰当性的机制，包括所有适用的关于国家法律和法规及相关国际文书的信息；

（二）与此类组织进行通信和对其进行监督的程序。

四、各成员国应向国际劳工局提供1份关于目前授权代表其行事的认可组织清单，并保持更新清单。该清单应明确认可组织经授权履行的职能。国际劳工局应将该清单对公众开放。

导则 B5.1.2　对认可组织的授权

一、寻求认可的组织应表明其在技术、行政和管理方面的资质和能力，确保提供及时满意服务。

二、在评估某一机构能力时，主管当局应确定该组织是否：

（一）拥有充足的技术、管理和支持性工作人员；

（二）拥有充足的合格专业人员以提供所要求的服务，并且有充分的地理覆盖范围；

（三）具备经证实的提供及时优质服务的能力；

（四）运作独立可靠。

三、主管当局应与其授权认可的任何组织达成1份书面协议。该协议应包括以下要素：

（一）适用范围；

（二）目的；

（三）一般条件；

（四）经授权行使的职能；

（五）经授权职能的法律依据；

（六）向主管当局报告；

（七）主管当局向认可组织授权的具体内容；

（八）主管当局对认可组织代为行事活动的监督。

四、各成员国应要求认可组织制定一套关于被雇佣为检查员的人员资格体制，以确保及时更新他们的知识和专业技能。

五、各成员国应要求认可组织保有其所开展服务的记录，从而使其能够表明在服务所涉项目中达到所要求的标准。

六、在建立标准A5.1.2第三款第（二）项所述监督程序时，各成员国应考虑到在国际海事组织框架内通过的《向代表主管当局行事的组织授权导则》。

规则5.1.3　海事劳工证书和海事劳工符合声明

一、本规则适用于以下船舶：

（一）从事国际航行的500总吨及以上船舶；

（二）悬挂一成员国旗帜，并从另一成员国港口出发或在另一成员国港口之间航行的500总吨及以上船舶。

就本规则而言，“国际航行”系指从一国到该国以外的一个港口的航行。

二、如船东向相关成员国提出请求，本规则还适用于悬挂该成员国的旗帜但未被本规则第一款所覆盖的船舶。

三、各成员国应要求悬挂其旗帜的船舶携带和保有1份海事劳工证书，证明该船舶上海员的工作和生活条件，包括本规则第四款所述的海事劳工符合声明中所含的持续符合措施，业经检查并满足国家法律或法规或其他实施本公约措施的要求。

四、各成员国应要求悬挂其旗帜的船舶携带和保有1份海事劳工符合声明，陈述在海员的工作和生活条件方面实施本公约的国家要求，并列明船东为确保符合有关船舶要求所采取的措施。

五、海事劳工证书和海事劳工符合声明应与守则所规定的范本相符。

六、如果成员国主管当局或为此目的正式授权的认可组织通过检查确定悬挂成员国旗帜的一艘船舶符合并持续符合本公约的标准，应就此向其签发或更换海事劳工证书并保有1份对公众开放的证书记录。

七、有关海事劳工证书和海事劳工符合声明的详细要求，包括必须检查和批准事项的清单，规定在守则A部分中。

标准A5.1.3　海事劳工证书和海事劳工符合声明

一、海事劳工证书应由主管当局或主管当局为此目的正式授权的认可组织签发给船舶，有效期不得超过5年。签发海事劳工证书前必须检查船上海员工作和生活条件并证实符合国家法律和法规或其他实施本公约要求之措施的项目清单见附录A5-Ⅰ。

二、海事劳工证书的有效性应取决于主管当局或主管当局为此目的而正式授权的认可组织所进行的中期检查，以确保持续符合实施本公约的国家要求。如仅开展一次中期检查且证书的有效期为5年，该检查应安排在证书第2个和第3个周年日之间。“周年日”系指每年对应于海事劳工证书到期日的月份和日期。中期检查范围和深度应与证书换证检查相同。中期检查通过后应对证书进行签注。

三、尽管有本标准第一款的规定，如在现有海事劳工证书到期之前3个月内完成了换证检查，新海事劳工证书应从完成换证检查之日起生效，有效期自现有证书到期之日起不超过5年。

四、如果在现有证书到期之前3个月前完成了换证检查，新海事劳工证书有效期从完成换证检查之日起不超过5年。

五、如有以下情形，可以临时签发海事劳工证书：

（一）刚交付的新船；

（二）船舶改换船旗时；

（三）船东承担了其以前未经营过的某一船舶的经营责任时。

六、临时海事劳工证书可由主管当局或主管当局为此目的而正式授权的认可组织签发，有效期不超过6个月。

七、只有在核实了以下情况后才可签发临时海事劳工证书：

（一）考虑到本款第（二）项、第（三）项和第（四）项中各个项目的核验，对船舶进行了附录A5-Ⅰ所列事项的合理可行的检查；

（二）船东已向主管当局或认可组织表明，船舶具备适当程序符合本公约要求；

（三）船长熟悉本公约的要求和实施责任；

（四）有关信息已提交给主管当局或认可组织用于制作海事劳工符合声明。

八、临时证书到期前，应根据本标准第一款进行全面检查，以便签发正式的海事劳工证书。在本标准第六款所述的最初6个月后不得再续发临时证书。在临时证书有效期内不必签发海事劳工符合声明。

九、海事劳工证书、临时海事劳工证书和海事劳工符合声明的格式应与附录A5-Ⅱ中所载范本相符。

十、海事劳工符合声明应附在海事劳工证书之后。声明应包括两个部分：

（一）第Ⅰ部分应由主管当局编制。该部分应：1. 明确根据本标准第一款应检查的事项清单；2. 通过援引有关国内法律规定，以及在必要时提供关于国内要求主要内容的准确信息，明确反映公约有关规定的国内要求；3. 提及国内立法中针对具体船舶类型的要求；4. 记录任何根据公约第六条第三款所采用的实质等效规定；5. 明确指出根据标题3中规定主管当局准许的任何免除；

（二）第Ⅱ部分应由船东编制，应明确为确保在两次检查之间持续符合国内要求所采取的措施和为确保不断改进而建议的措施。

主管机关或为此目的正式授权的认可组织应对第Ⅱ部分予以认证并应签发海事劳工符合声明。

十一、对有关船舶所有后续检查或其他核实的结果以及在任何核实过程中发现的重大缺陷都应予以记录，并记录须纠正所发现缺陷的日期。如果该记录非英文，则连同英文译文一并根据国家法律或法规写入或附在海事劳工符合声明之后，或采用一些其他方式提供给海员、船旗国检查员、港口国的被授权官员及船东代表和海员代表。

十二、应随船携带1份当前有效的海事劳工证书和海事劳工符合声明，在非英文情况下应辅以英文译文，并将证书的1份副本张贴在船上海员能够到达的明显位置。如有要求，应根据国家法律和法规向海员、船旗国检查员、港口国授权官员以及船东和海员的代表提供1份副本。

十三、本标准第十一款和第十二款关于英文译文的要求不适用于不从事国际航行的船舶。

十四、根据本标准第一款或第五款签发的证书应在以下任何情况下停止生效：

（一）如在本标准第二款规定的期限内没有完成相关检查；

（二）如证书没有根据本标准第二款予以签注；

（三）船舶转挂另一国旗帜；

（四）如船东不再承担某一船舶的经营责任；

（五）如对标题3所包括的结构和设备作出了实质性改变。

十五、在本标准第十四款第（三）项、第（四）项或第（五）项所述情况下，只有在签发新证书的主管当局或认可组织对船舶符合本标准要求的情况完全满意时方可签发新证书。

十六、如有证据表明有关船舶不符合本公约的要求且没有采取所要求的任何纠正措施，海事劳工证书应由主管当局或船旗国为此目的正式授权的认可组织予以撤销。

十七、在考虑是否应根据本标准第十六款撤销海事劳工证书时，主管当局或认可组织应考虑到缺陷的严重性或发生频次。

导则B5.1.3　海事劳工证书和海事劳工符合声明

一、海事劳工符合声明第Ⅰ部分中关于国家要求的陈述应包括或后附附录A5-Ⅰ中所列各事项中与海员工作和生活条件有关的法律规定的援引。如国家立法严格遵循本公约所规定的要求，只需指出必要的参阅即可。如公约的某一条款是通过第六条第三款规定的实质等效实施，应明确该条款，并提供简明解释。如主管当局准许标题3中所规定的免除，应明确指出有关的具体规定。

二、船东编写的海事劳工符合声明第Ⅱ部分中所述措施应特别指明对持续符合特定的国家要求进行核实的情形、负责核实的人员、应作出的记录以及发现不符合情况时须遵循的程序。第Ⅱ部分可采用多种格式。它可以提及其他更全面的文件，涵盖与海运行业其他方面有关的政策和程序，例如《国际安全管理（ISM）规则》所要求的证书或《1974 年国际海上人命安全公约》第Ⅺ-1 章第 5 条关于船舶《连续概要记录》所要求的信息。

三、确保持续符合要求的措施应包括一般性国际要求，要求船东和船长自己，不断了解关于工作场所设计的科技成果的最新进展，并考虑到海员工作固有的危险，相应地告知海员代表，从而保证船上海员工作和生活条件达到更好的保护水平。

四、最重要的是，海事劳工符合声明的编写应用词明确，以帮助所有相关人员，如船旗国检查员、港口国的被授权官员和海员，核查各项要求正在得到妥善实施。

五、附录 B5-Ⅰ给出了 1 份海事劳工符合声明中可能包含信息种类的范例。

六、若船舶按标准 A5.1.3 第十四款第（三）项所述更换了船旗，且两个有关国家均批准了本公约，如果另一成员国主管当局在换旗发生后 3 个月内提出此项要求，船舶原有权悬挂旗帜的成员国应尽快将该船舶换旗前所携带的海事劳工证书和海事劳工符合声明的副本以及，如果可行，所有与之相关的检查报告的副本转交接受该船的另一成员国主管当局。

规则 5.1.4　检查和执行

一、各成员国应通过一个包括定期检查、监督和其他控制措施的有效、协调的系统，核实悬挂其旗帜的船舶所属国家实施法律和法规符合本公约要求。

二、本规则第一款所述检查和执行系统的详细要求规定在守则A部分中。

标准A5.1.4　检查和执行

一、各成员国应维持一个对悬挂其旗帜船舶上的海员条件进行检查的系统，其中应包括在适用时核实海事劳工符合声明中所列的与工作和生活条件有关的措施正在得以遵守，且符合本公约要求。

二、主管当局应任命足够数量的合格检查员履行其在本标准第一款下的责任。如果认可组织经授权实施检查，成员国应要求实施检查的人员有资格承担这些职责，并应向其提供行使职责所必需的法定权力。

三、应充分制定规定，确保检查员具备必要或令人满意的培训、胜任能力、职责范围、权力、地位和独立性，从而使其能够开展核查并确保本标准第一款所述的符合情况。

四、凡适用，检查应按标准A5.1.3所要求的时间间隔进行。在任何情况下该间隔不得超过3年。

五、如成员国收到其认为非明显无根据的投诉，或获得了一艘悬挂其旗帜的船舶不符合本公约的要求的证据，或在实施海事劳工符合声明中所列的措施方面有严重缺陷，该成员国应采取必要步骤对该事项开展调查，确保采取行动纠正所发现的任何缺陷。

六、各成员国应制定适当的规章并有效执行，以保证检查员具有确保其独立于政府更迭和不当外部影响的地位和服务条件。

七、已明确了任务并持有适当的委任证书的检查员应被授权：

（一）登上悬挂成员国旗帜的船舶；

（二）开展其可能认为必要的任何检查、测试或质询，以确保标准正在得到严格执行；

（三）要求纠正任何缺陷，且如他们有理由相信某些缺陷构成对本公约要求（包括海员权利）的严重违反，或对海员的安全、健康或安保构成重大危害，则禁止船舶在采取必要措施前离港。

八、对根据本标准第七款第（三）项所采取的任何措施应有权向法院和行政当局上诉。

九、如没有对有关海员的安全、健康或安保构成危害和明显违反本公约要求的情况，并且没有类似违反的历史，检查员可决定提出咨询意见，不采用或建议不采用法律程序。

十、检查员对指出有关海员工作和生活条件的危险或缺陷或违反法律和法规的任何抱怨或投诉来源应予保密，并不向船东、船东代表或船舶经营人暗示某一项检查缘起于此类抱怨或投诉。

十一、不得委托检查员行使因其数量或性质可能干扰有效检查或以任何方式影响其对于船东、海员或其他利益方的权威或公正的职责。检查员特别应：

（一）禁止在其被要求检查的任何活动中有任何直接或间接的利益；

（二）受到相应的制裁或纪律惩戒，不泄露在其行使职责中可能了解到的任何商业秘密或秘密工作程序或具有个人性质的信息，即使在离开岗位以后亦如此。

十二、检查员应就每次检查向主管当局提交 1 份报告。1 份英文或船上工作语言的报告副本应提供给船舶的船长，同时将另 1 份副本张贴在船舶的布告栏内供海员知晓，并应要求送达海员代表。

十三、各成员国的主管当局应保有悬挂其旗帜船舶上的海员条件检查记录。主管当局应在合理的时间内发布关于检查活动的年度报告，至迟不超过年终之后 6 个月。

十四、如系重大事故后的调查，应视可能尽快提交报告，至迟不晚于调查结束之后 1 个月。

十五、根据本标准进行检查或采取措施时，应尽一切合理努力，避免船舶被无理滞留或延误。

十六、对于因检查员错误行使权力而遭受的任何损失或破坏，应根据国家法律和法规予以赔偿。各种情况下的举证责任均由投诉者承担。

十七、对于违反本公约要求（包括海员权利）及妨碍检查员履行其职责的行为，各成员国应规定并有效执行充分的惩处和其他纠正措施。

导则 B5.1.4　检查和执行

一、主管当局和与海员工作和生活条件检查全部或部分相关的任何其他部门或当局，应有履行其职能所必需的资源。特别是：

（一）各成员国应采取必要措施，在需要时要求完全合格的技术专家和专业人员协助检查员的工作；

（二）应为所有检查员配备位置便利的办公场所、设备和交通手段，使其高效履行职责。

二、主管当局应制定一项遵守与执行政策，以确保连贯性，并在其他方面指导与本公约有关的检查和执行活动。该政策的副本应提供给所有检查员和相关执法官员，并应使公众、船东和海员能够获得。

三、主管当局应建立简易程序，使其能够秘密接收海员直接或由其代表提出的关于可能违反本公约要求（包括海员权利）的匿名信息，并允许检查员迅速调查此类事项，包括：

（一）使船长、海员或海员代表在其认为必要时要求进行检查；

（二）就遵守本公约要求和不断改善海员船上条件的最有效方法，向船东和海员及有关组织提供技术信息和建议。

四、检查员应受到全面培训且人数充足，以确保其有效履行职责，并应充分考虑：

（一）检查员必须履行职责的重要性，特别是应受检查的船舶数量、性质和规模以及需要执行的法律条款的数量和复杂性；

（二）可供检查员使用的资源；

（三）有效开展检查所必备的实际条件。

五、根据国家法律和法规可能规定的任何公共服务机构招聘条件，检查员应具备行使其职责的资格并接受过充分培训，并在可能时，应受过海事教育或具有担任海员的经验。他们应充分了解海员的工作和生活条件并掌握英语。

六、应采取措施使检查员在受雇期间进一步接受适当的培训。

七、所有检查员应明确了解在何种情形下应开展检查，在所提及的不同情形下开展检查的范围以及检查的一般方法。

八、根据国家法律，持有适当委任证书的检查员应至少被授权：

（一）自由登船且无需事先通知，但在开始对船舶进行检查时，检查员应通知船长或负责人，并在适宜时通知海员或其代表；

（二）在当事人可能要求的任何证人在场情况下，就实施法律和法规要求的任何事项询问船长、海员或任何其他人员，包括船东或船东代表；

（三）要求提供任何记录、航海日志、登记簿、证书或其他与需要检查的事项直接相关的文件或信息，以便对遵守实施本公约的国家法律和法规的情况进行核实；

（四）根据旨在实施本公约的国家法律和法规的要求张贴通知；

（五）以进行分析为目的，提取或带走已使用过或处理过的产品、货物、饮用水、给养、材料和物质的样品；

（六）在检查后立即要求船东、船舶经营人或船长注意可能影响船上人员健康与安全的缺陷；

（七）向主管当局并在适用时向认可组织警示现行法律或法规中没有明确包括的任何缺陷或弊端，并提出改进法律或法规的建议；

（八）按照法律和法规可能规定的情形和方式，将影响海员的任何职业伤害或疾病通知主管当局。

九、如果提取或带走本导则第八款第（五）项中所述的样品，应通知船东或船东代表，并在适宜时通知海员，或在提取或带走样品时上述人员在现场。检查员对此类样品的数量应予妥善记录。

十、各成员国主管当局就悬挂其旗帜船舶情况发布的年度报告应包括：

（一）与海员工作和生活条件有关的有效法律和法规清单，以及在该年度中生效的任何修正；

（二）关于检查系统组织结构细节；

（三）有关应受检查和实受检查的船舶或其他场所的统计数据；

（四）受其国家法律和法规管辖的所有海员的统计资料；

（五）关于违法行为、实施的处罚及滞留船舶案例的统计数据和信息；

（六）关于报告中的海员的职业伤害和疾病的统计资料。

规则 5.1.5　船上投诉程序

一、各成员国应要求悬挂其旗帜的船舶设立船上投诉程序，公平、有效和迅速地处理海员指控违反本公约要求（包括海员权利）的投诉。

二、各成员国应禁止和惩处以任何形式对提出投诉的海员进行迫害的行为。

三、本规则和守则相关部分的规定不得妨碍海员通过其认为适当的任何法律手段寻求解决的权利。

标准 A5.1.5　船上投诉程序

一、海员可以使用船上投诉程序对任何被指称构成违反本公约要求（包括海员权利）的事项提出投诉，但不妨碍国家法律或法规或集体协议对此可能作出更宽泛的规定。

二、各成员国应在其法律或法规中确保设立适当的船上投诉程序以满足规则5.1.5的要求。此类程序应寻求在尽可能最低的层面解决投诉。但是，在任何情况下，海员均有权直接向船长投诉，或在其认为必要时向适当的外部当局投诉。

三、船上投诉程序应包括海员在投诉程序期间由人陪同或由人代表的权利，并保证不出现海员因提出投诉而受迫害的可能性。“受迫害”一词包括任何人因海员提出非明显刁难或恶意投诉而对其采取的任何不利行动。

四、除海员就业协议副本外，还应向所有海员提供一份适用于该船的船上投诉程序副本。该副本应包括船旗国主管当局，及与船旗国不同时海员居住国主管当局的联络信息，以及能够在保密的基础上就投诉向海员提供公正建议并在其他方面帮助他们遵循船上可用投诉程序的船上人员姓名。

导则B5.1.5　船上投诉程序

一、根据适用的集体协议中任何相关规定，主管当局应与船东组织和海员组织密切协商，为悬挂该成员国旗帜的所有船舶制定公平、迅速和妥善记录的船上投诉处理程序范本。在制定这些程序时，应考虑以下事项：

（一）许多投诉可能与船上接收投诉者，或甚至船长具体相关。在所有情况下，海员均应能够直接向船长或向外部投诉；

（二）为帮助避免就本公约事项提出投诉的海员受到迫害的问题，程序应鼓励指定一名船上人员，能够就海员可用程序向海员提出建议。如提出投诉的海员要求，该指定人员还应能够参加关于该投诉事项的任何会议或听证。

二、本导则第一款所述协商过程中所讨论的程序至少应包括以下内容：

（一）投诉应提交给投诉海员的部门负责人或上级高级船员；

（二）部门负责人或上级高级船员应努力在与所涉问题严重性相适应的规定时限内解决问题；

（三）如果部门负责人或上级高级船员解决投诉不能令海员满意，海员可向船长提出投诉，船长应亲自处理该事项；

（四）任何情况下，海员应有权由其在所涉船舶上选择的另一名海员陪同或代表；

（五）应记录所有投诉和对于投诉所作的结论并应向有关海员提供1份记录副本；

（六）如投诉不能在船上得到解决，该事项应提交岸上的船东，并规定船东解决该事项的时限；凡适宜时，应与有关海员或可能被指定为其代表的人协商；

（七）所有情况下，海员均应有权直接向船长和船东及主管当局提出投诉。

规则5.1.6　海上事故

一、各成员国应对涉及悬挂其旗帜的船舶导致人员伤亡的任何严重海上事故开展官方调查。该调查的最终报告通常应予公布。

二、成员国应相互合作，以便利本规则第一款所述严重海上事故的调查。

标准A5.1.6　海上事故

（无规定）

导则B5.1.6　海上事故

（无规定）

规则5.2　港口国责任

目的：使各成员国能够履行本公约关于在外国船舶上实施和执行公约标准进行国际合作的责任。

规则5.2.1　在港口的检查

一、任何外国船舶在正常业务航行中或出于操作性原因挂靠一成员国的港口时，可能受到根据公约第五条第四款所进行的检查，目的在于核查该船符合本公约有关海员工作和生活条件要求（包括海员权利）的情况。

二、成员国应接受规则 5.1.3 所要求的海事劳工证书和海事劳工符合声明作为符合本公约要求（包括海员权利）的形式证明。因此，除本守则中规定的情况外，其港口内的检查应仅限于审验证书和声明。

三、在成员国港口的检查应由被授权官员根据本守则和其他适用于该成员国的关于管理港口国监督检查的国际协议进行。任何此类检查应仅限于核实所检查的事项符合本公约条款和规则及本守则 A 部分所规定的相关要求。

四、根据本规则可能开展的检查应以有效的港口国检查和监督机制为基础，以帮助确保进入该成员国港口船舶的海员工作和生活条件满足本公约的要求（包括海员权利）。

五、关于本规则第四款所述机制的信息，包括用于评价其有效性的方法，应纳入成员国根据《国际劳工组织章程》第二十二条提交的报告中。

标准 A5.2.1　在港口的检查

一、如一名被授权官员登船进行检查并在适用时要求出示海事劳工证书和海事劳工符合声明时发现：

（一）未出示或未持有所要求证书，或持有虚假证书，或所出示证书未包含本公约所要求的信息，或在其他方面无效；或

（二）有明确理由相信该船舶上的工作和生活条件不符合本公约的要求；或

（三）有合理的理由相信该船舶为逃避本公约要求而变更船旗；或

（四）有投诉指控船舶上的具体工作和生活条件不符合本公约的要求；

可以进行更详细的检查，以核实船上的工作和生活条件。如工作和生活条件的缺陷已确信或被指控将对海员的安全、健康和

安保构成明显危害，或被授权官员有理由相信任何缺陷严重违反了对公约要求（包括海员权利），都需要进行此类检查。

二、在成员国港口，如被授权官员根据本标准第一款第（一）项、第（二）项或第（三）项规定的情形对外国船舶进行更详细的检查，该检查原则上应包括附录 A5—Ⅲ中所列的事项。

三、对根据本标准第一款第（四）项提出的投诉，尽管投诉或其调查可能为根据本标准第一款第（二）项进行更详细的检查提供明确理由，但检查一般应限于投诉范围内的事项。就本标准第一款第（四）项而言，“投诉”系指由海员、专业机构、协会、工会，或总体而言，由关心包括船上海员安全或健康危害等船舶安全的任何人提交的信息。

四、如在更详细检查后发现船上的工作和生活条件不符合本公约要求，被授权官员应立即要求该船船长注意这些缺陷，并为纠正缺陷规定截止日期。如被授权官员认为属重大缺陷，或这些缺陷涉及到根据本标准第三款提出的投诉，被授权官员应提请检查所在成员国相关的海员组织和船东组织注意这些缺陷，并可以：

（一）通知船旗国的代表；

（二）向下一挂靠港口的主管当局提供有关信息。

五、进行检查的成员国应有权将检查员的报告副本转送国际劳工组织总干事，并必须附有所收到的船旗国主管当局在规定期限内所作回应，以便采取其可考虑的适当和权宜的行动，确保关于此信息的记录得以保存，并确保提醒可能有兴趣利用相关追索程序的各方注意。

六、如被授权官员在进行更详细检查后发现船舶不符合本公约要求，并且

（一）船上条件明显危害海员的安全、健康或安保；或

（二）不符合规定的情况构成严重或屡次违反本公约的要求

(包括海员权利);

被授权官员应采取措施,确保在本款第(一)项或第(二)项范围内的所有不符合情况得到纠正,或被授权官员接受用以纠正的行动计划并认为该计划将得到迅速实施后,船舶方可开航。如果船舶被禁止开航,被授权官员应立即将有关情况通知船旗国,并请船旗国的代表到场。若可能,应要求船旗国在规定的期限内答复。被授权官员还应立即通知进行检查的港口国的相关船东组织和海员组织。

七、各成员国应确保对其被授权官员根据本标准第六款中构成滞留船舶理由的情况,按本守则B部分所指出的情况进行指导。

八、各成员国履行其在本标准下的责任时,应尽一切可能努力避免船舶被不当滞留或延误。如发现船舶被不当滞留或延误,应对所遭受的任何损失或破坏给予赔偿。在任何情况下,举证责任由投诉方承担。

导则 B5.2.1 在港口的检查

一、主管当局应为按规则5.2.1进行检查的被授权官员制定检查政策。政策目标应确保一致性并指导与本公约要求(包括海员权利)有关的其他方面的检查和执行活动。该政策的副本应提供给所有被授权官员,并应使公众、船东和海员能够获取该政策的副本。

二、在制定关于标准A5.2.1第六款中构成滞留船舶正当理由情形的政策时,主管当局应考虑到,关于标准A5.2.1第六款第(二)项中所提及的违反情况,其严重性可以是缘自缺陷本身的性质。这一点特别关系到违反公约第三条和第四条中的基本权利和原则或海员的就业和社会权利的情况。例如,雇佣一名未成年人应被视为严重违反,即使船上只有一个未成年人。在其他情况下,应考虑到在一次特定检查中所发现的不同缺陷的数量。例如,在被视为构成严重违反之前,可能需要有多种并不威胁安全或健康的关于起居舱室或食品和膳食服务的缺陷情况。

三、成员国应最大限度地相互合作，通过国际一致的检查政策导则，特别是关于构成滞留船舶正当理由情形的导则。

规则 5.2.2　海员投诉的岸上处理程序

各成员国应确保，在该成员国领土内港口挂靠船舶上的指控违反本公约要求（包括海员权利）情况的海员有权提出投诉以便采取迅速和实际的解决方式。

标准 A5.2.2　海员投诉的岸上处理程序

一、海员指控违反本公约要求（包括海员权利）的投诉可向海员所在船舶挂靠港口的被授权官员报告。在此种情况下，被授权官员应开展初步调查。

二、凡适宜，基于投诉的性质，初步调查应包括考虑是否已探讨通过规则 5.1.5 所规定的船上投诉程序来解决。被授权官员还可以根据标准 A5.2.1 开展更详细的检查。

三、凡适宜，被授权官员应努力促成在船舶层面上解决投诉。

四、如根据本标准进行的调查或检查发现不符合情况属于标准 A5.2.1 第六款的范畴，应适用该款的规定。

五、如不适用本标准第四款的规定，且该投诉未能在船舶层面上得到解决，被授权官员应立即通知船旗国在规定期限内征询建议及制定 1 份纠正行动计划。

六、如按本标准第五款采取行动后投诉问题未能得到解决，港口国应将 1 份被授权官员报告的副本送交总干事。该报告必须附有船旗国主管当局在规定限期内的答复。应以类似的方式通知港口国内的相关船东组织和海员组织。此外，港口国应定期将关于已解决投诉的统计数据和信息提交给总干事。上述两份资料是为了在认为这些行动恰当和权宜的基础上，保存 1 份信息记录，并使包括船东组织和海员组织在内的可能对适用有关追索程序感兴趣的各方注意。

七、应采取适当措施为提出投诉的海员保密。

导则 B5.2.2　海员投诉的岸上处理程序

一、如标准 A5.2.2 中所述的投诉由被授权官员处理，该官员应首先核查该投诉是涉及该船上的所有海员或某一类海员的普遍性问题，还是只与当事海员有关的个案。

二、如该投诉是普遍性问题，应考虑根据标准 A5.2.1 进行一次更详细的检查。

三、如投诉属个案，应检查有关投诉的船上投诉程序的所有解决结果。如尚未诉诸该程序，被授权官员应建议投诉人充分利用现有的此类程序。如考虑在诉诸任何船上投诉程序之前提出投诉，需要有充分的理由。这些理由包括内部程序不足或过分拖沓，或投诉人害怕因提出投诉而遭报复。

四、在对投诉的任何调查中，被授权官员应该给船长、船东和投诉所涉及的任何其他人员适当机会来陈述观点。

五、如船旗国在对港口国根据标准 A5.2.2 第五款所发通知的答复中已表明其将处理该投诉，具备处理投诉的有效程序并提交了 1 份可接受的行动计划，被授权官员可不再进一步参与处理该投诉。

规则 5.3　劳工提供责任

目的：确保各成员国履行其在本公约下关于海员招募和安置以及对其海员提供社会保护的责任。

一、在不妨碍各成员国对悬挂其旗帜船舶上海员工作和生活条件的责任原则前提下，只要本公约有相关责任规定，成员国还有责任确保实施本公约关于海员招募和安置的要求，以及对作为其国民或在其领土内定居或以其他方式居住于其领土的海员的社会保障保护的要求。

二、实施本规则第一款的详细要求见守则。

三、各成员国应建立一个有效的检查和监督机制以执行其在本公约下的劳工提供责任。

四、关于本规则第三款所述机制的信息，包括用于评估其有效性的方法，应包括在成员国根据《国际劳工组织章程》第二十二条提交的报告中。

标准 A5.3　劳工提供责任

各成员国应通过一个检查和监督体制并通过对违反标准 A1.4 规定的许可证和其他操作性要求的情况采取法律程序，执行本公约中适用于在其领土上设立的海员招募和安置服务机构运作和实践的要求。

导则 B5.3　劳工提供责任

无论成员国领土内设立并为船东提供海员服务的私营海员招募和安置服务机构设在何处，均应承担确保由船东妥善履行与海员订立就业协议条款的义务。

附录 A5-Ⅰ

在根据标准 A5.1.3 第一款向船舶发证以前必须经过检查并经船旗国批准的海员的工作和生活条件：

最低年龄

体检证书

海员资格

海员就业协议

使用任何有许可证的或经发证或管理的私营招募和安置服务机构

工作时间或休息时间

船舶配员水平

起居舱室

船上娱乐设施

食品和膳食服务

健康和安全及事故预防

船上医疗

船上投诉程序

工资支付

附录 A5-Ⅱ

海事劳工证书

（注：本证书后应附有海事劳工符合声明）

本证书系根据《2006 年海事劳工公约》（以下简称公约）第五条和标题 5 的规定，经　　　　政府授权，（船舶有权悬挂其旗帜国家的全称）

由　　签发

（根据公约规定正式授权的主管当局或认可组织的全称和地址）

船舶细节

船名

船舶编号和呼号

船籍港

登记日期

总吨位[①]

国际海事组织编号

船舶类型

船东[②]名称和地址

兹证明：

1. 本船舶已经过检查和核验，符合公约要求和所附《海事劳工符合声明》的规定。

2. 检查结果表明公约附录 A5-Ⅰ中所规定的海员工作和生活条件符合上述国家实施公约的国家要求。这些国家要求被纳入《海事劳工符合声明》的第Ⅰ部分中。

本证书有效期至　　　　，但取决于根据公约的标准 A5. 1. 3 和 A5. 1. 4 进行的检查。

只有后面附有在　　　　（地点）于　　（时间）签

发的《海事劳工符合声明》，本证书才有效。

本证书所依据的检查的完成日期为　　　　。

签发地点

签发日期

经正式授权签发此证书的官员签字

（签发当局的钢印或盖章）

①对于国际海事组织通过的吨位丈量临时表格所包括的船舶，总吨位为包括在《国际吨位证书（1969）》“备注”栏中的总吨位。见公约第二条第一款第（三）项。

②“船东”系指船舶所有人或从船舶所有人那里承担了船舶经营责任并在承担这种责任时已同意接受船东根据本公约所承担的职责和责任的另一组织或个人，如管理人、代理或光船承租人，无论是否有其他组织或个人代表船东履行了某些职责或责任。见公约第二条第一款第（十）项。

强制性中期检查以及任何附加检查（如要求）的签注

兹证明，本船舶已按公约标准 A5.1.3 和 A5.1.4 经过检查，检查结果表明公约附录 A5-Ⅰ所述的海员工作和生活条件符合前述国家实施公约的国家要求。

中期检查：签字

（应在第 2 个和第 3 个周年日之间完成）（经授权的官员签字）

地点

日期

（当局的钢印或盖章）

附加签注（如要求）

兹证明，按公约标准 A3.1 第三款的要求（重新登记或起居舱室的实质性改动）或出于其他原因，本船舶需受到一次附加检查以核验该船继续符合实施公约的国家要求。

附加检查：签字

（如要求）（经授权的官员签字）

地点

日期

（当局的钢印或盖章）

附加检查：签字

（如要求）（经授权的官员签字）

地点

日期

（当局的钢印或盖章）

附加检查：签字

（如要求）（经授权的官员签字）

地点

日期

（当局的钢印或盖章）

2006 年海事劳工公约海事劳工符合声明第 I 部分

（注：本声明必须附于船舶的海事劳工证书之后）

在　　　　（填入公约第二条第一款第一项定义的主管当局的名称）的授权下签发

就《2006 年海事劳工公约》的规定而言，下述船舶：

船名　国际海事组织编号　总吨位

与公约标准 A5. 1. 3 保持一致。

以下签字者谨代表上述主管当局声明：

（1）《2006 年海事劳工公约》的规定已充分体现在下述国家要求之中。

（2）这些国家要求收录在下文所述的国家规定中。凡必要时提供了关于这些规定内容的解释。

（3）根据第六条第三款和第四款的任何实质上等效的细节已列明〈下文所列的相应国内要求下〉〈下文为此目的而设的一节中〉（划去不适用的陈述）。

（4）主管当局根据标题 3 所准予的任何免除情形在下文专

门部分明确指出。

（5）在有关要求中还提及了国家立法中对任何船舶类型的具体要求。

1. 最低年龄（规则 1.1）

2. 体检证书（规则 1.2）

3. 海员的资格（规则 1.3）

4. 海员就业协议（规则 2.1）

5. 使用任何经许可或发证或管理的私营招募和安置服务机构（规则 1.4）

6. 工作时间或休息时间（规则 2.3）

7. 船舶配员水平（规则 2.7）

8. 起居舱室（规则 3.1）

9. 船上娱乐设施（规则 3.1）

10. 食品和膳食服务（规则 3.2）

11. 健康和安全及事故预防（规则 4.3）

12. 船上医疗（规则 4.1）

13. 船上投诉程序（规则 5.1.5）

14. 工资支付（规则 2.2）

姓名：

职务：

签字：

地点：

日期：

（当局的钢印或盖章）

实质上等效

（注：划去不适用的陈述）

除上述内容外，按公约第六条第三款和第四款规定的实质上等效记录如下：（如适用，请填入描述）

未准许等效。

姓名：
职务：
签字：
地点：
日期：
（当局的钢印或盖章）
免除
（注：划去不适用的陈述）
主管机关根据公约标题 3 的规定准许的免除如下：
未准许免除。
姓名：
职务：
签字：
地点：
日期：
（当局的钢印或盖章）

海事劳工符合声明第Ⅱ部分
为确保检查之间持续符合所采取的措施
在后附本声明的《海事劳工证书》中具名的船东制定了以下措施来确保检查之间的持续符合要求：
（为确保符合第I部分中的各项要求而制订的措施陈述如下）
1. 最低年龄（规则 1.1）
2. 体检证书（规则 1.2）
3. 海员的资格（规则 1.3）
4. 海员就业协议（规则 2.1）
5. 使用任何经许可或发证或管理的私营招募和安置服务机构（规则 1.4）
6. 工作时间或休息时间（规则 2.3）

7. 船舶配员水平（规则 2.7）

8. 起居舱室（规则 3.1）

9. 船上娱乐设施（规则 3.1）

10. 食品和膳食服务（规则 3.2）

11. 健康和安全及防止事故（规则 4.3）

12. 船上医疗（规则 4.1）

13. 船上投诉程序（规则 5.1.5）

14. 工资支付（规则 2.2）

我特此证明，为确保检查之间持续符合第Ⅰ部分所列的要求而制订了上述措施。

船东[①]姓名：

公司地址：

授权签字人姓名：

职务：

授权签字人签字：

日期：

（船东的钢印或盖章）

上述措施已经过（填入主管当局或正式认可组织的名称）审查，并且在对船舶进行检查后，确定已满足了标准 A5.1.3 第十款第（二）项关于确保最初和持续符合本声明第Ⅰ部分所列要求的目标。

姓名：

职务：

地址：

签字：

地点：

日期：

（当局的钢印或盖章）

临时海事劳工证书

本证书系根据《2006 年海事劳工公约》（以下简称公约）第五条和标题 5 的规定，经政府授权（船舶有权悬挂其旗帜的国家的全称）签发（根据公约的规定正式授权的主管当局或认可组织的全称和地址）

船舶细节

船名

船舶编号或呼号

船籍港

登记日期

总吨位[②]

国际海事组织编号

船舶类型

船东名称和地址

兹证明，就公约标准 A5. 1. 3 第七款而言：

（1）本船舶已对本公约附录 A5－Ⅰ所列事项进行过合理和实际可行的检查，并考虑到了下文（2）（3）和（4）项的核验；

（2）船东已向主管当局或认可组织表明本船舶有遵守公约的适当程序；

（3）船长熟悉公约的要求以及实施公约的责任；

（4）制作《海事劳工符合声明》的相关信息已提交给主管当局或认可组织。

本证书有效期至　　　　　，但取决于根据标准 5.1.3 和 5.1.4 进行的检查。

上面（1）中所述之检查的完成日期为

签发地点签发日期

经正式授权签发临时证书的官员签字

（发证当局的钢印或盖章）

①“船东”系指船舶所有人或从船舶所有人处承担了船舶经营责任并

在承担这种责任时已同意接受船东根据本公约所承担的职责和责任的另一组织或个人，如管理人、代理或光船承租人，无论是否有其他组织或个人代表船东履行了某些职责或责任。见公约第二条第一款第（十）项。

②对于国际海事组织通过的吨位丈量临时表格所包括的船舶，总吨位为包括在《国际吨位证书（1969）》“备注”栏中的总吨位，见公约第二条第一款第（三）项。

附录 A5-Ⅲ

成员国港口的被授权官员在根据标准 A5.2.1 开展港口国检查时将进行详细检查的一般领域：

最低年龄

体检证书

海员资格

海员就业协议

使用任何有许可证的或经发证或管理的私营招募和安置服务机构

工作时间或休息时间

船舶配员水平

起居舱室

船上娱乐设施

食品和膳食服务

健康和安全及事故预防

船上医疗

船上投诉程序

工资支付

附录 B5-Ⅰ国家声明样本

见 2006 年海事劳工公约导则 B5.1.3 第五款

海事劳工符合声明第Ⅰ部分

（注：本声明必须附在船舶的海事劳工证书之后）

在××××××国海运部的授权下签发

就《2006 年海事劳工公约》的规定而言，下述船舶：

船名　　　国际海事组织编号总吨位

M. S. EXAMP1E　12345 1,000

与公约标准 A5. 1. 3 保持一致。

以下签字者谨代表上述主管当局声明：

（1）《2006 年海事劳工公约》的规定已充分体现在下述国家要求之中。

（2）这些国家要求收录在下文所述的国家规定中；凡必要时提供了关于这些规定内容的解释。

（3）根据第六条第三款和第四款的任何实质上等效的细节已列明〈下文所列的相应国家要求下〉〈下文为此目的而设的一节中〉（划去不适用的陈述）提供。

（4）主管机关根据标题 3 所准予的任何免除情形在下文专门部分明确指出。

（5）在有关要求中还提及了国家立法对任何船舶类型的具体要求。

1. 最低年龄（规则 1. 1）

经修正的《航运法》1905 年第 123 号（以下称法律）第十章；2006 年航运法规（以下称法规）第 1111—1222 条。

最低年龄为公约中所述的最低年龄。

除非海运部（以下称部）批准了一个不同的时段，“夜间”系指晚 9 点至早 6 点。

关于仅限于 18 岁或以上的人员从事危害性工作的例子列于下表 A。对于货船来说，任何 18 岁以下的人都不得在船舶平面图（将附在本声明之后）中标识为“危险区域”的区域内工作。

2. 体检证书（规则 1. 2）

法律第十一章；法规第 1223—1233 条。

凡适宜，体检证书应符合《1978年海员培训、发证和值班标准国际公约》（《STCW公约》）的要求，在其他情况下，经过相应必要调整后适用《1978年海员培训、发证和值班标准国际公约》（《STCW公约》）的要求。

经部批准的清单上的合格眼镜商可以签发视力证书。

按导则B1.2.1中所述的国际劳工组织和世界卫生组织（ILO/WHO）导则进行体检。

海事劳工符合声明第Ⅱ部分

为确保在检查之间持续符合所采取的措施

在后附本声明的海事劳工证书中具名的船东制定了以下措施以确保检查之间的持续符合要求。

（为确保符合第I部分中的各项要求而制定的措施陈述如下）

1. 最低年龄（规则1.1）

每一海员的出生日期应在船员清单中的姓名旁注明。

在每次航程开始时由船长或代表船长的高级船员（以下称主管高级船员）核查清单，并记录核查的日期。

在受聘时，每名18岁以下的海员收到一份禁止其从事夜间工作或从事被特别列为危险性工作（见上文第Ⅰ部分第1节）或任何其他危险性工作的通知，并要求该海员在有疑问时与主管高级船员协商。经海员签署“收到并已阅”字样的该通知副本，连同签字日期，由主管高级船员保存。

2. 体检证书（规则1.2）

体检证书应与主管高级船员负责准备的记述船上每一船员职务、当前体检证书的日期和有关证书上记录的海员健康状况的清单一并由主管高级船员在严格保密的条件下保管。

在对海员身体是否适合某一特定职责或某些职责可能存在疑问的情况下，主管高级船员咨询海员的医生或另一名合格的执业医生，并记录该执业医生的结论概要以及执业医生的姓名、电话号码和咨询日期。

（编者注：2015 年 8 月 29 日第十二届全国人民代表大会常务委员会第十六次会议决定》批准。同时声明：1. 根据《2006 年海事劳工公约》标准 A4.5 第十款规定，中华人民共和国适用的社会保险类别为：养老保险、医疗保险、工伤保险、失业保险和生育保险。2. 在中华人民共和国政府另行通知前，《2006 年海事劳工公约》暂不适用于中华人民共和国香港特别行政区和澳门特别行政区。2016 年 9 月 29 日交通运输部、人力资源社会保障部公告第 48 号：《2006 年海事劳工公约》将于 2016 年 11 月 12 日对我国正式生效；《2006 年海事劳工公约》适用于中国籍国际航行船舶和国内沿海航行船舶及其在这些船舶上工作的船员，但军事船舶、公务船舶、渔业船舶、体育运动船艇，以及仅在港区、内河和遮蔽水域航行、作业的船舶除外）

附

已废止人力资源社会保障文件目录

1986 年

劳动人事部废止文件目录（670 件）

依据：1986 年 12 月 10 日劳人劳〔1986〕6 号，计 670 件

序号		文件名称	发文号	发文日期	废止理由
1	人事部	为函知今后各地方政府向中央提请任免工作人员之手续	中人总字第 0007 号	1950. 12. 29	自行失效
2	人事部	办理任免工作人员工作应注意事项	中人厅字第 449 号	1951. 4. 20	自行失效
3	人事部	关于执行“国家机关干部定期统计报表制度”的工作通报	中人字〔1953〕第 023 号	1953. 2. 2	已有文件代替
4	人事部	关于大区机构改变后的干部任免的规定	中人字〔1953〕第 0135 号	1953. 2. 12	已有文件代替
5	人事部	关于执行中共中央组织部所发“关于简化因照顾干部的夫妻关系而调动工作的手续通知”	中人一字〔1954〕第 384 号	1954. 1. 19	自行失效

续表

序号		文件名称	发文号	发文日期	废止理由
6	国务院人事局	颁发“国家机关干部定期统计报表实施办法”及各有关文件	中人一字〔1954〕第2586号	1954.11.22	已有文件代替
7	国务院人事局	关于简化国务院各办公室、各直属单位因照顾干部的夫妻关系而调动工作的手续的通知	国人事字〔1955〕第2131号	1955.6.8	已有文件代替
8	国务院人事局	关于在职干部要求参加边疆地区建设的条件与手续的通知	国人事字〔1956〕第1625号	1956.7.2	自行失效
9	国务院人事局	关于处理在职干部申请去边疆工作的一些意见	国人事字〔1956〕第2945号	1956.9.27	自行失效
10	国务院人事局	关于简化任免手续问题的通知	国人事字〔1957〕第66号	1957.1.19	自行失效
11	国务院人事局	国务院人事局复关于乡镇干部调动工作的手续问题	国人办发字〔1957〕第13号	1957.1.21	自行失效

续表

序号		文件名称	发文号	发文日期	废止理由
12	国务院人事局	关于国务院任命的人员先行到职问题的复函	国人办发字〔1957〕第1508号	1957.6.21	自行失效
13	国务院人事局	关于报请国务院任免干部职务时应注意机构审批问题的通知	国人事字〔1958〕第463号	1958.2.25	自行失效
14	国务院人事局	关于任免工作中若干手续问题的通知	国人事字〔1958〕第2334号	1958.10.25	自行失效
15	国务院人事局	关于干部要求去边疆工作事	国人事字〔1958〕第2397号	1958.11.5	自行失效
16	国务院人事局	关于简化调动干部手续的通知		1959.4.7	已有文件代替
17	内务部	关于办理任免手续工作需要注意的几个问题的通知	内人事任字〔1960〕第536号	1960.4.16	自行失效
18	内务部	关于精简中跨省调动干部问题的通知	内人干一字〔1962〕第119号	1962.6.29	自行失效

续表

序号	文件名称		发文号	发文日期	废止理由
19	内务部、劳动部	内务部、劳动部关于民航系统无军籍的干部、工人的精简处理工作和跨省调动问题的通知	内人干一字〔1962〕第141号、中劳配字〔1962〕第350号	1962.8.1	自行失效
20	内务部	关于军队所属单位跨省调动无军籍干部的通知	内人干一字〔1962〕第252号	1962.9.24	自行失效
21	内务部	关于精简中跨省调动干部问题的补充通知	内人干一字〔1963〕第118号	1963.4.16	自行失效
22	内务部	关于报送县级以上人民委员会组成人员名单的通知	内人干二字〔1963〕第082号	1963.6.22	自行失效
23	内务部	关于报送县级以上人民委员会组成人员名单的补充通知	内人干二字〔1963〕第97号	1963.7.13	自行失效
24	内务部	关于精简中跨省调动干部问题的报告	内发字〔1963〕33号	1963.7.31	自行失效

续表

序号		文件名称	发文号	发文日期	废止理由
25	内务部	关于主要企业干部任免问题的通知	内人干二字第153号	1963.9.12	自行失效
26	中央精简小组	关于驻京中央机关和直属企业、事业单位调入人员的通知	中简字〔1963〕263号	1963.10.18	自行失效
27	内务部	关于修改“报请国务院任免工作人员名单”的通知	内人二字〔1964〕第129号	1964.3.21	自行失效
28	内务部	关于省人委报请国务院任免的人员应否经人委会议通过的问题的复函	内人二字〔1964〕第171号	1964.6.1	自行失效
29	内务部	关于国家行政机关工作人员经人民法院判处拘役其职务是否自然撤销问题的复函	内人二字〔1964〕第316号	1964.8.31	自行失效
30	内务部	请报送省、自治区、直辖市、专、州、县行政负责干部名单的通知	内人二字〔1965〕第167号	1965.5.10	自行失效

续表

序号	文件名称		发文号	发文日期	废止理由
31	内务部	请切实办好提请国务院任免行政人员的手续的通知	内人二字〔1965〕第315号	1965. 10. 26	自行失效
32	国家人事局	人民政府授权地区行政公署办理问题的答复	国人〔1981〕79号	1981. 3. 11	自行失效
33	国家人事局	关于报送国务院批准奖励和行政处分人员的材料的通知	国人〔1981〕7374号	1981. 12. 29	自行失效
34	劳动人事部等	最高人民法院、最高人民检察院、劳动人事部关于各级人民法院、人民检察院工作人员奖惩工作参照《国务院关于国家行政机关工作人员的奖惩暂行规定》办理的通知	劳人干〔1982〕138号	1982. 9. 3	已有文件代替
35	劳动人事部	关于国务院批准省、市、自治区厅长、局长委员会主任由人民政府下达任命通知的通知	劳人干〔1982〕134号	1982. 9. 6.	自行失效

续表

序号	文件名称	发文号	发文日期	废止理由
36	中共中央组织部、国家编制委员会	印发《关于目前党政机关机构编制的一些情况和意见》的通知	组通字〔1979〕29号 国编字〔1979〕1号	1979. 7. 14.	已有文件代替
37	国务院军队转业干部安置工作小组办公室等	国务院军队转业干部安置工作小组、国家劳动总局、中国人民解放军总政治部、中国人民解放军总后勤部关于军队企业化工厂的现役干部就地办理转业手续的通知	后厂字〔1981〕341号	1981. 5. 8	自行失效
38	劳动人事部	关于司局级行政人员任免问题的通知	劳人干〔1983〕60号	1983. 8. 24	已有文件代替
39	劳动部	失业技术员工登记介绍办法		1950. 5. 20	自行失效
40	劳动部	市劳动介绍所组织通则		1950. 5. 20	自行失效
41	劳动部	关于进行救济失业工人时应连同其家属同时救济的通知		1950. 7. 15	自行失效

续表

序号	发文部门	文件名称	发文号	发文日期	废止理由
42	劳动部	关于转业训练、生产自救、以工代赈三项报告中几个问题的意见给上海市失业工人救济委员会的函		1950. 8. 24	自行失效
43	劳动部	关于补助参加以工代赈和转业训练的失业工人冬衣办法的规定		1950. 11. 4	自行失效
44	劳动部	关于制定救济失业工人预算决算制度的通知		1951. 1. 19	自行失效
45	劳动部	关于干部家属申请介绍工作给中南劳动部的函		1951. 8. 8	自行失效
46	劳动部	关于劳动力的供求情况与今后工作中应注意的几点意见的通报		1951. 8. 20	自行失效
47	劳动部	关于协助失业工人回籍可转移登记关系问题的通知		1951. 9. 13	自行失效

续表

序号		文件名称	发文号	发文日期	废止理由
48	劳动部	关于各地应在三反运动中同时进行失业工人救济经费的检查的指示		1952. 4. 4	自行失效
49	劳动部	关于失业人员救济费开支问题给中南劳动局的函		1953. 2. 5	自行失效
50	劳动部	关于转移失业人员登记证件的通知		1953. 6. 23	自行失效
51	劳动部	对郑州市劳动局关于劳动力统一调配与劳动就业工作报告中几个问题的意见		1953. 7. 31	自行失效
52	中央劳动就业委员会、内务部、劳动部	关于劳动就业工作的报告		1953. 8. 5	自行失效
53	劳动部	关于对各地所存救济粮全部售与当地粮食公司变款存入银行,此后救济一律以人民币计发的通知		1953. 12. 17	自行失效

续表

序号		文件名称	发文号	发文日期	废止理由
54	劳动部	关于北京市劳动就业清理工作情况报告及上海市失业人员清理试点的分类情况的通报		1954.3.6	自行失效
55	劳动部	关于城市失业人员救济事业费财务管理的几项规定的通知		1954.5.18	自行失效
56	劳动部	关于北京市失业职工登记细则的通报		1954.	自行失效
57	劳动部	关于各地认真做好失业工人救济工作的指示		1954.10.26	自行失效
58	劳动部	关于以前制定的救济费财物管理规定作部分修改和补充的通知		1955.5.7	自行失效
59	劳动部等	关于已登记的失业人员进行全面清查并制定处理方案的指示		1956.1.13	自行失效

续表

序号		文件名称	发文号	发文日期	废止理由
60	劳动部	劳动部、中华全国手工业生产合作社联合总社筹备委员会关于移交手工业的生产自救组织的联合通知	劳机会字〔1957〕第06号	1956.2.2	自行失效
61	劳动部	关于对城市剩余劳动力进行全面调查统计的通知		1956.3.2	自行失效
62	劳动部	关于失业工人救济工作由民政部门接管的联合通知		1956.5.9	自行失效
63	劳动部、内务部	关于协助聋哑人就业的指示		1956.7.7	自行失效
64	劳动部	关于使用失业工人救济基金应注意的问题		1956.7.30	自行失效
65	劳动部	关于对失业人员中少数民族就业问题应予重视的通知		1956.9.7	自行失效

续表

序号		文件名称	发文号	发文日期	废止理由
66	劳动部	关于颁发“技工学校教学方法研究组工作规则”的通知	中劳培字〔1956〕第213号	1956.9.7	自行失效
67	劳动部	关于使用失业工人救济基金的规定		1956.9.22	自行失效
68	劳动部	关于对城市失业人员进行清查和安置工作的通知		1957.4.8	自行失效
69	劳动部	关于技工学校原有学生的人民助学金不降低的通知	劳机会字〔1957〕第06号	1957.5.21	自行失效
70	劳动部	关于技工学校毕业生评级问题的通知	中劳培字〔1957〕第226号	1957.6.26	自行失效
71	劳动部	关于1958年度技工学校招生问题的通知	中劳培字〔1958〕第201号	1958.6.20	自行失效
72	劳动部、财政部	关于劳动部门技工学校的财务工作下放问题的通知	中劳培字〔1958〕第213号 财教数字〔1958〕第273号	1958.7.12	自行失效

续表

序号		文件名称	发文号	发文日期	废止理由
73	国家计划委员会、财政部、劳动部	关于技工学校的财务、基建和生产计划管理工作的联合通知	计劳宋字〔1960〕第119号 财文文字〔1960〕第12号 中劳配字〔1960〕第14号	1960. 1. 16	自行失效
74	劳动部	关于练习生的学习期限与待遇问题的批复	中劳配亚字第437号	1960. 10. 15	自行失效
75	公安部、粮食部、劳动部	关于委托代训学徒的户口迁移和粮食供应问题的联合通知		1960. 11. 23	已有文件代替
76	劳动部	关于改变技工学校性质和抽调在校学生的审批手续的通知	中劳配字〔1961〕第61号	1961. 2. 28	已有文件代替
77	劳动部	关于统一技工学校名称问题的复函	中劳配字〔1961〕第65号	1961. 3. 2	已有文件代替

续表

序号		文件名称	发文号	发文日期	废止理由
78	劳动部	关于技工学校的停办和改变性质的审批手续问题的复函	中劳配字〔1961〕第100号	1961.3.24	已有文件代替
79	劳动部	关于技工学校生产收入的纳税问题的复函	中劳配字〔1961〕第123号	1961.4.8	自行失效
80	劳动部	关于技工学校学生的服装费问题复内蒙古自治区劳动局的函	中劳配字〔1961〕第157号	1961.5.3	自行失效
81	劳动部	关于技工学校学生的学习、劳动、休息时间的暂行规定		1961.5.3	自行失效
82	劳动部	关于学徒、练习生、试用人员的定义问题给内蒙古电力建设公司劳动工资科的复函		1962.2.10	自行失效
83	财政部、劳动部	关于改进技工学校经费管理工作的通知		1962.9.25	自行失效

续表

序号		文件名称	发文号	发文日期	废止理由
84	国务院农村办公室	国务院农村办公室批转安置领导小组关于安置家居大中城市精简职工和学生的安置计划落实会议的报告和落实的安置计划	农办陶字〔1963〕第43号	1963.2.8	自行失效
85	财政部、劳动部	关于修订技工学校经费预算及开支标准的通知		1963.4.15	自行失效
86	财政部、劳动部	关于技工学校生产实习收益的计算、留成上缴的暂行办法		1963.4.15	自行失效
87	劳动部	关于城市需要就业的劳动力的安置意见		1963.11.2	自行失效
88	劳动部	关于不招收自费学徒问题的通知		1963.12.7	自行失效
89	劳动部	关于劳动力介绍所干部配备与使用问题的通知		1964.2.22	自行失效

续表

序号		文件名称	发文号	发文日期	废止理由
90	劳动部	关于加强劳动部门所属技工学校基本建设计划管理工作的通知		1964. 2. 19	自行失效
91	国家计划委员会、国家物资管理总局、全国物价委员会、中央安置城市下乡青年领导小组	关于安置城市下乡人员建房专用木材作价的联合通知	农办安陶字〔1964〕第140号 价联甫字〔1964〕第310号	1964. 9. 17	自行失效
92	中央安置办公室、财政部军管会、中国人民银行总行军代表	关于加强安置经费管理使用的通知	中安字〔1970〕第56号 财军事字〔1970〕第117号 银军办字〔1970〕第36号	1970. 6. 23	自行失效

续表

序号		文件名称	发文号	发文日期	废止理由
93	国务院知青办、财政部	颁发关于知青经费管理使用的暂行规定的通知	国青办字〔1979〕9号 财农字〔1979〕60号	1979. 4. 23	自行失效
94	国务院知青领导小组	关于说服教育申请支边的人员不要自行去边疆的通知	国青字〔1979〕4号	1979. 6. 11	自行失效
95	国务院知青领导小组、财政部	关于实行新财政体制后知青经费管理使用问题的通知	国青字〔1980〕1号 财农字〔1980〕12号	1980. 2. 20	已有文件代替
96	国家劳动总局、卫生部	关于印发《技工学校招生体检标准及执行细则(试行)》的通知	劳总培字〔1980〕27号 卫医字〔1980〕15号	1980. 4. 12	已有文件代替
97	国家劳动总局	关于1980年技工学校招生工作的意见	劳总培字〔1980〕33号	1980. 4. 15	已有文件代替
98	国家劳动总局	关于1982年技工学校招生工作的意见	劳总培字〔1982〕9号	1982. 3. 26	已有文件代替
99	劳动部	关于各地招聘职工的暂行规定		1951. 5. 15	自行失效

续表

序号		文件名称	发文号	发文日期	废止理由
100	内务部、劳动部	关于继续贯彻“劝止农民盲目流入城市”的指示		1954.3.12	自行失效
101	劳动部	关于处理厂矿企业长期临时工人的问题给黑龙江省劳动局的批复		1955.12.10	自行失效
102	劳动部	关于厂矿、建筑企业处理多余工人职员与工人技术学校招收学员的几个问题的通知		1955.12.22	已有文件代替
103	劳动部	关于各单位招收工作人员的意见		1956.2	已有文件代替
104	劳动部	关于个别吸收和录用人员复纺织工业部的函		1956.5.11	已有文件代替
105	劳动部	关于各部1956年计划以外招收人员手续的通知		1956.6	已有文件代替
106	劳动部	关于企业单位招用职工家属问题的通知		1956.7.2	已有文件代替

续表

序号		文件名称	发文号	发文日期	废止理由
107	劳动部	关于简化临时工人招收手续的通知		1956.7.6	自行失效
108	劳动部	关于建筑业临时工转正问题复电力工业部的函		1956.8.29	自行失效
109	劳动部	关于复员建设军人做临时工是否签订劳动合同问题复地质部的函		1956.9.7	自行失效
110	劳动部	关于建筑单位预约临时建筑工人的通知		1956.9.15	自行失效
111	劳动部、煤炭工业部	关于煤炭工业劳动力补充问题的联合通知		1957.5.16	自行失效
112	劳动部	关于"长期性临时工"及"季节性临时工"签订劳动合同等问题的解释		1957.7	自行失效
113	劳动部	函复辽宁省劳动厅关于临时工合同期限问题		1958.2.10	自行失效

续表

序号		文件名称	发文号	发文日期	废止理由
114	劳动部	关于干部临时参加基本建设单位当壮工能否转为正式工人和工资问题给甘肃省劳动局的函		1958. 2. 24	自行失效
115	劳动部	复关于前食品工业部海盐生产企业招用工人等问题		1958. 3. 7	自行失效
116	劳动部	关于颁发“关于加强劳动计划工作问题的若干初步规定”的通知	中劳计字〔1958〕第15号	1958. 9. 23	自行失效
117	劳动部	关于报送季度和年度劳动计划和执行情况检查报告的通知		1959. 4. 2	自行失效
118	劳动部	关于减人问题几点意见的通知		1959. 7. 18	自行失效
119	劳动部	关于试行“关于劳动力招收和调配的若干规定”(草案)的通知		1959. 12. 5	已有文件代替

续表

序号		文件名称	发文号	发文日期	废止理由
120	国家计划委员会、劳动部、财政部、中国人民银行总行	制发“关于工资基金管理试行办法”的通知	中劳薪字〔1959〕第152号 财经字〔1959〕第407号 银会黄字〔1959〕第191号	1959.12.11	已有文件代替
121	国家计划委员会、劳动部	“关于劳动计划工作若干问题的规定”(草案)试行的通知		1959.12.15	已有文件代替
122	劳动部	关于试行“关于加强企业编制定员工作的几项规定”(草案)的通知	中劳机字〔1960〕第75号	1960.2.11	已有文件代替
123	劳动部	关于中央各部直属企业事业单位招用临时工问题的通知		1960.3.10	自行失效
124	劳动部	关于结合节约劳动力的群众运动大力开展编制定员工作的通知		1960.10.26	自行失效

续表

序号		文件名称	发文号	发文日期	废止理由
125	劳动部	关于暂时停止把合同工转为正式工人的通知		1961.2.19	自行失效
126	国家计划委员会、劳动部	关于试行修订的“关于劳动计划工作的若干规定(草案)”的通知		1961.3.1	自行失效
127	劳动部	关于在矿山工作的合同工、临时工转正问题的通知		1961.4.28	自行失效
128	中央精简干部和安排劳动力5人小组	中央精减小组关于精减职工和减少城镇人口界限范围问题的通知		[电报] 1961.8.7	自行失效
129	国家计划委员会、劳动部、财政部、中国人民银行	关于精简职工工作中加强工资基金管理的通知		1961.9.20	已有文件代替

续表

序号		文件名称	发文号	发文日期	废止理由
130	中央精简干部和安排劳动力五人小组办公室	关于某些地区和单位私招乱雇职工的通报		1962. 2. 1	自行失效
131	劳动部	关于在地区之间调配职工手续问题的通知	中劳培字〔1962〕第60号		自行失效
132	劳动部	关于跨省调动职工中几个问题的处理意见的通知		1962. 6. 12	自行失效
133	中央精简小组	关于贯彻执行"中共中央、国务院关于当城市工作若干问题的指示"中有关精简工作的几点通知		1962. 10. 16	自行失效
134	劳动部、建筑工业部	关于颁发建筑安装工程统一劳动定额有关问题暂行规定的通知		1962. 11. 17	已有文件代替

续表

序号		文件名称	发文号	发文日期	废止理由
135	劳动部	关于节余奖金的调剂使用问题的通知	中劳配字〔1962〕第620号	1962.12.14	自行失效
136	劳动部	关于划分工业企业直接生产人员与非直接生产人员范围的通知		1963.12.14	已有文件代替
137	劳动部	关于检查私自招收职工问题的通知		1963.3.29	自行失效
138	劳动部	劳动部对“关于贯彻执行‘国务院准转劳动部、内务部、全国总工会关于安置和处理暂列编外的老弱残职工的意见’的通知”意见		1963.6.5	自行失效
139	劳动部	关于从事经常性工作的临时工转为长期工有关问题的解释		1963.8.1	自行失效

续表

序号		文件名称	发文号	发文日期	废止理由
140	中央精简小组	请检查处理关、停工业企业的多余人员		1963. 8. 24	自行失效
141	中央精简小组	关于加强对精简工作的领导,抓紧减人进度的通知		1963. 9. 12	自行失效
142	劳动部	关于驻京中央机关和直属企业、事业单位由外地向北京市调进工人的审批手续的通知		1963. 11. 8	已有文件代替
143	中央精简小组	关于厂矿企业吸收家居城市的职工子女顶替自愿回乡职工的通知		1963. 12. 4	自行失效
144	国家计划委员会、财政部、劳动部、中国人民银行	关于1964年工资基金管理几个问题的通知		1963. 12. 21	已有文件代替
145	劳动部	关于解除劳动教养和劳改释放人员的安置就业问题给江西省精简小组、江西省劳动局的复函	中劳配字〔1963〕第537号	1963. 12. 27	已有文件代替

续表

序号		文件名称	发文号	发文日期	废止理由
146	国家统计局、劳动部、国家计划委员会	关于1964年劳动计划中若干具体问题的处理办法		1964.3.4	自行失效
147	中央精简小组	关于认真做好回乡、下乡人员安置巩固工作的紧急通知		1964.1	自行失效
148	劳动部	复关于录用退休退职和死亡职工的子女的问题		1964.3.14	已有文件代替
149	劳动部、冶金工业部	发布冶金厂矿接触矽尘作业工人轮换试行办法		1964.5.28	已有文件代替
150	劳动部、国家统计局	关于参加社会主义教育运动的人员的计划、统计方法的通知		1964.11.13	自行失效
151	劳动部	关于介绍招用技术工人和初中毕业生问题的通知		1965.3	已有文件代替

续表

序号		文件名称	发文号	发文日期	废止理由
152	国家计委、劳动部、统计局、人民银行	关于职工生活补贴费在工资计划、统计、工资基金管理上的处理办法的联合通知		1965. 4. 26	已有文件代替
153	劳动部、内务部、国防部	关于处理安置复员、退伍军人工作中的几个问题给黑龙江省劳动局、民政厅、军区司令部的复函		1965. 7. 12	已有文件代替
154	劳动部	关于合同工转正问题的复函		1965. 8. 31	
155	劳动部	转发四川省粮食厅、商业厅、公安厅、劳动局“关于亦工亦农工人户口粮食等问题的通知”的函		1965. 9. 4	已有文件代替
156	国家经济委员会、劳动部	关于工交生产企业精减人员计算口径问题的通知		1965. 9. 7	自行失效

续表

序号	文件名称		发文号	发文日期	废止理由
157	劳动部	关于全民所有制企业与集体所有制企业之间劳动力调动问题的意见		1965. 10. 17	
158	国家计划革命委员会	关于严格控制增加职工充分挖掘现有劳动潜力的通知	计劳字〔1972〕48号	1972. 4. 7	自行失效
159	国家计划革命委员会	转发燃化部“关于煤矿企业劳动力补充问题的请示报告”的通知	计劳字〔1972〕223号	1972. 9. 23	自行失效
160	国家计划革命委员会	关于煤矿补充自然减员问题的通知	计劳字〔1973〕287号		自行失效
161	国家计委劳动局	关于补充自然减员问题的通知	计劳配字〔1975〕113号	1975. 6. 4	自行失效
162	国家计委劳动局	关于原生产建设兵团所属工业企业和事业单位的劳动力管理问题的通知	计劳配字〔1975〕249号	1975. 12. 9	自行失效

续表

序号		文件名称	发文号	发文日期	废止理由
163	国家劳动总局	关于跨省、市、自治区调动职工统一实行划拨单的通知	计劳配字〔1975〕255号	1975.12.16	自行失效
164	国家农垦总局、国家劳动总局	关于国营农场1971年以前参加工作的临时工改为固定工的通知	垦总计字〔1978〕8号 劳总计字〔1978〕040号	1978.6.6	自行失效
165	国家劳动总局、农林部国家林业总局、国家水产总局	关于农业小三场、林场、渔场1971年底以前参加工作的临时工改为固定工的通知	劳总计字〔1979〕7号 农林计字〔1979〕20号 林计字〔1979〕26号 渔总计字〔1979〕7号	1979.1.9	自行失效
166	国家劳动总局	关于发给《关于招工实行全面考核的意见》的通知	劳总计字〔1979〕23号	1979.3.9	已有文件代替
167	邮电部、国家劳动总局	关于长途驻段线务员和乡邮员招收农民的通知	邮劳字〔1980〕808号 劳总计字〔1980〕129号	1980.8.22	已有文件代替

续表

序号		文件名称	发文号	发文日期	废止理由
168	国家劳动总局	关于干部离休后能否招收子女参加工作的复函	劳总劳字〔1981〕23号	1981.5.3	已有文件代替
169	国家劳动总局	关于工人退休、退职后从农村补招其子女参加工作的复函	劳劳字〔1981〕010号	1981.5.3	已有文件代替
170	煤炭工业部、国家劳动总局	颁发《关于统配煤矿当前劳动方面几个主要问题的暂行规定》的通知	煤劳字〔1981〕第789号 劳总劳字〔1981〕92号	1981.8.23	已有文件代替
171	国家劳动总局	关于干部离休后能否招收子女参加工作的复函	劳总劳字〔1982〕13号	1982.4.6	已有文件代替
172	冶金工业部、劳动人事部	冶金工业部、劳动人事部关于同意中国黄金总公司在矿山井下进行农民合同工制度试点的通知	冶劳字〔1982〕第1296号 劳人计〔1982〕7号	1982.8.18	已有文件代替

续表

序号	文件名称	发文号	发文日期	废止理由
173	劳动人事部	关于清退农村劳动力几个政策性问题的复函	劳人计〔1983〕63号	1983.6.16	自行失效
174	劳动人事部、财政部	关于1983年企业调整工资和改革工资制度使用资金问题的规定	劳人计〔1983〕73号	1983.8.16	已有文件代替
175	人事部	中央人民政府直属机关各类工作人员暂行工资标准		1951.11.26	已有文件代替
176	人事部	抄送中南关于部队转业干部进行评定待遇的一般标准	人专〔1952〕15号	1952.8.22	已有文件代替
177	人事部	由高工资地区调至中央各机部工作人员的工资处理办法	中人二字〔1952〕第0135号	1952.9.23	已有文件代替
178	人事部、文化部	中央人民政府人事部、文化部关于修正文艺工作人员工资、津贴标准表的通知	中人二字〔1952〕第0197号	1952.11.3	已有文件代替

续表

序号		文件名称	发文号	发文日期	废止理由
179	人事部	关于军队转业人员的待遇问题	人事字26号	1953. 1. 30	自行失效
180	人事部	关于工作人员调动中各项待遇问题的规定	人二字〔1953〕第0046号	1953. 1. 31	已有文件代替
181	人事部、财政部	关于转业人员的待遇问题	人丑字〔1953〕22号	1953. 2. 28	自行失效
182	人事部	关于受处分人员的待遇及工龄计算问题	院〔1953〕235号	1953. 4. 25	自行失效
183	人事部、财政部	关于夫妇双方参加政府机关工作对一供一薪干部的子女教养费的更正通知	财行范字〔1953〕第264号	1953. 5. 5	自行失效
184	人事部	答复有关高等和中等学校毕业生参加工作后的待遇问题	中人二字〔1953〕第208号	1953. 5. 28	已有文件代替
185	人事部	关于处理国家工作人员调动后各项待遇问题的规定	中人二字〔1953〕第276号	1953. 6. 29	自行失效

续表

序号		文件名称	发文号	发文日期	废止理由
186	人事部	关于在三反运动中犯错误的工作人员经复查定案后的待遇问题的复函	中人二字〔1953〕第282号	1953. 7. 24	自行失效
187	人事部	关于受处分人员待遇问题的复函	中人二字〔1953〕第340号	1953. 8. 24	自行失效
188	人事部	关于原为企业单位现改为行政单位之工资标准问题的复函	中人二字〔1953〕第395号	1953. 9. 26	已有文件代替
189	人事部	为贯彻执行中央人民政府政务院〔1953〕政财邓字第133号“关于军队转业人员待遇问题的补充通知”的说明	中人二字〔1953〕第551号	1953. 12. 24	自行失效
190	人事部	关于军队转业人员待遇问题的复函	中人二字〔1953〕第72号	1954. 4. 6	自行失效

续表

序号		文件名称	发文号	发文日期	废止理由
191	人事部	关于毕业生工资待遇问题的复函	中人二字〔1953〕第122号	1954.5.8	已有文件代替
192	中央劳动工资委员会	复东北局关于批发东北区1953年建筑工程劳动定额执行情况与1954年劳动定额及工资标准意见的报告	中劳资字〔1953〕1号	1954.6.5	自行失效
193	人事部	关于贯彻执行中央人民政府政务院颁发"国家机关工作人员工资、包干费标准及有关事项规定的命令"有关问题的通知	中人二字〔1954〕第162号	1954.6.26	自行失效
194	人事部	关于军队转业人员提级后的待遇问题的复函	中人二字〔1954〕第168号	1954.7.17	自行失效
195	人事部	关于转业干部待遇问题的复函	中人二字〔1954〕第246号	1954.10.28	自行失效

续表

序号		文件名称	发文号	发文日期	废止理由
196	劳动部	关于文教卫生科学研究部门工资标准表的复函	中劳薪〔1954〕0055号	1954.11.2	已有文件代替
197	人事部	关于法医、化验等专职技人员执行何种工资标准的复函	国人事字〔1954〕第28号	1954.12.13	自行失效
198	劳动部	关于全国建筑企业管理人员的工资标准问题	四发亥六号	1954.12.20	已有文件代替
199	劳动部	关于全国建筑企业管理人员工资标准的通知		1954.12.20	已有文件代替
200	劳动部	复建筑业固定工人冬季停工期间工资支付问题附件(1)(2)1. 上海局复江苏省委关于建筑固定工人在冬季停工期间工资发放问题 2. 江苏省委关于建筑固定工人在冬季停工期间工资发放问题的指示	劳丑〔1955〕8号	1955.2.16	自行失效
201	劳动部	复事业、企业部门中相当于政府十级以上干部的工资调整问题	劳丑字〔1955〕10号	1955.2.20	自行失效

续表

序号		文件名称	发文号	发文日期	废止理由
202	国务院人事局	关于军队转业人员待遇问题的解释	国人事字〔1955〕第728号	1955.3.1	自行失效
203	劳动部	复云南省土木建筑工人统一工资标准问题	劳卯〔1955〕7号	1955.4.22	已有文件代替
204	劳动部	关于贯彻全国建筑工程劳动定额的通知	中劳薪字〔1955〕第0095号 中建劳字〔1955〕第110号	1955.6.17	自行失效
205	劳动部	复四川省厂矿工人调整工资标准由	劳已〔1955〕3号	1955.6.27	自行失效
206	劳动部	复建筑业冬季施工工资支付及劳动定额问题	劳亥字〔1955〕1号	1955.12.6	已有文件代替
207	劳动部	关于复员建设军人参加企业当学徒或进入技工学校后的工资待遇问题的通知	中劳薪字〔1956〕第0008号	1956.1.16	自行失效

续表

序号		文件名称	发文号	发文日期	废止理由
208	国务院人事局	关于军队转业人员待遇问题给湖南省的复函	国人事字〔1956〕第0189号	1956. 1. 28	自行失效
209	国家建委、劳动部	关于执行1956年度建筑安装工程统一施工问题的通知	建织卯〔1956〕29号	1956. 4. 16	自行失效
210	国家建委	关于公布"1956年建筑安装工程统一施工定额"的通知 另(附件)	建劳薄字〔1956〕第379号	1956. 4. 21	自行失效
211	劳动部	关于工矿基本建设交通运输企业工人职员节日假日工作和延长工作时间以及履行国家义务、社会义务时的工资问题的通知	劳辰〔1956〕2号	1956. 5. 5	已有文件代替
212	国务院人事局	关于区干部调任乡干部后他们的工资待遇问题的复函	国人事字〔1956〕第1304号	1956. 5. 17	自行失效

续表

序号		文件名称	发文号	发文日期	废止理由
213	劳动部、国家建委	关于建筑业实行计件工资率的范围	建劳孔〔1956〕28号	1956.7.19	自行失效
214	劳动部	关于企业职工在节日、假日工作及延长工作时间的审批程序等问题的复函	劳午〔1956〕24号	1956.7.28	已有文件代替
215	国务院人事局	关于国家机关工作人员若干工资问题的处理意见	国人事字〔1956〕第2242号	1956.8.6	自行失效
216	国务院工资改革工作办公室	国务院工资改革工作办公室关于批准生产管理人员职务工资标准问题	中劳薪字〔1956〕第0123号	1956.8.14	已有文件代替
217	国务院工资改革工作办公室	关于若干工资改革中的具体问题的解答		1956.8	自行失效
218	国务院人事局	关于留苏学生归国后的工资待遇问题	人发申字〔1956〕2号	1956.9.5	自行失效

续表

序号		文件名称	发文号	发文日期	废止理由
219	国务院工资改革工作办公室	关于企业工程技术人员和职员本人标准工资提高幅度不超过20%的解释	劳申〔1956〕44号	1956.9.12	自行失效
220	国务院工资改革工作办公室	关于合理调整历年来分配在国家机关工作的高等学校毕业生工资待遇的通知	劳申〔1956〕63号	1956.9.22	已有文件代替
221	国务院工资改革工作办公室	关于技术津贴试行办法的规定		1956.9	自行失效
222	国务院工资改革工作办公室	请各地注意控制企业生产管理人员增加工资的幅度的通知	劳酉〔1956〕40号	1956.10.31	自行失效
223	国务院工资改革工作办公室	关于调整事、企业单位中高等学校毕业生工资待遇问题	劳戊〔1956〕2号	1956.11.3	已有文件代替

续表

序号	发布部门	文件名称	发文号	发文日期	废止理由
224	国务院工资改革工作办公室	关于保留工资问题的解释		1956. 11. 13	自行失效
225	劳动部	复关于停工后工厂补班补点及发放工资问题	劳亥〔1956〕24号	1956. 12. 29	自行失效
226	劳动部	关于非工业部门职工调动工作后其工资问题如何处理的通知	中劳薪字〔1957〕第0013号	1957. 1. 9	已有文件代替
227	国务院工资改革工作办公室	关于建筑安装企业冬季期间职员学习津贴及春节工人休假问题	中劳薪字〔1957〕第0033号	1957. 1. 23	已有文件代替
228	劳动部	复关于马鞍山铁厂的几个工资支付问题	中劳薪字〔1957〕第41号	1957. 1. 28	自行失效
229	国务院工资改革工作办公室	国务院工资改革工作办公室“关于升级工作一律停止”的解释		1957. 1. 30	自行失效

续表

序号		文件名称	发文号	发文日期	废止理由
230	劳动部	复关于停工津贴问题	中劳薪字〔1957〕第0045号	1957.2.6	已有文件代替
231	劳动部	关于停止试行奖励工资制度指示草案的通知	中劳薪字〔1957〕第0051号	1957.2.7	自行失效
232	劳动部	复关于季节性生产企业在季节性停工期间职工的津贴支付问题	中劳薪字〔1957〕第0055号	1957.2.11	自行失效
233	劳动部	关于受处分人员的工资待遇问题	中劳薪字〔1957〕第0086号	1957.2.28	自行失效
234	劳动部、教育部	通知中等专业学校产业工人学生人民助学金仍应按入学前原工资一定比例数发给	中劳薪字〔1957〕第0107号 中刘字〔1957〕第35号	1957.3.13	自行失效
235	劳动部	复关于事业单位职工调动工作后的工资待遇问题	中劳薪字〔1957〕第0384号	1957.5.22	已有文件代替

续表

序号		文件名称	发文号	发文日期	废止理由
236	国务院人事局	关于高等学校毕业生作翻译工作的工作满6个月后评定工资级别的通知	国人事字〔1957〕第791号	1957.5.24	自行失效
237	劳动部	关于企业技职人员奖金问题的通知	中劳薪密字〔1957〕第001号	1957.5.29	自行失效
238	国务院人事局	关于高等学校和中等专业学校学生因工作需要提前毕业的工资待遇等问题的复函	国人办发字〔1957〕第1880号	1957.6.15	自行失效
239	劳动部	关于工人技术学校毕业生评级问题的通知	中劳薪字〔1957〕第226号	1957.6.26	已有文件代替
240	国务院人事局	关于转业干部中没有军衔之随军职员的工资待遇问题的复函	国人办发字〔1957〕第1881号	1957.7.5	自行失效
241	劳动部	关于高等学校、中等专业学校毕业生实习期满和试用人员正式录用后评定工资问题的通知	中劳薪字〔1957〕第0243号	1957.7.19	自行失效

续表

序号		文件名称	发文号	发文日期	废止理由
242	劳动部	企业、事业单位高级工程技术人员工资标准问题	中劳薪字〔1957〕第0250号	1957.7.21	自行失效
243	劳动部	关于工人、职员、学徒在工人技术学校学习期间的津贴待遇问题	中劳薪字〔1957〕第0263号	1957.7.30	自行失效
244	国家建委	关于改变施工定额的编制和管理工作的通知	建劳季字〔1957〕第806号	1957.8.9	自行失效
245	劳动部	对学徒延长学习期满及工人技术学校毕业生定级的意见	中劳薪字〔1957〕第0298号	1957.8.20	自行失效
246	劳动部	关于工人、职员、学徒在工人技术学校学习期间的津贴待遇计算办法的说明	中劳薪字〔1957〕第0319号	1957.8.21	自行失效
247	国务院人事局	关于高等学校和中等专业学校毕业生分配工作以后临时工资待遇问题的通知	国人办发字〔1957〕第2765号	1957.8.30	已有文件代替

续表

序号		文件名称	发文号	发文日期	废止理由
248	中央10人小组办公室、劳动部	关于肃反运动中未参加工资改革的人员其工资如何处理的通知	中劳薪字〔1957〕第394号	1957.10.19	自行失效
249	劳动部	复关于试用人员试用期满是否转正及转正后工资问题	中劳薪字〔1957〕第0408号	1957.10.28	自行失效
250	劳动部	复安徽省工业厅关于事假、路程假及旷工期间的工资问题	中劳薪字〔1957〕第0458号	1957.11.27	自行失效
251	劳动部	对有关国务院“关于工人、职员在企业之间调动工作后的工资和补助费的暂行规定”的若干问题的解答	中劳薪字〔1957〕第0463号	1957.11.30	自行失效
252	劳动部	关于工人技术学校学生在寒暑假期间的人民助学金如何发放问题的通知	中劳薪字〔1957〕第0047号	1958.1.18	自行失效

续表

序号		文件名称	发文号	发文日期	废止理由
253	国务院人事局	关于高等学校和中等专业学校毕业生分配工作以后工资待遇和毕业生中反对社会主义分子在工作考察期间生活待遇的几个问题综合答复	国人事字〔1957〕第429号	1958. 2. 15	自行失效
254	劳动部	函复福建省劳动局复关于学徒在节日、假日加班时的待遇问题		1958. 2. 24	已有文件代替
255	劳动部	关于干部临时参加基本建设单位当壮工能否转为正式工人和工资问题给甘肃省劳动局函		1958. 2. 24	已有文件代替
256	国务院人事局	关于下放干部工资和取消技术人员保留工资问题的复函		1958. 2. 28	自行失效

续表

序号		文件名称	发文号	发文日期	废止理由
257	内务部、公安部	关于被劳动教养人员工资问题的批复		1958.2.28	已有文件代替
258	国务院人事局	复所询工作人员事假期间的工资待遇和违反请假纪律的处理意见	国人办发字〔1957〕第2320号	1958.3.14	已有文件代替
259	劳动部	关于机关、企业、事业单位职工服兵役期满后回原单位工作的工资处理问题的复函	中劳薪字〔1957〕第135号	1958.4.12	自行失效
260	劳动部	转发天津市劳动工资委员会关于建筑业实行九小时大礼拜期间工资支付问题的意见	中劳薪字〔1957〕第137号	1958.4.20	自行失效
261	劳动部	对于制定国务院关于国营、公私合营、合作社营、个体经营的企业和事业单位的学徒学习期限和生活补贴的暂行规定实施细则中若干问题的意见		1958.4.23	自行失效

续表

序号		文件名称	发文号	发文日期	废止理由
262	劳动部	对于制定国务院关于企业、事业单位和国家机关中普通工和勤杂工的工资待遇的暂行规定实施细规中若干问题的意见		1958.4.23	自行失效
263	劳动部	复黑龙江省劳动局关于整顿地质勘探、测量人员野外津贴问题的复函		1958.5.7	已有文件代替
264	劳动部	关于高等及中等专业学校毕业生实习期满后的工资待遇问题的复函	中劳薪字〔1958〕第155号	1958.5.10	已有文件代替
265	劳动部	关于复员建设军人在企业当学徒的工资待遇问题的复函	中劳薪字〔1958〕第159号	1958.5.15	自行失效
266	劳动部工资局	复黑龙江省劳动局关于复员军官到企业当学徒的工资待遇问题	中劳薪字〔1958〕第167号	1958.5.27	自行失效

续表

序号		文件名称	发文号	发文日期	废止理由
267	劳动部	给湖南等省[市]劳动局关于职工在停职反省、拘留审讯、判处徒刑缓期执行期间的工资待遇问题的复函	中劳薪字〔1958〕第171号	1958.6.16	自行失效
268	国务院人事局	下放干部在劳动锻炼中的若干问题工作统一规定的通知	国人事字〔1958〕第1937号	1958.7.16	自行失效
269	国务院人事局	关于评定1957年暑期毕业生分配工作以后下放劳动锻炼的工资的通知	国人事字〔1958〕第1962号	1958.7.25	自行失效
270	劳动部	关于工人技术学校毕业生的见习期和见习期间的临时工资待遇问题的通知	中劳薪字〔1958〕第215号	1958.8.30	自行失效
271	国务院人事局	关于退学的调干学生和工农速中学生工资问题的复函	国人办发字〔1958〕第960号	1958.9.11	自行失效

续表

序号		文件名称	发文号	发文日期	废止理由
272	劳动部	复职工在企业之间调动工作后的工资问题	中劳薪字〔1958〕第219号	1958.9.11	自行失效
273	国务院人事局	关于军队转业干部保留工资待遇问题的综合答复	国人事字〔1958〕第2235号	1958.10.7	自行失效
274	国务院人事局	对执行1958年9月24日议字71号“国务院关于军队干部退出现役问题的决定”中有关几个具体问题的说明	国人事字〔1958〕第2545号	1958.12.17	自行失效
275	国务院人事局	关于1958年1月1日以后转业军队干部的地区津贴和生活费补贴问题的复函	国人事字〔1958〕第004号	1958.12.31	自行失效
276	国务院人事局	关于军队转业干部套级问题的复函		1959.1.6	自行失效
277	国务院人事局	关于军队移交给地方的右派分子的薪金待遇问题的复函	国人办发字〔1959〕第1260号	1959.1.12	自行失效

续表

序号		文件名称	发文号	发文日期	废止理由
278	国务院人事局	关于监督劳动的右派分子生活补助问题的通知	国人事字〔1959〕第213号	1959. 3. 19	自行失效
279	劳动部	转全辽宁省劳动厅编制1959年度建筑工程劳动定额的工作总结的通知	中劳薪字〔1959〕第28号	1959. 3. 28	自行失效
280	劳动部工资局	关于建立季度综合性奖励制度的通知	中劳薪字〔1959〕第42号	1959. 4. 18	自行失效
281	劳动部	关于修订工人技术等级标准和研究工人工资等级制度的工作规划的通知	中劳薪字〔1959〕第45号	1959. 4. 24	自行失效
282	劳动部	关于建立季度综合性奖励制度的通知	中劳薪字〔1959〕第55号	1959. 5. 13	自行失效
283	劳动部	关于试行企业单位工人、职员在加班加点事假、病假和停工期间工资待遇几项规定的通知	中劳薪字〔1959〕第67号	1959. 6. 1	已有文件代替

续表

序号		文件名称	发文号	发文日期	废止理由
284	劳动部	对1959年职工升级工作的几点意见	中劳薪密字〔1959〕第1号	1959. 6. 4	自行失效
285	劳动部	关于由高工资标准地区调入低工资标准地区的技职人员和扣除地区差额问题的规定		1959. 6. 19	已有文件代替
286	国务院人事局	关于1959年国家机关工作人员升级问题的通知	国人事字第529号	1959. 6. 24	自行失效
287	国务院人事局	关于军队转业干部待遇方面几个问题的复函	59国人办发字〔1959〕第546号	1959. 7. 13	已有文件代替
288	劳动部	关于服役不满2年的复员、退伍军人工资待遇问题的复函	中劳薪字〔1959〕第112号	1959. 9. 7	已有文件代替
289	劳动部	关于国家机关、事业单位的职工调到企业单位工作后的工资待遇问题的复函	中劳薪字〔1959〕第129号	1959. 10. 13	自行失效

续表

序号		文件名称	发文号	发文日期	废止理由
290	劳动部工资局	关于中等学校毕业生分配在中等学校工作见习期满后定级问题的复函	中劳薪字〔1959〕第131号	1959.10.16	自行失效
291	内务部	关于受处分人员的工龄计算和工资级别问题的复函	内人事字〔1959〕第569号	1959.10.20	自行失效
292	劳动部	关于复员退伍军人作学徒的待遇和生活补贴问题的复函	中劳薪字〔1959〕第141号	1959.11.19	自行失效
293	劳动部	关于建立和改进综合性奖励制度的意见	中劳薪字〔1959〕第148号	1959.12.2	自行失效
294	劳动部	关于复员退伍军人中原为技术兵工资待遇问题的复函	中劳薪字〔1960〕第0027号	1960.2.27	自行失效

续表

序号	文件名称		发文号	发文日期	废止理由
295	劳动部、建筑工程部	关于改变全国建筑工程统一劳动定额水平编制方法的通知	中劳薪字〔1960〕第26号 建宋劳字〔1960〕第41号	1960. 2. 29	自行失效
296	劳动部	对于计件工资制问题的几点意见	中劳薪驻字〔1960〕第28号	1960. 3. 3	自行失效
297	劳动部	关于调整邯郸市地区工资标准类别问题	中劳薪马字〔1960〕第30号	1960. 3. 8	已有文件代替
298	劳动部	关于农、林、水利、气象部门是否实行综合性奖励制度问题的复函	中劳薪字〔1960〕第35号	1960. 4. 1	自行失效
299	劳动部	关于工人技术学校教学人员升级问题	中劳薪义字〔1960〕第49号	1960. 5. 6	自行失效
300	劳动部	对山西省劳动厅关于改进棉纺工人工资标准的意见	中劳薪字〔1960〕第65号	1960. 7. 25	自行失效

续表

序号		文件名称	发文号	发文日期	废止理由
301	劳动部、商业部	关于改革商业、饮食业、服务业工资制度的联合通知	中劳薪马字〔1960〕第67号、商组联字〔1960〕第374号	1960.7.26	已有文件代替
302	劳动部	复关于统一汽车司机的工资标准和津贴待遇的意见	中劳薪马字〔1960〕第74号	1960.8.13	自行失效
303	劳动部工资局	复地质部人事司关于地质科学院建立保健津贴制度问题	中劳薪字〔1960〕77号	1960.8.18	自行失效
304	劳动部	复关于学徒加班加点时的待遇问题	中劳薪马字〔1960〕第83号	1960.8.26	自行失效
305	劳动部	关于技工学校毕业生分配工作和学徒学习期满工作一年后的评级问题的复函	中劳薪马字〔1960〕第84号	1960.8.26	自行失效
306	劳动部	复关于整顿汽车司机工资制度的问题	中劳薪马字〔1960〕第86号	1960.9.1	自行失效

续表

序号		文件名称	发文号	发文日期	废止理由
307	劳动部	关于检查与调整普通工工资待遇的通知	中劳薪马字〔1960〕第95号	1960.10.7	自行失效
308	劳动部党组、内务部党组	劳动部党组、内务部党组关于降低十七级以上党员干部的工资计算方法等问题的意见	劳党字〔1960〕71号、党字〔1960〕45号	1960.10.20	自行失效
309	劳动部	复青海省劳动局关于学徒转正后的工资待遇问题	中劳薪马字〔1960〕第104号	1960.11.25	自行失效
310	内务部	关于军队转业干部待遇问题的复函	内人干一字〔1961〕第003号	1961.1.4	已有文件代替
311	劳动部	关于留学生见习期满后定级问题的复函	中劳薪字〔1961〕第10号	1961.1.24	已有文件代替
312	劳动部	关于建立高山津贴制度的问题	中劳薪字〔1961〕第14号	1961.3.3	自行失效

续表

序号		文件名称	发文号	发文日期	废止理由
313	劳动部工资局	关于国内高等学校研究部毕业生和由国外研究部毕业的回国留学生见习期满以后定级问题的复函	中劳薪字〔1961〕第24号	1961. 3. 23	已有文件代替
314	劳动部	复甘肃省劳动局关于普通工调作学徒的工资待遇问题	中劳薪字〔1961〕第37号	1961. 5. 5	已有文件代替
315	劳动部	复吉林省劳动厅关于保健津贴问题	中劳薪字〔1961〕第55号	1961. 6. 29	已有文件代替
316	劳动部、内务部	关于企业、事业单位和机关职工中的复员退伍军人被精减时的待遇问题的通知	中劳薪字〔1961〕第62号 内人工字〔1961〕第32号	1961. 7. 19	自行失效

续表

序号		文件名称	发文号	发文日期	废止理由
317	劳动部、内务部、财政部、公安部	关于1961年人民武装警察部队警士退伍时的待遇等问题的联合通知	中劳薪字〔1961〕第60号 内人工字〔1961〕第33号 财文行字〔1961〕第186号 公警字〔1961〕第119号	1961.7.22.	自行失效
318	劳动部	印发关于改进企业奖励制度和计件工资问题的两个文件供参考的通知	中劳薪字〔1961〕第70号	1961.8.8	自行失效
319	劳动部	转发关于沈阳机车车辆工厂改进综合性超额奖励的报告及其奖励办法	中劳薪字〔1961〕第85号	1961.9.5	自行失效
320	内务部政府机关人事局	关于军队转业干部保留工资待遇问题	内人干一字〔1961〕第439号	1961.10.14	自行失效

续表

序号		文件名称	发文号	发文日期	废止理由
321	劳动部	关于当前工资工作中应该注意掌握的几个问题的通知	中劳薪字〔1961〕第122号	1961.11.15	自行失效
322	劳动部	关于贯彻执行“国务院关于职工升级转正和定级的通知”的通知	中劳薪字〔1961〕第124号	1961.11.21	自行失效
323	劳动部	关于军工高等院校专修科、毕业生工资待遇问题的复函	中劳薪字〔1962〕第19号	1962.3.12	自行失效
324	劳动部、内务部	关于高等学校和中等专业学校毕业生入学前文化程度参差不齐毕业后工资待遇处理问题的复函	中劳薪字〔1962〕第34号 内人工字〔1962〕第40号	1962.3.27	自行失效
325	内务部	关于参加工作不满3年的职工去高等学校或中等专业学校学习他们毕业分配工作以后的待遇问题的复函	内人工字〔1962〕第36号	1962.3.29	已有文件代替

续表

序号		文件名称	发文号	发文日期	废止理由
326	劳动部	关于全民所有制单位的职工转入集体所有制单位后的处理和工资劳保福利待遇问题的复函	中劳薪字〔1962〕第66号	1962.4.28	已有文件代替
327	内务部	关于毕业生反对社会主义分子及其他坏分子工作考察期满正式分配工作以后评定工资级别问题的复函	内人工字〔1962〕第66号	1962.6.1	自行失效
328	劳动部	复矿山、林区职工升级问题	劳机电字〔1962〕76号	1962.7.24	自行失效
329	劳动部工资局	关于企业、事业单位中职工犯错误降职降级撤销处分后的工资处理（摘录）	中劳薪字〔1962〕第163号	1962.7.24	自行失效
330	内务部政府机关人事局	关于军队转业干部转业时提升级别的工资待遇计算和定级问题的复函	内人干一字〔1962〕第151号	1962.8.4	自行失效

续表

序号		文件名称	发文号	发文日期	废止理由
331	内务部	关于职工调动工作以后的工资待遇问题的复函	内人工字〔1962〕第137号	1962.8.10	已有文件代替
332	劳动部、建筑工程部	关于颁发试行1962年编制的建筑安装工程统一劳动定额的通知	中劳薪字〔1962〕第202号 建宋劳字〔1962〕第132号	1962.8.23	自行失效
333	劳动部	关于企业管理人员在调剂顶替中的工资待遇问题的复函		1962.9.11	自行失效
334	劳动部	关于处理阜新市城市建设局提出的调动人员工资问题的复函	中劳薪字〔1962〕第257号	1962.9.20	已有文件代替
335	劳动部	关于高等学校、中等专业学校、技术学校毕业生和学徒的转正定级等问题的通知	中劳薪字〔1962〕第259号	1962.9.20	已有文件代替
336	劳动部	关于企业工人职员法定节日加班工资待遇的规定	中劳薪字〔1962〕第261号	1962.9.22	已有文件代替

续表

序号		文件名称	发文号	发文日期	废止理由
337	内务部	关于军队转业干部保留工资待遇问题的复函	内人干一字〔1962〕第294号	1962.10.8	自行失效
338	劳动部	关于老厂支援新厂开工队、施工队人员生活补贴问题	中劳薪字〔1962〕第294号	1962.10.24	自行失效
339	劳动部	关于裁并的高等学校和中等专业学校的学生安置工作后工资待遇问题的答复	中劳薪字〔1962〕第311号	1962.11.2	自行失效
340	劳动部	关于在职职工从业余大学或函授班（部）毕业后工资待遇问题的复函	中劳薪字〔1962〕第323号	1962.11.6	已有文件代替
341	劳动部、建筑工程部	关于颁发建筑安装工程统一劳动定额有关问题暂行规定的通知	中劳薪字〔1962〕第334号 建宋劳字〔1962〕第198号	1962.11.17	自行失效

续表

序号		文件名称	发文号	发文日期	废止理由
342	劳动部	关于学习期未满提前分配工作的研究生的工资待遇问题的复函	中劳薪字〔1962〕第342号	1962.11.20	已有文件代替
343	劳动部	关于节余奖金的调剂使用问题的通知	中劳薪字〔1962〕第345号	1962.11.21	自行失效
344	劳动部	关于中等专业学校毕业生分配当工人的工资待遇问题的补充通知	中劳薪字〔1962〕第346号	1962.11.21	已有文件代替
345	劳动部	关于精减调剂到其他单位的职工工资待遇问题的复函	中劳薪字〔1962〕第347号	1962.11.21	已有文件代替
346	劳动部工资局	复湖北省劳动厅关于法定节日加班工资支付方面的几个问题	中劳薪字〔1962〕第352号	1962.11.21	已有文件代替
347	劳动部	关于高等学校6年制毕业生分配工作后工资待遇问题的复函	中劳薪字〔1962〕第394号	1962.12.28	已有文件代替

续表

序号		文件名称	发文号	发文日期	废止理由
348	内务部	关于复员退伍军人和退职人员考入高等学校或中等专业学校学习，他们毕业分配工作以后工资待遇问题的复函	中劳薪字〔1962〕第250号	1962.12.30	已有文件代替
349	内务部	关于转业干部晋级后工资待遇问题的复函	内人干一字〔1963〕第033号	1963.2.1	自行失效
350	内务部	关于在职干部考入普通中学后，又考大学或中等专业学校学习毕业后工资待遇等问题的复函	内人工字〔1963〕第13号	1963.2.1	已有文件代替
351	劳动部	关于停建、缓建企业留守职工奖励问题给云南省劳动局的复函	中劳薪字〔1963〕36号	1963.2.6	自行失效
352	劳动部工资局	关于调整工资区类别问题	中劳薪字〔1963〕第50号	1963.2.9	自行失效

续表

序号		文件名称	发文号	发文日期	废止理由
353	劳动部	关于提高财贸系统营业人员奖金率的复函	中劳薪字〔1963〕第51号	1963.2.9	自行失效
354	劳动部工资局	关于研究修订工人技术等级标准问题的座谈会议纪要	中劳薪便字〔1963〕第24号	1963.2.11	自行失效
355	内务部	关于高等学校研究生提前参加工作工资待遇问题的复函	内人工字〔1963〕第22号	1963.2.16	自行失效
356	劳动部	关于调干毕业生工资待遇问题的复函	中劳薪字〔1963〕第84号	1963.2.20	已有文件代替
357	劳动部工资局	复关于受处分的职工撤销处分后的工资待遇等问题	中劳薪字〔1963〕第93号	1963.2.23	已有文件代替
358	劳动部工资局	关于3年制毕业的技工学校毕业生的工资待遇问题	中劳薪字〔1963〕第127号	1963.4.4	已有文件代替

续表

序号		文件名称	发文号	发文日期	废止理由
359	劳动部	关于企业单位党员干部降低工资问题给甘肃省劳动局的复函	中劳薪字〔1963〕第130号	1963.4.8	自行失效
360	内务部政府机关人事局	关于工作人员调动以后工资待遇问题的答复	内人工字〔1963〕第060号	1963.5.20	已有文件代替
361	劳动部	复关于甘肃白银有色公司地区津贴问题	中劳薪字〔1963〕第184号	1963.6.8	已有文件代替
362	劳动部	复关于测绘职工建立奖励工资制度问题	中劳薪字〔1963〕第190号	1963.6.16	自行失效
363	劳动部、国家计委、国家统计局、中国人民银行	关于工资基金管理范围问题的答复	中劳薪字〔1963〕第178号 计联劳高字〔1963〕第1723号 统劳字〔1963〕第87号 全民计丁字〔1963〕第71号	1963.6.19	已有文件代替

续表

序号		文件名称	发文号	发文日期	废止理由
364	劳动部、中国人民银行、财政部、国家统计局	劳动竞赛奖可不列入工资总额的通知	中劳薪字〔1963〕第209号 银计字〔1963〕第87号 财事王字〔1963〕第172号 统劳字〔1963〕第84号	1963.7.5	已有文件代替
365	劳动部工资局	复关于轮班制工人的加班工资问题	中劳薪字〔1963〕第216号	1963.7.12	自行失效
366	劳动部工资局	复关于调整企业奖金率问题	中劳薪字〔1963〕第233号	1963.7.22	自行失效
367	劳动部	复关于外贸企业实行奖励工资制度的问题	中劳薪字〔1963〕第237号	1963.7	自行失效
368	劳动部	复关于中药材售货人员的工资标准问题	中劳薪字〔1963〕第241号	1963.7.25	自行失效

续表

序号		文件名称	发文号	发文日期	废止理由
369	农业部、劳动部	关于调整国营拖拉机站职工工资待遇的通知	农械震字〔1963〕第172号 中劳薪字〔1963〕第238号	1963. 7. 29	自行失效
370	劳动部	关于1963年职工升级若干具体问题的通知	中劳薪密字〔1963〕第1号	1963. 8. 3	自行失效
371	劳动部工资局	复有关职工加班工资问题	中劳薪字〔1963〕第265号	1963. 8. 7	已有文件代替
372	劳动部	复全国体育事业人员调整工资问题	中劳薪密字〔1963〕第3号	1963. 8. 8	自行失效
373	劳动部	关于在商业部门的转业军官的升级问题	中劳薪字〔1963〕第272号	1963. 8. 13	自行失效
374	劳动部	复三机部559厂等29个企业新建工人工资标准问题	中劳薪密字〔1963〕第5号	1963. 8. 14	已有文件代替
375	劳动部工资局	复关于中央各部门在南京地区企业的奖金率的意见	中劳薪字〔1963〕第297号	1963. 8. 16	自行失效

续表

序号		文件名称	发文号	发文日期	废止理由
376	劳动部	关于调整工资区类别地区企业工人工资标准的调整问题	中劳薪密字〔1963〕第6号	1963. 8. 18	已有文件代替
377	劳动部	关于调整工资区类别地区企业工人工资标准的调整问题	中劳薪密字〔1963〕第7号	1963. 8. 18	自行失效
378	劳动部	复关于煤污计件工人实行奖励工资制度的问题	中劳薪字〔1963〕第322号	1963. 8. 19	自行失效
379	劳动部	关于职工升级时间安排问题的通知	中劳薪密字〔1963〕第9号	1963. 8. 19	自行失效
380	劳动部工资局	复部队转业干部今年增加工资时是否抵销退役补助金等问题	中劳薪字〔1963〕第338号	1963. 8. 21	自行失效

续表

序号		文件名称	发文号	发文日期	废止理由
381	内务部	转发“调整职工工资的宣传提纲”的通知	内人工字〔1963〕第145号	1963. 8. 22	自行失效
382	劳动部	复交通部第一工程局第三工程处建立、施工津贴问题	中劳薪字〔1963〕第348号	1963. 8. 24	自行失效
383	商业部、劳动部	关于贯彻新工资标准等有关问题的补充通知	中劳薪字〔1963〕第337号 商联工字〔1963〕第409号	1963. 8. 31	自行失效
384	劳动部	关于野外津贴支付问题的通知	中劳薪字〔1963〕第374号	1963. 9. 3	已有文件代替
385	劳动部	复关于调整国家机关汽车司机工资标准的起点问题	中劳薪字〔1963〕第415号	1963. 9. 7	自行失效
386	劳动部	转发化学工业部“关于升级工作几个问题的紧急通知”	中劳薪字〔1963〕第395号	1963. 9. 11	自行失效

续表

序号		文件名称	发文号	发文日期	废止理由
387	劳动部	关于贯彻执行各产业部新修订的各工种工资等级线和技术等级标准问题的通知	中劳薪字〔1963〕第420号	1963. 9. 14	自行失效
388	劳动部、教育部	关于中等专业学校教员工资标准问题	中劳薪字〔1963〕第423号、教人学戴字〔1963〕第1089号	1963. 9. 14	自行失效
389	劳动部	复关于人民大会堂的工作人员建立奖励制度的问题	中劳薪字〔1963〕第430号	1963. 9. 18	自行失效
390	劳动部、内务部、卫生部	关于中等专业学校毕业生的工资待津问题的通知	中劳薪字〔1963〕第442号 内人工字〔1963〕第156号 卫干张字〔1963〕第405号	1963. 9. 19	已有文件代替

续表

序号	文件名称	发文号	发文日期	废止理由
391	内务部政府机关人事局	关于工作人员判处徒刑无罪释放后的工资补发问题的答复	内人工字〔1963〕第170号	1963.9.26	自行失效
392	劳动部	关于高等学校和中等专业学校毕业生评定工资问题的复函	中劳薪字〔1963〕第479号	1963.9.29	已有文件代替
393	统一战线工作部、劳动部	关于资产阶级工商业者调整工资问题的通知	统商字〔1963〕第612号 中劳薪密字第〔1963〕12号	1963.9.29	自行失效
394	劳动部	复关于适当解决商业粮食、合作等系统业务人员定级问题	中劳薪字〔1963〕第494号	1963.7.10	自行失效
395	劳动部工资局	复部队转业干部今年调整增加工资是否抵销退役补助金问题的复函	中劳薪字〔1963〕第530号	1963.10.9	自行失效
396	劳动部工资局	同意调整崂山县从即墨县划入的5个公社的工资区类别问题	中劳薪字〔1963〕第532号	1963.10.18	已有文件代替

续表

序号	文件名称		发文号	发文日期	废止理由
397	劳动部工资局	关于职工升级工作的补充通知	中劳薪字〔1963〕第540号	1963.10.18	自行失效
398	内务部	关于毕业生在见习期间工资待遇的复函	内人工字〔1963〕第200号	1963.10.24	已有文件代替
399	内务部	关于军队转业干部保留工资是否取消问题的复函	内人干一字〔1963〕第528号	1963.11.4	自行失效
400	劳动部	复关于调整新建铁路职工工资标准问题	中劳薪字〔1963〕第593号	1963.11.7	自行失效
401	劳动部	关于退伍士兵参加工作后的工资待遇问题给上海市劳动局的复函	中劳薪字〔1963〕第599号	1963.11.8	自行失效

续表

序号	文件名称		发文号	发文日期	废止理由
402	体育运动委员会、劳动部、财政部	关于联合颁发"优秀运动员技术补贴试行办法"的通知 附:优秀运动员技术补贴试行办法	体计字〔1963〕第1408号 中劳薪字〔1963〕第531号 财文王字〔1963〕第1217号	1963.11.8	已有文件代替
403	劳动部、中国人民银行总行	关于布置工资基金计划表、结算表、汇总表的联合通知	中劳计字〔1963〕91号 银计丁字〔1963〕第148号	1963.11.11	已有文件代替
404	劳动部	复关于试行工龄津贴的意见	中劳薪字〔1963〕第623号	1963.11.14	自行失效
405	劳动部	复关于试行工龄津贴的几点意见	中劳薪字〔1963〕第624号	1963.11.14	自行失效
406	劳动部	关于调整国营农、牧场过低的工人工资标准的通知	中劳薪字〔1963〕第618号	1963.11.14	自行失效
407	劳动部	复关于试行工龄津贴的意见	中劳薪字〔1963〕第625号	1963.11.14	自行失效

续表

序号		文件名称	发文号	发文日期	废止理由
408	劳动部	复冶金工业部关于试行工龄津贴的几点意见	中劳薪字〔1963〕第635号	1963. 11. 18	自行失效
409	劳动部	为本溪县的工资区类别问题	中劳薪字群字〔1963〕第12544号	1963. 11. 19	自行失效
410	劳动部	复关于税务部门和中国人民建设银行基层工作人员实行奖励问题	中劳薪字〔1963〕第636号	1963. 11. 19	自行失效
411	劳动部	关于高等学校和中等专业学校毕业生见习期满后工资评定问题的复函	中劳薪字〔1963〕第648号	1963. 11. 20	已有文件代替
412	劳动部	复关于企业干部工资标准问题	中劳薪密字〔1963〕第14号	1963. 11. 23	自行失效
413	劳动部	复关于试行工龄津贴的几点意见	中劳薪字〔1963〕第667号	1963. 11. 27	自行失效
414	劳动部	关于工资增长指标使用问题的通知	劳机马字〔1963〕190号	1963. 11. 28	自行失效

续表

序号		文件名称	发文号	发文日期	废止理由
415	劳动部	复同意在兰州区的地质、勘察、设计部门职工不享受生活费补贴	中劳薪字〔1963〕第676号	1963.11.30	自行失效
416	劳动部	复关于在偏僻地区施工的职工建立生活补贴问题	中劳薪字〔1963〕第688号	1963.12.6	自行失效
417	劳动部	复在偏僻地区从事公路等建设的职工建立施工津贴问题	中劳薪字〔1963〕第689号	1963.12.6	自行失效
418	劳动部	复关于在京的物资仓库的搬运工人建立奖励制度的问题	中劳薪字〔1963〕第690号	1963.12.9	自行失效
419	劳动部	关于建筑安装企业职工建立生活补贴制度问题的复函	中劳薪字〔1963〕第710号	1963.12.17	自行失效
420	劳动部	复关于钓鱼台宾馆和驻外机构供应处工勤人员与服务人员的奖励问题	中劳薪字〔1963〕第749号	1963.12.20	自行失效

续表

序号		文件名称	发文号	发文日期	废止理由
421	劳动部	关于军队转业干部的工资待遇和工作人员死亡后家属补助问题的复函	内人工字〔1963〕第348号	1963. 12. 23	自行失效
422	劳动部	关于某些事业单位职工实行经常性奖励制度的通知	中劳薪字〔1963〕第752号	1963. 12. 30	自行失效
423	劳动部	同意提高沙市等3市、3县的工资区类别	劳机干字〔1963〕第240号	1963. 12. 30	已有文件代替
424	劳动部	复关于对多余的工资指标使用问题	中劳薪字〔1964〕第1号	1964. 1. 6	自行失效
425	内务部政府机关人事局	关于下放干部和军队转业干部工资待遇问题的复函	内人工字〔1964〕第10号	1964. 1. 13	自行失效
426	内务部	关于高等学校毕业干部处理问题的复函	内人工字〔1964〕第47号	1964. 2. 25	已有文件代替

续表

序号		文件名称	发文号	发文日期	废止理由
427	劳动部	关于中等专业学校毕业生当工人的工资待遇问题的复函	中劳薪字〔1964〕第74号	1964.3.4	自行失效
428	劳动部	关于发去:“企业计时奖励工资暂行条例（草案)”“企业计件工资暂行条例（草案)”请组织试行的通知	中劳薪字〔1964〕第130号	1964.4.6	自行失效
429	劳动部	关于退伍军人工资待遇问题的通知	中劳薪字〔1964〕第547号	1964.4.26	自行失效
430	内务部	关于工作人员受处分后经复查撤销或改变原处分，其受处分期间停发或减发的工资处理问题的复函	内人工字〔1964〕第83号	1964.5.8	自行失效
431	劳动部	关于公路基本建设施工单位职工建立工地津贴制度的批复	中劳薪字〔1964〕第265号	1964.7.1	自行失效

续表

序号		文件名称	发文号	发文日期	废止理由
432	劳动部	关于地质勘探职工现行野外津贴标准高于新定野外津贴标准的差额如何计算问题的复函	中劳薪字〔1964〕第272号	1964.7.6	自行失效
433	劳动部	关于在企业、事业单位中监督劳动的人员可否实行奖励问题的复函	中劳薪字〔1964〕第266号	1964.7.11	自行失效
434	劳动部	关于建筑和勘探设计单位中从事工程地质野外勘察工作的职工实行野外工作津贴的通知	中劳薪字〔1964〕第285号	1964.7.17	已有文件代替
435	劳动部工资局	关于复员、退伍的军事院校的青年学生和士兵学员参加工作后工资待遇问题的复函	中劳薪字〔1964〕第288号	1964.7.17	自行失效

续表

序号	文件名称		发文号	发文日期	废止理由
436	内务部	关于高等学校和中等专业学校毕业生见习期满评定工资级别水平问题的综合答复	内人工字〔1964〕第134号	1964.7.23	已有文件代替
437	劳动部	关于新厂委托老厂培训职工和老厂派职工到新厂协助工作期间的工资待遇处理问题的复函	中劳薪字〔1964〕第320号	1964.8.1	自行失效
438	内务部	关于工作人员补发工资的复函	内人工字〔1964〕第160号	1964.8.21	自行失效
439	劳动部工资局	关于班组长津贴问题的复函	中劳薪字〔1964〕第340号	1964.8.21	自行失效
440	内务部	关于工作人员在被拘留期间和等待分配工作期间工资待遇的复函	内人工字〔1964〕第167号	1964.8.24	自行失效

续表

序号		文件名称	发文号	发文日期	废止理由
441	内务部	关于军队转业干部在缓刑期满重定工资级别后原保留工资是否取消的复函	内人工字〔1964〕第311号	1964. 8. 24	自行失效
442	劳动部	关于通让线建立地区津贴问题的复函	中劳薪字〔1964〕第358号	1964. 8. 25	自行失效
443	内务部	关于军队转业干部林(地)区津贴问题的复函	中劳薪字〔1964〕第1284号	1964. 8. 26	自行失效
444	劳动部工资局	关于工资支付方面的几个问题的处理意见的复函	中劳薪字〔1964〕第361号	1964. 8. 28	自行失效
445	内务部	关于企事业单位干部调到国家机关工作定级以后保留工资如何处理问题的复函	内人工字〔1964〕第171号	1964. 9. 1	自行失效
446	内务部	关于工作人员补发工资问题的复函	内人工字〔1964〕第222号	1964. 11. 24	自行失效

续表

序号		文件名称	发文号	发文日期	废止理由
447	劳动部	关于停止试行工龄津贴制度的通知 1. 附富春同志关于劳动工资问题给总理并少奇同志等负责同志的信 2. 关于工龄津贴制度试点情况和今后意见的报告	中劳薪字〔1964〕第532号	1964. 12. 8	自行失效
448	劳动部	关于退伍军人工资待遇问题的通知	中劳薪字〔1964〕第547号	1964. 12. 26	已有文件代替
449	劳动部办公厅	关于平反后原被处分期间的工资不予补发的规定		1965. 2. 23	自行失效
450	内务部政府机关人事局	关于退伍军人工资待遇问题的通知	内人工字〔1965〕第28号	1965. 2. 23	自行失效
451	劳动部	关于改革现行职工工资标准的初步方案及进行试点意见		1965. 3. 12	自行失效

续表

序号		文件名称	发文号	发文日期	废止理由
452	劳动部	发去《关于改革和整顿企业奖励制度的初步意见》的通知　附：关于改革和整顿企业奖励制度的初步意见	中劳研字〔1965〕第001号	1965.3.22	自行失效
453	劳动部	印发"关于改革现行职工工资标准的初步方案及进行试点的意见"的函	中劳薪字〔1965〕第60号	1965.3.25	自行失效
454	劳动部	关于宜阳等4县工资区类别问题的批复	中劳薪字〔1965〕第63号	1965.3.31	已有文件代替
455	劳动部	关于转发吉林省劳动厅取消班组长津贴制度通知的函	中劳薪字〔1965〕第76号	1965.4.7	自行失效
456	劳动部	印发"关于整顿现行津贴制度的意见"的通知	中劳薪字〔1965〕第86号	1965.4.26	自行失效

续表

序号		文件名称	发文号	发文日期	废止理由
457	劳动部工资局	关于工资待遇支付方面几个问题的复函（摘要）	中劳薪字〔1965〕第88号	1965.4.28	自行失效
458	劳动部	关于从全民所有制单位选调到合作企业的干部工资福利待遇问题的函	中劳薪字〔1965〕第140号	1965.6.16	自行失效
459	劳动部工资局	关于错受处分的人员经过甄别平反以后的工龄和工资等问题的复函	中劳薪字〔1965〕第145号	1965.6.23	自行失效
460	内务部	关于应征入伍和国家统一分配到部队工作的高等学校毕业生退伍复员后工作安置问题的复函	内人三字〔1965〕第122号	1965.6.29	自行失效
461	劳动部	关于转发“地质部取消保留野外津贴通知”的函附:地质部关于取消保留野外津贴的通知	中劳薪字〔1965〕第154号	1965.7.1	自行失效

续表

序号		文件名称	发文号	发文日期	废止理由
462	劳动部	关于印发东北、华北地区和河南省改革工资制度试点工作座谈会会议的纪要通知	中劳薪字〔1965〕第158号	1965.7.5	自行失效
463	劳动部	关于0401工程实行开掘隧道津贴问题的复函	中劳薪字〔1965〕第163号	1965.7.9	自行失效
464	劳动部	关于不再扩大改革职工工资标准试点单位的通知	中劳薪字〔1965〕第211号	1965.8.24	自行失效
465	劳动部	复关于修改镜铁山公路职工的津贴问题	中劳薪字〔1965〕第251号	1965.9.8	自行失效
466	内务部政府机关人事局	关于退伍军人工资待遇问题的补充通知	内人工字〔1965〕第225号	1965.11.8	自行失效
467	内务部	关于1958年1月1日至1962年11月2日从军队转业的干部取消军龄补助金以后工资如何计算问题的复函	内人工字〔1965〕第231号	1965.11.18	自行失效

续表

序号		文件名称	发文号	发文日期	废止理由
468	劳动部	关于油区公路建设施工职工实行施工津贴问题的复函	中劳薪字〔1965〕第292号	1965.11.22	自行失效
469	劳动部	关于可否使用1965年节余奖金问题的意见	中劳薪字〔1965〕第315号	1965.12.14	自行失效
470	内务部、劳动部	关于调整军队转业干部工资待遇问题的函	内人工字〔1966〕第1号、中劳薪字〔1966〕第2号	1966.1.3	自行失效
471	内务部政府机关人事局	关于军队转业干部作民警工作的工资待遇问题的复函	内人工字〔1966〕第45号	1966.3.3	自行失效
472	劳动部	关于退伍军人工资待遇问题的补充通知	中劳薪字〔1966〕第46号	1966.3.25	已有文件代替
473	劳动部工资局	关于退伍军人初期工资问题的复函	中劳薪便字〔1967〕第928号	1967.1.17	自行失效

续表

序号	文件名称	发文号	发文日期	废止理由
474	劳动部工资局	关于奖金、活工资问题的复函	中劳薪便字〔1967〕第666号	1967.8.18	自行失效
475	劳动部工资局	关于职工保留工资问题处理的复函	中劳薪便字〔1967〕第675号	1967.8.21	自行失效
476	劳动部工资局	关于对我部〔1966〕中劳薪字第46号文件的补充解释	中劳薪便字〔1967〕第683号	1967.8	自行失效
477	劳动部工资局	复合同工、轮换工中复员、退伍军人待遇问题	中劳薪字〔1967〕第134号	1967.9.15	自行失效
478	劳动部工资局	关于毕业生待遇等问题的复函	中劳薪字〔1967〕第193号	1967.11.21	自行失效
479	劳动部工资局	关于夜班津贴制度给湖南省劳动局的复函	中劳薪便字〔1967〕第1086号	1967.11.22	自行失效
480	劳动部工资局	关于职工转正定级几个问题的复函	中劳薪字〔1968〕第006号	1968.1.16	已有文件代替

续表

序号	文件名称	发文号	发文日期	废止理由
481	劳动部	转达国务院关于奖金、附加工资问题的指示		1968.1.26	自行失效
482	劳动部	关于大中专毕业生是否享受临时附加工资问题的复函	中劳薪字〔1968〕第24号	1968.2.5	自行失效
483	劳动部	关于奖金问题的复函	中劳薪便字〔1968〕第261号	1968.2.6	自行失效
484	劳动部	关于第二机械工业部所属四川地区新建企业干部工资标准和大中专毕业生定级问题的复函	中劳薪字〔1968〕第47号	1968.3.16	自行失效
485	劳动部工资局	关于职工转正定级问题给福建省劳动局的复函	内人工字〔1968〕第49号	1968.3.20	自行失效
486	劳动部工资局	关于职工转正定级问题给安徽省军管会、生产委员会劳动工资办公室的复函	中劳薪字〔1969〕第52号	1968.3.26	自行失效

续表

序号		文件名称	发文号	发文日期	废止理由
487	劳动部工资局	关于大学毕业生定级问题	中劳薪字〔1969〕第59号	1968.4.12	已有文件代替
488	劳动部工资局	关于职工转正定级中几个问题的处理意见的复函	中劳薪便字〔1969〕第845号	1968.4.12	自行失效
489	劳动部工资局	关于今年的复员退伍军人是否执行初期工资待遇的问题的复函	中劳薪便字〔1969〕第1201号	1968.4.22	自行失效
490	劳动部	关于企业职工受降级处分后目前不宜处理恢复原工资级别问题的函	中劳薪便字〔1969〕第1646号	1968.7.25	已有文件代替
491	劳动部	关于1966年、1967年大专院校调干毕业生工资问题的答复	中劳薪字〔1969〕第114号	1968.9.24	自行失效
492	劳动部工资局	关于高等学校毕业生工资问题的复函	中劳薪便字〔1969〕第1786号	1968.10.17	已有文件代替

续表

序号		文件名称	发文号	发文日期	废止理由
493	中国人民解放军劳动部军事代表	关于在入学前系复员退伍军人的工资待遇问题的复函	劳军业便字〔1969〕第573号	1969. 6. 21	自行失效
494	中国人民解放军劳动部军事代表业务组	关于2年制军人安置工作后工资待遇问题的意见(电话答复稿)		1970. 7. 31	自行失效
495	国家计划革命委员会劳动局	关于矿山井下主要生产工人放宽一级调整工资范围解释的通知	计劳业字〔1972〕第6号	1972. 3. 29	自行失效
496	国家计划革命委员会劳动局	关于如何安排邮电企业生产人员"相似"级别的意见	计劳字〔1972〕第106号	1972. 5. 23	自行失效
497	国家计划革命委员会劳动局	关于在北京军区各农场劳动锻炼的中等艺术学校毕业生转正定级问题的复函	计劳字〔1972〕第120号	1972. 6. 12	自行失效

续表

序号		文件名称	发文号	发文日期	废止理由
498	国家计划革命委员会劳动局	关于在职职工进入学校学习期间，这次调整工资可算为工作年限的通知	计劳业字〔1972〕第35号	1972.7.21	自行失效
499	国家计划革命委员会劳动局	关于邮电企业生产人员调整工资“相似”级别的复函	计劳业字〔1972〕第38号	1972.8.4	自行失效
500	国家计划革命委员会劳动局	关于技工半工半读等学校毕业生这次调资如何计算工作年限问题的复函	计劳字〔1972〕第43号	1972.8.16	自行失效
501	国家计划革命委员会劳动局	关于执行煤炭、铁路统一工资标准人员升级问题的复函	计劳字〔1972〕第200号	1972.9.1	自行失效
502	国家计划革命委员会劳动局	关于1957年延期毕业的技工学校、半工半读学校、技工训练班的学员工龄计算问题的通知	计劳业字〔1972〕第85号	1972.12.30	自行失效

续表

序号		文件名称	发文号	发文日期	废止理由
503	国家计划革命委员会劳动局	关于职工由低工资类区调到高工资类区是否抵销原有保留工资的复函	计劳便字〔1973〕第625号	1973. 7. 5	已有文件代替
504	国家计划革命委员会劳动局	关于1966年至1970年5届大专院校毕业生转正定级问题的通知	计劳字〔1973〕第288号	1973. 7. 20	自行失效
505	国家计划委员会	关于在黑龙江建设兵团的中央美术学院附中毕业生所提问题的处理意见	计计字〔1973〕第448号	1973. 10. 13	自行失效
506	国家计划革命委员会劳动局	关于回国留学生和国内改学专业的大专毕业生转正定级问题的答复	计劳业字〔1973〕第121号	1973. 11. 1	已有文件代替

续表

序号	文件名称	发文号	发文日期	废止理由
507	国家计划革命委员会劳动局	关于原为复员退伍军人的工农兵毕业生分配工作后的工资待遇问题	计劳薪字〔1974〕第168号	1974.11.23	自行失效
508	国家计划委员会劳动局	关于原中国人民大学几个专业学制改革试点班毕业生的工资问题的复函	计劳薪字〔1974〕第170号	1974.11.26	自行失效
509	国家计划委员会劳动局	关于复员退伍军人中的大专院校学生工资待遇的通知	计劳薪字〔1975〕第174号	1975.8.22	自行失效
510	国家计划委员会劳动局	关于中等专业学校毕业生分配工作后工资待遇问题的复函	计劳薪字〔1975〕第182号	1975.8.30	已有文件代替

续表

序号		文件名称	发文号	发文日期	废止理由
511	国家劳动总局	关于贯彻执行《国务院关于调整部分职工工资的通知》中若干具体政策问题的处理意见	劳薪字〔1977〕第110号	1977.9.3	自行失效
512	国家劳动总局、教育部	关于普通高等学校工农兵毕业生分配工作后工资待遇问题的通知	劳薪字〔1977〕第100号 教计字〔1977〕第249号	1977.8.17	已有文件代替
513	国家劳动总局	对国营农场职工调整工资增资幅度的意见	劳薪字〔1977〕117号	1977.9.20	自行失效
514	国家劳动总局	关于调整工资中若干问题的处理意见	劳薪字〔1977〕137号	1977.10.26	自行失效
515	国家劳动总局	关于调整工资中对"调"和"靠"范围问题的处理意见	劳薪字〔1977〕156号	1977.11.12	自行失效
516	国家劳动总局	关于检查违反工资政策问题的意见	劳薪字〔1978〕6号	1978.2.11	自行失效

续表

序号		文件名称	发文号	发文日期	废止理由
517	国家劳动总局	关于1971年底以前参加工作的长期临时工可否带工资上学的答复	劳薪字〔1978〕17号	1978.5.6	自行失效
518	国家劳动总局	关于"复工复职"的军队复员干部工资待遇执行时间问题	劳薪字〔1978〕26号	1978.8.30	自行失效
519	国家劳动总局	关于调整工资几个具体问题的处理意见	劳薪字〔1978〕23号	1978.7.3	自行失效
520	国家劳动总局	发送《关于改革工资制度的调查研究提纲》的通知	劳薪字〔1978〕36号	1978.8.16	自行失效
521	国家劳动总局	复鞍钢等企业要求提高奖金水平的问题的函	劳薪字〔1978〕42号	1978.8.25	自行失效

续表

序号	文件名称		发文号	发文日期	废止理由
522	国家劳动总局	关于对1977年调整工资中缓调、缓增的职工进行补调补增工资的通知	劳薪字〔1978〕52号	1978.8.16	自行失效
523	国家劳动总局	关于你局直属印刷厂恢复节约奖的复函	劳薪字〔1978〕67号	1978.10.13	已有文件代替
524	国家劳动总局	关于给工作成绩特别突出的职工升级的通知	劳薪字〔1978〕79号	1978.11.18	自行失效
525	民政部	关于给工作成绩特别突出的职工升级的通知	部人字〔1978〕第47号	1978.12.2	自行失效
526	国家劳动总局、财政部	国家劳动总局、财政部关于年终奖问题的通知	劳薪字〔1978〕82号 财企字〔1978〕624号	1978.12.5	已有文件代替

续表

序号		文件名称	发文号	发文日期	废止理由
527	民政部	转发北京市劳动局、人事局《关于初中毕业生参加工作后定级办法和工资待遇问题的通知》的通知	民发〔1978〕009号	1978.12.9	自行失效
528	国家劳动总局	关于文物系统的文、博、图等事业单位是否属于劳总薪字〔1979〕153号通知的执行范围给国家文物事业管理局的复函	劳总薪字〔1979〕188号	1979.12.21	自行失效
529	国家劳动总局、民政部	关于计划外临时工是否调整工资问题的答复	劳总薪字〔1979〕138号	1979.10.31	自行失效
530	国家劳动总局	关于原拟在科研、设计高等学校、医疗卫生等事业单位中试行的临时津贴折合为升级人数的通知	劳总薪字〔1979〕153号	1979.11.9	自行失效
531	国家劳动总局	关于劳总薪字〔1979〕153号文的补充通知	劳总薪字〔1979〕186号	1979.12.21	自行失效

续表

序号	主送单位	文件名称	发文号	发文日期	废止理由
532	国家劳动总局	关于气象台站不属于劳总薪字〔1979〕153号通知的执行范围给中央气象台局的复函	劳总薪字〔1979〕189号	1979. 12. 21	自行失效
533	国家劳动总局	关于地震台站不属于劳总薪字〔1979〕153号文件的执行范围给福建省劳动局的复函	劳总薪字〔1979〕15号	1980. 1. 21	自行失效
534	国家劳动总局	关于贯彻执行国务院关于职工升级的几项具体规定中若干具体问题的处理意见	劳总薪字〔1980〕19号	1980. 1. 23	自行失效
535	国家劳动总局	关于1979年11月1日以后在本单位升级工作结束之前新进职工中属于1978年底以前参加工作的可否计入这次升级范围的通知	劳总薪字〔1980〕79号	1980. 3. 14	自行失效

续表

序号		文件名称	发文号	发文日期	废止理由
536	国家劳动总局	对增资受7元限制的职工，在这次调整工资区类别时如何增加地区工资差的问题的意见	劳总薪字〔1980〕95号	1980. 3. 29	自行失效
537	国家劳动总局、民政部	关于如何处理改办转业的军队复员干部的升级问题的通知	劳总薪字〔1980〕89号 民发〔1980〕27号	1980. 4. 17	自行失效
538	国家劳动总局	关于中等卫生学校不属于劳总薪字〔1979〕153号文件执行范围的给河北省劳动局的答复	劳总薪字〔1980〕109号	1980. 4. 21	自行失效
539	国家劳动总局	关于执行邮电企业生产人员工资标准两个相似二级的人员如何升级的问题的意见	劳总薪字〔1980〕121号	1980. 5. 7	自行失效

续表

序号		文件名称	发文号	发文日期	废止理由
540	国家劳动总局	关于调京工作的少数民族职工工资待遇和探亲假问题的复函	劳总薪字〔1980〕162号	1980.8.16	已有文件代替
541	国家劳动总局	关于煤矿井下津贴问题的函	劳总薪字〔1981〕13号	1981.2.19	自行失效
542	国家劳动总局	关于纠正一些单位对升级的技术人员不按现行工资标准级差增加工资问题的通知	劳总薪字〔1981〕21号	1981.2.25	自行失效
543	国家劳动总局	关于来京工作的少数民族职工工资待遇问题给国家民族事务委员会的复函	劳总薪字〔1981〕42号	1981.3.24	已有文件代替
544	国家人事局、国家劳动总局	关于贯彻国务院〔1981〕144号文件有关规定的意见	国人〔1981〕355号	1981.11.25	自行失效

续表

序号	文件名称		发文号	发文日期	废止理由
545	劳动人事部、国家计委、国家经委、财政部	关于加强奖金管理、严格控制奖金发放的通知	劳人薪〔1982〕7号	1982.7.29	已有文件代替
546	劳动人事部	关于解决南海二号钻井平台检修职工待遇问题的意见	劳人薪〔1982〕24号	1982.8.17	已有文件代替
547	劳动人事部	关于同意铁路系统调整工资工作仍由铁道部统一领导的复文	劳人薪〔1982〕43号	1982.10.4	自行失效
548	劳动人事部	关于调整国家机关、科学文教卫生等部门部分工作人员中若干问题的处理意见	劳人薪〔1982〕58号	1982.12.10	自行失效
549	劳动人事部	关于物资供销单位划分调资范围问题的补充通知	劳人薪〔1983〕4号	1983.1.7	自行失效

续表

序号	文件名称	发文号	发文日期	废止理由
550	中央机关工作人员调整工资工作办公室	关于中央机关及其在京直属事业单位工作人员调整工资中若干具体问题的补充处理意见	中调资办〔1983〕60号	1983. 1. 10	自行失效
551	劳动人事部	关于调整部分文艺工作人员和广播电视播音员工资问题的补充通知	劳人薪〔1983〕12号	1983. 1. 13	自行失效
552	劳动人事部	关于调整国家机关、科学文教卫生等部门部分工作人员工资中几个问题的补充处理意见	劳人薪〔1983〕40号	1983. 1. 31	自行失效
553	劳动人事部	转发中国科学院《关于我院享有科研津贴人员在1982年调资中的处理意见》	劳人薪〔1983〕41号	1983. 2. 10	自行失效

续表

序号	文件名称		发文号	发文日期	废止理由
554	劳动人事部	关于调整非正式院校毕业的中医中药人员和士晋师人员工资问题的复函	劳人薪〔1983〕46号	1983.2.10	自行失效
555	劳动人事部	关于检察长、法院院长、检察员、审判员调资问题的复函	劳人薪字〔1983〕57号	1983.2.17	自行失效
556	中央机关工作人员调整工资工作办公室	关于中央机关调资方案审批情况和问题的通知	中调资办〔1983〕115号	1983.3.30	自行失效
557	劳动人事部	关于职工升晋级增加工资时应继续冲销附加工资和保留工资的函	劳人薪局〔1983〕34号	1983.4.19	自行失效
558	劳动人事部	关于外交部翻译人员升级问题的复函	劳人薪局〔1983〕273号	1983.5.17	自行失效

续表

序号	文件名称	发文号	发文日期	废止理由
559	劳动人事部	关于纪检组检查员可否按实职升级问题的复函	劳人薪〔1983〕278号	1983. 5. 19	自行失效
560	劳动人事部	转发航空工业部《关于1965年成建制集体转业的科技干部补齐1977、1978年升级人员技术级差问题的报告》	劳人薪局〔1983〕48号	1983. 5. 25	自行失效
561	劳动人事部	关于北京市调资办公室放宽调资升级政策的规定请予纠正的函	劳人薪〔1983〕357号	1983. 7. 19	自行失效
562	劳动人事部	关于贯彻国务院国发〔1983〕65号文件若干问题的规定	劳人薪〔1983〕365号	1983. 8. 15	自行失效
563	劳动人事部	关于岗位津贴问题的函	劳人薪〔1983〕381号	1983. 8. 27	自行失效

续表

序号	文件名称		发文号	发文日期	废止理由
564	劳动人事部	关于地质队调整工资问题的通知	劳人薪〔1983〕379号	1983.8.31	自行失效
565	劳动人事部	印发国务院领导同志听取劳动人事部汇报1983年企业调整工资问题时的指示精神（记录稿）的函	劳人薪〔1983〕399号	1983.9.17	自行失效
566	劳动人事部	关于铁路、交通航运、民航部门公安干警及人民法院人民检察院、司法民警调整和改革工资问题的通知	劳人薪〔1983〕404号	1983.9.19	自行失效
567	劳动人事部	关于调动工作的职工由哪个单位负责调整其工资的通知	劳人薪〔1983〕482号	1983.11.11	自行失效
568	劳动人事部	关于中药操作人员暂不实行医疗卫生津贴制度的复函	劳人薪〔1983〕489号	1983.11.23	自行失效

续表

序号	文件名称	发文号	发文日期	废止理由
569	劳动人事部、国家计划委员会、国家经济委员会、财政部、中国人民银行	劳动人事部、国家计委、国家经委、财政部、中国人民银行关于整顿和制止滥发奖金等问题的紧急通知	劳人薪〔1983〕505号	1983.12.13	已有文件代替
570	劳动人事部	关于1983年企业调整工资中各类干部按“新拟企业干部工资标准”(草案)增加级差问题的通知	劳人薪〔1983〕507号	1983.12.13	自行失效
571	劳动人事部	关于中国人民银行、中国银行、农业银行、建设银行各系统干部调整工资增加级差问题的通知	劳人薪〔1983〕524号	1983.12.29	自行失效
572	劳动部	关于执行劳动保险条例、核定有害气体健康工作的规定	中劳保字〔1951〕第605号	1951.4.16	自行失效

续表

序号		文件名称	发文号	发文日期	废止理由
573	人事部	关于颁发各级人民政府工作人员退职处理暂行办法的通知	中人二字〔1951〕第0178号	1952.10.22	已有文件代替
574	人事部	关于高等学校毕业生因患病需长期疗养的处理办法	中人三字〔1952〕第290号	1952.12.23	自行失效
575	人事部	对退职办法所提问题的综合答复	中人二字〔1953〕第49号	1953.2.4	已有文件代替
576	财政部、人事部	关于各级人民政府工作人员退职处理暂行办法中有关生产补助粮支领等问题的通知	中人二字〔1953〕第165号	1953.5.6	自行失效
577	财政部、人事部	关于统一掌管使用多子女补助费与家属福利费等的联合通知	中人二字〔1953〕第166号	1953.5.6	自行失效
578	军委总后勤部、劳动部	关于处理政府机关、团体、学校和军事单位雇用工人发生病伤残亡的医疗抚恤问题	保字第946号	1953.11.28	已有文件代替

续表

序号	文件名称	发文号	发文日期	废止理由
579	人事部	为复关于中央各机关驻各大区的行政管理机构福利工作的领导问题	中人二字〔1954〕第77号	1954. 4. 14	自行失效
580	人事部、教育部、财政部	关于停止执行“中央人民政府机关干部子女教育公费补助金掌管支领办法”的通知	中人二字〔1954〕第88号	1954. 4. 15	自行失效
581	人事部	复教员参加工作时间的计算问题	中人一字〔1954〕第1294号	1954. 4. 15	已有文件代替
582	国务院	国家机关工作人员病假期间生活待遇试行办法	国秘字第245号命令	1955. 12. 29	已有文件代替
583	内务部、财政部、国务院人事局	关于执行国务院颁发的国家机关工作人员退休、退职病假期间生活待遇等暂行办法和计算工作年限的暂行规定中几个具体问题说明的联合通知	内优字〔1956〕第16号 财行政字〔1956〕第68号 国人事字〔1956〕第55号	1956. 2. 21	已有文件代替

续表

序号		文件名称	发文号	发文日期	废止理由
584	国务院人事局	关于失业、失学知识分子参加工作前在革命大学或其他训练班学习的时间是否计算年限问题的复函	国人事字〔1956〕第431号	1956.2.23	已有文件代替
585	国务院人事局	关于工龄问题的复函	国人事字〔1956〕第646号	1956.3.15	已有文件代替
586	国务院人事局	关于福利费使用的几个问题	国人事字〔1956〕第1584号	1956.6.15	自行失效
587	国务院人事局、卫生部、内务部	关于国家机关工作人员退休后仍应享受公费医疗待遇的通知	国人事字〔1956〕第2289号 卫疗徐字〔1956〕第400号 内优字〔1956〕第429号	1956.8.21	已有文件代替

续表

序号		文件名称	发文号	发文日期	废止理由
588	国务院人事局	关于县级以下工商业联合会工作人员的福利费由县人民委员会人事部门统一掌管使用的通知	国人事字〔1956〕第2772号	1956.9.14	已有文件代替
589	国务院人事局	关于调剂中央级各级机关福利费的通知	国人事字〔1956〕第2797号	1956.9.14	已有文件代替
590	国务院人事局	关于乡干部退职等问题的复函	国人事字〔1956〕第2875号	1956.9.20	已有文件代替
591	国务院人事局	关于工作人员考入高等学校是否办理退职问题的复函	国人办发〔1957〕第1843号	1957.6.17	自行失效
592	国务院人事局、国务院机关事务管理局	关于调剂中央一级机关福利费的通知	国人事字〔1957〕第998号 国管行李字〔1957〕第325号	1957.7.1	已有文件代替

续表

序号		文件名称	发文号	发文日期	废止理由
593	国务院人事局	关于转业干部退职金计算问题的复函	国人办发〔1957〕第2615号	1957.10.11	自行失效
594	国务院人事局	复退职及工作年限的计算问题	国人办发〔1957〕第3012号	1957.10.22	已有文件代替
595	劳动部	“国务院关于工人职员退休处理的暂行规定”实施细则(草案)		1958.4.23公布试行	已有文件代替
596	劳动部	对于制定国务院关于职员回家探亲的假期和工资待遇的暂行规定实施细则中若干问题的意见	中劳办字〔1957〕第55号	1958.4.23	已有文件代替
597	内务部、国务院人事局	关于工商联系统工作人员退休费发给办法的联合通知	内优字〔1957〕第268号 国人事字〔1957〕第1569号	1958.5.29	已有文件代替

续表

序号	文件名称		发文号	发文日期	废止理由
598	劳动部、国务院人事局	关于中央国家机关下放干部探亲问题的通知	劳护字〔1957〕第78号 国人办发字〔1957〕第776号	1958.7.10	自行失效
599	国务院人事局	关于1959年工作人员福利费仍按工资总额的1%计算的通知	国人事字〔1957〕第62号	1959.1.20	已有文件代替
600	内务部	关于退伍义务兵参加地方工作后又退职时退职补助费如何计发问题的复函	内人事福字〔1957〕第884号	1959.12.6	已有文件代替
601	劳动部、教育部	对“国务院批转教育部关于各级学校教职工探亲假以及回家探亲往返车船费问题的请示报告”的补充说明	中劳护字〔1962〕第162号 教人学荣字〔1962〕第1322号	1962.11.28	已有文件代替
602	劳动部劳动保护局	关于职工回家探亲问题的解答		1962.12.18	已有文件代替

续表

序号		文件名称	发文号	发文日期	废止理由
603	劳动部	关于饮食服务业提成工资制职工退休费计算问题	中劳薪字〔1963〕第251号	1963. 8. 1	自行失效
604	劳动部	发送关于职工回家探亲问题的解答意见	中劳保字〔1963〕第177号	1963. 9. 29	自行失效
605	劳动部	复关于保留干部身份回家、回农村人员因病死亡的待遇问题	中劳薪字〔1963〕第557号	1963. 10. 26	自行失效
606	内务部	关于符合长期供养条件人员退休时其退休费标准问题的通知	内人工字〔1963〕第231号	1963. 10. 31	已有文件代替
607	劳动部、财政部	关于青海地区职工探亲和休假问题给青海省人民委员会的复函	中劳护字〔1963〕第205号 财文陈字〔1963〕第1330号	1963. 11. 18	已有文件代替
608	财政部、内务部	关于1964年国家机关和事业单位工作人员福利费标准等问题的通知	财文陈字〔1964〕第18号 内人工字〔1963〕第11号	1964. 1. 13	已有文件代替

续表

序号		文件名称	发文号	发文日期	废止理由
609	内务部、财政部	关于国家机关工作人员牺牲、病故以后遗属生活困难补助问题的复函	内人工字〔1964〕第41号 财文陈字〔1963〕第102号	1964.2.11	已有文件代替
610	劳动部工资局	关于在第二次国内革命战争以前参加革命工作的人员的疾病救济费问题的复函	中劳薪字〔1964〕第91号	1964.3.16	已有文件代替
611	内务部	关于国家机关和事业单位工作人员过去担任乡干部的时间,可以计算工作年限的通知	内人工字〔1964〕第145号	1964.8.3	已有文件代替
612	劳动部、内务部、财政部、中华全国总工会	关于"关于国营公私合营企业、事业单位撤销或转为集体所有制以后遗留下来的若干劳动保险待遇由谁继续发给问题的通知"的补充通知	中劳薪字〔1965〕第130号 内优字〔1965〕第74号 财工制王字〔1965〕第472号 会通字〔1965〕第11号	1965.6	自行失效

续表

序号	文件名称	文件名称	发文号	发文日期	废止理由
613	内务部	关于医假超过6个月的时间是否计算一般工龄的通知	内人工字〔1965〕第120号	1965.7.6	自行失效
614	内务部、财政部	关于1966年国家机关和事业单位工作人员福利费标准问题的通知	内人工字〔1965〕第254号 财文社字〔1965〕第560号	1965.12.15	已有文件代替
615	内务部、劳动部、卫生部、财政部	关于在国家机关事业单位、人民团体以及民主党派工作的资产阶级工商业者退休处理的通知	内人工字〔1965〕第251号 中劳薪字〔1965〕第280号 卫生黄字〔1965〕211号 财文社字〔1965〕第556号	1965.12.16	自行失效

续表

序号	文件名称	发文号	发文日期	废止理由
616	劳动部、中华全国总工会	关于改进企业职工劳保医疗制度几个具体问题的补充通知	中劳薪字〔1966〕第79号 会通工字〔1966〕第13号	1966. 6. 9	自行失效
617	劳动部、中华全国总工会	关于贯彻执行《国务院关于恢复职工探亲假的通知》的几点意见	中劳薪字〔1968〕第11号	1968. 1. 20	已有文件代替
618	国家计划委员会劳动局	关于退休待遇问题的复函	计劳薪字〔1974〕194号	1974. 12. 20	自行失效
619	国家劳动总局	关于井下工人上大学时其井下工龄可否折算问题的复函	劳薪字〔1977〕59号	1977. 6. 2	自行失效
620	民政部	关于国家机关工作人员遗属困难补助问题的批复	民发〔1978〕10号	1978. 12. 13	已有文件代替
621	民政部	关于在职职工自费留学待遇问题的复函	民发〔1978〕58号	1979. 9. 24	已有文件代替

续表

序号		文件名称	发文号	发文日期	废止理由
622	民政部	关于在解放区的联中、女子中学等学校学习期间能否计算工龄问题的复函	民人字〔1980〕662号	1980.6.3	已有文件代替
623	国家人事局	关于参加“四清工作队”的工作时间可否计算连续工龄问题的复函	国人〔1981〕54号	1981.2.27	自行失效
624	国家劳动总局、财政部	关于企业符合离休条件的职工病假期间工资待遇的规定	劳总险字〔1981〕第38号	1981.6.15	自行失效
625	国家劳动总局	关于如何确定因组织原因中断过工作，以后又参加革命工作的工人的参加革命工作时间	劳险便字〔1981〕56号	1981.7.9	已有文件代替
626	劳动人事部	关于符合离休条件的在职干部病假期间是否减发工资问题的复函	劳人干〔1982〕122号	1982.6.29	已有文件代替

续表

序号		文件名称	发文号	发文日期	废止理由
627	劳动部、卫生部	颁发关于夏秋间工矿企业卫生保健工作的指示	中劳护字〔1951〕第1586号	1951.7.17	已有文件代替
628	一机部、公安部、劳动部	关于挖掘废弃弹药支援钢铁生产时应当注意安全防护问题的通知	公治字〔1958〕296号 中劳护字〔1958〕第118号	1958.10.17	已有文件代替
629	国家经济委员会、国家基本建设委员会、公安部、劳动部、卫生部、中华全国总工会	关于做好劳动保护工作的联合通知	中劳护字〔1959〕第146号	1959.10.20	已有文件代替
630	劳动部、中华全国总工会	劳动部、全国总工会关于做好1963年安全技术措施计划工作的通知	中劳护字〔1962〕第141号 会同字〔1962〕第21号	1962.10.18	已有文件代替

续表

序号		文件名称	发文号	发文日期	废止理由
631	劳动部	关于公布试行“国营企业职工个人防护用品发放标准”的通知	中劳护字〔1963〕第170号	1963.9.18	已有文件代替
632	国家计划革命委员会	关于做好职工伤亡事故统计工作的通知	计劳字〔1970〕153号	1970.11.30	已有文件代替
633	国家计划革命委员会、商业部	关于整顿劳动防护用品发放管理工作的通知	商日联字〔1972〕第42号	1972.9.29	自行失效
634	国家计划革命委员会	关于将职工伤亡事故季报表改为月报表的通知	计劳字〔1972〕250号	1972.10.16	已有文件代替
635	国家劳动总局	关于建立劳动保护技术人员的技术职称和晋升制度的通知	劳总护字〔1980〕97号	1980.9.18	已有文件代替
636	劳动部保护局	关于小型锅炉制造中存在的问题和意见	中劳护字〔1959〕第166号	1959.11.23	自行失效

续表

序号	文件名称	发文号	发文日期	废止理由
637	劳动部	关于颁发“锅炉金属材料的使用暂行规定（草案）”修正稿的通知	中劳护久字〔1960〕第52号	1960.5.3	自行失效
638	劳动部保护局	关于颁发“锅炉安全技术登记簿”的通知	中劳护字〔1960〕第58号	1960.6.8	已有文件代替
639	第一机械工业部、劳动部	联合颁发“锅炉用的焊接钢管暂行检验标准的通知”	机八字〔1960〕第1785号 中劳护毛字〔1960〕第78号	1960.8.25	已有文件代替
640	劳动部、一机部	关于公布施行“火管锅炉受压元件强度计算暂行规定”的联合通知 附:火管锅炉受压元件强度计算暂行规定	中劳护字〔1961〕第49号 一机技汪字〔1961〕第44号	1961.6.8	已有文件代替

续表

序号	文件名称	发文号	发文日期	废止理由
641	劳动部、一机部	关于公布试行“水管锅炉受压元件强度计算暂行规定”的通知附:水管锅炉受压元件强度计算暂行规定	中劳护字〔1962〕第19号 机八联汪字〔1962〕374号	1962.3.9	已有文件代替
642	国家科委、劳动部	关于检定蒸汽锅炉压力表的联合通知	科劳张字〔1962〕第103号 中劳护字〔1962〕第29号	1962.3.26	已有文件代替
643	建工部、劳动部	关于停止使用“上下水道用图集”中S110-1-6立式锅炉的通知	建裕设字〔1962〕第31号 中劳护字〔1962〕第73号	1962.5.21	自行失效
644	劳动部	锅炉受压容器焊工考试规则	中劳护字〔1962〕第134号	1963.4	已有文件代替
645	劳动部	关于公布施行“蒸汽锅炉设备事故报告办法”的通知	中劳护字〔1962〕第55号	1963.4.8	已有文件代替

续表

序号		文件名称	发文号	发文日期	废止理由
646	劳动部	关于加强锅炉报废管理工作的通知	中劳锅字〔1964〕第15号	1964. 4. 13	已有文件代替
647	劳动部锅炉局	关于已制成的立式多横火管锅炉下脚圈厚度不够问题的处理意见的函	中劳锅字〔1964〕第124号	1964. 12. 30	自行失效
648	劳动部	关于取消用钻孔方法代替透视检查焊缝质量的通知	中劳锅字〔1964〕第120号	1964. 12. 31	自行失效
649	劳动部锅炉局	关于用手提式布氏硬度计确定钢板抗拉强度的通知	中劳锅字〔1965〕第23号	1965. 2. 26	自行失效
650	劳动部锅炉局	关于使用超声波测厚仪检验锅炉钢板厚度的函	中劳锅字第41号	1965. 4. 3	自行失效
651	劳动部锅炉局	关于火管锅炉修理中的几个安全技术问题的通知	中劳锅字〔1965〕第87号	1965. 8. 28	自行失效

续表

序号		文件名称	发文号	发文日期	废止理由
652	劳动部	关于公布试行“蒸汽锅炉安全监察规程”的通知	中劳锅字〔1965〕第98号	1965.11.12	已有文件代替
653	劳动部	受压容器安全监察规程（草案）（供试点用）		1965.11	已有文件代替
654	劳动部	关于公布试行《气瓶安全监察规程》的通知	中劳锅字〔1965〕第106号	1965.12.7	已有文件代替
655	劳动部	中央人民政府劳动部暂行办事简则	劳秘字第50号	1949.12.19	自行失效
656	劳动部	关于各级劳动局工作报告及检送资料暂行规定	特劳秘〔1950〕字第82号	1950.1.9	自行失效
657	劳动部、中华全国总工会	中央人民政府劳动部与中央全国总工会工作关系的规定	劳动部第六次部务会议通过，中华全国总工会1951年第三次常务委员会通过	1950.1.19	自行失效
658	劳动部	关于各级劳动行政机构工作报告制度的规定	中劳秘字〔1950〕第2251号	1950.10.16	自行失效

续表

序号		文件名称	发文号	发文日期	废止理由
659	劳动部	明确规定与各级劳动行政机构的发文办法	特劳秘〔1950〕字第578号	1950.10.19	自行失效
660	劳动部办公厅	对工人日报社会服务科所提关于劳资协商会议的几个问题的意见		1950.11.22	自行失效
661	劳动部	对商店营业时间劳资争议问题的处理意见		1950.12.12	自行失效
662	劳动部	关于工会法执行中的几个问题的解答中央劳动部给上海市劳动局的信		1950.12.12	自行失效
663	劳动部	中央劳动部关于县政府设立劳动行政机构问题给中南军政委员会的复函		1951.2.13	自行失效
664	劳动部	关于劳资协商会议集体合同劳动争议等问题给工人日报的几封信（四封）		①1951.3.26②③④1951.4.2	自行失效

续表

序号	文件名称		发文号	发文日期	废止理由
665	劳动部	关于各地请示处理劳动争议问题的意见	中劳议〔1951〕字第1413号	1951. 7. 7	自行失效
666	劳动部	关于各地劳动行政机构请示处理解答问题的规定		1951. 7. 21	自行失效
667	劳动部办公厅	中央劳动部办公厅关于劳动争议处理方式的统计方法的通知		1951. 8. 9	自行失效
668	劳动部	关于大区撤销后劳动工作交接问题的通知		1954. 8	自行失效
669	劳动部、第二机械工业部	关于地方劳动行政部门与国防企业单位工作关系的几项规定		1954. 11	自行失效
670	劳动部	关于省、自治区、直辖市劳动局工作报告制度的规定		1955. 8. 30	自行失效

1987 年

国务院废止法规目录(166 件)

依据:1987 年 1 月 3 日国发〔1987〕2 号,附件三,计 166 件

一、废止文件目录〔附件三(一),21 件〕

序号	法规名称	发文日期	说明
1	国务院关于企业工人职员工资问题的几项暂行规定草案(修正稿)	1955. 12. 15	已被 1982 年 4 月 8 日国务院关于严格制止企业滥发加班加点工资的通知等规定代替
2	国务院关于停工期间工人工资支付标准的通知	1956. 5. 7	已被 1957 年 7 月 9 日国务院关于工业、基本建设、交通运输企业工人职员停工津贴的暂行规定代替
3	国务院关于各企业、事业单位增加新职工招收手续的通知	1956. 6.	已被 1986 年 7 月 12 日国务院关于发布改革劳动制度四个规定的通知代替
4	国务院关于中国人民解放军班级以下复员建设军人就业后的工资问题的通知	1957. 7. 29	已被 1959 年 4 月 21 日国务院关于复员、退伍军人工资待遇问题的通知等规定代替

续表

序号	法规名称	发文日期	说　明
5	国务院关于工人职员在企业之间调动工作后的工资和补助费的暂行规定	1957.7.29	已被1984年5月8日国务院办公厅转发劳动人事部关于企业合理使用奖励基金的若干意见的通知等规定代替
6	国务院批转劳动部关于加强锅炉安全工作的报告的通知 附:关于加强锅炉安全工作的报告	1959.5.29	已被1982年2月6日国务院发布的锅炉压力容器安全监察暂行条例代替
7	国务院关于国营工业、交通运输、基本建设企业工人试行节约奖励制度的通知	1962.12.9	已被1985年财政部关于颁发国营工业、交通企业原材料、燃料节约奖试行办法的通知代替
8	国务院关于从社会上招用职工的审批手续的通知	1963.9.25	已被1986年7月12日国务院关于发布改革劳动制度四个规定的通知代替
9	国务院关于企业、事业单位的干部和工人调动问题的若干规定	1965.3.24	已被1980年5月5日民政部关于制定干部调配工作暂行规定的通知等规定代替

续表

序号	法规名称	发文日期	说　明
10	国务院关于恢复职工探亲假的通知	1967. 12. 28	已被 1981 年 3 月 6 日全国人大常委会批准,1981 年 3 月 14 日国务院发布的国务院关于职工探亲待遇的规定代替
11	国务院关于实行奖励和计件工资制度的通知	1978. 5. 7	已被 1984 年 4 月 16 日国务院关于国营企业发放奖金有关问题的通知等规定代替
12	国务院关于正确实行奖励制度、坚决制止滥发奖金的几项规定	1981. 1. 16	已被 1984 年 4 月 16 日国务院关于国营企业发放奖金有关问题的通知等规定代替
13	国务院关于贯彻执行国务院十号文件若干问题的补充规定	198. 15. 31	已被 1984 年 4 月 16 日国务院关于国营企业发放奖金有关问题的通知等规定代替
14	国务院关于控制奖金发放问题的通知	1981. 10. 2	已被 1984 年 4 月 16 日国务院关于国营企业发放奖金有关问题的通知等规定代替

续表

序号	法规名称	发文日期	说明
15	国务院批转国家经委、劳动人事部、财政部关于当前推行经营责任制工作中有关工资奖金问题的报告的通知 附:关于当前推行经营责任制工作中有关工资奖金问题的报告	1983.4.15	已被1984年4月16日国务院关于国营企业发放奖金有关问题的通知等规定代替
16	国务院关于认真整顿招收退休、退职职工子女工作的通知	1983.9.3	已被1986年7月12日国务院关于发布改革劳动制度四个规定的通知代替
17	国务院关于国家机关工作人员调动中各项待遇问题的规定	1957.5.22	已被1985年11月19日财政部统一修订关于国家机关、企业、事业单位工作人员差旅费开支的规定的通知等规定代替
18	国务院关于军队转业干部及复员的副排级以上干部参加工作后工资待遇问题的通知	1957.7.29	已被1985年11月29日国务院、中央军委关于军队转业干部工资待遇问题的通知代替

续表

序号	法规名称	发文日期	说　明
19	国务院发布关于留学生回国分配工作以后在见习期间工资待遇的规定的通知 附1:国务院人事局关于回国留学生分配工作以后在见习期间工资待遇问题的报告 附2:国务院关于留学生回国分配工作以后在见习期间工资待遇的规定	1958.2.25	已被1980年5月14日国务院批转民政部、国家劳动总局、财政部、教育部关于普通高等学校毕业生工资待遇问题的请示报告代替
20	国务院关于简化国务院任免的地方干部病假期间生活待遇审批手续的通知	1959.11.25	已被1981年4月6日国务院发布的国家机关工作人员病假期间生活待遇的规定代替
21	国务院批转国家人事局等关于提高中等专业学校毕业生定级工资水平的请示的通知 附:关于提高中等专业学校毕业生定级工资水平的请示	1980.12.31	已被1985年6月13日国务院工资制度改革小组、劳动人事部印发关于实施国家机关和事业单位工作人员工资制度改革方案若干问题的规定的通知等规定代替

续表

序号	法规名称	发文日期	说　明
二、废止文件目录〔附件三(二),24件〕			
1	工业交通及建筑企业职工伤亡事故报告办法	1951.12.31	1956年5月25日国务院全体会议通过的国务院关于发布工厂安全卫生规程、建筑安装工程安全技术规程和工人职员伤亡事故报告规程的决议中已明令废止
2	国营企业工人、职员退职处理暂行办法(草案)	1952.1.12	1958年3月7日全国人大常委会第94次会议原则批准的国务院关于工人、职员退职处理的暂行规定(草案)中已明令废止
3	关于防止沥青中毒的办法	1952.12.17	1956年1月26日国务院批准,1956年1月31日劳动部发布的防止沥青中毒办法中已明令废止
4	国务院关于国营企业使用临时职工的暂行规定	1962.10.14	1965年3月10日国务院关于改进对临时工的使用和管理的暂行规定中已明令废止

续表

序号	法规名称	发文日期	说　明
5	国务院关于企业、事业单位职工调剂问题的若干规定	1963.3.30	1965年3月24日国务院关于企业、事业单位的干部和工人调动问题的若干规定中已明令废止
6	国务院关于从事经常性工作的临时工转为长期工问题的通知	1963.7.12	1965年3月10日国务院关于改进对临时工使用和管理的暂行规定中已明令废止
7	国务院批转国家计划委员会、劳动部、国家统计局关于城市使用零散工的规定(草案)的通知 附:国家计划委员会、劳动部、国家统计局关于城市使用零散工的规定(草案)	1964.4.20	1965.3月10日国务院关于改进对临时工的使用和管理的暂行规定中已明令废止
8	政务院关于各级人民政府工作人员在患病期间待遇暂行办法的规定	1952.9.12	1954年7月14日政务院关于各级人民政府工作人员病假期间待遇的暂行规定中已明令废止
9	各级人民政府工作人员退职处理暂行办法	1952.10.22	1955年12月29日国务院发布的国家机关工作人员退职处理暂行办法中已明令废止

续表

序号	法规名称	发文日期	说明
10	政务院关于国家机关工作人员行政处分批准程序的规定	1952.11.8	1957年10月26日国务院关于国家行政机关工作人员的奖惩暂行规定中已明令废止
11	政务院关于1952年寒假高等学校和中等学校毕业生参加工作后待遇规定的通知	1953.2.19	1953年8月1日政务院关于1953年暑、寒假高等学校和中等专业学校毕业生参加工作后工资待遇规定的通知中已明令废止
12	政务院关于1953年暑、寒假高等学校和中等专业学校毕业生参加工作后工资待遇规定的通知	1953.8.1	1954年3月2日政务院关于1953年寒假高等和中等专业学校毕业生参加工作后工资待遇规定的通知中已明令废止
13	政务院关于撤销国家机关工作人员行政处分暂行办法	1954.1.14	1957年10月26日国务院关于国家行政机关工作人员的奖惩暂行规定中已明令废止
14	政务院关于1954年寒假高等和中等专业学校毕业生参加工作后工资待遇规定的通知	1954.3.2	1954年8月4日政务院关于发布1954年暑、寒假高等学校和中等专业学校毕业生参加工作后工资待遇规定的命令中已明令废止

续表

序号	法规名称	发文日期	说明
15	各级人民政府工作人员福利费掌管使用办法	1954.3.12	1957年5月22日国务院发布的国家机关工作人员福利费掌管使用的暂行规定中已明令废止
16	政务院关于各级人民政府工作人员病假期间待遇的暂行规定	1954.7.14	1955年12月29日国务院发布的国家机关工作人员病假期间生活待遇试行办法中已明令废止
17	政务院关于国家机关工作人员调动中各项待遇问题的规定	1954.8.4	1957年5月22日国务院关于国家机关工作人员调动中各项待遇问题的规定中已明令废止
18	政务院关于发布1954年暑、寒假高等学校和中等专业学校毕业生参加工作后工资待遇规定的命令	1954.8.4	1956年8月11日国务院关于高等学校和中等专业学校毕业生分配工作以后临时工资待遇的规定中已明令废止
19	国务院关于各级人民政府工作人员福利费掌管使用问题的补充通知	1954.12	1957年5月22日国务院发布的国家机关工作人员福利费掌管使用的暂行规定中已明令废止
20	国家机关工作人员退休处理暂行办法	1955.12.29	1958年2月9日国务院关于工人、职员退休处理的暂行规定中已明令废止

续表

序号	法规名称	发文日期	说明
21	国家机关工作人员退职处理暂行办法	1955.12.29	1958年3月7日全国人大常委会第94次会议原则批准的国务院关于工人、职员退职处理的暂行规定(草案)中已明令废止
22	国家机关工作人员病假期间生活待遇试行办法	1955.12.29	1981年4月6日国务院发布的国家机关工作人员病假期间生活待遇的规定中已明令废止
23	国务院关于高等学校和中等专业学校毕业生分配工作以后临时工资待遇的规定	1956.8.11	1957年10月25日国务院关于高等学校和中等专业学校毕业生在见习期间的临时工资待遇的规定中已明令废止
24	国务院关于修改高等学校和中等专业学校毕业生分配工作以后临时工资待遇的规定第四项规定的通知	1957.8.21	1957年10月25日国务院关于高等学校和中等专业学校毕业生在见习期间的临时工资待遇的规定中已明令废止
三、**失效文件目录〔附件三(三),121件〕**			
1	关于废除各地搬运事业中封建把持制度暂行处理办法	1950.4.3	适应当时情况的具体规定,自行失效

续表

序号	法规名称	发文日期	说　明
2	全国公私营厂矿职工伤亡报告办法	1950.4.28	适用期已过,自行失效
3	关于在私营企业中设立劳资协商会议的指示	1950.4.21	调整对象消失,自行失效
4	省、市劳动局暂行组织通则	1950.5.5	适应当时情况的具体规定,自行失效
5	政务院关于救济失业工人的指示	1950.6.17	适应当时情况的具体规定,自行失效
6	救济失业工人暂行办法	1950.6.17	适应当时情况的具体规定,自行失效
7	政务院财经委员会关于各省、市人民政府劳动局与当地国营企业工作关系的决定	1950.7.24	适用期已过,自行失效
8	政务院关于救济失业教师与处理学生失学问题的指示	1950.7.25	适应当时情况的具体规定,自行失效
9	政务院对中央劳动部关于外商企业劳资关系问题处理意见的报告的批复 附:关于外商企业劳资关系问题处理意见的报告	1950.9.11	适应当时情况的具体规定,自行失效

续表

序号	法规名称	发文日期	说明
10	中华人民共和国劳动保险条例(草案)	1950.10.27	适用期已过,自行失效
11	政务院关于处理失业知识分子的补充指示	1951.1.12	适应当时情况的具体规定,自行失效
12	政务院关于遣送失业工人还乡生产应注意事项的通知	1951.1.17	适应当时情况的具体规定,自行失效
13	政务院关于劳动就业问题的决定	1952.8.6	适用期已过,自行失效
14	政务院劳动就业委员会关于失业人员统一登记办法	1952.8.27	适用期已过,自行失效
15	政务院关于处理失业工人办法	1952.10.30	适应当时情况的具体规定,自行失效
16	政务院关于中央各部在北京市招募建筑工人应注意事项的通知	1952.12.31	适用期已过,自行失效
17	劳动部关于国营企业附加工资内容和计算方法的规定	1953.1.13	适用期已过,自行失效

续表

序号	法规名称	发文日期	说明
18	政务院财经委员会关于修改定额与修改工资标准问题的批复	1953.3.25	适用期已过,自行失效
19	政务院关于劝止农民盲目流入城市的指示	1953.4.17	适应当时情况的具体规定,自行失效
20	政务院关于各级人民政府工作人员休假制度暂行规定的补充通知	1953.8.14	适用期已过,自行失效
21	政务院财经委员会批转劳动部关于全国建筑工人调配工作会议的报告的通知 附:关于全国建筑工人调配工作会议的报告	1954.5.29	适用期已过,自行失效
22	国营企业内部劳动规则纲要	1954.7.14	适用期已过,自行失效
23	国务院关于颁发国营商业、粮食、对外贸易企业工作人员工资标准及有关事项的通知	1954.11.20	适用期已过,自行失效
24	国务院第四办公室关于取消国营工矿交通企业考勤奖的规定	1954.11.29	适应当时情况的具体规定,自行失效

续表

序号	法规名称	发文日期	说　明
25	国务院关于提取企业奖励基金的工资总额范围的规定	1955.1.14	适用期已过,自行失效
26	国务院关于劳动部建立国家锅炉检查总局问题的批复	1955.6.11	适应当时情况的具体规定,自行失效
27	国务院关于企业、事业单位工作人员自今年7月份起全部实行工资制待遇的通知	1955.7.11	适用期已过,自行失效
28	国务院关于控制各企业、事业单位人员增长和加强劳动力管理问题的指示	1955.8.22	适应当时情况的具体规定,自行失效
29	国务院关于某些特殊地区工作人员实行实物供应的决定	1955.8.30	适应当时情况的具体规定,自行失效
30	国务院关于地方事业单位实行货币工资制和调整工资标准问题的通知	1955.11.21	适用期已过,自行失效
31	国务院关于制发职工生活主要消费品价格计算表的通知	1956.1.12	适用期已过,自行失效

续表

序号	法规名称	发文日期	说　明
32	国务院关于处理厂矿企业长期性临时工的通知	1956.3	适用期已过,自行失效
33	国务院关于工资改革的决定	1956.7.4	适应当时情况的具体规定,自行失效
34	国务院关于工资改革中若干具体问题的规定	1956.7.4	适应当时情况的具体规定,自行失效
35	国务院关于工资改革方案实施程序的通知	1956.7.4	适应当时情况的具体规定,自行失效
36	国务院批转劳动部关于目前初中生的招收、使用情况及存在问题的报告的通知 附:劳动部关于目前初中生的招收、使用情况及存在问题的报告	1956.7	适用期已过,自行失效
37	国务院关于目前工资改革中若干具体问题的补充规定	1956.8.21	适应当时情况的具体规定,自行失效
38	国务院关于处理取消国家机关和事业单位职工保留工资问题的通知	1956.8.21	适用期已过,自行失效

续表

序号	法规名称	发文日期	说　明
39	国务院关于批准劳动部组织简则的批复 附1:中华人民共和国劳动部组织简则 附2:省、直辖市、市劳动厅、局组织通则(草案)	1956.9.17	适用期已过,自行失效
40	国务院关于建筑业工时制度改变后的工资处理意见	1956.9.27	适用期已过,自行失效
41	国务院关于新公私合营企业工资改革中若干问题的规定	1956.10.12	调整对象消失,自行失效
42	国务院关于有效地控制企业、事业单位人员增加,制止盲目招收工人和职员现象的通知	1957.1	适应当时情况的具体规定,自行失效
43	国务院关于建立公路施工流动津贴问题的批复	1957.1.26	适用期已过,自行失效
44	国务院关于临时工雇用期限的解释的通知	1957.2.12	适用期已过,自行失效
45	国务院关于处理建筑业中多余的临时工人问题的通知	1957.3.14	适用期已过,自行失效

续表

序号	法规名称	发文日期	说　明
46	国务院关于新公私合营企业的领导干部工资问题的通知	1957.3.20	调整对象消失，自行失效
47	国务院关于劳动力调剂工作中的几个问题的通知	1957.4.4	适用期已过，自行失效
48	国务院关于学徒（练习生）是否按期转为正式工人问题的通知	1957.4.17	适用期已过，自行失效
49	国务院批转劳动部关于执行学徒（练习生）是否按期转为正式工人问题的通知中若干问题的意见的通知 附：劳动部关于执行学徒（练习生）是否按期转为正式工人问题的通知中若十问题的意见	1957.6.12	适用期已过，自行失效
50	国务院关于1957年复员军人中技术兵分配安置工作的通知	1957.7.18	适用期已过，自行失效
51	国务院关于职工绝育、因病施行人工流产的医药费和休息期间工资待遇问题的通知	1957.10.12	适用期已过，自行失效

续表

序号	法规名称	发文日期	说　明
52	国务院关于复员、退伍军人工资待遇问题的通知	1959.4.21	适用期已过,自行失效
53	国务院关于工棚或临时宿舍防火和卫生设施的暂行规定	1959.5.20	适应当时情况的具体规定,自行失效
54	国务院关于职工升级、转正和定级的通知	1961.10.31	适用期已过,自行失效
55	中共中央、国务院关于进一步精减职工和减少城镇人口的决定	1962.5.27	适应当时情况的具体规定,自行失效
56	国务院关于精减职工安置办法的若干规定	1962.6.1	适应当时情况的具体规定,自行失效
57	国务院关于精减后返回原籍城镇人员落户问题的通知	1962.6.9	适应当时情况的具体规定,自行失效
58	国务院关于暂时停止试行关于工人、职员退职处理的暂行规定(草案)的通知	1963.3.3	适用期已过,自行失效

续表

序号	法规名称	发文日期	说　明
59	国务院批转劳动部、内务部、全国总工会关于安置和处理暂列编外的老、弱、残职工的意见的通知 附:关于安置和处理暂列编外的老、弱、残职工的意见	1963.4.1	适用期已过,自行失效
60	国务院关于老、弱、残职工暂列编外的通知	1963.4.1	适用期已过,自行失效
61	国务院关于全国大中城市建立劳动力介绍所的通知	1963.4.30	适应当时情况的具体规定,自行失效
62	中共中央、国务院批转中央安置工作领导小组关于城市精简职工和青年学生安置工作领导小组长会议的报告的通知 附:关于城市精简职工和青年学生安置工作领导小组长会议的报告	1963.8.19	适应当时情况的具体规定,自行失效
63	中共中央、国务院批转劳动部、内务部、财政部、全国总工会关于老、弱、残职工暂列编外以及安置处理工作的报告的通知 附:关于老、弱、残职工暂列编外以及安置处理工作的报告	1964.3.29	适应当时情况的具体规定,自行失效

续表

序号	法规名称	发文日期	说明
64	国务院批转劳动部关于处理工矿企业多余职工意见的请示报告的通知 附:关于处理工矿企业多余职工意见的请示报告	1964. 8. 28	适应当时情况的具体规定,自行失效
65	国务院关于地、富、反、坏分子能否享受退休、退职待遇问题的批复	1965. 8. 4	适用期已过,自行失效
66	国务院批转安置工作座谈会纪要的通知 附:安置工作座谈会纪要	1967. 4. 29	适用期已过,自行失效
67	国务院批转内务部、劳动部、总参谋部关于当前安置退伍军人工作中存在问题的请示报告的通知 附:关于当前安置退伍军人工作中存在问题的请示报告	1967. 11. 23	适用期已过,自行失效
68	中共中央、国务院、中央军委、中央文革关于进一步打击反革命经济主义和投机倒把活动的通知	1968. 1. 18	适应当时情况的具体规定,自行失效

续表

序号	法规名称	发文日期	说　明
69	国务院关于调整部分工人和工作人员工资的通知	1971.11.30	适用期已过,自行失效
70	国务院批转国家计委、国家建委关于基本建设中使用民工问题的报告的通知 附:关于基本建设中使用民工问题的报告	1972.11.5	适用期已过,自行失效
71	国务院批转国家计划委员会关于清理压缩计划外用工的办法的通知 附:关于清理压缩计划外用工的办法	1979.4.16	适用期已过,自行失效
72	国务院关于职工升级的几项具体规定	1979.10.25	适应当时情况的具体规定,自行失效
73	国务院关于停缓建项目和关停企业职工安置的通知	1981.1.22	适应当时情况的具体规定,自行失效

续表

序号	法规名称	发文日期	说　明
74	国务院批转劳动人事部关于1983年企业调整工资和改革工资制度问题的报告的通知 附:关于1983年企业调整工资和改革工资制度问题的报告	1983.4.14	适用期已过,自行失效
75	政务院关于任免工作人员的暂行办法	1950.1.5	适用期已过,自行失效
76	政务院关于中央直属机关新参加工作人员工资标准的试行规定	1950.1.20	适用期已过,自行失效
77	政务院关于在外区招聘技术人员的暂行规定	1950.9.13	适用期已过,自行失效
78	政务院关于中央人民政府各部门去东北2千名干部之供给问题的几项通知	1950.11.11	适用期已过,自行失效
79	政务院关于各地区各机关招聘工作人员和招考干部训练学校、训练班学员的暂行规定	1951.7.30	适用期已过,自行失效

续表

序号	法规名称	发文日期	说　明
80	政务院关于省市协商委员会及常务委员会机构编制的规定	1951.10.9	适应当时情况的具体规定,自行失效
81	政务院关于颁发各级人民政府供给制工作人员津贴标准及工资制工作人员工资标准的通知	1952.7.5	适用期已过,自行失效
82	政务院关于部队干部转业待遇问题的批复	1952.9.16	适用期已过,自行失效
83	政务院关于在三反运动中受处分工作人员待遇问题的规定	1952.9.17	适应当时情况的具体规定,自行失效
84	政务院关于军队转业人员的待遇问题及其他由供给制(包干制)改工资制的工作人员生活困难补助问题的规定	1952.11.12	适用期已过,自行失效
85	各级人民政府工作人员休假制度暂行规定	1952.12.12	适用期已过,自行失效
86	政务院关于今年内各类国家工作人员津贴、工资不作普遍调整及有关事项的通知	1953.6.30	适用期已过,自行失效

续表

序号	法规名称	发文日期	说　明
87	政务院关于军队转业人员待遇问题的补充通知	1953.8.11	适用期已过，自行失效
88	政务院颁发国家机关工作人员工资包干费标准及有关事项的规定的命令	1954.6.25	适用期已过，自行失效
89	国务院关于东北各省、内蒙古自治区执行全国各类国家机关工作人员工资、包干费标准问题的通知	1954.10.12	适用期已过，自行失效
90	国务院颁发国家机关工资、包干制工作人员工资、包干费标准表及有关规定的通知	1955.2.25	适用期已过，自行失效
91	国务院关于调整工资级别若干事项的通知	1955.4.26	适用期已过，自行失效
92	国务院关于国家机关工作人员自今年7月份起全部实行工资制待遇问题的通知	1955.6.19	适应当时情况的具体规定，自行失效

续表

序号	法规名称	发文日期	说　明
93	国务院关于中国人民解放军退出现役干部就业的指示	1955.8.31	适用期已过,自行失效
94	国务院关于国家机关工作人员全部实行工资制和改行货币工资制的命令	1955.8.31	适应当时情况的具体规定,自行失效
95	国务院关于颁发国家机关工作人员工资方案的通知	1956.7.6	适用期已过,自行失效
96	国务院关于提高文史研究馆馆员工资待遇的通知	1956.9.7	适应当时情况的具体规定,自行失效
97	国务院关于资方代表性人物参加国家机关工作后的工资问题的答复	1957.1.24	调整对象消失,自行失效
98	国务院关于调整国家机关工作人员福利费标准的通知	1957.5.22	适用期已过,自行失效
99	国务院关于转发从知识分子中招聘工作人员若干问题的请示报告的批示 附:从知识分子中招聘工作人员若干问题的请示报告	1957.5.22	适应当时情况的具体规定,自行失效

续表

序号	法规名称	发文日期	说　明
100	国务院关于处理国家机关、企业、学校在肃反运动中查出的反革命分子和其他坏分子的工龄和工资问题的规定	1957.8.9	适应当时情况的具体规定,自行失效
101	国务院关于高等学校和中等专业学校毕业生中反对社会主义分子及其他坏分子在工作考察期间生活补助费的规定	1957.10.25	适应当时情况的具体规定,自行失效
102	国务院转发国务院人事局关于改进国家机关、人民团体和事业单位工作人员福利工作的请示报告的通知 附:关于改进国家机关、人民团体和事业单位工作人员福利工作的请示报告	1958.6.9	适用期已过,自行失效

续表

序号	法规名称	发文日期	说　明
103	国务院批转劳动部、内务部关于高等学校和中等专业学校毕业生分配工作以后的工资待遇执行情况和意见的报告的通知 附:关于高等学校和中等专业学校毕业生分配工作以后的工资待遇执行情况和意见的报告	1963.10.17	适用期已过,自行失效
104	国务院关于1963年军队干部转业工作问题的通知	1963.12.7	适用期已过,自行失效
105	国务院关于军队转业干部工资待遇问题的通知	1965.10.27	适用期已过,自行失效
106	国务院关于1967年大专院校毕业生工资发放办法的通知	1968.6.27	适用期已过,自行失效
107	国务院、中央军委批转国务院军队转业干部安置工作小组、总政治部关于做好1975年军队转业干部安置工作的报告的通知 附:关于做好1975年军队转业干部安置工作的报告	1975.10.29	适用期已过,自行失效

续表

序号	法规名称	发文日期	说　明
108	国务院、中央军委批转国务院军队转业干部安置工作小组、总政治部关于做好军队干部转业安置工作的报告的通知 附:关于做好军队干部转业安置工作的报告	1978. 4. 2	适用期已过,自行失效
109	国务院、中央军委批转国务院军队转业干部安置工作小组、总政治部关于第2批军队转业干部安置工作情况和第3批军队转业干部安置工作意见的报告的通知 附:关于第2批军队转业干部安置工作情况和第3批军队转业干部安置工作意见的报告	1979. 5. 15	适用期已过,自行失效
110	农业技术干部技术职称暂行规定	1980. 5. 8	适用期已过,自行失效
111	统计干部技术职称暂行规定	1980. 5. 16	适用期已过,自行失效

续表

序号	法规名称	发文日期	说　明
112	中共中央、国务院关于设置顾问的决定	1980.8.13	适应当时情况的具体规定，自行失效
113	编辑干部业务职称暂行规定	1980.11.13	适用期已过，自行失效
114	外语翻译干部业务职称暂行规定	1980.11.13	适用期已过，自行失效
115	新闻记者业务职称暂行规定	1980.12.8	适用期已过，自行失效
116	经济专业干部业务职称暂行规定	1980.12.24	适用期已过，自行失效
117	会计干部技术职称暂行规定	1981.3.2	适应当时情况的具体规定，自行失效
118	国务院、中央军委批转关于全国军队转业干部安置工作会议情况的报告和关于做好今明两年军队转业干部安置工作的意见的通知 附1：关于全国军队转业干部安置工作会议情况的报告 附2：关于做好今明两年军队转业干部安置工作的意见	1981.6.22	适用期已过，自行失效

续表

序号	法规名称	发文日期	说　明
119	体育教练员技术职称暂行规定	1981.10.18	适应当时情况的具体规定，自行失效
120	国务院、中央军委批转国务院军队转业干部安置工作小组、总政治部、劳动人事部、财政部关于做好1982年军队转业干部安置工作的意见的通知 附：关于做好1982年军队转业干部安置工作的意见	1982.9.3	适用期已过，自行失效
121	工艺美术干部业务职称暂行规定	1983.1.30	适应当时情况的具体规定，自行失效

1988年

一、国务院废止文件目录(2件)

序号	文件名称	发文日期	废止内容
1	中华人民共和国劳动保险条例	1953.1.2	《条例》中有关女工人、女职员生育待遇的规定被《女职工劳动保护规定》(1988年7月21日,国务院令第9号)废止
2	国务院关于女工作人员生产假期的通知	1966.4.26	

二、劳动部、人事部废止文件目录(94件)

依据:1988年5月7日劳字〔1988〕21号,计77件 (一)废止部发文件目录(计77件)				
序号	文件名称	发文号	发文日期	废止理由
1	民政部、国家劳动总局、国家体委关于招收和分配优秀运动员等问题的联合通知	民发〔1980〕26号 劳总计字〔1980〕81号 体政字〔1980〕253号	1980.4.15	自行失效
2	国家人事局关于第三、四、五、六、八机械工业部跨省调动干部问题的通知	国人发〔1980〕2号	1980.8.1	自行失效

续表

序号	文件名称	发文号	发文日期	废止理由
3	国家人事局关于支援安徽、福建、河北、江苏连云港等省市建设选调干部的通知	国人〔1982〕12号	1982. 2. 26	自行失效
4	劳动人事部关于进一步做好清理借调干部工作的通知	劳人干〔1982〕132号	1982. 9. 1	自行失效
5	劳动人事部关于司局级行政人员任免问题的通知	劳人干〔1983〕60号	1983. 8. 24	自行失效
6	劳动部关于技工学校人员编制标准(草案)		1961. 5. 15	由劳人培〔1985〕9号文件代替
7	国家劳动总局关于颁发技工学校工作条例(试行)的通知	劳总培字〔1979〕6号	1979. 2. 20	由劳人培〔1986〕22号文件代替
8	国家劳动总局转发《国务院关于技工学校教师职称问题的批复》的通知	劳总培字〔1980〕87号	1980. 12. 25	由职改字〔1986〕48号文件代替
9	国家劳动总局、卫生部关于印发《技工学校招生体检标准及执行细则》的通知	劳总培字〔1981〕11号	1981. 4. 14	由劳人培〔1984〕7号文件代替

续表

序号	文件名称	发文号	发文日期	废止理由
10	国家劳动总局、国务院科技干部局印发“关于贯彻执行《国务院关于技工学校教师职称问题的批复》的意见（试行）”并进行试点工作的通知	劳总培字〔1981〕25号 国科干字〔1981〕138号	1981.5.4	由职改字〔1986〕48号文件代替
11	国家劳动总局关于评定技工学校教师职称工作中几个问题的意见	劳总培字〔1981〕55号	1981.10.19	由职改字〔1986〕48号文件代替
12	国家劳动总局、国务院科技干部局关于技工学校确定与提升讲师、副教授职称评定权限问题的通知	劳总培字〔1982〕5号	1982.2.26	由职改字〔1986〕48号文件代替
13	劳动人事部关于颁发《城镇待业人员登记管理的试行办法》的通知	劳人培〔1982〕15号	1982.11.2	由劳人培〔1984〕9号文件代替
14	劳动人事部、全国职工教育管理委员会关于进一步搞好青壮年工人技术补课工作的意见	劳人培〔1982〕20号	1982.12.3	自行失效
15	劳动部公布市劳动争议仲裁委员会组织及工作规则		1950.6.16	由国发〔1987〕69号文件代替

续表

序号	文件名称	发文号	发文日期	废止理由
16	中央人民政府人事部关于归国华侨分配工作后的工资待遇问题的复函	中人二字〔1954〕第124号	1954.10.5	由中劳薪字〔1960〕68号文件代替
17	国务院人事局关于高等学校和中等专业学校毕业生分配做教学工作的见习期满评定工资级别问题的复函	国人办发字〔1959〕第248号	1959.4.8	由劳人薪〔1985〕19号文件代替
18	劳动部、内务部关于高等学校和中等专业学校调干毕业生工资待遇问题的处理意见	中劳薪字〔1961〕第44号 内人工字〔1961〕第25号	1961.6.13	自行失效
19	劳动部复关于取消桦甸页岩油公司职工享受百分之五的临时生活补贴问题	中劳薪字〔1962〕第9号	1952.1.24	自行失效
20	内务部政府机关人事局关于部队职员调到地方工作后的工资待遇问题的复函	内人干一字〔1963〕第303号	1963.7.13	由劳人薪〔1987〕24号文件代替

续表

序号	文件名称	发文号	发文日期	废止理由
21	劳动部、供销合作总社关于颁发基层供销社工作人员工资标准及有关问题的联合通知	中劳薪字〔1963〕第242号 合组联字〔1963〕第202号	1963.7.29	由劳人薪〔1985〕31号文件代替
22	劳动部、商业部颁发“国营、公私合营商业、饮食、服务业业务人员工资等级标准表”的联合通知	中劳薪字〔1963〕第239号 商工联字〔1963〕第353号	1963.7.29	由劳人薪〔1985〕31号文件代替
23	劳动部、粮食部关于颁发粮食商业企业业务人员工资标准表的通知	中劳薪字〔1963〕第244号 粮机人字〔1963〕第40号	1963.8.2	由劳人薪〔1985〕31号文件代替
24	劳动部关于企业工程技术人员、行政管理人员工资标准问题	中劳薪字〔1963〕第270号	1963.8.12	由劳人薪〔1985〕31号文件代替
25	劳动部关于邮电人员外勤津贴标准等问题的复函	中劳薪字〔1963〕第330号	1963.8.22	由劳人薪〔1986〕98号文件代替

续表

序号	文件名称	发文号	发文日期	废止理由
26	内务部关于工作人员调动工作后的工资待遇问题的复函	内人工字〔1964〕第72号	1964.4.28	由劳人薪〔1987〕24号文件代替
27	内务部关于军事院校青年学生和士兵学员到地方工作后工资待遇问题的复函	内人工字〔1965〕第61号	1965.4.14	自行失效
28	劳动部、内务部关于军队转业干部在集体所有制单位工作的以及转业干部中的原起义军官工资待遇问题的复函	中劳薪字〔1966〕第58号 内人工字〔1966〕第69号	1966.4.9	自行失效
29	劳动部关于已经执行文艺辅助一、二级的人员不能再进行定级的复函	中劳薪字〔1968〕第51号	1968.3.15	由劳人薪〔1985〕19号文件代替
30	国家计委劳动局关于邮电企业复员退伍军人和中专毕业生定级问题给安徽、江西省劳动局的复函	计劳业字〔1973〕第58号	1973.6.18	由劳人薪〔1985〕31号和国办发〔1987〕17号文件代替

续表

序号	文件名称	发文号	发文日期	废止理由
31	国家计委劳动局关于贯彻执行国务院、中央军委《关于军队复员干部安排工作后的工资待遇问题的通知》几个具体问题的答复意见	计劳业字〔1973〕146号	1973.11.9	自行失效
32	国家劳动总局关于〔1966〕国劳字11号文件的实行范围问题给天津市革命委员会办公厅的复函	劳薪字〔1977〕111号	1977.9.3	自行失效
33	国家劳动总局关于冶金企业高温临时补贴问题给福建省劳动局的复函	劳薪字〔1978〕37号	1978.8.17	自行失效
34	国家劳动总局关于邮电人员外勤津贴问题的复函	劳总薪字〔1979〕190号	1980.1.5	由劳人薪〔1986〕98号文件代替
35	国家劳动总局关于贯彻执行国务院关于调整工资区类别的几项具体规定若干具体问题的处理意见	劳总薪字〔1980〕30号	1980.2.6	自行失效
36	国家劳动总局关于冻结职工的附加工资问题的通知	劳总薪字〔1980〕85号	1980.3.17	自行失效

续表

序号	文件名称	发文号	发文日期	废止理由
37	国家劳动总局关于测绘系统的野外测量队职工调动工作后工资支付问题的复函	劳总薪字〔1980〕99号	1980.4.2	由劳人薪〔1987〕24号文件代替
38	国家劳动总局关于冶金企业干部调动工作后的工资问题的复函	劳总薪字〔1980〕100号	1980.4.2	由劳人薪〔1987〕24号文件代替
39	民政部、国家劳动总局、总政治部关于国发〔1980〕38号文件贯彻中一些问题的答复	民发〔1980〕32号	1980.6.1	自行失效
40	国家劳动总局关于要求调整火葬场职工保健津贴标准的复函	劳总薪字〔1981〕3号	1981.1.19	由劳人薪〔1986〕13号文件代替
41	国家人事局关于解决少数军队转业干部要求恢复技术级别工资待遇问题的复函	国人〔1981〕23号	1981.1.26	由国发〔1986〕135号文件代替
42	国家劳动总局关于海洋调查队人员工资标准、津贴等问题的复函	劳总薪字〔1981〕128号	1981.8.28	由劳人薪〔1985〕79号文件代替

续表

序号	文件名称	发文号	发文日期	废止理由
43	国家劳动总局关于建筑企业除执行“三大材料节约奖”外,不宜再扩大节约奖范围问题的函	劳总薪字〔1981〕131号	1981.8.31	由财工字〔1986〕第17号文件代替
44	国家劳动总局关于企业技职人员工资标准问题的复函	劳总薪字〔1982〕1号	1981.12.29	由劳人薪〔1985〕31号文件代替
45	劳动人事部关于提成工资制的执行范围问题的复函	劳人薪〔1982〕33号	1982.8.17	自行失效
46	劳动人事部关于北京双桥农场自费工资改革试点方案的批复	劳人薪〔1982〕55号	1982.11.19	自行失效
47	劳动人事部关于对整顿验收合格企业实行一次性奖金和浮动升级问题的复函	劳人薪〔1983〕473号	1983.11.18	自行失效
48	民政部、财政部、国务院机关事务管理局关于中央级国家机关工作人员福利费提取使用办法的通知	民发〔1979〕71号	1979.11.27	由劳人险〔1986〕12号文件代替
49	国家劳动总局复《关于贯彻国务院〈关于职工探亲待遇的规定〉的请示报告》的函	劳总险字〔1981〕42号	1981.7.16	自行失效

续表

序号	文件名称	发文号	发文日期	废止理由
50	国家劳动总局关于退职回城的知识青年再次参加工作后的工龄如何计算问题的答复	劳险字〔1982〕22号	1982.6.1	由劳人培〔1985〕23号文件代替
51	劳动部复水利电力系统从事高空、特别繁重体力劳动的工人、职员退休的意见	中劳薪字〔1962〕第157号	1962.7.25	由劳人护〔1985〕6号文件代替
52	劳动部复林业企业中的特别繁重体力劳动工种的问题	中劳薪字〔1962〕第203号	1962.8.18	由劳人护〔1985〕6号文件代替
53	劳动部复关于职工暂列编外期间是否计算工龄的问题	中劳薪字〔1963〕第452号	1963.9.27	由中劳薪字〔1964〕第508号文件代替
54	劳动部、卫生部、全国总工会关于将煤矿井下工人的滑囊炎试列为职业病的通知	中劳护字〔1964〕第121号	1964.8.25	由卫防字〔1987〕第60号文件代替
55	劳动部关于公布试行起重机械安全管理规程的通知	中劳护字〔1962〕第56号	1962.4.26	由1985年公布的《起重机械安全规程》GB6067-85代替

续表

序号	文件名称	发文号	发文日期	废止理由
56	国家劳动总局关于开展“安全月”活动的请示报告	劳总护字〔1980〕26号	1980. 3. 7	自行失效
57	劳动部锅炉检查总局关于锅炉运行应注意事项的通知	中劳锅字〔1957〕089号	1957. 12. 2	自行失效
58	劳动部关于公布试行蒸汽锅炉使用登记和司炉工人的安全技术管理的试行办法的通知	中劳护字〔1962〕第132号	1962. 10. 4	由劳人锅〔1986〕2号文件代替
59	劳动人事部建议安排好矿山安全监察机构编制的函	劳人办厅〔1983〕27号	1983. 6. 28	自行失效
60	国务院军队转业干部安置工作小组、国家计划委员会、财政部、中国人民建设银行关于补助军队转业干部建房资金的通知	国转(联)字〔1984〕第1号	1984. 1. 4	自行失效
61	劳动人事部机于1978年底以前参军的城镇退伍军人调资年限计算和高级中专毕业生分配当工人的是否列入较多增加工资范围问题的复文	劳人薪〔1984〕10号	1984. 1. 8	自行失效

续表

序号	文件名称	发文号	发文日期	废止理由
62	劳动人事部请贯彻执行《国务院办公厅转发劳动人事部关于自行扩大企业改革工资制度试点范围的检查报告》的通知	劳人薪〔1984〕19号	1984.1.13	自行失效
63	劳动人事部关于企业调整工资问题的紧急通知	劳人薪〔1984〕50号	1984.1.25	自行失效
64	劳动人事部关于林业公安干警和林业司法民警调整工资和改行新民警工资标准问题的通知	劳人薪〔1984〕59号	1984.1.27	已由劳人薪〔1985〕65号文件代替
65	劳动人事部关于企业调整工资中几个问题的复函	劳人薪〔1984〕77号	1984.1.30	自行失效
66	劳动人事部关于1978年底以前参军的城镇退伍军人调资年限如何计算问题的复函	劳人薪〔1984〕109号	1984.3.22	自行失效
67	劳动人事部关于贯彻执行《国务院关于国营企业发放奖金有关问题的通知》中一些问题的意见	劳人薪〔1984〕127号	1984.4.25	已由国办发〔1984〕35号文件代替

续表

序号	文件名称	发文号	发文日期	废止理由
68	劳动人事部关于江苏省国营农林场农、牧工人工资标准问题的批复	劳人薪〔1984〕139号	1984. 5. 18	自行失效
69	国务院军队转业干部安置工作小组、国家计划委员会、财政部、中国人民建设银行关于补助1985年军队转业干部建房资金和预算的通知	国转(联)字〔1984〕第2号	1985. 2. 13	自行失效
70	劳动人事部关于解决少数原北京知青单调进京审批问题的复函	劳人干〔1985〕14号	1985. 5. 11	自行失效
71	国务院工资制度改革小组、劳动人事部关于印发国家机关、事业单位专业技术人员套改工资标准表的通知	劳人薪〔1985〕25号	1985. 7. 4	自行失效
72	国务院工资制度改革小组、劳动人事部关于公安干警工资制度改革方案的复函	劳人薪〔1985〕43号	1985. 9. 12	已由劳人薪〔1985〕65号文件代替
73	劳动人事部对有关企业工资改革人均增资幅度问题的解释的通知	劳人薪〔1985〕44号	1985. 9. 25	自行失效

续表

序号	文件名称	发文号	发文日期	废止理由
74	劳动人事部关于请报送企业工资改革实施方案的通知	劳人薪〔1985〕75号	1985.12.23	自行失效
75	国务院工资制度改革小组、劳动人事部关于铁路企业干部职务工资等级线问题的函	劳人薪〔1985〕83号	1985.12.29	自行失效
76	国务院企业工资改革研究小组、劳动人事部关于请继续做好企业内部工资改革工作的通知	劳人薪〔1986〕26号	1986.3.13	自行失效
77	国务院工资制度改革小组、劳动人事部、财政部关于国家机关工作人员奖励工资问题的补充通知	劳人薪〔1986〕74号	1986.7.21	已由劳人薪〔1987〕37号文件代替
(二)废止的局发文件目录(计17件)				
1	劳动部复关于航空机务人员建立外场补贴问题	中劳薪马字〔1960〕第102号	1960.11.17	自行失效
2	劳动部关于转业、复员、退伍军人的工龄计算问题给河北省劳动局的复函	中劳薪便字〔1963〕第260号	1963.9.13	自行失效

续表

序号	文件名称	发文号	发文日期	废止理由
3	劳动部复关于企业搬迁职工工资和劳保福利待遇几个具体问题的函	中劳薪便字〔1968〕73号	1968.1.15	自行失效
4	劳动部工资局关于复员退伍军人工资待遇问题的复函	中劳薪便字〔1968〕第236号	1968.1.27	由国办发〔1987〕17号文件代替
5	劳动部关于学徒期限超过转正定级合并进行的复函	中劳薪便字〔1968〕831号	1968.3.13	自行失效
6	劳动部关于试用人员定级水平一般不超过二级给山西省计委劳动工资办公室的函	中劳薪便字〔1968〕第1308号	1968.5.21	由劳人薪〔1985〕19号和31号文件代替
7	劳动部关于转正定级给陕西省革命委员会的函	劳军业便字〔1969〕第18号	1969.1.9	由劳人薪〔1985〕19号和31号文件代替
8	国家劳动总局关于转请处理冶金企业职工调动工作后工资问题的函	劳薪便字〔1980〕60号	1980.8.16	由劳人薪〔1987〕24号文件代替

续表

序号	文件名称	发文号	发文日期	废止理由
9	劳动人事部关于评定劳动保护专业干部职称问题的通知	劳人护局〔1983〕13号	1983. 2. 22	自行失效
10	劳动人事部工资局关于1978年以来已经升过级的行政14级干部担任副职的不能升级的函	劳人薪函〔1984〕37号	1984. 3. 10	自行失效
11	劳动人事部工资局关于取得学历证书的毕业生如何升级问题的函	劳人薪函〔1984〕45号	1984. 3. 26	自行失效
12	劳动人事部工资局关于机要学校学员升级问题的函	劳人薪函〔1984〕61号	1984. 4. 14	自行失效
13	劳动人事部工资局关于1981年底以前离休人员能不能按1982年调资文件升级问题的复函	劳人薪局〔1984〕18号	1984. 5. 7	自行失效
14	劳动人事部工资局关于部队开具的学历证明有关问题	劳人薪函〔1984〕110号	1984. 8. 9	自行失效

续表

序号	文件名称	发文号	发文日期	废止理由
15	劳动人事部工资局关于“文化大革命”前部分大学生补发毕业证书后如何解决工资问题的复函	劳人薪函〔1984〕157号	1984. 11. 16	自行失效
16	劳动人事部工资局关于军队转业干部中原起义军官的保留工资问题的复函	劳人薪函〔1984〕163号	1984. 12. 10	由劳人薪〔1986〕6号文件代替
17	国务院工资制度改革小组关于大连市企业工资改革试点问题的复函	工改办〔1985〕29号	1985. 10. 31	自行失效

1990 年

劳动部废止文件目录(3 件)

依据:1990 年 11 月 19 日劳办政字〔1990〕77 号,计 3 件

序号	文件名称	发文号	发文日期	废止理由
1	工人技术考核暂行条例(试行)	劳人培〔1983〕46 号	1983.4.25	已被 1990 年 7 月国务院颁布的《工人考核条例》代替
2	劳动人事部关于分配到企业单位工作的已取得博士、硕士学位的研究生如何确定工资问题的通知	劳人薪〔1986〕2 号	1986.1.16	已被国务院批转劳动部等部门《关于 1989 年国营企业工资工作和离退休人员待遇问题安排意见的通知》(国发〔1989〕83 号)代替

续表

序号	文件名称	发文号	发文日期	废止理由
3	劳动人事部保险福利局关于在职职工出国进修、培训期间能否探亲问题的复函	劳人险局〔1985〕7号	1985. 4. 18	已被国家教委《关于出国留学人员工作的若干暂行规定》（国发〔1986〕107号）代替

1992年

劳动部废止文件目录(23件)

依据:1992年8月17日劳办政字〔1992〕51号,计23件			
序号	文件名称	发文号	发文日期
1	劳动部、财政部关于核定1988年部分国营企业工资总额上缴税利挂钩浮动方案的通知	劳薪字〔1989〕5号	1989.1.7
2	关于开展锅炉运行状态下外部检验试点工作的意见	劳锅局字〔1989〕8号	1989.1.27
3	关于溶解乙炔气瓶1988年安全与质量试验评定结果和处理意见的通知	劳锅局字〔1989〕9号	1989.2.1
4	关于印发《劳动合同鉴证和劳动争议仲裁收费及使用范围暂行办法》的通知	劳力字〔1989〕10号	1989.5.8
5	关于1989年第三类压力容器制造单位换证审查有关问题的通知	劳锅局字〔1989〕36号	1989.7.6
6	关于1989年全国无缝气瓶产品质量检测与评定的通知	劳锅局字〔1989〕48号	1989.7.31
7	劳动部关于催报地区、部门企业工效挂钩方案的通知	劳薪字〔1989〕13号	1989.8.7
8	关于确保传真机信息联络畅通的紧急通知	劳息函字〔1989〕9号	1989.12.2

续表

序号	文件名称	发文号	发文日期
9	关于使用《1989年劳动工资统计年报软件》的通知	劳办息字〔1990〕1号	1990.1.6
10	关于开展水源水质及水处理情况试点工作的通知	劳锅局字〔1990〕4号	1990.1.23
11	关于1990年在用压力容器整顿治理工作进度参考意见和通知	劳锅局字〔1990〕6号	1990.1.24
12	关于加强劳动系统传真机联络网密码通信工作的通知	劳办息字〔1990〕3号	1990.1.24
13	关于执行国务院《工人职员伤亡事故报告规程》的通知	劳安字〔1990〕4号	1990.2.25
14	关于1989年全国钢质无透气瓶产品安全质量检测评定结果和处理意见的通知	劳锅字〔1990〕18号	1990.3.6
15	关于转发江苏省人民政府贯彻国务院《关于解决部分企业停工待工有关问题的通知》的通知	劳政字〔1990〕3号	1990.4.10
16	关于1990年全国钢质焊接气瓶产品安全质量检测与评定的通知	劳锅字〔1990〕36号	1990.8.6
17	关于印发《部分省市停工待工问题座谈会纪要》的通知	劳政字〔1990〕7号	1990.8.29
18	关于报送1990年企业工资总额同经济效益挂钩方案和核定工资总额基数有关问题的通知	劳薪字〔1991〕1号	1990.9.15

续表

序号	文件名称	发文号	发文日期
19	关于扩大锅炉外部检验试点工作的通知	劳办锅字〔1991〕7号	1991.3.1
20	关于1990年全国钢质焊接气瓶产品安全质量检测评定结果和处理意见的通知	劳锅字〔1991〕3号	1991.3.9
21	关于印发《劳动系统密码工作管理办法》的通知	劳息字〔1991〕2号	1991.3
22	关于检查整顿劳动系统传真机信息联络网的通知	劳办息字〔1991〕3号	1991.7.2
23	关于做好国营企业工资总额同经济效益挂钩调研工作的通知	劳办薪字〔1991〕8号	1991.8.9

1993 年

劳动部废止文件目录(32 件)

依据:1993 年 2 月 10 号,劳办政字〔1993〕第 8 号,计 32 件				
序号	法规名称	发文号	发文日期	废止原因
1	劳动人事部关于冶金工业部冶金企业升级中考评安全指标的复函	劳人护〔1988〕13 号	1988. 4. 19	与《条例》第二十一条第三款“企业有权抵制任何部门和单位对企业进行升级、考核”的规定相抵触
2	劳动人事部关于国家建筑材料工业局建材企业升级中考评安全指标的复函	劳人护〔1988〕15 号	1988. 4. 19	同上
3	劳动人事部关于中国船舶工业总公司企业升级中安全考评指标的复函	劳人护〔1988〕16 号	1988. 4. 19	同上
4	劳动人事部关于航空工业部企业升级安全考评指标的复函	劳人护〔1988〕5 号	1988. 4. 22	同上

续表

序号	法规名称	发文号	发文日期	废止原因
5	劳动部关于尽速报送企业升级中安全考评办法的通知	劳字〔1988〕2号	1988.4.21	与《条例》第二十一条第三款“企业有权抵制任何部门和单位对企业进行升级、考核”的规定相抵触
6	劳动部关于中国有色金属工业总公司企业升级中安全考评指标的复函	劳字〔1988〕5号	1988.4.22	同上
7	劳动部关于水利电力部企业升级中安全考评指标的复函	劳字〔1988〕15号	1988.4.30	同上
8	劳动部关于中国民用航空局企业升级中安全考评指标的复函	劳字〔1988〕39号	1988.5.21	同上
9	劳动部关于中国汽车工业联合会企业升级中安全考评指标的复函	劳字〔1988〕59号	1988.6.5	同上
10	劳动部关于中国包装总公司企业升级中安全考评指标的复函	劳字〔1988〕60号	1988.6.5	同上
11	劳动部关于中国石油化工总公司企业升级中安全考评指标的复函	劳字〔1988〕61号	1988.6.5	同上

续表

序号	法规名称	发文号	发文日期	废止原因
12	劳动部关于林业企业升级中安全考评指标的复函	劳字〔1988〕62号	1988.6.5	与《条例》第二十一条第三款“企业有权抵制任何部门和单位对企业进行升级、考核”的规定相抵触
13	劳动部关于铁道部企业升级中安全考评指标的复函	劳字〔1988〕63号	1988.6.15	同上
14	劳动部职业安全卫生监察局关于《关于全民企业下属的劳动服务公司发生伤亡事故是否影响企业升级的请示》的复函	劳安局字〔1988〕45号	1988.11.15	同上
15	劳动部关于交通行业企业升级中考评安全生产指标的复函	劳安字〔1988〕17号	1988.12.8	同上
16	劳动部关于水产行业捕捞企业升级安全考评指标的复函	劳安字〔1988〕18号	1988.12.16	同上
17	劳动部、国务院企业管理指导委员会关于企业升级中安全生产考评工作的补充规定	劳安字〔1988〕5号	1989.2.10	同上

续表

序号	法规名称	发文号	发文日期	废止原因
18	劳动部职业安全卫生监察局关于印发各产业部门企业升级中安全考核指标的通知	劳安局字〔1989〕40号	1989.5.12	与《条例》第二十一条第三款"企业有权抵制任何部门和单位对企业进行升级、考核"的规定相抵触
19	劳动部关于中国核工业总公司企业升级安全考评指标的复函	劳安字〔1989〕19号	1989.6.9	同上
20	劳动部关于上海手表厂发生车祸事故是否影响企业升级问题的复函	劳安字〔1989〕10号	1989.6.12	同上
21	劳动部关于医药工业国家级企业安全考评指标的复函	劳安字〔1989〕17号	1989.9.13	同上
22	劳动部关于矿山企业升级中安全生产考评工作的具体规定	劳矿字〔1989〕10号	1989.9.26	同上
23	劳动部关于兵器工业企业升级安全考评指标的复函	劳安字〔1989〕20号	1989.10.7	同上
24	劳动部、轻工业部关于印发轻工行业企业升级安全考评指标的通知	劳安字〔1990〕7号	1990.3.17	同上

续表

序号	法规名称	发文号	发文日期	废止原因
25	劳动部、国务院企业管理指导委员会关于企业升级中使用统一的安全生产考评表的通知	劳安字〔1990〕11号	1990.3.29	与《条例》第二十一条第三款“企业有权抵制任何部门和单位对企业进行升级、考核”的规定相抵触
26	国家计委、劳动人事部关于继续清理压缩计划外用工的通知	劳人计〔1982〕12号	1982.8.23	《条例》颁布后,调整对象消失
27	劳动人事部、财政部关于1983年企业调整工资和改革工资制度使用资金问题的规定	劳人计〔1982〕73号	1983.8.16	适用期已过,自行失效
28	劳动人事部、国家计委关于严格控制计划外用工的通知	劳人计〔1986〕29号	1986.8.22	《条例》颁布后,调整对象消失
29	劳动部、中国人民银行关于统一制发工资基金管理手册的通知	劳计字〔1989〕40号	1989.9.23	已被劳计字(1992)66号文关于修改《工资基金管理手册》的通知所取代

续表

序号	法规名称	发文号	发文日期	废止原因
30	劳动部关于国营企业招收工人计划管理问题的复函	劳计字〔1990〕87号	1990.12.8	与《条例》第十七条“企业享有劳动用工权”相抵触
31	对《河北省劳动厅关于国营企业部分计划外用工逐步纳入劳动计划管理的请示》的复函	劳计字〔1991〕40号	1991.82	《条例》颁布后,调整对象消失
32	对《河北省劳动厅关于劳动工作中需理顺和亟待解决的一些问题的汇报》的复函	劳计字〔1991〕44号	1991.8.14	与《条例》第十七条“企业享有劳动用工权”相抵触

编者注:《条例》指《全民所有制工业企业转换经营机制条例》。

1994 年

一、国务院废止文件目录(15 件)

依据:1994 年 5 月 16 日国务院令第 154 号,计 15 件			
序号	法规名称	发文(批转)日期	说明
一、决定废止文件目录(5 件)			
1	关于劳动争议解决程序的规定	1950.11.16	已被 1993 年 7 月 6 日国务院发布的《中华人民共和国企业劳动争议处理条例》代替
2	关于实行工业生产经济责任制若干问题的暂行规定	1981.11.11	已被 1988 年 2 月 27 日国务院发布的《全民所有制工业企业承包经营责任制暂行条例》代替
3	关于进一步扩大国营工业企业自主权的暂行规定	1984.5.10	已被 1992 年 7 月 23 日国务院发布的《全民所有制工业企业转换经营机制条例》代替
4	关于增强大中型国营工业企业活力若干问题的暂行规定	1985.9.11	已被 1992 年 7 月 23 日国务院发布的《全民所有制工业企业转换经营机制条例》代替

续表

序号	法规名称	发文(批转)日期	说明
5	关于深化企业改革增强企业活力的若干规定	1986.12.5	已被1990年6月3日国务院发布的《中华人民共和国乡村集体所有制企业条例》、1991年9月9日国务院发布的《中华人民共和国城镇集体所有制企业条例》、1992年7月23日国务院发布的《全民所有制工业企业转换经营机制条例》代替
二、明令废止文件目录(10件)			
1	关于处理义务兵退伍的暂行规定	1958.3.17	被1987年12月12日国务院发布的《退伍义务兵安置条例》明令废止
2	《中华人民共和国劳动保险条例》中有关女工人、女职员生育待遇的规定	1953.1.2	被1988年7月21日国务院发布的《女职工劳动保护规定》明令废止
3	关于女工作人员生产假期的通知	1955.4.26	被1988年7月21日国务院发布的《女职工劳动保护规定》明令废止

续表

序号	法规名称	发文(批转)日　期	说　明
4	关于工资总额组成的暂行规定	1955. 5. 21	被1989年9月30日国务院批准、1990年1月1日国家统计局发布的《关于工资总额组成的规定》明令废止
5	工人职员伤亡事故报告规程	1956. 5. 25	被1991年2月22日国务院发布的《企业职工伤亡事故报告和处理规定》明令废止
6	矿山企业实行农民转换工制度试行条例	1984. 6. 30	被1991年7月25日国务院发布的《全民所有制企业招用农民合同制工人的规定》明令废止
7	国营建筑企业招用农民合同制工人和使用农村建筑队暂行办法	1984. 10. 5	被1991年7月25日国务院发布的《全民所有制企业招用农民合同制工人的规定》明令废止
8	交通、铁路部门装卸搬运作业实行农民轮换工制度和使用承包工试行办法	1984. 12. 19	被1991年7月25日国务院发布的《全民所有制企业招用农民合同制工人的规定》明令废止

续表

序号	法规名称	发文(批转)日　期	说　明
9	国营企业职工待业保险暂行规定	1986.7.12	被1993年4月12日中华人民共和国国务院令第10号发布的《国有企业职工待业保险规定》明令废止
10	国营企业劳动争议处理暂行规定	1987.7.31	被1993年7月6日中华人民共和国国务院令第117号发布的《中华人民共和国企业劳动争议处理条例》明令废止

二、劳动部废止文件目录(136件)

依据:1994年11月11日劳办发〔1994〕362号,计136件				
序号	文件名称	发文号	发文日期	废止理由
一、综合(1件)				
1	关于做好《行政诉讼法》实施准备工作意见的通知	劳政字〔1990〕4号	1990.4.16	适应当时情况、自行失效
二、劳动计划(12件)				
1	关于电力部、水利部、交通部、邮电部劳动计划管理体制有关问题的通知		1979.3.15	适用期已过、自行失效

续表

序号	文件名称	发文号	发文日期	废止理由
2	关于加强职工调剂工作的通知	劳总劳字〔1982〕10号	1982.3.27	适应当时情况，自行失效
3	转发浙江省劳动人事厅《关于全民所有制单位用耕地安排劳动力的若干规定》的通知	劳人计局〔1984〕14号	1984.5.9	同上
4	关于改革供销合作社劳动工资计划体制和统计问题的通知	劳人计〔1984〕24号	1984.5.11	适用期已过，自行失效
5	关于印发《经济特区劳动工资计划和劳动力管理试行办法》的通知	劳人计〔1984〕58号	1984.12.17	同上
6	劳动部关于原则同意《海南经济特区劳动工资计划和劳动力管理试行办法》的复函	劳计字〔1989〕30号	1989.7.28	同上
7	对国家计生委关于急需解决的问题的请示意见的复函	劳办计字〔1991〕5号	1991.4.4	调整对象消失，自行失效
8	劳动部关于印发《农村牧渔场劳动计划体制改革座谈会纪要》的通知	劳计字〔1991〕22号	1991.4.5	适应当时情况，自行失效

续表

序号	文件名称	发文号	发文日期	废止理由
9	劳动部对内蒙古劳动人事厅《关于在呼盟地区实行劳动计划体制改革试点的报告》的批复	劳办计字〔1991〕9号	1991.5.7	适应当时情况，自行失效
10	劳动部对《河北省劳动厅关于在全省国营企业试行劳动计划管理体制改革请示》的复函	劳计字〔1991〕46号	1991.9.13	适应当时情况，自行失效
11	关于印发《劳动计划体制改革汇报研讨会会议纪要》的通知	劳办计字〔1991〕26号	1991.12.2	同上
12	劳动部关于江西供销合作社及直属单位劳动计划和统计管理问题的复函	劳办计字〔1992〕20号	1992.9.23	适用期已过，自行失效
三、劳动就业（5件）				
1	关于试编城镇待业人员培训和就业规划的通知	劳人培〔1984〕11号	1984.4.2	只试行1年，适用期已过，自行失效
2	劳动部、国家税务局关于颁发《劳动服务公司集体企业财务制度（试行）》的通知	劳力字〔1988〕26号	1988.12.8	已被《中华人民共和国财务通则》《中华人民共和国会计准则》代替

续表

序号	文件名称	发文号	发文日期	废止理由
3	劳动部关于颁发《劳动服务公司集体企业会计制度(试行)》的通知	劳力字〔1989〕1号	1989.1.6	已被《中华人民共和国财务通则》《中华人民共和国会计准则》代替
4	劳动部《关于"八五"期间进一步完善企业升级工作及1991年工作安排的意见的函》	劳力字〔1991〕3号	1991.1.30	适用期已过,自行失效
5	关于对关停企业被精简职工实行待业保险的通知	劳力字〔1991〕66号	1991.12.20	已被《国有企业职工待业保险规定》代替
四、劳动力管理(24件)				
1	关于做好青海内调干部随调爱人(是工人)的工作安排的通知	劳总计字〔1979〕88号	1979.8.24	适应当时情况,自行失效
2	关于做好西藏内调工人工作安排的通知	劳总计字〔1979〕108号	1979.10.24	同上
3	关于转发上海市整顿企业劳动纪律有关文件的通知	劳总劳字〔1981〕105号	1981.12.14	同上

续表

序号	文件名称	发文号	发文日期	废止理由
4	关于中央在京单位为解决夫妻分居调工人进京交由北京市劳动局审批的通知	劳人计〔1982〕8号	1982.8.12	已被新文件代替
5	关于积极试行劳动合同制的通知	劳人计〔1983〕11号	1983.2.22	已被《劳动法》代替
6	关于颁布《关于招工考核择优录用的暂行规定》的通知	劳人计〔1983〕12号	1983.2.25	已被《国营企业招用工人暂行规定》代替
7	关于每半年报送一次整顿企业劳动组织工作进展情况的通知	劳人计〔1983〕79号	1983.9.10	适用期已过,自行失效
8	关于印发《劳动制度改革宣传提纲》的通知	劳人研〔1986〕3号	1986.7.15	同上
9	关于翻印《劳动手册》有关问题的通知	劳人办计〔1986〕28号	1986.11.5	同上
10	对《关于改革劳动制度准备情况和有关问题的请示》的复函	劳人劳〔1987〕1号	1987.1.5	适应当时情况,自行失效

续表

序号	文件名称	发文号	发文日期	废止理由
11	关于被判处管制或缓刑的劳动合同制工人是否予以开除、解除合同或辞退问题的复函	劳人劳〔1987〕1号	1987.2.11	适用期已过，自行失效
12	关于招收运动员如何实行劳动合同制的通知	劳人劳〔1987〕3号	1987.2.19	已被《劳动法》代替
13	印发《全国搞活固定工制度试点工作会议纪要》的通知	劳人劳〔1987〕24号	198710.17	适应当时情况，自行失效
14	关于继续做好劳动定员定额管理工作的通知	劳人劳〔1987〕26号	1987.11. 17	适应当时情况，自行失效
15	关于实施改革劳动制度的四个规定以前招用的劳动合同制工人终止或解除劳动合同时是否发生活补助费问题的复函	劳办力字〔1988〕2号	1988.8.2	已被《劳动法》代替
16	人事部、劳动部关于撤并公司人员安排的意见	劳力字〔1989〕41号	1989.11.20	已被《国有企业安置富余人员规定》代替

续表

序号	文件名称	发文号	发文日期	废止理由
17	关于继续做好优化劳动组合试点工作的意见	劳力字〔1990〕12号	1990.2.8	适应当时情况，自行失效
18	关于做好关停并转全民所有制企业职工安置工作的通知	劳力字〔1991〕25号	1991.4.19	已被《国有企业安置富余人员规定》代替
19	深化企业劳动制度改革的总体设想和近期工作安排的初步意见	劳力字〔1991〕55号	1991.10.17	已被《劳动部关于建立社会主义市场经济体制时期劳动体制改革总体设想》（劳部发〔1993〕411号）代替
20	劳动部、国务院生产办公室对关停企业被精简职工实行待业保险的通知	劳力字〔1991〕66号	1991.12.20	已被《国有企业安置富余人员规定》代替
21	关于扩大试行全员劳动合同制的通知	劳力字〔1992〕7号	1992.2.25	已被《劳动法》代替
22	关于劳动合同期限届满终止劳动合同是否应提前通知对方的复函	劳办力字〔1992〕17号	1992.3.23	同上

续表

序号	文件名称	发文号	发文日期	废止理由
23	关于劳动合同制工人因工负伤后有关问题的复函	劳力字〔1992〕34号	1992.7.1	已被《劳动法》代替
24	关于试行全员劳动合同制有关问题处理意见的通知	劳力字〔1992〕46号	1992.9.12	同上
五、工资(38件)				
1	关于煤矿工人升级和转正、定级问题的联合通知	中劳薪字〔1961〕第74号	1961.8.13	适用期已过,自行失效
2	关于职工升级、转正和定级的通知	国劳周字〔1961〕172号	1961.10.31	同上
3	关于国营工业、交通运输、基本建设企业工人试行节约奖励制度的通知	国劳周字〔1962〕393号	1962.12.9	同上
4	关于1963年职工升级若干具体问题的通知	中劳薪密字〔1963〕第540号	1963.10.18	同上
5	关于职工升级工作的补充通知	中劳薪字〔1963〕第540号	1963.10.18	同上

续表

序号	文件名称	发文号	发文日期	废止理由
6	关于对钢铁冶炼企业从事高温繁重劳动的工人实行临时补贴问题的通知	劳薪字〔1977〕78号	1977.12.6	适用期已过,自行失效
7	关于贯彻执行国务院关于职工升级的几项具体规定中若干具体问题的处理意见	劳总薪字〔1980〕19号	1980.1.23	同上
8	关于物资部门从事废金属回收工作人员实行岗位津贴的联合通知	劳总薪字〔1980〕179号	1980.5.19	同上
9	关于中等专业学校毕业生工资待遇若干问题的答复	国人〔1981〕33号	1981.2.9	适用期已过,自行失效
10	关于纠正一些单位对升级的技术人员不按现行工资标准级差增加工资问题的通知	劳总薪字〔1981〕21号	1981.2.25	适应当时情况,自行失效
11	关于沿海各港口工人实行计划工资制度中几个问题的通知	劳总薪字〔1981〕61号	1981.5.6	适用期已过,自行失效

续表

序号	文件名称	发文号	发文日期	废止理由
12	关于中途退伍的战士安排工作后的初期工资待遇问题的通知	劳总薪字〔1981〕96号	1981.6.23	适用期已过,自行失效
13	关于加强奖金管理,严格控制奖金发放的通知	劳人薪〔1982〕7号	1982.7.29	适应当时情况,自行失效
14	关于建筑系统是否建立班组长和特殊工种津贴制度问题的通知	劳人薪〔1982〕37号	1982.9.2	适用期已过,自行失效
15	关于不要将老二级工改定三级工问题的通知	劳人薪〔1983〕339号	1983.7.7	适应当时情况,自行失效
16	关于贯彻国务院国发〔1983〕63号文件若干问题的规定	劳人薪〔1983〕365号	1983.8.15	同上
17	关于1983年企业调整工资和改革工资制度使用资金问题的通知	劳人计〔1983〕73号	1983.8.16	适用期已过,自行失效
18	关于调动工作的职工由哪个单位负责调整其工资的通知	劳人薪〔1983〕482号	1983.11.11	同上

续表

序号	文件名称	发文号	发文日期	废止理由
19	关于1983年企业工资中各类干部按“新拟企业干部工资标准”(草案)增加级差问题的通知	劳人薪〔1983〕507号	1983.12.13	适用期已过,自行失效
20	关于印发《国营企业工资改革试行办法》的通知	劳人薪〔1985〕29号	1985.7.13	同上
21	关于印发国营大中型企业职工工资标准的通知	劳人薪〔1985〕31号	1985.7.23	适用期已过,自行失效
22	对有关企业工资改革人均增资幅度问题的解释的通知	劳人薪〔1985〕44号	1985.5.25	适应当时情况,自行失效
23	中组部、劳动人事部关于犯“三种人”错误和严重错误的人如何参加工资改革的通知	劳人薪〔1985〕48号	1985.10.16	同上
24	关于分配到企业单位工作的已取得博士、硕士学位的研究生毕业生如何发给工资问题的通知	劳人薪〔1986〕2号	1986.1.16	适用期已过,自行失效

续表

序号	文件名称	发文号	发文日期	废止理由
25	关于印发《当前企业工资问题的宣传提纲》的通知	劳人薪〔1986〕32号	1986.3.28	适应当时情况，自行失效
26	关于国营企业领导干部增加工资问题的通知	劳人薪〔1986〕52号	1986.5.24	适用期已过，自行失效
27	关于1986年适当解决国营企业工资问题的通知	劳人薪〔1986〕97号	1986.11.6	同上
28	关于同意在部分电力工业企业中继续进行工资总额包干试点的批复	劳人计〔1986〕55号	1986.12.25	同上
29	关于核定1988年部分国营企业工资总额同上缴税利挂钩浮动方案的通知	劳薪字〔1989〕2号	1989.1.7	适用期已过，自行失效
30	关于印发《当前企业工资工作的宣传提纲》的通知	劳薪字〔1989〕32号	1989.12.29	适用期已过，自行失效
31	劳动部、财政部《关于企业性公司贯彻国发〔1989〕83号文件的实施意见》	劳薪字〔1990〕11号	1990.2.28	同上

续表

序号	文件名称	发文号	发文日期	废止理由
32	劳动部对《关于核定挂钩企业工资基数扣减工资调节税问题的请示》的答复	劳薪字〔1990〕40号	1990.6.1	适应当时情况，自行失效
33	劳动部关于分配到企业单位工作的博士后研究人员工资标准问题的通知	劳薪字〔1991〕3号	1991.1.9	同上
34	劳动部关于1991年转业到企业的军队干部工资处理问题的通知	劳薪字〔1991〕37号	1991.7.29	适用期已过，自行失效
35	关于1992年安置到企业的军队转业干部工资处理问题的通知	劳薪字〔1992〕34号	1992.8.13	适用期已过，自行失效
36	关于1992年审核企业工资总额同经济效益挂钩方案有关问题的通知	劳薪字〔1992〕40号	1992.10.4	同上
37	关于1993年审核企业工资总额同经济效益挂钩方案有关问题的通知	劳部发〔1993〕219号	1993.9.3	同上
38	关于企业职工加班工资的复函	劳办发〔1994〕327号	1994.1.24	已被《劳动法》代替

续表

序号	文件名称	发文号	发文日期	废止理由
六、社会保险福利（1件）				
1	国家劳动总局、粮食部关于退休，退职人员回农村后口粮供应办法的通知	劳总险字〔1981〕1号、粮供联字〔1981〕第1号	1981.1.3	调整对象消失，自行失效
七、职业技能开发（13件）				
1	关于抓紧接交技工学校综合管理工作的通知	劳总培字〔1979〕001号	1979.4.27	适用期已过，自行失效
2	财政部、国家劳动总局关于技工学校经费管理和开支标准的暂行规定的补充通知	财企字〔1979〕25号	1979.2.14	已被新标准代替
3	国家劳动总局关于颁发《技工学校工作条例（试行）》的通知		1979.2.20	已被《技工学校工作条例》（劳人培〔1986〕22号）代替
4	国家经济委员会、国家劳动总局关于进一步搞好技工培训工作的通知	劳总培字〔1979〕45号	1979.9.28	已被《关于加强工人培训工作的决定》（劳培字〔1992〕3号）代替

续表

序号	文件名称	发文号	发文日期	废止理由
5	国家劳动总局关于颁发《技工学校学生守则(试行)》和《关于技工学校学生学籍管理的暂行规定(试行)》的通知	劳总培字〔1980〕30号	1980.4.8	已被《技工学校学生学籍管理规定》(劳培字〔1990〕6号)代替
6	国家劳动总局、卫生部关于印发《技工学校招生体检标准及执行细则(试行)》的通知	劳总培字〔1981〕11号	1981.4.14	已被《技工学校招生体检标准及执行细则》(劳人培〔1984〕7号)代替
7	国家劳动总局关于认真贯彻中共中央国务院关于加强职工教育工作的决定的通知	劳总培字〔1981〕14号	1981.4.12	适应当时情况,自行失效
8	全国职工教育管理委员会、教育部、国家劳动总局、中华全国总工会、共青团中央关于切实搞好青壮年职工文化技术补课工作的联合通知	职教〔1982〕4号	1982.1.21	同上

续表

序号	文件名称	发文号	发文日期	废止理由
9	国家经委、国家劳动总局印发《关于加强技工学校生产实习教学工作的几点意见》的通知	劳总培字〔1982〕6号	1982.3.1	已被《关于进一步加强技工学校生产实习教学开展勤工俭学活动的意见》（劳培字［1990］1号）代替
10	全国职工教育管理委员会、教育部、劳动人事部、中华全国总工会、共青团中央关于青壮年职工文化技术补课工作若干问题的补充意见	职教〔1982〕21号	1982.12.2	适应当时情况，自行失效
11	劳动人事部、全国职工教育管理委员会关于进一步搞好青壮年工人技术补课工作的意见	劳人培〔1982〕20号	1982.12.3	同上
12	劳动人事部关于1984年技工学校招生工作的意见	劳人培〔1984〕10号	1984.3.19	适用期已过，自行失效
13	劳动部关于1989年技工学校招生工作的意见	劳培字〔1989〕11号	1989.2.2	同上

续表

序号	文件名称	发文号	发文日期	废止理由
八、外商投资企业劳动管理(10件)				
1	劳动人事部关于中外合资经营企业劳动管理规定的实施办法	劳人劳〔1984〕1号	1984.1.19	已被《外商投资企业劳动管理规定》(劳部发〔1994〕246号)代替
2	关于中外合资经营企业劳动管理供内部掌握的若干意见	劳人劳〔1984〕1号	1984.1.19	同上
3	劳动人事部关于外商投资企业用人自主权和职工工资保险福利费用的规定	劳人计〔1986〕44号	1986.11.10	同上
4	关于如何确定中外合资经营企业职工工资水平问题的复函	劳办计字〔1989〕2号	1989.4.11	同上
5	劳动部办公厅关于外商投资企业职工档案中标准工资问题的通知	劳办计字〔1990〕14号	1990.4.13	同上

续表

序号	文件名称	发文号	发文日期	废止理由
6	关于对中外合资(合作)经营企业中方高级管理人员工资待遇管理的意见	劳计字〔1990〕56号	1990.8.23	已被《外商投资企业劳动管理规定》(劳部发〔1994〕246号)代替
7	劳动部《关于进一步加强外商投资企业中方职工工资管理的意见》的通知	劳计字〔1990〕57号	1990.8.23	同上
8	劳动部对《关于进一步加强外商投资企业中方职工工资管理的意见》中有关问题处理意见的通知	劳计字〔1990〕65号	1990.9.19	同上
9	劳动部对于执行劳动人事部劳人劳〔1984〕1号文件遇到问题的批复	劳办计字〔1992〕20号	1992.10.27	同上
10	关于进一步改进和加强外商投资企业劳动工作的通知	劳部发〔1993〕45号	1993.3.15	同上
九、劳动争议处理(16件)				
1	关于《国营企业劳动争议处理暂行规定》若干问题的解答意见	劳人劳〔1987〕25号	1987.10.10	已被《企业劳动争议处理条例》代替

续表

序号	文件名称	发文号	发文日期	废止理由
2	关于不设立仲裁员、仲裁庭和劳动合同鉴证问题的通知	劳人劳〔1987〕29号	1987.12.11	与现行劳动法规,规章相抵触
3	关于印发《劳动合同鉴证费和劳动争议仲裁费收支明细表》的通知	劳力字〔1989〕21号	1989.7.5	已被《劳动仲裁费和劳动合同鉴证费管理办法》(劳力字〔1992〕53号)代替
4	关于劳动合同鉴证问题的通知	劳力字〔1989〕24号	1989.8.31	已被《劳动合同鉴证实施办法》(劳力字〔1992〕54号)代替
5	关于劳动仲裁管理范围问题的复函	劳办力字〔1990〕21号	1990.12.7	适用期已过,自行失效
6	关于试行劳动争议仲裁员、仲裁庭制度的复函	劳办力字〔1990〕72号	1990.12.6	同上
7	关于《国营企业劳动争议处理暂行规定》第二十一条解释的函	劳力字〔1991〕28号	1991.4.23	已被《劳动争议仲裁委员会办案规则》(劳部发〔1993〕276号)代替

续表

序号	文件名称	发文号	发文日期	废止理由
8	关于处理职工死亡后因抚恤发生的争议案件的复函	劳办力字〔1991〕33号	1991.6.17	已被《劳动争议仲裁委员会办案规则》(劳部发〔1993〕276号)代替
9	关于《国营企业劳动争议处理暂行规定》第二十六条有关问题解释的复函	劳办力字〔1991〕34号	1991.6.21	同上
10	关于扩大试点劳动仲裁员、仲裁庭制度的意见的通知	劳力字〔1991〕42号	1991.7.18	适用期已过,自行失效
11	关于实行全员劳动合同制后因履行劳动合同发生争议的受理问题的复函	劳办力字〔1991〕67号	1991.11.23	已被《企业劳动争议处理条例》代替
12	关于转发上海市试行劳动仲裁员、仲裁庭制度的两个文件的通知	劳办力字〔1991〕70号	1991.11.28	适用期已过,自行失效
13	关于外商投资企业中发生不与职工签订劳动合同等三种情况时的争议是否受理问题的复函	劳力字〔1992〕20号	1992.5.3	已被《关于劳动争议受理问题的复函》(劳办发〔1984〕96号)代替

续表

序号	文件名称	发文号	发文日期	废止理由
14	关于乡村集体企业劳动争议受理问题的复函通知	劳办力字〔1992〕33号	1992.7.24	已被《企业劳动争议处理条例》代替
15	关于离休职工不服开除处分引起的争议是否受理的复函	劳办力字〔1992〕46号	1992.10.7	准备重新研究新的政策
16	关于劳动争议仲裁委员会对企业已作的处理有无变更权等问题的复函	劳办发〔1993〕58号	1993.6.14	已被《劳动争议仲裁委员会办案规则》代替
十、职业安全卫生监察(7件)				
1	关于试行工厂通风装置管理办法(草案)的通知	中劳护字〔1956〕第0143号	1956.7.20	适用期已过,自行失效
2	卫生部、劳动部关于工厂防止矽尘危害技术措施暂行办法	中劳护字〔1958〕第37号	1958.3.19	同上
3	工业企业噪声卫生标准(试行草案)	卫工字〔1979〕第1261号 劳总护字〔1979〕第51号	1979.8.31	同上

续表

序号	文件名称	发文号	发文日期	废止理由
4	关于改由各主管部门审批提前退休工种的通知	劳人护〔1985〕6号	1985.3.4	适用期已过,自行失效
5	劳动部、国务院企业管理指导委员会关于企业升级中安全生产考评工作的补充规定	劳安字〔1989〕5号	1989.2.10	与《全民所有制工业企业转换经营机制条例》相抵触
6	劳动部关于医药工业国家级企业安全考评指标的复函	劳安字〔1989〕17号	1989.9.13	同上
7	劳动部、机械电子工业部关于印发《机械电子工业企业升级安全生产考评指标》的通知	劳安字〔1991〕20号	1991.6.28	同上
十一、锅炉压力容器安全监察(3件)				
1	劳动部关于颁发《压力容器使用登记管理规则》的通知	劳锅字〔1989〕2号	1989.3.22	已被《压力容器使用登记管理规则》(劳部发〔1983〕422号)代替
2	建设部、劳动部、公安部关于整顿液化石油贮灌厂(站)的通知	城建字〔1989〕第239号	1989.5.7	适应当时情况,自行失效

续表

序号	文件名称	发文号	发文日期	废止理由
3	进口锅炉压力容器质量许可制度实施办法(试行)	劳锅字〔1990〕4号	1990.2.26	已被《进口锅炉压力容器质量许可制度实施办法》(劳部发〔1993〕254号)代替
十二、矿山安全监察(6件)				
1	乡镇煤矿安全生产若干暂行规定	劳人矿〔1984〕3号	1984.10.23	已被《矿山安全法》所代替
2	关于建立全国矿山安全卫生监测仪器仪表和装备推广服务网络的通知	劳办矿字〔1991〕2号	1991.3.9	适应当时情况,自行失效
3	劳动部关于颁发《国营煤矿安全检查与考核标准》的通知	劳矿字〔1991〕8号	1991.9.10	与《全民所有制工业企业转换经营机制条例》相抵触,考核方法已不适应当时情况
4	关于继续进行矿山个体呼吸性粉尘监测试点工作的通知	劳矿字〔1992〕3号	1992.3.14	适用期已过,自行失效

续表

序号	文件名称	发文号	发文日期	废止理由
5	劳动部关于颁发《劳动卫生监察程序和办法》的通知	劳矿字〔1992〕8号	1992.6.2	检查评比方式已不适应当时情况，而且与《全民所有制工业企业转换经营机制条例》相抵触
6	劳动部办公厅关于印发《1993年金属非金属矿山审查项目计划表》的通知	劳办矿字〔1993〕5号	1993.4.8	适用期已过，自行失效

1995 年

劳动部废止文件目录(8件)

依据:1995年2月25日劳办发〔1995〕44号,计8件				
序号	文件名称	发文号	发文日期	废止理由
1	关于填报县以下企业职工伤亡事故统计数字的通知	劳人护〔1986〕15号	1986.5.20	已被《关于印发〈企业职工伤亡事故报告统计问题解答〉的通知》(劳办发〔1993〕140号)代替
2	关于颁布《锅炉压力容器无损检测人员资格鉴定考核规则》的通知	劳人锅〔1987〕9号	1987.3.23	已被《关于颁布〈锅炉压力容器无损检测人员资格考核规则〉的通知》(劳部发〔1993〕40号)代替
3	关于火灾伤亡事故统计问题的通知	劳安字〔1990〕18号		适用期已过,自行失效
4	关于给退休职工发宿舍取暖补贴问题的通知	劳险便字〔1980〕10号		适用期已过,自行失效

续表

序号	文件名称	发文号	发文日期	废止理由
5	关于加强蒸压釜安全工作的通知	建材生管字〔1989〕71 号		适用期已过，自行失效
6	关于加强锅炉压力容器检验所治理整顿工作的通知	劳锅局字〔1990〕11 号		已被劳办政字〔1993〕8 号文件废止
7	关于印发《轻工行业企业升级安全考评指标》的通知	劳安字〔1990〕7 号	1990. 3. 17	适用期已过，自行失效
8	关于 1993 年锅炉压力容器事故通报	劳部发〔1994〕122 号	1994. 3. 8	适用期已过，自行失效

1999 年

一、劳动保障部废止文件目录(214 件)

依据:1999 年 8 月 3 日劳社部发〔1999〕25 号,计 214 件				
一、培训就业(14 件)				
序号	文件名称	发文号	发文日期	废止理由
1	劳动人事部关于技工学校毕业生当工人后实行劳动合同制的通知	劳人培〔1988〕1 号	1988.11.29	已被《劳动法》取代
2	劳动部办公厅关于制止非法劳务中介活动的通知	劳办力字〔1989〕13 号	1989.7.15	适用期已过
3	劳动部关于对违反国家政策规定开办劳务中介、从事职业介绍业务予以取缔问题的复函	劳政字〔1992〕19 号	1992.12.21	适用期已过
4	劳动部关于民办职业介绍机构管理问题的通知	劳部发〔1993〕140 号	1993.7.14	适用期已过
5	劳动部关于全面实施再就业工程的通知	劳部发〔1995〕43 号	1995.1.19	已被《中共中央、国务院关于切实做好下岗职工基本生活保障和再就业工作的通知》(中发〔1998〕10 号)取代

续表

序号	文件名称	发文号	发文日期	废止理由
6	劳动部办公厅关于换发“外来及外出人员就业证、卡”有关问题的通知	劳办发〔1995〕27号	1995.11.26	适用期已过
7	劳动部关于抓紧落实流动就业凭证管理制度的通知	劳部发〔1995〕221号	1995.5.9	适用期已过
8	劳动部关于进一步加强劳动就业服务企业管理的通知	劳部发〔1995〕366号	1995.9.28	已被《劳动部关于颁布〈劳动就业服务企业实行股份制合作规定〉的通知》（劳部发〔1996〕181号）取代
9	劳动部关于认真贯彻国务院会议精神做好1996年春运期间组织民工有序流动工作的通知	劳部发〔1995〕426号	1995.11.23	适用期已过
10	劳动部关于做好1996年元旦、春节期间困难企业职工和离退休人员基本生活保障工作的通知	劳部发〔1995〕442号	1995.11.29	适用期已过

续表

序号	文件名称	发文号	发文日期	废止理由
11	劳动部办公厅关于全面实施再就业工程有关问题的通知	劳办发〔1996〕68号	1996. 4. 25	已被《中共中央、国务院关于切实做好下岗职工基本生活保障和再就业工作的通知》(中发〔1998〕10号)取代
12	劳动部办公厅对《关于台港澳人员免办就业证问题的请示》的复函	劳办发〔1996〕176号	1996. 81. 28	复函有误。应以《劳动部关于颁发〈台湾和香港、澳门居民在内地就业管理规定〉的通知》(劳部发〔1994〕102号)为准
13	劳动部关于印发《农村劳动力跨地区流动有序化工程1997年实施计划》的通知	劳部发〔1997〕112号	1997. 4. 9	适用期已过

续表

序号	文件名称	发文号	发文日期	废止理由
14	劳动部关于建立下岗职工基本生活保障制度的通知	劳部发〔1998〕33号	1998.1.26	已被《中共中央、国务院保障关于切实做好下岗职工基本生活和再就业工作的通知》(中发〔1998〕10号)取代
二、劳动工资(54件)				
1	劳动部关于工人职员调到工人技术学校学习毕业后是否需要见习期和有关工资的评定问题给吉林机械电气工人技术学校的复函	中劳薪字〔1958〕第96号	1958.3.15	适用期已过
2	劳动部对于制定国务院关于工人、职员回家探亲的假期和工资待遇的暂行规定实施细则中若干问题的意见	中劳办字〔1958〕55号	1958.4.28	被《国务院关于职工探亲待遇的规定》(国发〔1981〕36号)取代

续表

序号	文件名称	发文号	发文日期	废止理由
3	劳动部、煤炭工业部关于煤矿工人升级和转正、定级问题的联合通知	中劳薪字〔1961〕第74号 煤人劳字〔1961〕第367号	1961. 8. 13	适用期已过
4	劳动部关于归侨毕业生分配工作后的工资待遇问题给上海市劳动局的复函	中劳薪字〔1962〕第56号	1962. 4. 17	适用期已过
5	劳动部关于练习生是否可以转正定级问题给贵州省劳动局的复函	中劳薪字〔1962〕第94号	1962. 5. 30	适用期已过
6	劳动部、冶金部关于调整冶金矿山井下工人工资的通知	冶人字〔1963〕第1147号 中劳薪字〔1963〕第90号	1963. 2. 23	适用期已过
7	劳动部工资局关于调干毕业生的范围及其工资待遇等问题给北京农业科学院研究所的复函	中劳薪字〔1963〕第118号	1963. 3. 28	适用期已过

续表

序号	文件名称	发文号	发文日期	废止理由
8	劳动部、林业部对南方各省(区)森林工业林区津贴的几点意见	中劳薪字〔1963〕第118号 林劳资昭字〔1963〕第15号	1963.6.14	原劳动部、林业部对南方各省建立林区津贴问题作了具体批复
9	劳动部关于十七级以上党员干部降低工资的问题给上海市劳动局的复函	中劳薪字〔1963〕363号	1963.8.23	适用期已过
10	劳动部关于高等学校和中等专业学校毕业生见习期满的工资评定问题的复电	劳机于字〔1963〕123号	1963.9.4	劳动部关于印发《对〈工资支付暂行规定〉有关问题的补充规定》的通知(劳部发〔1981〕226号)中已有新的规定
11	劳动部关于非金属矿山建立井下工作津贴问题给建筑工程部的复函	中劳薪字〔1963〕第427号	1963.9.18	适用期已过

续表

序号	文件名称	发文号	发文日期	废止理由
12	劳动部关于矿山井下津贴问题给冶金工业部的复函	中劳薪字〔1963〕第429号	1963.9.18	《劳动部、财政部关于核增冶金部直属企业艰苦岗位津贴总额的复函》(劳部发〔1993〕385号)中已有新的规定
13	劳动部关于颁发企业食堂、托儿所和幼儿园工作人员定员标准的通知	中劳配字〔1964〕第154号	1964.3.25	适用期已过
14	内务部关于《中共中央关于国家机关和企业、事业单位精简干部的安置处理办法的补充规定》的问题解答	内人工字〔1964〕64号	1964.4.13	适用期已过
15	劳动部关于职工调动工作工资待遇问题给四川省革命委员会生产指挥部的复函	中劳薪字〔1968〕第43号	1968.3.13	国务院工资制度改革领导小组、国务院企业工资改革研究小组、劳动人事部《关于职工调动工作后工资待遇若干问题的暂行规定》(劳人薪字〔1987〕24号)中已有新的规定

续表

序号	文件名称	发文号	发文日期	废止理由
16	劳动部工资局关于职工调动工作工资待遇问题给陕西省劳动局革命领导小组的复函	中劳薪字〔1968〕第72号	1968.5.23	国务院工资制度改革领导小组、国务院企业工资改革研究小组、劳动人事部《关于职工调动工作后工资待遇若干问题的暂行规定》(劳人薪字〔1987〕24号)中已有新的规定
17	国家计委劳动局关于职工调作熟练工的工资处理意见	计劳薪字〔1975〕157号	1975.8.2	适用期已过
18	国家劳动总局关于中等专业学校毕业生待遇问题给内蒙古自治区劳动局的复函	劳薪字〔1977〕112号	1977.9.5	适用期已过
19	国家劳动总局关于企业职工加班工资支付问题的通知	劳薪字〔1978〕8号	1978.2.11	《劳动法》中已有新的规定

续表

序号	文件名称	发文号	发文日期	废止理由
20	国家劳动总局关于企业职工加班工资支付问题的补充通知	劳薪字〔1978〕16号	1978.4.28	《劳动法》中已有新的规定
21	国家劳动总局关于地质部门的职工调到其他部门工作时的工资问题给湖北省劳动局的复函	劳薪字〔1978〕19号	1978.5.27	适用期已过
22	国家劳动总局关于企业职工加班工资问题给江苏省劳动局的复函	劳薪字〔1978〕48号	1978.8.29	《劳动法》中已有新的规定
23	国家劳动总局、教育部、中华全国总工会重申关于企业职工业余学校专职工作人员配备的暂行规定的通知	劳计字〔1978〕第82号 教工农字〔1978〕1037号 工发〔1978〕第79号	1978.10.9	适用期已过
24	国家劳动总局关于执行国发〔1979〕18号文件有关问题的处理意见	劳总薪字〔1979〕27号	1979.4.3	适用期已过

续表

序号	文件名称	发文号	发文日期	废止理由
25	国家劳动总局关于矿山井下职工调动工作后工资待遇问题给湖北省劳动局的复函	劳总薪字〔1979〕63号	1979.7.10	国务院工资制度改革领导小组、国务院企业工资改革研究小组、劳动人事部《关于职工调动工作后工资待遇若干问题的暂行规定》（劳人薪字〔1987〕24号）中已有新的规定
26	国家劳动总局关于执行中发〔1978〕13号文件中有关职工工资问题给甘肃省劳动局的复函	劳总薪字〔1979〕83号	1979.9.1	适用期已过
27	国家劳动总局、财政部关于今年不再实行年终奖的通知	劳总薪字〔1979〕162号 财企字632号	1979.12.9	适用期已过
28	国家劳动总局关于军队第三批转业干部由军队负责调级后地方单位按什么工资标准支付工资的通知	劳总薪字〔1979〕96号	1980.4.10	适用期已过

续表

序号	文件名称	发文号	发文日期	废止理由
29	国家劳动总局关于长岛县驻岛津贴问题给山东省劳动局的复函	劳总薪字〔1980〕197号	1980.10.25	适用期已过
30	国家劳动总局关于“堵漏保收奖金”可不包括在奖金控制额之内意见给广西壮族自治区劳动局的函	劳总薪字〔1981〕87号	1981.6.18	适用期已过
31	国家劳动总局关于对建材企业大专毕业生改按国家机关工资标准定级问题给建筑材料工业部的复函	劳总薪字〔1981〕148号	1981.12.24	适用期已过
32	劳动人事部关于进行工资制度改革试点必须经过审查批准的通知	劳人薪〔1982〕56号	1982.11.2	适用期已过
33	劳动人事部、财政部关于职工宿舍冬季取暖补贴不作调整的通知	劳人险〔1982〕31号	1982.11.20	适用期已过

续表

序号	文件名称	发文号	发文日期	废止理由
34	劳动人事部工资局关于经济民警暂不实行岗位津贴的函	劳人薪局〔1982〕20号	1982.11.26	适用期已过
35	劳动人事部关于离休干部调资问题给甘肃省人事局的复函	劳人薪〔1983〕93号	1983.31.26	适用期已过
36	劳动人事部关于1979年1月1日以后报到上班人员不应列入这次调资范围给北京市劳动局、人事局的函	劳人薪〔1984〕93号	1984.2.21	适用期已过
37	劳动人事部工资局关于国家职工在公安机关收容审查期间工资问题的处理意见	劳人薪局〔1984〕11号	1984.4.10	适用期已过
38	劳动人事部关于要求山东省劳动局立即纠正其《关于技工学校毕业生定级待遇等问题的通知》的通知	劳人薪〔1984〕161号	1984.8.21	适用期已过

续表

序号	文件名称	发文号	发文日期	废止理由
39	劳动人事部计划劳动局对《关于要求纠正对新疆生产建设兵团职工不平等待遇的请示报告》给新疆生产建设兵团工会的复函	劳人计局〔1984〕36号	1984.9.26	适用期已过
40	劳动人事部关于严格禁止招用童工的通知	劳人劳〔1987〕18号	1987.6.23	已被《禁止使用童工规定》（1991年国务院第81号令）取代
41	劳动人事部关于《国营企业辞退违纪职工暂行规定》是否适用于劳动合同制工人问题的复函	劳人〔1988〕9号	1988.4.6	适用期已过
42	劳动部、国家教育委员会、农业部、国家工商行政管理局、中华全国总工会关于严禁使用童工的通知	劳人字〔1988〕22号	1988.11.5	已被《禁止使用童工规定》（1991年国务院第81号令）取代

续表

序号	文件名称	发文号	发文日期	废止理由
43	劳动部《关于调查企业职工工资、奖金、津贴、补贴发放规定情况》的通知	劳薪字〔1990〕5号	1990. 2. 7	适用期已过
44	劳动部对商业部《关于商业企业全国商业特级劳动模范、全国商业劳动模范奖励升级问题的通知》意见的函	劳薪字〔1991〕27号	1991. 3. 5	适用期已过
45	劳动部办公厅关于征求对《岗位技能工资制试行方案(稿)》的意见和报送试点工作计划的通知	劳办薪字〔1991〕4号	1991. 4. 5	适用期已过
46	劳动部办公厅关于农民轮换工工资收入问题的复函	劳办力字〔1991〕35号	1991. 6. 20	适用期已过
47	劳动部办公厅关于续订劳动合同是否要规定试用期的复函	劳办力字〔1991〕40号	1991. 7. 23	适用期已过
48	劳动部办公厅关于如何确认和受理劳动争议的复函	劳办力字〔1992〕28号	1992. 6. 27	文件依据的《国营企业劳动争议处理暂行规定》已于1993年废止

续表

序号	文件名称	发文号	发文日期	废止理由
49	劳动部、中华全国总工会关于检查和总结《女职工劳动保护规定》贯彻执行情况的通知	劳安字〔1993〕2号	1993.2.2	适用期已过
50	劳动部办公厅关于处理专业银行劳动争议问题的复函	劳办发〔1993〕72号	1993.6.30	《中华人民共和国商业银行法》对此有新的规定
51	劳动部办公厅关于企业富余职工、待岗职工因停发生活费发生的争议属于仲裁委员会受理范围的复函	劳办发〔1993〕163号	1993.10.20	适用期已过
52	劳动部、人事部关于颁发《〈国务院关于职工工作时间的规定〉的实施办法》的通知	劳部发〔1994〕66号	1994.7.8	已被《劳动部关于颁发〈国务院关于职工工作时间的规定的实施办法〉的通知》（劳部发〔1995〕143号）取代

续表

序号	文件名称	发文号	发文日期	废止理由
53	劳动部办公厅关于二一一厂处理职工工资问题的函	劳办发〔1994〕174号	1994.5.3	适用期已过
54	劳动部综合计划与工资司关于贯彻《关于改进完善弹性劳动工资计划办法的通知》实施意见的函	劳综司函字〔1995〕8号	1995.5.8	适用期已过
三、社会保险 1. 综合(12件)				
1	劳动部、内务部、财政部、全国总工会关于国营、公私合营企业、事业单位撤销或转为集体所有制以后遗留下来的若干劳动保险待遇由谁继续发给问题的通知	中劳薪字〔1964〕231号 财工制王〔1964〕687号 内优字〔1964〕103号 会通字〔1964〕30号	1964.6.2	适用期已过
2	国家劳动总局关于临时工劳动保险待遇问题的复函	劳总险字〔1979〕9号	1979.9.1	调整对象发生变化
3	劳动人事部关于退休养老基金和职工待业保险基金管理问题的通知	劳人险〔1987〕4号	1987.4.24	适用期已过

续表

序号	文件名称	发文号	发文日期	废止理由
4	劳动人事部关于银行、保险系统职工待业保险基金缴纳和合同制工人养老金统筹问题的复函	劳人培〔1987〕14号	1987.5.11	适用期已过
5	劳动部关于社会保险管理体制问题的复函	劳险字〔1989〕14号	1989.7.31	《国务院办公厅关于印发劳动和社会保障部职能配置内设机构和人员编制规定的通知》（国办发〔1998〕50号）已有新的规定
6	劳动部关于解决江苏省部分地区社会保险工作管理体制问题的函	劳险字〔1989〕20号	1989.9.26	《国务院办公厅关于印发劳动和社会保障部职能配置内设机构和人员编制规定的通知》（国办发〔1998〕50号）已有新的规定

续表

序号	文件名称	发文号	发文日期	废止理由
7	劳动部转发中央、国务院关于社会保险工作的指示、规定的通知	劳险字〔1989〕21号	1989.9.27	《国务院关于企业职工基本养老保险制度改革的决定》（国发〔1991〕33号文）等文件已有新的规定
8	劳动部关于试行《社会保险会计制度》的通知	劳部发〔1993〕46号	1993.5.18	已被《关于印发〈社会保险基金会计制度〉的通知》（财会字〔1999〕20号）取代
9	劳动部关于颁发《社会保险财务制度（试行）》的通知	劳部发〔1993〕278号	1993.10.20	已被《关于印发〈社会保险基金财务制度〉的通知》（财会字〔1999〕60号）取代

续表

序号	文件名称	发文号	发文日期	废止理由
10	劳动部对《关于劳动保险管理服务费是否转交“财政专户”进行管理的请示》的复函	劳部发〔1994〕264号	1994.6.21	财政部、劳动部、中国人民银行、国家税务总局在关于印发《企业职工基本养老保险基金实行收支两条线管理暂行规定》的通知（财社字〔1998〕6号）中已有新规定
11	劳动部关于保持社会保险管理体制稳定的通知	劳部发〔1994〕319号	1994.8.2	《国务院办公厅关于印发劳动和社会保障部职能配置内设机构和人员编制规定的通知》（国办发〔1998〕50号）已有新的规定

续表

序号	文件名称	发文号	发文日期	废止理由
12	劳动部对辽宁省劳动厅《关于社会保险基金不宜纳入财政第二预算管理的请示》的复函	劳部发〔1996〕110号	1996.4.2	财政部、劳动部、中国人民银行、国家税务总局在关于印发《企业职工基本养老保险基金实行收支两条线管理暂行规定》的通知（财社字〔1998〕6号）中已有新规定
2. 养老保险（86件）				
1	劳动部、国务院人事局、内务部关于复工复职的退伍军人在现役期间的军龄应当计算为连续工龄的通知	中劳配字〔1958〕第156号 内优字〔1958〕第212号 国人办发字〔1958〕第545号	1958.5.12	调整对象发生变化
2	劳动部工资局关于复退军人和企业改组合并原有工人的工龄计算问题的复函	中劳薪字〔1959〕第108号	1959.9.2	调整对象发生变化

续表

序号	文件名称	发文号	发文日期	废止理由
3	内务部政府机关人事局关于工作人员经批准入学学习能否计算工作年限的复函	内人工字〔1961〕第55号	1961.10.9	适用期已过
4	劳动部工资局复关于泥木工人连续工龄的计算问题	中劳薪字〔1962〕第23号	1962.3.17	调整对象发生变化
5	劳动部工资局关于原在供销社工作的职工转到国营农场工作后的工龄计算问题给黑龙江省劳动局的复函	中劳薪字〔1962〕第52号	1962.4.17	适用期已过
6	劳动部工资局复关于大专学校调干生工龄计算问题	中劳薪字〔1962〕第115号	1962.6.24	调整对象发生变化
7	劳动部关于已经享受过一次性退休待遇后又参加工作的人员的工龄计算问题复函	中劳薪字〔1962〕第138号	1962.7.17	调整对象发生变化

续表

序号	文件名称	发文号	发文日期	废止理由
8	劳动部工资局关于原手工业生产合作社职工连续工龄的计算问题的复函	中劳薪字〔1962〕第150号	1962.7.24	调整对象发生变化
9	劳动部工资局关于生产自救工人的工龄计算问题给安徽省劳动局的复函	中劳薪字〔1962〕226号	1962.9.3	调整对象发生变化
10	内务部关于家庭生活无依靠的退职老、弱、残职工救济工作中若干问题的解答	内发字〔1962〕23号	1962.10.10	已被《民政部关于精简退职老职工救济问题的复函》(民发工〔1980〕11号)取代
11	劳动部、工资局复关于调干生的解释及工龄计算问题	中劳薪字〔1962〕第292号	1962.10.13	调整对象发生变化
12	劳动部工资局复关于调干学生毕业后不服从分配的工龄计算问题	中劳薪字〔1962〕286号	1962.10.15	调整对象发生变化

续表

序号	文件名称	发文号	发文日期	废止理由
13	劳动部工资局关于调干学习期间的工龄计算问题的复函	中劳薪字〔1962〕第318号	1962.11.3	调整对象发生变化
14	内务部关于荣校学员办理复员手续后留校学习期间是否计算工龄问题	内优字〔1962〕第203号	1962.11.10	调整对象发生变化
15	劳动部、全国总工会复关于煤矿井下工人自动离职或者请假逾期未归而后又返回原单位工作的工龄计算问题	中劳薪字〔1962〕第339号 会字〔1962〕第69号	1962.11.30	适用期已过
16	劳动部工资局、全总生活办公室关于码头装卸工人的连续工龄计算问题的复函	中劳薪字〔1963〕第179号 生活字〔1963〕第435号	1963.6.7	调整对象发生变化
17	劳动部工资局关于季节工转为正式工以后连续工龄的计算问题	中劳薪便字〔1963〕第185号	1963.7.21	调整对象发生变化

续表

序号	文件名称	发文号	发文日期	废止理由
18	内务部关于由企业调到国家机关、事业单位的工作人员工作年限计算问题的复函	内人工字〔1963〕第132号	1963.8.7	适用期已过
19	劳动部工资局关于手工业生产合作社的社员转入全民所有制单位后如何计算连续工龄问题给武汉市总工会的复函	中劳薪字〔1963〕第269号	1963.8.12	调整对象发生变化
20	劳动部工资局关于民间剧团的演员和工作人员转入国营企业后的工龄计算问题	中劳薪便〔1963〕字第233号	1963.8.27	适用期已过
21	劳动部工资局关于原在集体所有制单位工作的职工或社员连续工龄计算问题的复函	中劳薪便字〔1963〕第491号	1963.12.30	调整对象发生变化

续表

序号	文件名称	发文号	发文日期	废止理由
22	内务部关于在革命根据地洪山公学等学校学习的时间是否计算工作年限问题的复函	内人工字〔1964〕第37号	1964.2.8	调整对象发生变化
23	内务部、财政部关于解决企业职工退休后生活困难经费问题的通知	内城字〔1964〕30号 财文王字〔1964〕156号	1964.3.6	适用期已过
24	内务部关于工作人员参加工作时间计算问题的复函	内人工字〔1964〕129号	1964.7.16	适用期已过
25	内务部关于解放前脱离革命队伍，解放后又参加工作的工龄计算问题的复函	内人工字〔1964〕第155号	1964.8.17	适用期已过
26	劳动部工资局关于街道工业中的工作人员工龄计算问题的复函	中劳薪字〔1964〕第342号	1964.8.20	适用期已过
27	劳动部工资局关于临时工被录用为长期工后的工龄计算问题的复函	中劳薪字〔1964〕第344号	1964.8.20	调整对象发生变化

续表

序号	文件名称	发文号	发文日期	废止理由
28	内务部关于农村基层信用社工作人员调到机关、企业、事业单位后工作年限计算问题的复函	内人工字〔1964〕第162号	1964. 8. 21	适用期已过
29	内务部关于暂列编外的老弱残人员在暂列编外期间是否计算工作年限问题的复函	内人工字〔1964〕174号	1964. 9. 3	调整对象发生变化
30	内务部关于从集体所有制单位调到国家机关和事业单位工作人员的工龄计算问题的复函	内人工字〔1964〕第180号	1964. 9. 18	适用期已过
31	劳动部工资局关于因所在私营企业单位歇业而离职的职工连续工龄如何计算问题的复函	中劳薪字〔1964〕第522号	1964. 11. 27	适用期已过
32	内务部关于手工业合作工厂和手工业合作社职工提拔为国家干部后的工龄计算问题的复函	内人工字〔1964〕第36号	1964. 12. 11	调整对象发生变化
33	内务部政府机关人事局关于退职人员、复员军人参加工作后工作年限计算问题的复函	内人工字〔1964〕第258号	1964. 12. 28	调整对象发生变化

续表

序号	文件名称	发文号	发文日期	废止理由
34	劳动部办公厅印发“关于处理安置和精简遗留问题的若干政策界限”的函	中劳办访字〔1965〕第42号	1965.2.15	调整对象发生变化
35	劳动部工资局关于演员学习期间工龄计算问题的复函	中劳薪字〔1965〕第81号	1965.4.4	适用期已过
36	内务部关于新生公学学习期间是否计算工作年限问题的复函	内人工字〔1965〕第66号	1965.41.21	调整对象发生变化
37	内务部政府机关人事局关于工作人员原在手工业合作社工作的时间能否计算连续工龄问题的复函	内人工字〔1965〕第73号	1965.5.7	调整对象发生变化
38	内务部关于精简退职的老职工生活困难救济工作中若干问题的解答	内发字〔1965〕18号	1965.9.9	已被《民政部关于精简退职老职工救济问题的复函》（民发工〔1980〕11号）取代

续表

序号	文件名称	发文号	发文日期	废止理由
39	内务部关于印发《精简退职职工救济工作座谈会纪要》的通知	内发字〔1965〕22号	1965. 10. 30	适用期已过
40	内务部办公厅有关退职老职工救济工作中的几个问题的答复	内城字〔1965〕第148号	1965. 12. 23	已被《民政部关于精简退职老职工救济问题的复函》(民发工〔1980〕11号)取代
41	内务部办公厅1965年6月9日以后新处理的退职老职工如何救济的函	内城字〔1966〕第41号	1966. 4. 1	已被《民政部关于精简退职老职工救济问题的复函》(民发工〔1980〕11号)取代
42	劳动部工资局关于半工半读的时间可否计算工龄问题的复函	中劳薪字〔1967〕第94号	1967. 8. 12	调整对象发生变化
43	国家计委劳动局关于技工、半工半读等学校学员工作年限计算问题的函	计劳业字〔1972〕43号	1972. 8. 16	调整对象发生变化

续表

序号	文件名称	发文号	发文日期	废止理由
44	国家计委劳动局关于轮换工的工龄计算问题的复函	计劳业字〔1973〕7号	1973.1.20	调整对象发生变化
45	国家劳动总局办公室关于“亦工亦农”工人被招工、顶替后工龄计算问题的复函	劳险便字〔1980〕41号	1980.7.19	调整对象发生变化
46	国家劳动总局保险福利司关于高等学校、中专和技工学校学生延期毕业和毕业后延期分配期间是否计算工龄问题的复函	劳险便字〔1982〕9号	1982.3.3	继续执行《国家计委劳动局关于延期毕业的技工学校、半工半读学校、技工训练班的学员工作年限如何计算问题的意见》劳计业字〔1972〕85号）
47	劳动人事部关于民办教师工龄计算问题给云南省劳动局的复函	劳人险函〔1982〕24号	1982.10.6	《教育部关于民办教师工龄计算问题的答复意见》教计字〔1980〕267号）已有规定

续表

序号	文件名称	发文号	发文日期	废止理由
48	劳动人事部保险福利局关于农民技术员工龄计算问题给农牧渔业部人事司的答复	劳人险局〔1983〕17号	1983.4.19	《劳动人事部关于农民技术员考入农业院校毕业分配后做农业技术干部的工龄计算问题的复函》（劳人险〔1986〕7号）中已有新的规定
49	劳动人事部关于归侨职工工龄计算问题的意见	劳人险〔1985〕3号	1985.7.13	全国总工会、劳动部、中侨委《关于归国华侨职工加入工会及工龄计算问题》会字〔1962〕第23号）等文件中已有规定

续表

序号	文件名称	发文号	发文日期	废止理由
50	劳动人事部关于国营企业离休退休职工死亡后,其生前所领取的生活补助费如何发给的通知	劳人险〔1985〕15号	1985.12.28	按《国务院关于建立统一企业职工基本养老保险制度的决定》(国发〔1997〕26号)的有关规定执行
51	劳动部关于退休养老基金收取办法等问题的复函	劳险字〔1989〕10号	1989.4.28	财政部、劳动部、中国人民银行、国家税务总局《关于〈企业职工基本养老保险基金实行收支两条线管理暂行规定〉的通知》(财社字〔1998〕6号)已有新的规定

续表

序号	文件名称	发文号	发文日期	废止理由
52	劳动部关于在养老保险制度改革中应注意的问题的通知	劳险字〔1989〕17号	1989.8.24	《国务院关于建立统一的企业职工基本养老保险制度的决定》(国发〔1997〕26号)已有新的规定
53	劳动部关于填报国营企业职工退休养老基金统计表的补充通知	劳险字〔1989〕18号	1989.8.24	劳动保障部办公厅《关于印发社会保险统计报表制度的通知》(劳社厅发〔1997〕2号)已有新的规定
54	劳动部关于劳动合同制职工退休问题的答复	劳险司函字〔1989〕19号	1989.9.30	按《国务院关于建立统一的企业职工基本养老保险制度的决定(国发〔1997〕26号)的有关规定执行

续表

序号	文件名称	发文号	发文日期	废止理由
55	劳动部办公厅关于退休职工下落不明期间待遇问题的批复	劳办险字〔1990〕1号	1990. 1. 26	《劳动部办公厅关于退休职工下落不明期间应从何时停发退休待遇问题的复函》(劳办发〔1993〕162号)已有新的规定
56	劳动部办公厅关于集体所有制企业职工退休费用社会统筹工作管理问题的复函	劳办险函字〔1990〕5号	1990. 4. 12	1997年7月16日《国务院关于建立统一的企业职工基本养老保险制度的决定》国发〔1997〕26号)已有新的规定

续表

序号	文件名称	发文号	发文日期	废止理由
57	劳动部关于职工退休养老保险基金必须专款专用问题的函	劳险字〔1990〕14号	1990. 6. 19	财政部、劳动部、中国人民银行、国家税务总局《关于印发〈企业职工基本养老保险基金实行收支两条线管理暂行规定〉的通知》（财社字〔1998〕6号）已有新的规定
58	劳动部关于加强养老保险基金的征缴和管理工作的通知	劳险字〔1990〕20号	1990. 10. 18	已被《社会保险费征缴暂行条例》（1999年国务院第259令）取代

续表

序号	文件名称	发文号	发文日期	废止理由
59	劳动部办公厅关于企业职工养老保险基金和管理服务费不计征“两金”的通知	劳办险字〔1991〕10号	1991.7.22	财政部、劳动部、中国人民银行、国家税务总局《关于印发〈企业职工基本养老保险基金实行收支两条线管理暂行规定〉的通知》（财社字〔1998〕6号）已有新的规定
60	劳动部关于认真贯彻国务院决定积极搞好城镇集体企业职工养老保险工作的通知	劳险字〔1991〕11号	1991.8.29	按《国务院关于建立统一企业职工基本养老保险制度的决定》（国发〔1997〕26号）的规定执行

续表

序号	文件名称	发文号	发文日期	废止理由
61	劳动部办公厅关于企业补充养老保险费和个人储蓄养老保险费是否征税问题的复函	劳办险字〔1991〕14号	1991.9.23	按《劳动部关于印发〈关于建立企业补充养老保险制度的意见〉的通知(劳部发〔1995〕464号)的规定执行
62	劳动部、商业部关于集体商业企业职工参加退休费用社会统筹问题的通知	劳险字〔1991〕15号	1991.10.9	按《国务院关于建立统一企业职工基本养老保险制度的决定》(国发〔1997〕26号)的规定执行
63	劳动部对浙江省劳动厅《关于人民保险公司系统职工参加地方退休费用统筹的请示》的复函	劳险字〔1991〕23号	1991.12.19	《国务院关于实行企业职工基本养老保险省级统筹和行业统筹移交地方管理有关问题的通知》(国发〔1998〕28号)已对此问题作了规定

续表

序号	文件名称	发文号	发文日期	废止理由
64	劳动部关于落实养老保险基金管理措施的通知	劳险字〔1991〕24号	1991.12.19	已被财政部、劳动部、中国人民银行、国家税务总局《关于〈企业职工基本养老保险基金实行收支两条线管理暂行规定〉的通知》(财社字〔1998〕6号)取代
65	劳动部办公厅对《关于扩大试行全员劳动合同制的通知》中"提前退休"问题解释的函	劳办力字〔1992〕20号	1992.4.21	所依据的《关于扩大试行全员劳动合同制的通知》已于1994年废止

续表

序号	文件名称	发文号	发文日期	废止理由
66	劳动部关于全民所有制企业职工实行基本养老保险基金省级统筹的意见的通知	劳险字〔1992〕12号	1992.5.19	《国务院关于实行企业职工基本养老保险省级统筹和行业统筹移交地方管理有关问题的通知》(国发〔1998〕28号)已有新的规定
67	劳动部、财政部关于贯彻《国务院关于企业离退休人员增加离退休金的通知》中有关具体问题的通知	劳险字〔1992〕15号	1992.6.13	按劳部发〔1995〕325号、劳部发〔1996〕346号、劳部发〔1997〕226号等文件执行
68	劳动部关于报送企业职工实行个人缴纳基本养老保险费相应调整工资所需工资额指标的通知	劳险字〔1992〕18号	1992.7.1	适用期已过

续表

序号	文件名称	发文号	发文日期	废止理由
69	劳动部关于严格按规定办理职工退休的通知	劳险字〔1993〕3号	1993.2.17	按《劳动和社会保障部关于制止和纠正违反国家规定办理企业职工提前退休有关问题的通知》(劳部发〔1999〕8号)执行
70	劳动部办公厅关于核定职工退休年龄问题的复函	劳办发〔1993〕8号	1993.4.17	按《劳动和社会保障部关于制止和纠正违反国家规定办理企业职工提前退休有关问题的通知》(劳部发〔1999〕8号)执行

续表

序号	文件名称	发文号	发文日期	废止理由
71	劳动部办公厅关于办理职工退休手续时认定出生日期问题的复函	劳办发〔1993〕67号	1993.6.25	按《劳动和社会保障部关于制止和纠正违反国家规定办理企业职工提前退休有关问题的通知》(劳部发〔1999〕8号)执行
72	劳动部关于基本养老金计发办法改革试点工作的通知	劳部发〔1993〕275号	1993.10.19	《国务院关于建立统一的企业职工基本养老保险制度的决定》(国发〔1997〕26号)已有新的规定

续表

序号	文件名称	发文号	发文日期	废止理由
73	劳动部关于基本养老金计发办法改革试点工作的补充通知	劳部发〔1994〕123号	1994.3.8	《国务院关于建立统一的企业职工基本养老保险制度的决定》（国发〔1997〕26号）已有新的规定
74	劳动部办公厅关于企业全员劳动合同制职工退休退职问题的复函	劳办发〔1994〕169号	1994.5.26	劳动部关于印发《关于贯彻执行〈中华人民共和国劳动法〉若干问题的意见》的通知（劳部发〔1995〕309号）已有新的规定

续表

序号	文件名称	发文号	发文日期	废止理由
75	劳动部关于企业缴纳基本养老保险费仍由银行代扣的紧急通知	劳部发〔1994〕517号	1994.12.21	财政部、劳动部、中国人民银行、国家税务总局关于印发《企业职工基本养老基金实行收支两条线管理暂行规定》的通知（财社字〔1998〕6号）已有新的规定
76	劳动部关于印发《关于贯彻〈国务院关于深化企业职工养老保险制度改革的通知〉的实施意见》的通知	劳部发〔1995〕207号	1995.5.1	按《国务院关于建立统一的企业职工基本养老保险制度的决定》（国发〔1997〕26号）执行

续表

序号	文件名称	发文号	发文日期	废止理由
77	关于印发《基本养老保险覆盖计划》的通知	劳部发〔1995〕240号	1995.5.26	《劳动保障部关于贯彻两个条例扩大社会保险覆盖范围加强基金征缴工作的通知》（劳社部发〔1999〕10号已有新的规定
78	劳动部关于养老保险基金不能纳入财政专户管理问题的通知	劳部发〔1995〕332号	1995.8.28	财政部、劳动部、中国人民银行、国家税务总局关于印发《企业职工基本养老基金实行收支两条线管理暂行规定》的通知（财社字〔1998〕6号）已有新的规定

续表

序号	文件名称	发文号	发文日期	废止理由
79	劳动部关于企业职工基本养老保险基金转移问题的通知	劳部发〔1996〕78号	1996.3.13	已被劳动部《关于印发〈企业职工基本养老保险个人帐户管理暂行办法〉的通知》（劳办发〔1997〕116号）取代
80	关于对《水利行业职工养老保险制度改革实施方案》批复	劳部发〔1996〕120号	1996.4.12	已被《国务院关于实行企业职工基本养老保险省级统筹和行业统筹移交地方管理有关问题的通知》（国发〔1998〕28号）取代

续表

序号	文件名称	发文号	发文日期	废止理由
81	关于对《深化石油系统职工养老保险制度改革实施方案》的批复	劳部发〔1996〕121号	1996.4.12	已被《国务院关于实行企业职工基本养老保险省级统筹和行业统筹移交地方管理有关问题的通知》（国发〔1998〕28号）取代
82	关于对《交通系统职工养老保险制度改革试点方案》的批复	劳部发〔1996〕238号	1996.7.26	已被《国务院关于实行企业职工基本养老保险省级统筹和行业统筹移交地方管理有关问题的通知》（国发〔1998〕28号）取代

续表

序号	文件名称	发文号	发文日期	废止理由
83	关于对《煤炭企业职工养老保险制度改革试行方案》的批复	劳部发〔1996〕246号	1996.8.2	已被《国务院关于实行企业职工基本养老保险省级统筹和行业统筹移交地方管理有关问题的通知》（国发〔1998〕28号）取代
84	劳动部关于不得实行养老保险省级行业统筹的通知	劳部发〔1996〕343号	1996.10.24	已被《国务院关于实行企业职工基本养老保险省级统筹和行业统筹移交地方管理有关问题的通知》（国发〔1998〕28号）取代

续表

序号	文件名称	发文号	发文日期	废止理由
85	劳动部办公厅关于特殊工种提前退休问题的复函	劳办发〔1997〕74号	1997.8.8	按《劳动和社会保障部关于制止和纠正违反国家规定办理企业职工提前退休有关问题的通知》(劳部发〔1999〕8号)执行
86	劳动和社会保障部关于不得违反国家规定办理企业职工提前退休的紧急通知	劳社发明电〔1998〕5号	1998.6.25	按《劳动和社会保障部关于制止和纠正违反国家规定办理企业职工提前退休有关问题的通知》(劳部发〔1999〕8号)执行

续表

序号	文件名称	发文号	发文日期	废止理由
3. 医疗、工伤、生育保险(25件)				
1	内务部为参战民兵民工及回乡革命工作人员持有二等乙级以上残废证优待证等暂不享受公费医疗的通知	内优〔1953〕字第1495号	1953. 5. 23	调整对象发生变化
2	劳动部工资局关于受管制的反革命分子患病时如何处理的复函	中劳薪便〔1963〕142号	1963. 7. 1	调整对象发生变化
3	劳动部关于对因病停止工作医疗期在6个月以上的职工加强管理工作的通知	中劳薪字〔1963〕369号	1963. 9. 5	劳动部关于发布《企业职工患病或非因工负伤医疗期规定》的通知(劳部发〔1994〕479号)等文件中已有新的规定
4	劳动部工资局关于因工负伤的职工去外地治疗不能入院前的膳费、宿费如何处理的复函	中劳薪便字〔1964〕68号	1964. 2. 11	适用期已过

续表

序号	文件名称	发文号	发文日期	废止理由
5	劳动部、全国总工会关于改进企业职工劳保医疗制度几个问题的通知	中劳薪〔1966〕60号 会通字〔1966〕第9号	1966.4.15	适用期已过
6	国家计委劳动局关于临时工因工致残待遇问题的复函	计劳业字〔1973〕57号	1973.6.11	已被《企业职工工伤保险试行办法》(劳部发〔1996〕266号)取代
7	国家劳动总局关于支农患钩端螺旋体病问题的复函	劳险便字〔1979〕第025号	1979.12.20	调整对象发生变化
8	国家劳动总局保险福利局关于学徒工因工致残完全丧失劳动能力后待遇问题的复函	劳险便字〔1981〕53号	1981.7.2	已被《企业职工工伤保险试行办法》(劳部发〔1996〕266号)取代
9	国家劳动总局保险福利局关于临时工工残待遇的复函	劳险便字〔1981〕84号	1981.10.9	已被《企业职工工伤保险试行办法》(劳部发〔1996〕266号)取代

续表

序号	文件名称	发文号	发文日期	废止理由
10	国家劳动总局保险福利局、全国总工会劳动保险部关于因工残废完全丧失劳动能力的职工因病死亡后按因工死亡待遇处理的通知	劳险字〔1982〕1号	1982.3.1	已被《企业职工工伤保险试行办法》（劳部发〔1996〕266号）取代
11	国家劳动总局保险福利局关于学徒工因工残废死亡待遇的复函	劳险字〔1982〕4号	1982.4.1	已被《企业职工工伤保险试行办法》（劳部发〔1996〕266号）取代
12	劳动人事部关于学徒工因工死亡之后抚恤问题的答复	劳人险局〔1982〕15号	1982.12.3	已被《企业职工工伤保险试行办法》（劳部发〔1996〕266号）取代
13	劳动人事部保险福利局关于职工乘坐本单位汽车发生死亡事故善后处理的复函	劳人险函〔1983〕47号	1983.12.1	已被《企业职工工伤保险试行办法》（劳部发〔1996〕266号）取代

续表

序号	文件名称	发文号	发文日期	废止理由
14	劳动人事部关于印发北京市劳动局《关于试行市第一商业局改革职工病伤假时间计算办法的通知》的通知	劳人险〔1984〕10号	1984.4.17	已被《企业职工患病或非因工负伤医疗期规定》(劳部发〔1994〕479号取代
15	劳动人事部有关大中专毕业生学徒工死亡待遇的规定	劳人险函〔1984〕48号	1984.8.23	已被《企业职工工伤保险试行办法》(劳部发〔1996〕266号)取代
16	劳动人事部保险福利局关于铅中毒问题有关待遇的复函	劳人险函〔1984〕55号	1984.10.17	已被《企业职工工伤保险试行办法》(劳部发〔1996〕266号)取代
17	劳动人事部、财政部、全国总工会关于国营企业职工因工死亡后遗属生活困难补助问题的通知	劳人险〔1985〕13号	1985.12.16	已被《企业职工工伤保险试行办法》(劳部发〔1996〕266号)取代
18	劳动部、卫生部、中华全国总工会关于颁发《职工工伤与职业病致残程度鉴定标准(试行)》的通知	劳险字〔1992〕6号	1992.3.1	已被《职工工伤与职业病致残程度鉴定标准》(GB/T16180－1996)取代

续表

序号	文件名称	发文号	发文日期	废止理由
19	劳动部关于劳动合同制工人因工负伤后有关问题的复函	劳力字〔1992〕34号	1992.7.1	已被《企业职工工伤保险试行办法》(劳部发〔1996〕266号)取代
20	劳动部关于试行职工大病医疗费用社会统筹的意见的通知	劳险字〔1992〕25号	1992.9.7	已被《国务院关于建立城镇职工基本医疗保险制度的决定》(国发〔1998〕44号)取代
21	劳动部、财政部、中华全国总工会关于调整企业工伤全残职工护理费标准的通知	劳险字〔1992〕28号	1992.9.29	该文依据的《劳动部、卫生部、中华全国总工会关于颁发〈职工工伤与职业病程度鉴定标准(试行)〉的通知》(劳险字〔1992〕6号)已经失效、有关问题按《企业职工工伤保险试行办法》(劳部发〔1992〕266号)执行

续表

序号	文件名称	发文号	发文日期	废止理由
22	劳动部关于职工医疗保险制度改革试点意见的通知	劳部发〔1993〕263号	1993.10.8	已被《国务院关于建立城镇职工基本医疗保险制度的决定》（国发〔1998〕44号）取代
23	劳动部办公厅关于职工工伤致残享受护理费条件问题的复函	劳办发〔1994〕306号	1994.9.22	已被《企业职工工伤保险试行办法》（劳部发〔1996〕266号）取代
24	劳动部办公厅关于因工伤残人员享受护理费的条件等问题的复函	劳办发〔1996〕113号	1996.6.17	已被《企业职工工伤保险试行办法》（劳部发〔1996〕266号）取代
25	劳动部办公厅关于认真贯彻执行医疗保险制度改革实行属地管理原则的通知	劳办发〔1996〕246号	1996.11.15	已被《国务院关于建立城镇职工基本医疗保险制度的决定》（国发〔1998〕44号）取代

续表

序号	文件名称	发文号	发文日期	废止理由
4. 失业保险(20件)				
1	劳动部关于职工待业保险基金管理问题的通知	劳力字〔1988〕12号	1988.8.22	适用期已过
2	劳动部办公厅关于印发《全国待业保险工作座谈会纪要》的通知	劳办力字〔1988〕6号	1988.12.19	适用期已过
3	劳动部《关于印发国营企业职工待业保险基金管理办法》的通知	劳力字〔1989〕15号	1989.4.21	适用期已过
4	劳动部办公厅关于印发《部分省市待业保险工作座谈会纪要》的通知	劳力字〔1989〕15号	1989.8.16	适用期已过
5	劳动部办公厅关于职工待业保险基金管理问题的复函	劳办力字〔1991〕30号	1991.5.27	适用期已过
6	劳动部关于集体所有制企业职工待业保险管理问题的通知	劳力字〔1992〕19号	1992.5.3	适用期已过
7	劳动部关于加强待业职工转业训练工作的通知	劳力字〔1992〕39号	1992.7.20	适用期已过

续表

序号	文件名称	发文号	发文日期	废止理由
8	劳动部关于待业保险工作管理体制等问题的通知	劳力字〔1992〕52号	1992.10.19	适用期已过
9	劳动部关于实施《国有企业职工待业保险规定》的意见的通知	劳部发〔1993〕36号	1993.5.7	已被《失业保险条例》(1999年国务院第258号令)取代
10	劳动部办公厅关于印发《待业保险宣传提纲》的通知	劳办发〔1993〕31号	1993.5.19	已被《失业保险条例》(1999年国务院第258号令)取代
11	关于进一步加强就业经费、待业保险基金管理的通知	劳部发〔1993〕150号	1993.7.16	已被《失业保险条例》(1999年国务院第258号令)取代
12	劳动部办公厅关于发放职工待业救济金问题的复函	劳办发〔1993〕113号	1993.8.14	已被《失业保险条例》(1999年国务院第258号令)取代
13	劳动部办公厅关于中央、省属在汉单位职工待业保险管理工作问题的复函	劳办发〔1993〕215号	1993.12.13	已被《失业保险条例》(1999年国务院第258号令)取代

续表

序号	文件名称	发文号	发文日期	废止理由
14	劳动部办公厅关于为棉纺织行业职工提供失业救济等问题的复函	劳办发〔1994〕108号	1994.4.4	已被《失业保险条例》(1999年国务院第258号令)取代
15	劳动部办公厅对“关于中央在京机关事业单位执行《北京市企业职工失业保险规定》问题的请示”的复函	劳办发〔1994〕378号	1994.12.2	已被《失业保险条例》(1999年国务院第258号令)取代
16	劳动部办公厅关于认真执行国务院1993年第110号令的通知	劳办发〔1994〕389号	1994.12.26	已被《失业保险条例》(1999年国务院第258号令)取代
17	劳动部、国家经贸委关于配合企业深化改革试点做好失业保险工作的通知	劳部发〔1995〕113号	1995.2.28	已被《失业保险条例》(1999年国务院第258号令)取代
18	劳动部办公厅关于待业保险缴费问题给安徽省劳动厅的复函	劳办发〔1995〕222号	1995.9.7	已被《失业保险条例》(1999年国务院第258号令)取代
19	劳动部办公厅关于失业保险不实行行业统筹给江西省劳动厅的复函	劳办发〔1995〕229号	1995.9.14	已被《失业保险条例》(1999年国务院第258号令)取代

续表

序号	文件名称	发文号	发文日期	废止理由
20	劳动部办公厅关于破产企业留守人员是否享受失业救济的复函	劳办发〔1996〕160号	1996.8.6	已被《失业保险条例》(1999年国务院第258号令)取代
四、劳动监察(1件)				
1	劳动部关于加强劳动行政处罚管理的若干问题的通知	劳部发〔1995〕3号	1995.1.4	与《中华人民共和国行政处罚法》相抵触
五、涉外劳动管理(2件)				
1	国家体改委、劳动部关于加强外商投资企业中方职工社会保障工作的通知	劳险字〔1992〕37号	1992.12.30	已被《劳动部、公安部、全国总工会关于加强外商投资企业和私营企业劳动管理切实保障职工合法权益的通知》(劳部发〔1994〕118号)取代
2	关于外商投资企业中中方职工因工致残后退休费和护理费支付问题的复函	劳险字〔1993〕174号	1993.11.1	已被《企业职工工伤保险试行办法》(劳部发〔1996〕266号)取代

二、山东省劳动保障厅废止文件目录(11件)

依据:1999年9月20日鲁劳社发〔1999〕96号,计11件			
序号	文件名称	发文号	发文日期
一、就业(2件)			
1	山东省劳动服务公司关于规范农村劳动力跨区域流动就业证卡发放管理的通知	鲁劳就字〔1995〕第10号	1995.2.14
2	山东省劳动厅关于核发农村劳动力跨区域就业证、卡有关问题的通知	鲁劳发〔1995〕246号	1995.8.18
二、劳动工资(1件)			
1	山东省劳动厅、山东省财政厅关于贯彻省委、省政府《关于进一步解决部分企业职工生活困难问题的通知》的通知	鲁劳发〔1997〕10号	1997.1.14
三、养老保险(3件)			
1	山东省劳动厅关于农民合同制工人合同期满终止劳动合同后保险待遇问题的复函	鲁劳险函字〔1995〕第6号	1995.4.30
2	山东省劳动厅转发劳动部劳部发〔1996〕78号文件的通知	鲁劳发〔1996〕93号	1996.4.22
3	山东省劳动厅转劳社发明电〔1998〕5号的通知	鲁劳发电〔1998〕21号	1998.6.29

续表

序号	文件名称	发文号	发文日期
四、失业保险(5件)			
1	山东省劳动厅关于配合企业深化改革试点做好失业保险工作的通知	鲁劳发〔1995〕79号	1995.3.12
2	山东省劳动厅关于运用失业保险基金对劳动就业服务企业实行贷款贴息的通知	鲁劳发〔1995〕242号	1995.8.16
3	山东省劳动厅关于调整失业救济金发放标准的通知	鲁劳发〔1996〕22号	1996.2.7
4	山东省劳动厅关于转发劳动部办公厅《关于破产企业留守人员是否享受企业救济的复函》的通知	鲁劳发〔1996〕211号	1996.8.30
5	山东省劳动服务公司关于失业保险基金用于实施再就业工程的通知	鲁劳就〔1997〕11号	1997.4.4

2000年

劳动保障部废止文件目录(计55件)

序号	文件名称	发文号	发文日期
第一部分: 依据:2000年1月31日劳社厅发〔2000〕5号,计54件			
1. 养老保险部分(13件)			
1	关于交通部第一公路工程总公司原“五·七”家属连职工退休养老问题的复函	劳险司函字〔1991〕3号	1991.1.26
2	关于日侨卢小松退休问题的函	劳险司函字〔1991〕33号	1991.12.20
3	关于劳动合同制工人退休待遇问题的函	劳险司函字〔1993〕5号	1993.1.18
4	关于对判刑人员工龄计算问题的复函	劳险司函字〔1994〕10号	1994.6.1
5	关于提高企业离退休人员待遇问题的复函	劳险司函字〔1995〕13号	1995.4.25
6	关于对北京市执行《国务院关于深化企业职工养老保险制度改革的通知》中遇到有关问题的请示的复函	劳险司函字〔1996〕22号	1996.6.25

续表

序号	文件名称	发文号	发文日期
7	对“关于原在部队服役期间从事过井下、高温、有毒、有害身体健康等工种的转业、复员、退休军人,其军龄可否折算工龄”的复函	劳险司函字〔1996〕26号	1996.8.20
8	对北京市劳动局京劳险文〔1996〕102号请示的复函	劳险司函字〔1996〕33号	1996.11.12
9	关于对煤炭部财务劳资司《关于怎样具体界定离退休人员基本养老金正常调整范围的请示》的复函	劳险司函字〔1996〕34号	1996.11.13
10	对《关于如何正确执行劳部发〔1995〕262号通知的请示》及《关于原郑州市二七线路金具厂部分退休职工要求逐月发放退休金的函》的复函	劳险司函字〔1996〕40号	1996.12.18
11	对《关于合同制职工退休问题的请示》的复函	劳险司函字〔1996〕39号	1996.12.25
12	关于职工被逮捕或免于刑事处分期间缴纳养老保险费用问题的复函	劳险司函字〔1997〕2号	1997.2.22
13	关于对广东农垦企业职工养老保险统筹问题的处理意见的复函	劳险司函字〔1997〕17号	1997.11.11

续表

序号	文件名称	发文号	发文日期
2. 医疗、工伤保险部分(11件)			
1	对《职工医疗保险制度改革设想》的意见	劳险司函字〔1988〕7号	1988.8.29
2	关于对“职工因工残废评定标准”的意见的函	劳险司函字〔1988〕11号	1988.11.19
3	关于企业职工工伤与非因工死亡待遇界线划分问题的复函	劳险司函字〔1991〕22号	1991.7.30
4	关于患矽肺病职工退休问题的复函	劳险司函字〔1994〕10号	1994.6.1
5	关于研究解决工伤保险基金节余问题的函	劳险司函字〔1995〕17号	1995.6.29
6	关于对处理南京市第一建筑公司的职工在外派劳务中因工死亡的赔偿金权益纠纷一案征求意见的复函	劳险司函字〔1995〕29号	1995.12.15
7	关于工伤保险应实行属地原则的复函	劳险司函字〔1996〕21号	1996.6.15
*8	关于重庆市劳动局《关于工伤认定有关问题的请示》的复函	劳社医司函〔1998〕3号	1998.12.30
*9	关于对江西省劳动厅《关于职工享受工伤待遇的有关问题》的复函	劳社医司函〔1999〕4号	1999.4.20

续表

序 号	文件名称	发文号	发文日期
*10	关于对山东省劳动厅《关于职工享受工伤待遇的有关问题》的复函	劳社医司函〔1999〕22号	1999.8.16
*11	关于对上海市劳动保障局《关于工伤待遇有关问题的请示》的复函	劳社医司函〔1999〕23号	1999.8.31
3. 培训就业部分(9件)			
*1	关于做好技工学校和就业训练中心及其他职业培训机构教师上岗资格认定工作的补充通知	劳培司字〔1997〕20号	1997.4.30
2	关于对香港特别行政区职业学校毕业生考取国家职业资格证书一事的复函	劳社培就司函〔1998〕6号	1998.7.23
3	关于加强对举办职业技能鉴定业务培训班管理的通知	劳社培就司发〔1998〕5号	1998.9.24
4	关于对规范再就业服务中心运作有关问题的复函	劳社培就司函〔1998〕42号	1998.10.26
*5	关于印发《劳动预备制培训实施办法》的通知	劳社培就司发〔1999〕63号	1999.9.20

续表

序号	文件名称	发文号	发文日期
6	关于对北京市劳动局《关于对〈职业技能鉴定规范〉中有关问题的请示》的复函	劳培司字〔1998〕20号	1998. 3.18
7	关于确定组织民工有序流动重点监控地区和加强春运期间重点监控工作的通知	劳社培就司发〔1999〕2号	1999. 1. 15
8	关于就业经费核算执行新的会计制度有关问题的通知	劳社培就司发〔1998〕20号	1998. 11. 9
9	关于劳务输出扶贫试点工作经费补贴办法的函	劳就司字〔1996〕33号	1996. 6. 7
4. 农村社会保险部分(13件)			
＊1	关于增发农村社会养老保险交费、领取计算表(表6-10)的通知	民社险函〔1992〕第1号	1992. 5. 18
＊2	关于增发农村社会养老保险交费、领取计算表(表11-16)的通知	民社险函〔1992〕第3号	1992. 8. 8
＊3	关于退保金计算问题的意见	民社险函〔1992〕第4号	1992. 8. 8

续表

序号	文件名称	发文号	发文日期
*4	关于印发缴费阶段标准单证明和操作流程的通知	民社险函〔1993〕第5号	1993.4.19
*5	关于调整农村社会养老保险基金增值要求的通知	民社险函〔1993〕第8号	1993.6.5
*6	关于调整农村社会养老保险基金增值要求的通知	民社险函〔1993〕第14号	1993.7.22
*7	关于印发农村社会养老保险给付阶段的操作流程和标准单证的通知	险标函〔1994〕第8号	1994.5.5
*8	关于执行《农村社会养老保险养老金计发办法》有关事宜的通知	险标字〔1994〕第9号	1994.7.20
*9	关于推广使用“农村社会养老保险个人账户管理系统(2.0版)”的通知	险技函〔1998〕3号	1998.10.10
*10	对黑龙江省民政厅《关于农村社会养老保险管理费用有关问题的请示》的复函	险基函〔1997〕2号	1997.9.16

续表

序号	文件名称	发文号	发文日期
＊11	关于给江苏省民政厅《关于省、市建立与使用调剂金的请示》的函	险基函〔1997〕6号	1997.12.10
＊12	关于给江苏省民政厅《关于农村社会养老保险基金管理有关问题的请示》的函	险基函〔1997〕7号	1997.12.10
＊13	关于对云南省民政厅《关于能否将农村社会养老保险基金纳入财政专户管理的紧急请示》的复函	险基函〔1997〕8号	1997.12.29
5. 劳动工资部分(8件)			
＊1	对送回原单位进行劳动教养人员工资待遇的处理意见	劳薪司函〔1991〕10号	1991.11.14
＊2	关于改进实行五天半工作制后有关小时工资折算问题的复函	劳计司函字〔1994〕7号	1994.3.17
＊3	关于配合全面实行劳动合同制度做好劳动合同鉴定工作的函	劳关司函〔1995〕7号	1995.3.22
＊4	关于《工资总额使用手册》审核签章有关问题的通知	劳综司函字〔1995〕6号	1995.3.24

续表

序号	文件名称	发文号	发文日期
*5	关于贯彻《关于改进完善弹性劳动工资计划办法的通知》实施意见的函	劳综司函字〔1995〕8号	1995.5.8
*6	关于劳动争议案件管辖问题的复函	劳关司函〔1995〕25号	1995.10.16
*7	关于劳动争议仲裁委员会不当行政被告的通知	劳社劳资司函〔1998〕2号	1998.8.31
*8	关于劳动合同鉴证问题的复函	劳社劳资司函〔1998〕11号	1998.11.18
第二部分： 依据:2000年1月20日劳社厅函〔2000〕8号,计1件			
1	劳动部办公厅对《关于外商投资企业女职工在孕期、产期、哺乳期间解除、终止劳动合同问题的请示》的复函	劳办计字〔1990〕21号	
原发文注:带*号的文件劳动保障部将以办公厅名义重新印发			

2001 年

一、国务院废止文件目录(39 件)

依据:2001 年 10 月 6 日国务院令第 319 号,计 39 件			
序号	法规名称	发布(修订)日期	说明
一、决定废止文件目录(24 件) (一)废止文件目录(12 件)			
1	关于建筑业实行 8 小时、小礼拜工作制度的规定	1956.6.8	已被 1994 年 7 月 5 日全国人大常委会通过并公布的《中华人民共和国劳动法》、1995 年 3 月 25 日国务院修订并发布的《国务院关于职工工作时间的规定》代替
2	关于发展社队企业若干问题的规定(试行草案)	1979.7.3	已被 1996 年 10 月 29 日全国人大常委会通过并公布的《中华人民共和国乡镇企业法》、1990 年 6 月 3 日国务院发布的《中华人民共和国乡村集体所有制企业条例》代替
3	关于扩大国营工业企业经营管理自主权的若干规定	1979.7.13	主要内容与 1988 年 4 月 13 日全国人大通过并公布的《中华人民共和国全民所有制工业企业法》、1992 年 7 月 23 日国务院发布的《全民所有制工业企业转换经营机制条例》等不相适应

续表

序号	法规名称	发布(修订)日　期	说　明
4	中外合资经营企业劳动管理规定	1980.7.26	主要内容与1994年7月5日全国人大常委会通过并公布的《中华人民共和国劳动法》、2001年3月15日全国人大修订并公布的《中华人民共和国中外合资经营企业法》、2001年7月22日国务院修订并公布的《中华人民共和国中外合资经营企业法实施条例》等不相适应
5	关于城镇非农业个体经济若干政策性规定	1981.7.7	已被1987年8月5日国务院发布的《城乡个体工商户管理暂行条例》代替
6	中国人民解放军志愿兵退出现役安置暂行办法	1983.2.3	已被1999年6月30日国务院、中央军委修订并发布的《中国人民解放军现役士兵服役条例》、1999年12月13日《国务院、中央军委关于印发〈中国人民解放军士官退出现役安置暂行办法〉的通知》代替
7	国营工业企业暂行条例	1983.4.1	已被1988年4月13日全国人大通过并公布的《中华人民共和国全民所有制工业企业法》、1999年12月25日全国人大常委会修订并公布的《中华人民共和国公司法》代替

续表

序号	法规名称	发布(修订)日期	说明
8	《关于城镇非农业个体经济若干政策性规定》的补充规定	1983.4.13	已被1987年8月5日国务院发布的《城乡个体工商户管理暂行条例》代替
9	国营企业实行劳动合同制暂行规定	1986.7.12	已被1994年7月5日全国人大常委会通过并公布的《中华人民共和国劳动法》、1999年1月22日国务院发布的《失业保险条例》、1997年7月16日《国务院关于建立统一的企业职工基本养老保险制度的决定》代替
10	国营企业招用工人暂行规定	1986.7.12	已被1994年7月5日全国人大常委会通过并公布的《中华人民共和国劳动法》、1992年7月23日国务院发布的《全民所有制工业企业转换经营机制条例》代替
11	国营企业辞退违纪职工暂行规定	1986.7.12	已被1994年7月5日全国人大常委会通过并公布的《中华人民共和国劳动法》、1999年1月22日国务院发布的《失业保险条例》代替

续表

序号	法规名称	发布(修订)日　期	说　明
12	国务院关于修改《国营企业实行劳动合同制暂行规定》第二条、第二十六条的决定	1992.5.18	已被1994年7月5日全国人大常委会通过并公布的《中华人民共和国劳动法》、1999年11月22日国务院发布的《失业保险条例》、1997年7月16日《国务院关于建立统一的企业职工基本养老保险制度的决定》代替
(二)失效文件目录(12件)			
1	关于新厂委托老厂培训职工的工资问题的暂行规定	1956.9.25	适用期已过,实际上已经失效
2	关于工业、基本建设、交通运输企业工人、职员停工津贴的暂行规定	1957.7.9	适用期已过,实际上已经失效
3	关于建筑安装企业工人、职员在冬季非施工期间的工资待遇的规定	1957.11.14	适用期已过,实际上已经失效
4	国务院关于工人、职员退休处理的暂行规定	1958.2.9	适用期已过,实际上已经失效

续表

序号	法规名称	发布(修订)日期	说明
5	国务院关于留学生回国分配工作以后在见习期间工资待遇的规定	1958. 2. 25	适用期已过,实际上已经失效
6	患硅肺病职工生活待遇的规定	1963. 2. 9	适用期已过,实际上已经失效
7	关于解决野外地质、测绘人员的工作、生活用品及副食品供应问题的规定	1963. 5. 7	调整对象已消失,实际上已经失效
8	关于各级公办学校教职工退职退休时解放以前和解放以后连续工龄计算的几点原则规定	1963. 5. 26	调整对象已消失,实际上已经失效
9	关于搬迁企业单位职工工资和劳保福利待遇问题暂行处理办法	1966. 1. 8	适用期已过,实际上已经失效
10	关于提高主要副食品销价后发给职工副食品价格补贴的几项具体规定	1979. 10. 17	调整对象已消失,实际上已经失效

续表

序号	法规名称	发布(修订)日　期	说　明
11	关于调整工资区类别的几项具体规定	1979.11.8	适用期已过,实际上已经失效
12	全民所有制企业临时工管理暂行规定	1989.10.5	调整对象已消失,实际上已经失效
二、明令废止文件目录(15件) (一)法律废止文件目录(3件)			
1	中华人民共和国行政监察条例	1990.12.9	被1997年5月9日第八届全国人民代表大会常务委员会第25次会议通过、1997年5月9日中华人民共和国主席令第85号公布的《中华人民共和国行政监察法》明令废止
2	行政复议条例	1990.12.24	被1999年4月29日第九届全国人民代表大会常务委员会第9次会议通过、1999年4月29日中华人民共和国主席令第16号公布的《中华人民共和国行政复议法》明令废止
3	国务院关于修改《行政复议条例》的决定	1994.10.9	被1999年4月29日第九届全国人民代表大会常务委员会第9次会议通过、1999年4月29日中华人民共和国主席令第16号公布的《中华人民共和国行政复议法》明令废止

续表

序号	法规名称	发布(修订)日期	说明
(二)行政法规废止文件目录(12件)			
1	国营企业奖金税暂行规定	1985.7.3	被1994年1月23日《国务院关于取消集市交易税牲畜交易税烧油特别税奖金税工资调节税和将屠宰税筵席税下放给地方管理的通知》明令废止
2	国营企业工资调节税暂行规定	1985.7.3	被1994年1月23日《国务院关于取消集市交易税牲畜交易税烧油特别税奖金税工资调节税和将屠宰税筵席税下放给地方管理的通知》明令废止
3	中华人民共和国发明奖励条例	1993.6.28	被1999年4月28日国务院第16次常务会议通过、1999年5月23日中华人民共和国国务院令第265号发布的《国家科学技术奖励条例》明令废止
4	中华人民共和国科学技术进步奖励条例	1993.6.28	被1999年4月28日国务院第16次常务会议通过、1999年5月23日中华人民共和国国务院令第265号发布的《国家科学技术奖励条例》明令废止

续表

序号	法规名称	发布(修订)日期	说明
5	集体企业奖金税暂行规定	1985.8.24	被1994年1月23日《国务院关于取消集市交易税牲畜交易税烧油特别税奖金税工资调节税和将屠宰税筵席税下放给地方管理的通知》明令废止
6	中华人民共和国发明奖励条例	1978.12.28	被1999年4月28日国务院第16次常务会议通过、1999年5月23日中华人民共和国国务院令第265号发布的《国家科学技术奖励条例》明令废止
7	中华人民共和国自然科学奖励条例	1979.11.21	被1999年4月28日国务院第16次常务会议通过、1999年5月23日中华人民共和国国务院令第265号发布的《国家科学技术奖励条例)》明令废止
8	中华人民共和国发明奖励条例	1984.4.25	被1999年4月28日国务院第16次常务会议通过、1999年5月23日中华人民共和国国务院令第265号发布的《国家科学技术奖励条例》明令废止

续表

序号	法规名称	发布(修订)日期	说明
9	中华人民共和国自然科学奖励条例	1984.4.25	被1999年4月28日国务院第16次常务会议通过、1999年5月23日中华人民共和国国务院令第265号发布的《国家科学技术奖励条例》明令废止
10	中华人民共和国科学技术进步奖励条例	1984.9.12	被1999年4月28日国务院第16次常务会议通过、1999年5月23日中华人民共和国国务院令第265号发布的《国家科学技术奖励条例》明令废止
11	国有企业职工待业保险规定	1993.4.12	被1998年12月16日国务院第11次常务会议通过、1999年1月22日中华人民共和国国务院令第258号发布的《失业保险条例》明令废止
12	中华人民共和国自然科学奖励条例	1993.6.28	被1999年4月28日国务院第16次常务会议通过、1999年5月23日中华人民共和国国务院令第265号发布的《国家科学技术奖励条例》明令废止

二、人事部废止文件目录(1件)

依据:2001年9月11日人事部令第1号,计1件			
序号	文件名称	发文号	发文日期
1	人才市场管理暂行规定	人发〔1996〕11号	1996.1.29

三、山东省劳动保障厅废止文件目录(44件)

依据:2001年12月31日鲁劳社〔2001〕58号,计44件				
序号	文件名称	发文号	发文日期	废止理由
一、劳动工资(4件)				
1	山东省劳动厅关于贯彻《山东省实施劳动合同制度办法》有关问题的通知	鲁劳发〔1995〕275号	1995.9.14	已被2001年10月28日山东省人大常委会通过并公布的《山东省劳动合同条例》代替
2	山东省劳动厅关于经济补偿金有关问题的批复	鲁劳发〔1998〕270号	1998.11.7	适用期已过
3	山东省劳动厅关于计发经济补偿金问题的批复	鲁劳发〔1998〕310号	1998.11.30	适用期已过
4	山东省劳动和社会保障厅关于计发经济补偿金问题的批复	鲁劳社发〔1993〕3号	1999.6.22	适用期已过

续表

序号	文件名称	发文号	发文日期	废止理由
二、培训就业(28 件)				
1	山东省劳动局关于济南铅笔行业和泡花碱学徒年限的批复	鲁劳培字〔1979〕第 73 号	1979.4.18	适用期已过
2	山东省劳动局关于技工学校寒假期间人民助学金如何发放的问题的复函	鲁劳培字〔1981〕第 163 号	1981.7.9	适用期已过
3	山东省劳动局、省财政厅关于技工学校招生经费问题的通知	鲁劳培字〔1981〕第 191 号	1981.7.20	已被山东省劳动局等 3 部门《关于调整技工学校招生经费收支标准的通知》(鲁劳发〔1993〕247 号)代替
4	山东省劳动局等 3 部门关于加强和改进学徒培训工作的几点意见	鲁劳培字〔1982〕第 2 号	1982.1.4	适用期已过
5	山东省劳动局关于印发企、事业单位学徒培训合同样本的通知	鲁劳培字〔1982〕第 24 号	1982.2.5	适用期已过

续表

序号	文件名称	发文号	发文日期	废止理由
6	山东省劳动局关于对申请退学的学生处理意见报告的批复	鲁劳培字〔1982〕第169号	1982.6.20	适用期已过
7	山东省劳动局、省职工教育办公室对全省青壮年工人技术摸底考核工作的安排意见	鲁劳培字〔1982〕第213号	1982.8.13	适用期已过
8	山东省劳动局关于评选1982年山东省技工学校先进教师、模范班主任的补充通知	鲁劳培字〔1982〕第230号	1982.8.27	适用期已过
9	山东省劳动局关于印发新的师徒合同样本的通知	鲁劳培字〔1982〕第381号	1982.12.23	适用期已过
10	山东省劳动局关于技工学校培训在职工人问题的意见	鲁劳培字〔1983〕第169号	1983.6.29	已被山东省劳动厅《转发劳动部〈关于深化技工学校教育改革的决定〉的通知》(鲁劳发〔1994〕107号)代替

续表

序号	文件名称	发文号	发文日期	废止理由
11	山东省劳动局关于改进与加强技工学校政治理论教学的通知	鲁劳培函〔1983〕字第32号	1983.9.24	适用期已过
12	山东省劳动局关于贯彻执行《工人技术考核暂行条例（试行）》的意见	鲁劳培字〔1983〕第258号	1983.10.12	适用期已过
13	山东省劳动局关于1983年调资考核和工人正常技术考核、技术补课怎样衔接问题的几点意见	鲁劳培字〔1983〕第263号	1983.10.12	适用期已过
14	山东省劳动局、省城乡建设委员会关于技工学校校舍规划面积定额和用地定额问题的通知	鲁劳培字〔1984〕第093号	1984.1.17	已被山东省劳动局等3部门转发劳动部办公厅《关于转发〈技工学校机械类通用工种建筑规划面积指标（试行）〉的通知》的通知（鲁劳培字〔1991〕第589号）代替

续表

序号	文件名称	发文号	发文日期	废止理由
15	山东省劳动局关于印发《关于技工学校整顿工作几个问题的意见》和《山东省技工学校整顿验收标准细则》的通知	鲁劳培字〔1984〕第216号	1984.7.24	适用期已过
16	山东省劳动局印发《山东省技工学校体育协会第一届委员会成员名单和山东省技工学校体育协会章程、山东省技工学校体育工作暂行规定》的通知	鲁劳培字〔1984〕第296号	1984.9.28	已被山东省劳动局《关于印发山东省教育委员会、山东省体育委员会两个文件的通知》(鲁劳培字〔1990〕第234号代替
17	山东省劳动局关于印发《全省劳动部门技工学校生产协作座谈会纪要》的通知	鲁劳培字〔1985〕第011号	1985.1.9	适用期已过
18	山东省劳动局印发《1985年技工学校整顿验收意见》的通知	鲁劳培字〔1985〕第120号	1985.5.13	适用期已过

续表

序号	文件名称	发文号	发文日期	废止理由
19	山东省劳动局关于试办高级技工班的通知	鲁劳培字〔1985〕第179号	1985.7.17	适用期已过
20	山东省劳动局关于1986年技工学校招生工作的通知	鲁劳培字〔1986〕第123号	1986.4.25	适用期已过
21	山东省劳动局关于下达1986年技工学校毕业生分配计划的通知	鲁劳培字〔1986〕第187号	1986.6.17	适用期已过
22	山东省劳动局关于颁发技工学校教师荣誉证书的通知	鲁劳培字〔1986〕第223号	1986.7.25	适用期已过
23	山东省劳动局关于修改技工学校招生费收缴办法的通知	鲁劳培字〔1987〕第016号	1987.1.23	已被山东省劳动局等3部门《关于调整技工学校招生经费收支标准的通知》(鲁劳发〔1993〕247号)代替

续表

序号	文件名称	发文号	发文日期	废止理由
24	山东省劳动局等4部门关于印发《1990年技工学校招生和毕业生分配工作意见、办法》的通知	鲁劳培字〔1990〕第237号	1990.5.4	适用期已过
25	关于举办首届中国奥林匹克技能竞赛山东省选拔赛的通知	鲁劳发〔1993〕69号	1993.2.24	适用期已过
26	山东省劳动厅关于印发《山东省职业技能开发事业“九五”规划和1996年工作意见》的通知	鲁劳培函字〔1996〕第25号	1996.4.10	适用期已过
27	山东省劳动厅关于印发《山东省职业技能鉴定质量管理检查工作实施方案》的通知	鲁劳培函字〔1997〕第8号	1997.1.29	适用期已过
28	山东省劳动厅关于1998年技工学校招生工作的通知	鲁劳发〔1998〕104号	1998.4.21	适用期已过

续表

序号	文件名称	发文号	发文日期	废止理由
三、劳动争议(2件)				
1	山东省劳动局关于印发《山东省劳动争议仲裁组织及工作规则》的通知	鲁劳仲字〔1988〕第103号	1988.4.6	已被山东省劳动厅转发劳动部《关于颁发〈劳动争议仲裁委员会办案规则〉的通知》和《关于颁发〈劳动争议仲裁委员会组织规则〉的通知》(鲁劳发〔1993〕565号)代替
2	山东省劳动厅、山东省财政关于印发《山东省劳动合同管理试行规定》的通知	鲁劳发〔1993〕288号	1993.7.23	已被2001年10月28日山东省人大常委会通过并公布的《山东省劳动合同条例》代替
四、养老保险(7件)				
1	山东省劳动局关于贯彻执行鲁政发〔1987〕55号文件中几个问题的处理意见	鲁劳险字〔1988〕第079号	1988.3.14	已被山东省人民政府关于印发《山东省企业职工基本养老保险省级统筹实施办法》(鲁政发〔1998〕114号)和山东省劳动厅、省财政厅《关于贯彻省政府鲁政发〔1999〕114号文件有关问题的通知》(鲁劳发〔1993〕100号)代替

续表

序号	文件名称	发文号	发文日期	废止理由
2	山东省劳动局关于省劳改局所属企业退休费用统筹问题的通知	鲁劳险字〔1989〕第294号	1989.9.2	已被山东省劳动和社会保障厅关于当前养老保险工作中若干具体政策问题的通知（鲁劳社〔2001〕29号代替
3	山东省劳动局转发劳动部《关于转发河北省保定市和石家庄集体企业退休费用统筹工作由社会保险机构接管问题的通知》的通知	鲁劳险字〔1990〕第156号	1990.4.6	已被山东省人民政府关于印发《山东省企业职工基本养老保险省级统筹实施办法》（鲁政发〔1998〕114号）代替
4	山东省劳动厅关于企业职工个人缴纳基本养老保险费有关问题的处理意见	鲁劳发〔1993〕483号	1993.11.26	已被山东省人民政府关于印发《山东省企业职工基本养老保险省级统筹实施办法》（鲁政发〔1998〕114号）代替

续表

序号	文件名称	发文号	发文日期	废止理由
5	山东省劳动厅关于建立企业离退休人员基本养老金正常调整机制的试行意见	鲁劳发〔1994〕367号	1994.8.16	已被国务院《关于印发〈完善社会保障体系试点方案〉的通知》(国发〔2000〕42号)和国务院办公厅《关于各地不得自行提高企业养老保险金待遇水平的通知》(国办发〔2001〕5号)代替
6	山东省劳动厅、省纺织工业厅转发劳动保障部、国家经贸委《关于切实做好纺织行业压锭减员分流安置工作的补充通知》的通知	鲁劳发〔1998〕215号	1998.9.16	适用期已过
7	山东省劳动厅关于原行业统筹企业职工退休审批问题的通知	鲁劳发〔1998〕222号	1998.9.24	已被山东省人民政府办公厅《关于进一步做好国有企业下岗职工基本生活保障和企业离退休人员养老金发放工作有关问题的通知》(鲁政办发〔1999〕32号)代替

续表

序号	文件名称	发文号	发文日期	废止理由
五、医疗保险(2件)				
1	山东省卫生厅、省劳动厅关于印发《山东省劳保医疗药品报销目录》的通知	鲁卫保字〔1997〕3号	1997.3.20	已被山东省卫生厅、省财政厅关于印发《山东省公费医疗用药报销范围》的通知(鲁卫保字〔1998〕9号)和山东省劳动保障厅关于印发《山东省基本医疗保险药品目录》的通知(鲁劳社〔2001〕10号)代替
2	山东省劳动和社会保障厅转发劳动保障部医疗保险司《关于工伤待遇申请和工伤认定时效问题的复函》的通知	鲁劳社险函〔1999〕6号	1999.9.24	《关于工伤待遇申请和工伤认定时效问题的复函》已被劳动和社会保障部办公厅废止
六、农村保险(1件)				
1	山东省民政厅关于加强农村社会养老保险调剂金管理工作的通知	鲁民险函〔1986〕4号	1997.3.28	已被山东省劳动和社会保障厅《关于农村社会养老保险调剂金审批使用有关问题的通知》(鲁劳社发〔1999〕197号)代替

2002年

一、劳动保障部废止文件目录(2件)

依据:2002年6月24日劳社部函〔2002〕108号,计2件		
序号	文件名称	发文号
1	关于如何确认临时工用工主体的复函	劳办力字〔1993〕17号
2	关于如何确认临时工用工主体的复函	劳办发〔1994〕109号

二、山东省人大常委会废止文件目录(3件)

序号	地方性法规名称	依据
1	山东省经济技术开发区劳动管理规定	2002年3月19日山东省第九届人大常委会第26次会议审议通过的《关于废止〈山东省经济技术开发区劳动管理规定〉的决定》
2	山东省国家行政机关工作人员奖惩试行办法	2002年3月19日山东省第九届人大常委会第26次会议审议通过的《关于废止〈山东省国家行政机关工作人员奖惩试行办法〉的决定》
3	山东省外商投资企业劳动管理条例	2002年3月19日山东省第九届人大常委会第26次会议审议通过的《关于废止〈山东省外商投资企业劳动管理条例〉的决定》

三、山东省人民政府废止文件目录(56 件)

一、废止文件目录(22 件)

(一)决定废止文件目录(第一批)

依据:2002 年 1 月 26 日山东省人民政府令第 133 号,附件 1,计 9 件

序号	文件名称	发文号
1	关于贯彻国务院发布的《矿山企业实行农民轮换工制度试行条例》的意见	鲁政发〔1984〕95 号
2	山东省关于《国营企业实行劳动合同制暂行规定》的实施细则	鲁政发〔1986〕127 号
3	山东省关于《国营企业招用工人暂行规定》的实施细则	鲁政发〔1986〕127 号
4	山东省关于《国营企业辞退违纪职工暂行规定》的实施细则	鲁政发〔1986〕127 号
5	山东省国营企业职工退休费用社会统筹试行办法	鲁政发〔1987〕55 号
6	山东省《全民所有制企业临时工管理暂行规定》实施细则	省政府令第 10 号
7	山东省职工待业保险办法	省政府令第 41 号
8	山东省实施劳动合同制度办法	鲁政发〔1995〕57 号
9	山东省私营企业劳动管理规定	省政府令第 72 号

(二)明令废止文件目录

依据:2002 年 1 月 26 日山东省人民政府令第 133 号,附件 2,计 9 件

序号	规章名称
1	山东省县级以上各级人民政府任免工作人员暂行办法

续表

序号	规章名称
2	山东省国家行政机关工作人员行政纪律处分批准权限和手续的暂行规定
3	关于修改省府各工作部门一般工作人员开除公职处分审批权限的通知
4	山东省工资基金管理暂行办法
5	山东省招用劳动合同制工人试行办法
6	山东省女工保护工作暂行规定(草案)
7	山东省关于《国营企业职工待业保险暂行规定》的实施细则
8	山东省《国营企业劳动争议处理暂行规定》实施细则
9	山东省劳动监察办法

(三)决定废止文件目录(第二批)

依据:2002年4月6日山东省人民政府令第137号,附件,计4件

序号	规章名称	发布时间	发文号	说明
1	山东省招用农民轮换制工人试行办法	鲁政发〔1986〕19号	1986.2.4	主要内容被1994年7月5日全国人大常委会通过并公布的《中华人民共和国劳动法》、2001年10月28日省人大常委会通过并公布的《山东省劳动合同条例》代替
2	山东省实施《国有企业富余职工安置规定》办法	鲁政发〔1994〕50号	1994.5.23	适用期已过,实际上已经失效

续表

序号	规章名称	发布时间	发文号	说明
3	山东省企业招用职工规定	鲁政发〔1995〕48号	1995.5.1	主要内容被1998年11月21日省人大常委会通过并公布的《山东省劳动力市场管理条例》代替
4	山东省农村劳动力跨区域就业管理暂行规定	鲁政办发〔1995〕40号	1995.5.23	有关内容与国家现行政策不相适应

二、停止执行文件目录(34件)

(一)停止执行省政府及省政府办公厅文件目录(第一批)

依据:2002年1月22日鲁政办发〔2002〕6号,计16件

序号	文件名称	发文号	发布时间	说明
1	山东省人民政府关于停缓建项目和关停企业职工安置的通知	鲁政发〔1981〕21号	1981.3.3	调整对象已消失,实际上已经失效
2	山东省人民政府印发《关于对符合享受特殊贡献待遇条件的干部、工人提高退休费的执行意见》的通知	鲁政发〔1981〕89号	1981.7.21	已被1997年12月22日省政府发布的《山东省统一企业职工基本养老保险制度实施办法》代替

续表

序号	文件名称	发文号	发布时间	说　明
3	山东省人民政府批转省人事局、省劳动局《关于享受特殊贡献待遇需要提高退休费标准审批权限下放的请示》通知	鲁政发〔1984〕88号	1984.8.2	已被1997年12月22日省政府发布的《山东省统一企业职工基本养老保险制度实施办法》代替
4	山东省人民政府关于执行《国务院关于发给离休退休人员生活补贴费的通知》的通知	鲁政发〔1985〕54号	1985.5.14	适用期已过,实际上已经失效
5	山东省人民政府关于印发《山东省企业工资改革实施方案》的通知	鲁政发〔1985〕92号	1985.8.21	适用期已过,实际上已经失效
6	山东省人民政府关于国营工业企业正确执行给有特殊贡献的职工晋级奖励的规定的通知	鲁政发〔1985〕97号	1985.9.5	适用期已过,实际上已经失效
7	山东省人民政府关于科学技术研究机构改革的暂行规定	鲁政发〔1986〕95号	1986.8.20	适用期已过,实际上已经失效

续表

序号	文件名称	发文号	发布时间	说明
8	山东省人民政府批转省劳动局关于深化劳动制度改革扩大搞活固定工制度试点意见的通知	鲁政发〔1988〕58号	1988.4.25	调整对象已消失,实际上已经失效
9	山东省人民政府关于改革企业内部工资分配意见的通知	鲁政发〔1988〕59号	1988.4.25	适用期已过,实际上已经失效
10	山东省人民政府批转省劳动局、省计委关于全面清理、解决计划外用工意见的报告的通知	鲁政发〔1988〕133号	1988.9.15	适用期已过,实际上已经失效
11	山东省人民政府关于印发企业工资工作安排和企业离退休人员待遇问题实施意见的通知	鲁政发〔1990〕20号	1990.2.26	适用期已过,实际上已经失效
12	山东省人民政府办公厅转发省职工教育管理委员会、省劳动局《关于"七五"期间加强工人技术业务培训工作的意见》通知	鲁政办发〔1986〕37号	1986.5.7	适用期已过,实际上已经失效

续表

序号	文件名称	发文号	发布时间	说明
13	山东省人民政府办公厅关于进一步完善农民轮换工制度的通知	鲁政办发〔1991〕59号	1991.8.21	调整对象已消失,实际上已经失效
14	山东省人民政府办公厅转发省劳动厅《关于进一步巩固发展劳动就业服务企业的报告》的通知	鲁政办发〔1991〕62号	1993.9.28	已被1998年7月11日省委、省政府发布的《关于进一步做好企业下岗职工基本生活保障和再就业工作的通知》代替
15	山东省人民政府办公厅关于贯彻落实国办发〔1993〕76号文件做好国有企业职工和离退休人员基本生活保障工作的通知	鲁政办发〔1994〕1号	1994.4.19	已被2000年5月28日国务院发布的《关于切实做好企业离退休人员基本养老金按时足额发放和国有企业下岗职工基本生活保障工作的通知》代替
16	山东省人民政府办公厅转发省劳动厅关于进一步加强外商投资企业劳动管理工作的报告的通知	鲁政办发〔1997〕38号	1997.8.8	已被2001年10月28日省人大常委会通过并公布的《山东省劳动合同条例》代替

续表

序号	文件名称	发文号
(二)停止执行省委办公厅、省人民政府办公厅文件目录 依据:2002 年 4 月 2 日鲁厅字〔2002〕22 号,计 3 件		
1	中共山东省委、山东省人民政府关于进一步解决部分企业职工生活困难问题的通知	鲁发〔1996〕23 号
2	中共山东省委、山东省人民政府关于进一步做好再就业工作的通知	鲁发〔1997〕14 号
3	省委办公厅、省人民政府办公厅转发省劳动局《关于进一步深化劳动工资社会保险制度改革意见的报告》的通知	鲁办发〔1992〕14 号

(三)停止执行省政府及省政府办公厅文件目录(第二批)

依据:2002 年 5 月 10 日鲁政办发〔2002〕25 号,计 15 件

序号	文件名称	发文号	发布时间	说明
1	转发省粮食局《关于推广旅大粮食管理经验改革职工工程定量管理办法的报告》的通知	鲁革发〔1977〕43 号	1977. 6. 25	适用期已过,实际上已经失效
2	批转省劳动局《关于安置待业人员情况和意见的报告》	鲁政发〔1980〕96 号	1980. 6. 24	适用期已过,实际上已经失效
3	关于继续清退来自农村的计划外用工的通知	鲁政发〔1981〕67 号	1981. 6. 11	适用期已过,实际上已经失效

续表

序号	文件名称	发文号	发布时间	说　明
4	山东省人民政府关于贯彻执行国务院《关于认真整顿招收退休、退职职工子女工作的通知》的通知	鲁政发〔1983〕109号	1983.9.30	适用期已过,实际上已经失效
5	批转省劳动局《关于加强技工学校工作的报告》的通知	鲁政发〔1984〕69号	1984.6.2	有关内容与1985年1月14日省政府印发的《批转省政府办公厅关于文书处理规范化、大力精简会议、下放部分审批权限等三个意见的通知》不相适应
6	山东省人民政府关于做好劳动就业工作的通知	鲁政发〔1990〕145号	1991.6.14	适用期已过,实际上已经失效
7	山东省人民政府批转省劳动局关于全民企业固定工退休费用实行以市地为单位社会统筹的报告的通知	鲁政发〔1991〕55号	1991.6.14	重要内容被1998年8月6日国务院印发的《国务院关于实行企业职工基本养老保险省级统筹和行业统筹移交地方管理有关问题的通知》、1998年12月31日省政府印发《山东省企业职工基本养老保险省级统筹实施办法》代替

续表

序号	文件名称	发文号	发布时间	说　明
8	山东省人民政府关于积极预防和妥善处理集体劳动争议及罢工事件的通知	鲁政发〔1994〕40号	1994.4.29	主要内容被1999年3月1日省劳动厅印发的《转发劳动和社会保障部办公厅〈关于做好预防处理劳动和社会保险突发事件工作的通知〉的通知》代替
9	山东省人民政府批转省劳动厅关于我省实施再就业工程的意见的通知	鲁政发〔1995〕62号	1995.6.4	主要内容被2001年3月28日省政府印发的《山东省人民政府关于进一步做好就业和再就业工作的通知》代替
10	山东省人民政府关于发布1999年企业工资指导线的通知	鲁政发〔1999〕96号	1999.8.27	适用期已过,实际上已经失效
11	山东省人民政府关于发布2000年企业工资指导线的通知	鲁政发〔2000〕95号	2000.12.11	适用期已过,实际上已经失效
12	转发省劳动局《关于发展职业技术培训改革劳动就业制度意见的报告》的通知	鲁政办发〔1986〕53号	1986.7.19	适用期已过,实际上已经失效

续表

序号	文件名称	发文号	发布时间	说明
13	山东省人民政府办公厅转发省民政厅关于进一步做好农村社会养老保险工作的报告的通知	鲁政办发〔1993〕70号	1993.11.6	适用期已过，实际上已经失效
14	山东省人民政府办公厅关于印发《山东省劳动体制区域综合配套改革试点方案》的通知	鲁政办发〔1995〕61号	1995.8.1	适用期已过，实际上已经失效
15	山东省人民政府办公厅转发省劳动厅关于进一步加强对使用农村劳动力管理的报告的通知	鲁政办发〔1995〕64号	1995.8.1	主要内容被1998年11月21日省人大常委会通过并公布的《山东省劳动力市场管理条例》代替

四、山东省劳动保障厅废止文件目录(149件)

依据:2002年12月12日鲁劳社〔2002〕53号，计149件

序号	文件名称	发文号	发文日期
一、规划财务(4件)			
1	山东省劳动厅关于对城镇单位招用农村劳动力实行按工作岗位(工种)分类管理的通知	鲁劳发〔1997〕109号	1997.4.17

续表

序号	文件名称	发文号	发文日期
2	山东省劳动厅关于开展清退私自招用农村劳动力补充安置失业人员和下岗职工工作的通知	鲁劳发〔1997〕110号	1997.4.18
3	山东省劳动厅关于实行企业空岗报告制度的通知	鲁劳发〔1998〕148号	1999.5.6
4	山东省劳动厅关于执行省政府办公厅鲁政办发〔1995〕64号文件有关问题的通知	鲁劳发〔1995〕372号	1995.12.29
二、劳动关系、工资(80件)			
1	山东省劳动厅关于省纺织厅所属企业调整职工技能工资标准的复函	鲁劳发〔1995〕19号	1995.1.18
2	山东省劳动厅关于山东省玲珑黄金矿业公司等8户企业执行技能工资标准的复函	鲁劳发〔1995〕44号	1995.2.14
3	山东省劳动厅、省交通厅关于省国有航运企业船员执行技能工资标准的通知	鲁劳发〔1995〕45号	1995.2.14
4	山东省劳动厅等4部门关于照顾招收1959年底前参加工作家居农村老工人子女直接办理“农转非”的通知	鲁劳发〔1995〕60号	1995.2.22

续表

序号	文件名称	发文号	发文日期
5	山东省劳动厅关于省化肥工业总公司等10户企业执行技能工资标准的复函	鲁劳发〔1995〕104号	1995.4.3
6	山东省劳动厅关于省供销社的属四所学校调整工资和所属21户企业执行技能工资标准的复函	鲁劳发〔1995〕108号	1995.4.4
7	山东省劳动厅、省财政厅关于审批下达省属企业1994年应提工资的通知	鲁劳发〔1995〕144号	1995.5.8
8	山东省劳动厅关于下达省属未实行工效挂钩企业1995年度工资总额的通知	鲁劳发〔1995〕150号	1995.5.16
9	山东省劳动厅关于印发《企业人工成本抽样调查试点实施方案》的通知	鲁劳发〔1995〕155号	1995.5.18
10	山东省劳动厅关于下达1994年冬季城镇退伍军人分配安置计划的通知	鲁劳发〔1995〕163号	1995.5.30
11	山东省劳动厅印发《关于制定工资指导线的意见(试行)》的通知	鲁劳发〔1995〕174号	1995.6.13
12	山东省劳动厅关于建立劳动工资宏观监测预警制度的通知	鲁劳发〔1995〕183号	1995.6.13

续表

序号	文件名称	发文号	发文日期
13	山东省劳动厅关于适当提高纺织丝绸企业五岗工资标准的复函	鲁劳发〔1995〕204号	1995.7.6
14	山东省劳动厅关于职工调动工作后工资处理问题的通知	鲁劳发〔1995〕214号	1995.7.14
15	山东省劳动厅、省退伍军人安置办公室关于下达1994年度冬季转业志愿兵分配安置计划的通知	鲁劳发〔1995〕219号	1995.7.19
16	山东省劳动厅关于贯彻《山东省实施劳动合同制度办法》有关问题的通知	鲁劳发〔1995〕275号	1995.9.14
17	山东省劳动厅关于1995年度农民合同制工人技术管理骨干"农转非"有关问题的通知	鲁劳发〔1995〕305号	1995.11.1
18	山东省劳动厅关于追加和核定省煤炭工业供销公司等企业1995年度工资总额的复函	鲁劳发〔1995〕334号	1995.12.7
19	山东省劳动厅关于菏泽市玛钢厂等5户企业转为市属集体企业的批复	鲁劳发〔1995〕339号	1995.12.13
20	山东省劳动厅、省财政厅关于做好1995年建筑施工企业百元产值工资含量包干结算工作的通知	鲁劳发〔1995〕352号	1995.12.13

续表

序号	文件名称	发文号	发文日期
21	山东省劳动厅、省财政厅关于1995年度企业工资基金清算的通知	鲁劳发〔1996〕9号	1996.1.10
22	山东省劳动厅提报接收安置1995年冬季城镇退伍军人、转业志愿兵建议计划的通知	鲁劳发〔1996〕14号	1996.1.18
23	山东省劳动厅关于选招模树新等150人为省优秀运动队运动员的通知	鲁劳发〔1996〕44号	1996.3.14
24	山东省劳动厅关于加快在乡镇、私营企业建立劳动合同制度的通知	鲁劳发〔1996〕81号	1996.4.11
25	山东省劳动厅关于山东省水利工程总公司第二水利工程局改行企业工资制度的复函	鲁劳发〔1996〕92号	1996.4.22
26	山东省劳动厅关于劳动工资计划立户的复函	鲁劳发〔1996〕100号	1996.5.3
27	山东省劳动厅关于下达1995年冬季城镇退伍军人、转业志愿兵分配安置计划的通知	鲁劳发〔1996〕112号	1996.6.11
28	山东省劳动厅、省财政厅关于下达直属企业1995年度工资基金清算结果的通知	鲁劳发〔1996〕133号	1996.7.3

续表

序号	文件名称	发文号	发文日期
29	山东省劳动厅关于下达省属未实行工效挂钩企业95年度工资基金清算结果和96年度工资总额计划的通知	鲁劳发〔1996〕134号	1996.6.4
30	山东省劳动厅关于同意临沂热电厂改为国有企业的复函	鲁劳发〔1996〕179号	1996.7.30
31	山东省劳动厅关于延长外国人就业期限有关问题的通知	鲁劳发〔1996〕194号	1996.8.16
32	山东省劳动厅、省财政厅关于调整技师、高级技师职务津贴标准的通知	鲁劳发〔1996〕207号	1996.8.28
33	山东省劳动厅关于山东省供销社机关工作人员改行事业单位工资制度的复函	鲁劳发〔1996〕208号	1996.9.5
34	山东省劳动厅关于黄河航运局、小清河航运局提高技能工资标准的复函	鲁劳发〔1996〕209号	1996.8.28
35	山东省劳动厅关于下达1996年工资总额弹性计划的通知	鲁劳发〔1996〕219号	1996.9.4
36	山东省劳动厅关于企业职工工资增长指导意见的通知	鲁劳发〔1996〕221号	1996.9.6

续表

序号	文件名称	发文号	发文日期
37	山东省劳动厅关于印发企业岗位工资参考标准的通知	鲁劳发〔1996〕222号	1996.9.6
38	山东省劳动厅关于核定企业职工工资增量的通知	鲁劳发〔1996〕230号	1996.9.17
39	山东省劳动厅关于富余职工实行《待岗证》制度的通知	鲁劳发〔1996〕257号	1996.11.5
40	山东省劳动厅关于提报接收安置1996年冬季城镇退伍军人、转业志愿兵建议计划的通知	鲁劳发〔1997〕11号	1997.1.17
41	山东省劳动厅、省财政厅关于1996.度企业工资基金清算的通知	鲁劳发〔1997〕23号	1997.2.25
42	山东省劳动厅关于日照港务局高级工考工晋级的复函	鲁劳发〔1997〕74号	1997.3.31
43	山东省劳动厅关于1996年企业职工工资增长中有关问题的通知	鲁劳发〔1996〕76号	1996.3.31
44	山东省劳动厅关于做好乡镇企业劳动关系协调工作的通知	鲁劳发〔1997〕81号	1997.4.7
45	山东省劳动厅关于将山东省沂蒙制动材料总厂改为国有企业的批复	鲁劳发〔1997〕127号	1997.5.5
46	山东省劳动厅关于实施劳动合同制度有关问题的补充通知	鲁劳发〔1997〕128号	1997.5.4

续表

序号	文件名称	发文号	发文日期
47	山东省劳动厅关于将招远市大河金矿转为市属集体企业的批复	鲁劳发〔1997〕134号	1997.5.14
48	山东省劳动厅关于山东工程机械集团有限公司所属企业劳动工资计划划转省级管理的通知	鲁劳发〔1997〕135号	1997.5.15
49	山东省劳动厅关于山东水产外经总公司改行企业工资制度的复函	鲁劳发〔1997〕145号	1997.5.14
50	山东省劳动厅关于下达省属未实行工效挂钩企业1996年清算结果和1997年工资总额计划的通知	鲁劳发〔1997〕175号	1997.6.26
51	山东省劳动厅等3部门关于下达1996年冬季城镇退伍义务兵和转业志愿兵分配计划的通知	鲁劳发〔1997〕176号	1997.6.24
52	山东省劳动厅关于做好省属企业1997年工效挂钩工作有关问题的通知	鲁劳发〔1997〕291号	1997.9.3
53	山东省劳动厅关于报送1998年各类招工"农转非"问题的通知	鲁劳发〔1997〕378号	1997.12.8
54	山东省劳动厅关于《山东省外商投资企业劳动管理条例》和《山东省经济开发区劳动管理规定》执行中有关问题的通知	鲁劳发〔1997〕406号	1997.12.15

续表

序号	文件名称	发文号	发文日期
55	山东省劳动厅等3部门关于成立省劳动厅、省财政厅、省审计厅企业工资内外收入监督检查领导小组的通知	鲁劳发〔1997〕428号	1997.12.3
56	山东省劳动厅关于提报接收安置1997年冬季城镇退伍军人、转业志愿兵建议计划的通知	鲁劳发〔1998〕33号	1998.1.28
57	山东省劳动厅关于企业农转非人员转招城镇合同制工人有关问题的通知	鲁劳发〔1998〕93号	1998.4.9
58	山东省劳动厅、省财政厅关于改进建筑安装施工企业百元产值工资含量办法的通知	鲁劳发〔1998〕166号	1998.6.25
59	山东省劳动厅等3部门关于1998年企业工资内外收入监督检查工作的通知	鲁劳发〔1998〕192号	1998.7.29
60	山东省劳动厅关于办理1998年度招工农转非有关问题的通知	鲁劳发〔1998〕206号	1998.9.3
61	山东省劳动厅关于下达省属未实行工效挂钩企业1997年工资清算结果和1998年工资总额计划的通知	鲁劳发〔1998〕221号	1998.11.30

续表

序号	文件名称	发文号	发文日期
62	山东省劳动厅关于计发经济补偿金问题的批复	鲁劳发〔1998〕310号	1998.11.30
63	山东省劳动厅等3部门关于加强企业工效挂钩工作的通知	鲁劳发〔1998〕339号	1998.12.21
64	山东省劳动厅关于提报接收安置1998年冬季城镇退伍军人、转业志愿兵建议计划的通知	鲁劳发〔1999〕5号	1999.1.5
65	山东省劳动厅关于判刑后又被免于刑事处分人员有关问题的批复	鲁劳发〔1999〕11号	1999.1.15
66	山东省劳动厅关于外商投资企业职工劳动合同终止经济补偿金如何执行的复函	鲁劳发〔1999〕26号	1999.1.28
67	山东省劳动厅等3部门关于做好1998年度企业工资基金清算工作的通知	鲁劳发〔1999〕46号	1999.2.2
68	山东省劳动厅关于企业职工奖惩有关问题的批复	鲁劳发〔1999〕104号	1999.4.5
69	山东省劳动厅关于下达省属未实行工效挂钩企业1998年工资基金清算结果和1999年工资总额计划的通知	鲁劳发〔1999〕186号	1999.6.11

续表

序号	文件名称	发文号	发文日期
70	山东省劳动和社会保障厅关于计发经济补偿金问题的批复	鲁劳社发〔1999〕3号	1999.6.22
71	山东省劳动和社会保障厅关于用人单位是否给予违纪职工终止劳动合同经济补偿金问题的批复	鲁劳社发〔1999〕95号	1999.9.22
72	山东省劳动和社会保障厅关于济南汽车运输总公司等4户企业技术工人考工晋级的复函	鲁劳社发〔1999〕202号	1999.12.23
73	山东省劳动和社会保障厅关于提报接收安置1999年冬季城镇退伍军人、转业志愿兵建议计划的通知	鲁劳社发〔2000〕40号	2000.2.2
74	山东省劳动和社会保障厅、省财政厅关于做好1999年度企业工资清算工作的通知	鲁劳社发〔2000〕43号	2000.2.1
75	山东省劳动和社会保障厅关于下达省属未实行工效挂钩企业1999年工资基金清算结果和2000年工资总额计划的通知	鲁劳社发〔2000〕231号	2000.8.25
76	山东省劳动和社会保障厅关于办理2000年度招工“农转非”有关问题的通知	鲁劳社发〔2000〕236号	2000.8.31
77	山东省劳动和社会保障厅关于企业工资分配经验的通知	鲁劳社〔2001〕21号	2001.3.20

续表

序号	文件名称	发文号	发文日期
78	山东省劳动和社会保障厅关于进行省属工效挂钩企业、自主试点企业2000年工资基金清算和2001年方案编制工作的通知	鲁劳社办〔2001〕81号	2001.5.9
79	山东省劳动和社会保障厅关于办理2001年度招工"农转非"有关问题的通知	鲁劳社办〔2001〕139号	2001.7.27
80	山东省劳动和社会保障厅关于下达省属未实行工效挂钩企业2000年工资基金清算结果和2001年工资总额计划的通知	鲁劳社办〔2001〕205号	2001.12.12
三、就业(11件)			
1	山东省劳动厅《关于运用失业保险基金对劳动就业服务企业实行贷款贴息的通知》	鲁劳发〔1995〕242号	1995.8.16
2	山东省劳动厅关于核发农村劳动力跨区域就业证、卡有关问题的通知	鲁劳发〔1995〕246号	1995.8.16
3	山东省劳动厅等3部门关于劳动力管理费有关问题的通知	鲁劳发〔1995〕273号	1995.9.11

续表

序号	文件名称	发文号	发文日期
4	山东省劳动厅关于执行省政府办公厅鲁政办发〔1995〕364号文件有关问题的通知	鲁劳发〔1995〕372号	1995.12.29
5	山东省劳动厅关于印发《山东省〈职业介绍规定〉实施细则》的通知	鲁劳发〔1996〕79号	1996.4.9
6	山东省劳动厅、省财政厅关于贯彻省委、省政府《关于进一步解决部分企业职工生活困难问题的通知》的通知	鲁劳发〔1997〕10号	1997.1.14
7	山东省劳动厅等4部门关于在全省开展"实施再就业工程宣传车"活动的通知	鲁劳发〔1997〕57号	1997.3.18
8	山东省劳动厅关于在全省开展下岗职工"职业援助"活动的通知	鲁劳发〔1998〕127号	1998.6.2
9	山东省劳动厅、省财政厅关于为企业下岗职工基本生活保障和再就业捐资的通知	鲁劳发〔1998〕231号	1998.10.5
10	山东省劳动厅关于进一步加强《山东省企业职工下岗证》发放与管理工作有关问题的紧急通知	鲁劳发〔1998〕239号	1998.10.16

续表

序号	文件名称	发文号	发文日期
11	山东省劳动厅关于印发《“三年百万”再就业培训计划》的通知	鲁劳发〔1998〕246号	1998.10.27
四、培训(7件)			
1	山东省劳动厅关于进一步加强技术等级证书管理的通知	鲁劳发〔1995〕170号	1995.6.7
2	山东省劳动厅关于做好1997年技工学校招生的通知	鲁劳发〔1997〕100号	1997.4.11
3	山东省劳动厅关于1998年技工学校招生工作的通知	鲁劳发〔1998〕104号	1998.4.21
4	山东省劳动厅关于做好1999年技工学校毕业生工作的通知	鲁劳发〔1999〕154号	1999.5.14
5	山东省劳动厅关于1999年技工学校招生工作的通知	鲁劳发〔1999〕128号	1999.4.26
6	山东省劳动和社会保障厅关于评选1999年度山东省职业技术培训先进单位和先进个人的通知	鲁劳社发〔1999〕61号	1999.8.6

续表

序号	文件名称	发文号	发文日期
7	山东省劳动和社会保障厅关于2000年山东省技工学校招生工作的通知	鲁劳社发〔2000〕76号	2000.3.28
五、养老保险(25件)			
1	山东省劳动厅关于实行岗位技能工资的职工离退休费计算基数问题的复函	鲁劳险函字〔1995〕第3号	1995.3.6
2	山东省劳动厅关于农民合同制工人合同期满终止劳动合同后保险待遇问题的复函	鲁劳险函字〔1995〕第6号	1995.4.3
3	山东省社会保险事业处关于济宁市请示社会养老保险有关问题的答复	鲁社险字〔1995〕第8号	1995.11.15
4	山东省劳动厅关于对借挪用养老保险金情况进行清查的通知	鲁劳发〔1995〕237号	1995.8.11
5	山东省劳动厅关于解决鲁劳发〔1992〕578号文件遗留问题的通知	鲁劳发〔1995〕270号	1995.9.12
6	山东省劳动厅转发劳动部劳部发〔1996〕78号文件的通知	鲁劳发〔1996〕93号	1996.4.22

续表

序号	文件名称	发文号	发文日期
7	山东省劳动厅对东营市劳动局《关于将社会保险覆盖面扩大到油田意见的报告》的批复	鲁劳发〔1996〕192号	1996.8.16
8	山东省劳动厅对潍坊市劳动局关于破产企业职工缴纳养老保险费有关问题的批复	鲁劳发〔1996〕276号	1996.11.22
9	山东省劳动厅关于企业属中小学教师任教30年退休待遇问题的通知	鲁劳发〔1997〕120号	1997.4.30
10	山东省劳动厅关于计发基本养老金基数问题的通知	鲁劳发〔1997〕167号	1997.6.6
11	山东省劳动厅关于尽快贯彻落实鲁劳发〔1996〕220号文件的通知	鲁劳发电〔1997〕2号	1997.1.3
12	山东省劳动厅关于进一步做好企业离退休人员基本生活保障工作的通知	鲁劳发电〔1997〕10号	1997.6.22
13	山东省劳动厅关于认真做好企业离休人员生活保障工作的紧急通知	鲁劳发电〔1997〕16号	1997.8.15

续表

序号	文件名称	发文号	发文日期
14	山东省劳动厅关于启用“山东省中央省属企业养老保险统筹办公室”等印章的通知	鲁劳发〔1998〕230号	1998.9.30
15	山东省劳动厅、山东省财政厅关于下达中央驻鲁企业1999年度企业基本养老保险基金征缴拨付计划的通知	鲁劳发〔1999〕88号	1999.3.19
16	山东省劳动厅关于限期收回在存入金融信托投资公司养老金的通知	鲁劳发〔1999〕138号	1999.5.4
17	山东省劳动厅关于限期收回挤占挪用的社会保险基金的通知	鲁劳发〔1999〕139号	1999.5.4
18	山东省劳动和社会保障厅、省财政厅关于下达中央驻鲁企1999年度企业基本养老保险基金征缴拨付计划的通知	鲁劳社发〔1999〕47号	1999.7.29
19	山东省劳动和社会保障厅、省财政厅关于批复1999年原行业统筹企业职工基本养老保险基金决算的通知	鲁劳社发〔2000〕133号	2000.4.3

续表

序号	文件名称	发文号	发文日期
20	山东省劳动和社会保障厅关于企业属中小学教师任教30年退休待遇有关问题的批复	鲁劳社发〔2000〕138号	2000. 5. 24
21	山东省劳动和社会保障厅、省财政厅关于下达中央驻鲁企业和省国有重点煤炭企2000年度基本养老保险基金征缴拨付计划的通知	鲁劳社发〔2000〕140号	2000. 5. 29
22	山东省劳动和社会保障厅关于印发1999年度全省社会保险工作情况的通知	鲁劳社发〔2000〕144号	2000. 6. 6
23	山东省劳动和社会保障厅、山东省财政厅关于下达2000年养老保险省级统筹计划调整的通知	鲁劳社发〔2000〕239号	2000. 9. 1
24	山东省劳动和社会保障厅、省财政厅关于拨付省级统筹基本养老保险调剂金的通知	鲁劳社发〔2000〕283号	2000. 10. 24
25	山东省劳动和社会保障厅、省财政厅关于拨付省级统筹基本养老保险调剂金的通知	鲁劳社发〔2000〕284号	2000. 10. 24
六、失业保险(12件)			
1	山东省劳动服务公司关于调整失业职工死亡供养直系亲属发放救济费的通知	鲁劳就字〔1995〕第6号	1995. 1. 28

续表

序号	文件名称	发文号	发文日期
2	山东省劳动服务公司关于印发《山东省失业职工生产自救基地管理暂行办法》的通知	鲁劳就字〔1995〕第26号	1995.7.5
3	山东省劳动厅关于配合企业深化改革试点做好失业保险工作的通知	鲁劳发〔1995〕79号	1995.3.10
4	山东省劳动厅关于运用失业保险基金对劳动就业服务企业实行贷款贴息的通知	鲁劳发〔1995〕242号	1995.8.16
5	山东省劳动厅关于调整失业救济金发放标准的通知	鲁劳发〔1996〕22号	1996.2.7
6	山东省劳动厅关于调整失业救济金发放标准的通知	鲁劳发〔1996〕193号	1996.8.19
7	山东省劳动服务公司关于失业保险基金用于实施再就业工程的通知	鲁劳就〔1997〕11号	1997.4.4
8	山东省劳动厅关于修改《山东省职工待业保险会计暂行规定》部分条款的通知	鲁劳发〔1998〕58号	1998.3.5
9	山东省劳动厅关于做好失业保险基金征缴工作的紧急通知	鲁劳发〔1998〕265号	1998.11.12

续表

序号	文件名称	发文号	发文日期
10	山东省劳动厅等3部门关于失业保险基金管理有关问题的紧急通知	鲁劳发〔1999〕19号	1999.1.25
11	山东省劳动厅关于职工失业后来实现再就业到达法定退休年龄办理退休的批复	鲁劳发〔1999〕101号	1999.3.30
12	山东省劳动和社会保障厅关于重汽集团济南客车厂失业保险待遇问题的复函	鲁劳社办函〔2000〕37号	2001.4.20
七、医疗保险(2件)			
1	山东省卫生厅、省劳动厅关于印发《山东省劳保医疗药品报销目录》的通知	鲁卫保字〔1997〕3号	1997.3.20
2	山东省劳动和社会保障厅关于进一步做好工伤、生育保险工作有关问题的通知	鲁劳社发〔1997〕70号	1999.8.27
八、农村养老保险(6件)			
1	山东省民政厅关于收取1994年度农村社会养老保险管理服务的通知	鲁民〔1995〕6号	1995.1.18
2	山东省民政厅关于转发《烟台市农村社会养老保险管理体系工作规程》等4个文件的通知	鲁民险〔1995〕94号	1995.8.23

续表

序号	文件名称	发文号	发文日期
3	山东省民政厅关于积极稳妥地推进农村社会养老保险工作的通知	鲁民险〔1996〕148号	1996.11.19
4	山东省民政厅农村社会养老保险处关于银行利率下调后农村社会养老保险基金管理有关问题的通知	鲁民险函〔1996〕9号	1996.10.27
5	山东省民政厅关于加强农村社会养老保险调剂金管理工作的通知	鲁民险函〔1997〕4号	1997.3.28
6	山东省民政厅关于进一步加强农村社会养老保险违规资金清理回收工作的通知	鲁民险〔1998〕56号	1998.8.5
九、劳动争议处理(2件)			
1	山东省劳动厅关于做好集体合同审查工作的通知	鲁劳发〔1996〕107号	1996.5.8
2	山东省劳动厅关于尽快做好已签订集体合同催报补审工作的通知	鲁劳发〔1997〕192号	1997.7.3

2003 年

一、劳动保障部废止文件目录(2 件)

序号	文件名称	发文号	废止理由	依　据
1	劳动部等部门关于加强外商投资企业和私营企业劳动管理切实保障职工合法权益的通知	劳部发〔1994〕118 号	内容已被《中华人民共和国劳动法》及其配套法规、规章替代	2003 年 2 月 25 日劳社部函〔2003〕29 号
2	关于破产企业职工按照有关政策问题的复函	劳社厅函〔1998〕118 号		2003 年 6 月 30 日劳社厅发〔2003〕13 号

二、山东省劳动保障厅废止文件目录(2 件)

序号	文件名称	发文号	依　据
1	山东省劳动厅、省高级人民法院关于处理劳动争议有关问题的通知	鲁劳发〔1995〕159 号	2003 年 5 月 9 日鲁劳社办〔2003〕41 号
2	转发劳动部《关于贯彻执行〈中华人民共和国劳动法〉若干问题的意见》的通知	鲁劳发〔1995〕384 号	2003 年 6 月 23 日鲁劳社〔2003〕32 号

2004 年

劳动保障部废止文件目录(15 件)

一、部分内容停止执行文件目录

依据:2004 年 3 月 25 日劳社部发〔2004〕8 号附件,计 10 件

序号	文件名称	发文号	涉及的行政审批项目	停止执行的内容
1	关于加强职业技能竞赛管理工作的通知	劳社部发〔2000〕6 号	职业技能竞赛活动审批	第五条
2	劳动部等 10 部门关于劳动就业服务企业发展第三产业安置富余人员若干问题的通知	劳部发〔1993〕200 号	劳动就业服务企业股份合作制设立的审批	第六条中“原有劳服企业实行股份制改组,先由职工(职工代表)大会向当地劳动部门提出申请;新办股份合作制企业由发起人向当地劳动部门提出申请,经劳动部门核准后”

续表

序 号	文件名称	发文号	涉及的行政审批项目	停止执行的内容
3	劳动就业服务企业实行股份合作制规定	劳部发〔1994〕419号	劳动就业服务企业股份合作制设立的审批	第十四条中“均需报地方劳动部门就业服务机构审查同意后”,第十五条、第四十四条中“应报当地劳动部门就业服务机构批准”
4	关于颁布《技工学校招生规定》的通知	劳培字〔1990〕13号	技工学校招生全国性计划审批	第五条的(二)(三)(四)、第六条的(二)、第三章第十三条中的“具有城镇户口”和(四)、第十四条、第十五条、第六章、第七章、第三十八条
5	关于申办高级技工学校有关事项的通知	劳部发〔1997〕350号	高级技工学校的审批	第二条中的“高级技工学校申报审批表”、第三条 附件:高级技工学校申报审批表

序号	文件名称	发文号	涉及的行政审批项目	停止执行的内容
6	关于开展技工学校评估工作的通知	劳培字〔1991〕4号	重点技工学校、重点就业训练中心审批	第三条中的省(部)级重点技工学校"由各省、自治区、直辖市人民政府和有关主管部审批","国家级重点技工学校由省(部)级推荐,劳动部组织检查评估及审批。重点技工学校需填报《重点技工学校申报审批表》" 附件:3.重点技工学校申报审批表
7	关于建立全国重点就业训练中心评估认定制度的通知	劳部发〔1996〕263号	重点技工学校、重点就业训练中心审批	第二条中的"就业司将根据各地上报的有关材料进行评估,并进行重点抽查,对符合条件的,认定为全国重点就业训练中心"

续表

序号	文件名称	发文号	涉及的行政审批项目	停止执行的内容
8	关于印发《股份有限公司劳动工资管理规定》的通知	劳部发〔1994〕497号	国有企业改制为股份有限公司的初始工资水平核定	第二条中的“国有企业改建或以国有企业为主新设立的公司,其初始工资水平,由公司报劳动部门核定”
9	关于印发《国家基本医疗保险药品目录》的通知	劳社部发〔2000〕11号	基本医疗保险医院制剂目录及给付比例备案	第三条中的“并报省级劳动保障行政管理部门备案”
10	关于做好技工学校和就业训练中心及其它职业培训机构教师上岗资格认定工作的通知	劳部发〔1997〕88号	职业培训教师上岗资格认定	第二条第三自然段中“经省级劳动行政部门核准”;第三条第二自然段中“由所在地县级以上人民政府劳动行政部门审查后,报地市以上劳动行政部门认定”

续表

二、废止文件目录,计 5 件 (一)依据:2004 年 5 月 18 日劳社部发〔2004〕16 号附件(2 件)		
序号	文件名称	发文号
1	关于印发外商投资企业工资收入管理暂行办法的通知	劳部发〔1997〕46 号
2	劳动部办公厅对《关于中外合资(合作)企业中方高级管理人员名义工资支配使用权属问题的请示》的复函	劳办发〔1997〕106 号
(二)依据:2004 年 12 月 31 日劳动保障部令第 25 号(3 件)		
1	劳动监察规定	劳部发〔1993〕167 号
2	劳动监察程序规定	劳部发〔1995〕457 号
3	处理举报劳动违法行为规定	劳动部令第 5 号

2005 年

劳动保障部废止文件目录(计 4 件)

依据:2005 年 2 月 7 日劳社部函〔2005〕18 号,计 4 件

第一部分:决定废止文件目录(3 件)

序号	文件名称	发文号
1	农村劳动力跨省流动就业管理暂行规定	劳部发〔1994〕458 号
2	关于严禁滥发流动就业证卡的紧急的通知	劳部发〔1995〕59 号
3	关于“外出人员就业登记卡”发放和管理有关问题的通知	劳办发〔1996〕99 号

第二部分:部分内容停止执行文件目录(1 件)

序 号	文件名称	发文号	停止执行内容
1	关于印发《做好农村富余劳动力流动就业工作意见》的通知	劳社厅发〔2003〕3 号	关于“外出人员就业登记卡和外来人员就业证是搞好流动人口管理,掌握流动就业状况,开展流动就业管理服务的基础手段。要坚持在劳动力输出地发卡。外出人员就业登记卡应反映外出前职业培训情况,反映权益保障和就业服务等信息。外来人员就业证应记录外来后培训、就业、缴纳及享受社会保障等情况。流动就业证卡应实行省内统一管理,防止重复发放”的规定

2007 年

一、国务院废止文件目录(2 件)

依据:2007 年 4 月 9 日国务院令第 493 号,计 2 件

序号	发布机关	规章名称	发文号	发布日期	废止理由
1	国务院	特别重大事故调查程序暂行规定	国务院令第 34 号	1989.3.29	已被《生产安全事故报告和调查处理条例》废止,2007 年 6 月 1 日起施行
2	国务院	企业职工伤亡事故报告和处理规定	国务院令第 75 号	1991.2.22	

二、劳动保障部废止文件目录(12 件)

第一部分

依据:2007 年 10 月 30 日劳动保障部令第 29 号,计 5 件

序号	发布机关	规章名称	发文号	发布日期	废止理由
1	劳动部	劳动合同鉴证实施办法	劳力字〔1992〕54 号	1992.10.22	与现有法律法规相抵触
2	劳动部、对外经贸部	外商投资企业劳动管理规定	劳部发〔1994〕246 号	1994.8.11	已被《劳动法》等法律法规代替
3	劳动部	职业培训实体管理规定	劳部发〔1994〕506 号	1994.12.14	已被现有法律法规代替
4	劳动部	企业职工工伤保险试行办法	劳部发〔1996〕266 号	1996.8.12	已被《工伤保险条例》代替
5	劳动保障部	劳动和社会保障信访工作暂行规定	4 号令	1999.8.12	与《信访条例》相抵触

续表

序号	发布机关	规章名称	发文号	发布日期	废止理由
第二部分 依据:2007 年 11 月 21 日劳社部发〔2007〕41 号,计 7 件					
1	劳动部	劳动合同鉴证实施办法	劳力字〔1992〕54 号	1992.10.22	已被《关于废止部分劳动和社会保障规章的决定》废止,2007 年 11 月 9 日起施行
2	劳动部、对外经贸部	外商投资企业劳动管理规定	劳部发〔1994〕246 号	1994.8.11	已被《关于废止部分劳动和社会保障规章的决定》废止,2007 年 11 月 9 日起施行
3	劳动部	职业指导办法	劳部发〔1994〕434 号	1994.10.27	已被《就业服务和就业管理规定》废止,2008 年 1 月 1 日起施行

续表

序号	发布机关	规章名称	发文号	发布日期	废止理由
4	劳动部	职业培训实体管理规定	劳部发〔1994〕506号	1994.12.14	已被《关于废止部分劳动和社会保障规章的决定》废止，2007年11月9日起施行
5	劳动部	企业职工工伤保险试行办法	劳部发〔1996〕266号	1996.8.12	已被《关于废止部分劳动和社会保障规章的决定》废止，2007年11月9日起施行
6	劳动保障部	劳动和社会保障信访工作暂行规定	4号令	1999.8.12	已被《关于废止部分劳动和社会保障规章的决定》废止，2007年11月9日起施行

续表

序号	发布机关	规章名称	发文号	发布日期	废止理由
7	劳动保障部	劳动力市场管理规定	10号令	2000.12.8	已被《就业服务和就业管理规定》废止，2008年1月1日起施行

三、山东省人民政府废止文件目录(8件)

依据:2007年11月30日山东省人民政府令第200号,计8件

(一)废止文件目录(计7件)

序号	文件名称	发文日期
1	山东省工资基金管理实施办法	1986.7.29
2	山东省关于招聘人才引进技术的优惠政策的规定	1988.3.31
3	山东省关于进一步放活科研机构放活科技人员的若干规定	1988.4.22
4	山东省城镇集体所有制企业管理暂行规定	1992.8.10
5	山东省实施《全民所有制工业企业转换经营机制条例》办法(试行)	1992.11.13
6	山东省企业工资管理暂行规定	1995.10.15
7	山东省国家公务员行为规范	1998.11.17

(二)失效文件目录(计1件)

序号	文件名称	发文日期
1	山东省全民所有制企业、事业单位补充干部实行聘任制暂行规定	1988.5.30

2008 年

国务院废止文件目录(7 件)

依据:2008 年 1 月 15 日国务院令第 516 号

(1)废止文件目录(3 件)

序号	法规名称	公布机关及日期	说　明
1	企业职工奖惩条例	1982 年 4 月 10 日国务院公布	已被 1994 年 7 月 5 日中华人民共和国主席令第 28 号公布的《中华人民共和国劳动法》、2007 年 6 月 29 日中华人民共和国主席令第 65 号公布的《中华人民共和国劳动合同法》代替
2	关于发挥离休退休专业技术人员作用的暂行规定	中共中央组织部、中共中央宣传部、中共中央统战部、国家科委、劳动人事部、中国科协、中国人民解放军总政治部制定中共中央书记处、国务院批准 1986 年 10 月 6 日中共中央办公厅、国务院办公厅转发	已被 2005 年 2 月 23 日《中共中央办公厅、国务院办公厅转发〈中央组织部、中央宣传部、中央统战部、人事部、科技部、劳动保障部、解放军总政治部、中国科协关于进一步发挥离退休专业技术人员作用的意见〉的通知》代替

续表

序号	法规名称	公布机关及日期	说　明
3	全民所有制企业招用农民合同制工人的规定	1991年7月25日中华人民共和国国务院令第87号公布	已被1994年7月5日中华人民共和国主席令第28号公布的《中华人民共和国劳动法》、2007年6月29日中华人民共和国主席令第65号公布的《中华人民共和国劳动合同法》代替
(2)宣布失效文件目录(4件)			
1	国家工作人员公费医疗预防实施办法	1952年8月24日政务院批准,1952年8月30日卫生部公布	适用期已过,实际上已经失效
2	国务院关于自费出国留学的暂行规定	1984年12月26日国务院公布	
3	事业单位工资制度改革后财务管理的若干规定	1985年10月7日国务院批准,1985年10月12日财政部公布	
4	办理外派劳务人员出国手续的暂行规定	1996年10月22日国务院批准,1996年12月20日对外贸易经济合作部、外交部、公安部公布	

2009 年

一、中华全国总工会废止文件目录(61 件)

依据:2009 年 1 月 21 日中华全国总工会《关于废止全国总工会代管劳动保险工作期间部分劳动保险规章和政策文件的决定》,计 61 件						
序号	文件名称	发文号	发文单位	发文日期	清理意见	废止理由
1	关于实行"中华人民共和国劳动保险条例"的厂矿企业原有劳动保险事业处理办法的规定		全国总工会	1951.4.16	废止	适用期已过
2	关于工会疗养事业若干问题的暂时规定	1954 年 4 月 22 日中华全国总工会第七届执行委员会主席团第五次会议通过	全国总工会	1954.5.3	废止	适用期已过
3	关于劳动保险金掌管使用办法的规定	1954 年 4 月 22 日中华全国总工会第七届执行委员会主席团第五次会议通过	全国总工会	1954.5.3	废止	适用期已过

续表

序号	文件名称	发文号	发文单位	发文日期	清理意见	废止理由
4	劳动保险委员会组织通则（试行草案）	中华全国总工会书记处第31次会议通过	全国总工会	1954.5.16	废止	适用期已过
5	关于计件工资制的职工享受劳动保险待遇时改按本人标准工资计算的解答	书险字〔1954〕第375号	全国总工会书记处办公室	1954.10.5	废止	适用期已过
6	关于工资改革中有关劳动保险待遇处理的通知		全国总工会	1956.9.12	废止	适用期已过
7	关于运动员在比赛中负伤应给予何种劳动保险待遇问题的通知		全总办公厅、体委办公厅	1956.9.12	废止	《工伤保险条例》已进行替代
8	关于享受退职养老待遇的职工（包括享受其他退职劳动保险待遇的职工或家属）的生活困难可暂由劳动保险基金项下酌予补助的复函	保险字〔1957〕第597号	全国总工会劳动保险部	1957.7.18	废止	适用期已过

续表

序号	文件名称	发文号	发文单位	发文日期	清理意见	废止理由
9	关于职工患病及非因工负伤死亡其家属生活困难救济问题的复函	保险字〔1957〕第1040号	全国总工会劳动保险部	1957.7.29	废止	现行政策进行了替代
10	关于贯彻执行国务院有关劳动工资、劳保福利的四项规定的通知	会险通字〔1958〕第12号	全国总工会	1958.2.15	废止	现行政策进行了替代
11	关于劳改企业不实行劳动保险条例的复函	保险字〔1958〕第216号 公劳就字〔1958〕第4号	全国总工会劳动保险部、公安部×局	1958.2.27	废止	现行政策进行了替代
12	关于女职工在病假期间生育待遇的复函	生活字第249号	全国总工会生活办公室	1962.7.26	废止	现行社会保险制度进行了替代

续表

序号	文件名称	发文号	发文单位	发文日期	清理意见	废止理由
13	关于转制的手工业合作社、合作工厂工会组织和职工劳动保险待遇的联合通知	会通字〔1962〕第16号 手组田字〔1962〕第129/490号	全国总工会、全国手工业合作总社	1962.7.27	废止	调整对象已经消失
14	关于第二机械工业部系统劳动保险工作和劳动保险金按产业系统管理的复函	会字〔1962〕第71号	全国总工会	1962.12.11	废止	适用期已过，调整对象已经消失
15	关于享受长期劳动保险待遇的移地支付暂行办法	会字〔1963〕第7号	全国总工会	1963.1.24	废止	现行政策进行了替代
16	关于劳动保险条例实施细则修正草案第三十条的规定是否仍然有效的问题的复函	生活字〔1963〕第106号 中劳薪字〔1963〕第60号	全国总工会生活办公室、劳动部工资局	1963.2.11	废止	适用期已过，调整对象已经消失

续表

序号	文件名称	发文号	发文单位	发文日期	清理意见	废止理由
17	关于职工因交通事故造成死亡有关支付待遇的复函	生活字〔1963〕第97号	全国总工会生活办公室	1963.2.12	废止	现行社会保险制度进行了替代
18	关于计发退休费井下津贴应包括在内的意见	生活字〔1963〕第110号	全国总工会生活办公室	1963.2.18	废止	现行社会保险制度进行了替代
19	关于由国营企业转为集体所有制原退休人员退休费由地方工会继续支付的复函	生活字〔1963〕第183号	全国总工会生活办公室	1963.3.15	废止	调整对象已经消失
20	关于今后按照退休处理暂行规定处理退休应由市或区（县）工会审查的函	生活字〔1963〕第277号	全国总工会生活办公室	1963.4.27	废止	适用期已过

续表

序号	文件名称	发文号	发文单位	发文日期	清理意见	废止理由
21	关于民办中学和小学教师工龄计算的复函	生活字〔1963〕第326号	全国总工会生活办公室	1963.5.10	废止	《国家教育委员会关于民办教师工龄计算问题的复函》教计字〔1986〕第179号替代
22	关于职工父母是地主分子的不应享受供养亲属待遇等问题的复函	生活字〔1963〕393号	全国总工会生活办公室	1963.5.29	废止	调整对象已经消失

续表

序号	文件名称	发文号	发文单位	发文日期	清理意见	废止理由
23	关于确定职工供养父母的条件问题的复函	生活字〔1963〕第466号	全国总工会生活办公室	1963.6.11	废止	现行政策进行了替代
24	关于兄弟几人共同抚养的父母应如何划分供养直系亲属享受劳动保险待遇的复函	生活字〔1963〕第506号	全国总工会生活办公室	1963.6.21	废止	现行政策进行了替代
25	关于矽肺病职工死亡应按因工处理的函	生活字〔1963〕684号	全国总工会生活办公室	1963.8.23	废止	现行政策进行了替代
26	关于患矽肺病职工死亡后待遇问题的复函	生活字〔1964〕第86号	全国总工会生活办公室	1964.1.31	废止	现行政策进行了替代

续表

序号	文件名称	发文号	发文单位	发文日期	清理意见	废止理由
27	关于进一步改进劳动保险管理工作的意见		全国总工会	1964.2.29	废止	适用期已过，调整对象已消失
28	关于试行“劳动保险委员会工作纲要”的通知	险字〔1964〕第1号	全国总工会劳动保险部	1964.4.1	废止	适用期已过，调整对象已消失
29	关于改进劳动保险金收支管理的通知	会通字〔1964〕第18号	全国总工会	1964.4.3	废止	适用期已过，调整对象已消失
30	有关矽肺病待遇问题的复函	险字〔1964〕第206号	全国总工会劳动保险部	1964.6.27	废止	现行政策进行了替代

续表

序号	文件名称	发文号	发文单位	发文日期	清理意见	废止理由
31	关于高等学校和中等专业学校毕业的学生被分配到企业工作后有无试用期和如何享受劳动保险的复函	险群字〔1964〕1322号	全国总工会劳动保险部	1964.7.8	废止	现行劳动保障制度进行了替代
32	关于职工住肺结核防治院（所）期间不享受伙食补助的复函	险字〔1964〕320号	全国总工会劳动保险部	1964.8.11	废止	现行政策进行了替代
33	关于外籍职工不分会员与非会员均可享受劳动保险条例中规定的有关待遇的函	险字〔1964〕第330号	全国总工会劳动保险部	1964.8.13	废止	适用期已过
34	关于矽肺病待遇问题的复函	险群字〔1964〕223号	全总劳动保险部	1965.4.17	废止	现行政策进行了替代

续表

序号	文件名称	发文号	发文单位	发文日期	清理意见	废止理由
35	关于职工因游泳发生伤亡的待遇处理问题的复函	险字〔1964〕第410号	全国总工会劳动保险部	1965.7.12	废止	《工伤保险条例》已进行了替代
36	关于企业举办半工半读学校教员享受劳动保险待遇问题的复函	险字〔1964〕第493号	全国总工会劳动保险部	1965.8.24	废止	适用期已过，调整对象已消失
37	关于四类分子劳动保险待遇的复函（摘录）	会字〔1964〕210号	全国总工会	1965.8.28	废止	适用期已过，调整对象已消失
38	关于企业职工患病到外地治疗护送人员的工资、路费应由谁负担问题的复函	险字〔1964〕第580号	全国总工会劳动保险部	1965.9.29	废止	现行社会保险制度进行了替代

续表

序号	文件名称	发文号	发文单位	发文日期	清理意见	废止理由
39	关于在部队工作期间患上慢性病现旧病复发能否按因工待遇处理问题的复函	险字〔1964〕第593号	全国总工会劳动保险部	1965.10.7	废止	现行社会保险制度进行了替代
40	关于生育待遇问题的复函	险字〔1964〕680号	全国总工会劳动保险部	1965.11.9	废止	现行社会保险制度进行了替代
41	关于计发职工退休费粮贴应包括在内的复函	险字〔1965〕第775号	全国总工会劳动保险部	1965.12.10	废止	适用期已过
42	关于职工在工作时间工作地点突然发病死亡待遇如何处理问题的复函	险字〔1965〕第760号	全国总工会劳动保险部	1965.12.14	废止	现行社会保险制度进行了替代

续表

序号	文件名称	发文号	发文单位	发文日期	清理意见	废止理由
43	关于会员与非会员享受劳动保险待遇区别问题的通知	险字〔1979〕248号	全国总工会生活保险部	1979.9.12	废止	劳动保险制度由社会保险制度替代，不依工会会员为条件
44	关于乘本单位汽车外出发生车祸死亡的职工是否发给补偿费问题的复函	险字〔1980〕第302号	全国总工会劳动保险部	1980.6.25	废止	现行政策进行了替代
45	关于因工死亡抚恤费和非因工残废救济费随工资区类别调整而变动的复函	险字〔1980〕1006号	全国总工会劳动保险部	1980.11.14	废止	适用期已过

续表

序号	文件名称	发文号	发文单位	发文日期	清理意见	废止理由
46	关于做好厂矿企业职工住房分配工作的通知	工发总字〔1981〕21号	全国总工会、城建总局	1981.2.27	废止	适用期已过
47	关于工人在生产时间打架负伤医药费和工资如何处理的复函	保险字205号	全国总工会劳动保险部	1981.5.14	废止	适用期已过
48	关于企业平均工资如何计算的复函	保险字216号	全国总工会劳动保险部	1981.5.21	废止	适用期已过
49	全国总工会劳动保险部关于实行经济责任制中有关病假、医疗待遇的函	保险字〔1981〕第503号	全国总工会	1981.12.3	废止	适用期已过，调整对象已消失
50	全国总工会、国家劳动总局、财政部关于制止把医药费全部发给职工个人包干使用的通知	工发总字〔1982〕22号	全国总工会、劳动总局财政部	1982.3.18	废止	适用期已过

续表

序号	文件名称	发文号	发文单位	发文日期	清理意见	废止理由
51	关于享受因工残废补助费的职工调入不实行劳动保险的单位时，其因工残废补助费如何发给问题的复函	保险字〔1982〕第314号	全国总工会劳动保险部	1982.6.17	废止	现行社会保险制度进行了替代
52	关于职工的弟弟因修房摔伤致残能否列为职工供养直系亲属的复函	活字〔1982〕第47号	全国总工会生活保险部	1982.8.27	废止	现行社会保险制度进行了替代
53	关于假肢修理费用负担问题的复函	活字〔1982〕第97号	全国总工会生活保险部	1982.10.5	废止	现行社会保险制度进行了替代

续表

序号	文件名称	发文号	发文单位	发文日期	清理意见	废止理由
54	关于执行〔1965〕险字第760号文的复函	活字〔1982〕第193号	全国总工会生活保险部	1982.12.7	废止	现行社会保险制度进行了替代
55	关于职工因交通事故死亡后有关待遇支付问题的复函	活字〔1983〕第71号	全国总工会生活保险部	1983.3.2	废止	现行社会保险制度进行了替代
56	关于职工供养直系亲属的输血费如何处理问题的复函	活字〔1983〕第243号	全国总工会生活保险部	1983.6.30	废止	现行政策进行了替代

续表

序号	文件名称	发文号	发文单位	发文日期	清理意见	废止理由
57	关于因工负伤职工住院期间陪护人员工资报销问题的复函	活字〔1983〕第289号	全国总工会生活保险部	1983.8.5	废止	现行社会保险制度进行了替代
58	关于肾移植手术费用报销问题的复函	活字〔1984〕第40号	全国总工会生活保险部	1984.1.24	废止	现行政策进行了替代
59	关于计划外临时工因工致残或死亡如何办理的复函	活字〔1984〕第263号	全国总工会生活保险部	1984.9.7	废止	调整对象已消失

续表

序号	文件名称	发文号	发文单位	发文日期	清理意见	废止理由
60	关于患一期矽肺病后又患肺癌的职工可否比照二、三期矽肺待遇处理的复函	活字〔1984〕第344号	全国总工会生活保险部	1984.12.3	废止	《工伤保险条例》已进行替代
61	关于企业职工更换心脏瓣膜的费用可否在劳保医疗经费中报销问题的复函	工劳字〔1987〕第20号	全国总工会劳动工资社会保障部	1987.6.13	废止	现行社会保险制度进行了替代

二、山东省人事厅废止文件目录(51件)

依据:2009年6月8日鲁人发〔2009〕36号,计51件		
序号	文件名称	发文号
一、废止文件目录(33件)		
1	关于印发《山东省专业技术人员和管理人员聘用合同签证》暂行办法的通知	鲁人〔2000〕10号

续表

序号	文件名称	发文号
2	关于印发《山东省国家公务员考核实施办法》的通知	鲁人〔1995〕83 号
3	关于印发《山东省国家公务员辞职辞退实施办法》的通知	鲁人〔1996〕13 号
4	关于印发《山东省国家公务员录用实施办法》的通知	鲁人〔1996〕14 号
5	关于省直机关工作人员向公务员过渡中实行任职回避的通知	鲁人〔1996〕43 号
6	关于省级机关现有工作人员向国家公务员和机关工作者过渡中实行竞争上岗、双向选择的意见	鲁人〔1996〕60 号
7	关于印发《山东省国家公务员录用考核办法》《山东省特殊职位国家公务员录用办法》的通知	鲁人调〔1997〕2 号
8	关于录用国家公务员和机关工作者体检有关问题的通知	鲁人〔1997〕63 号
9	关于贯彻《山东省省级党政机关机构改革人员分流的意见》有关问题的通知	鲁人〔2000〕33 号
10	关于转发人事部《国家公务员录用面试暂行办法》的通知	鲁人发〔2002〕10 号

续表

序号	文件名称	发文号
11	关于印发《山东省专业技术人员继续教育暂行规定实施细则》的通知	鲁人字〔1991〕第17号
12	关于建立专业技术人员继续教育基地的通知	鲁人〔1995〕9号
13	关于专业技术人员继续教育管理工作有关问题的通知	鲁人培〔1999〕4号
14	关于确定专业技术职务限额的暂行办法	鲁职改字〔1986〕35号
15	关于批转省教育厅《关于高等学校教育行政管理部门实行专业技术职务聘任制的意见》的通知	鲁职改字〔1988〕59号
16	关于进一步改进和加强全省晋升高、中级专业技术职务外语水平考试工作的通知	鲁职改〔1993〕31号
17	关于进一步做好专业技术岗位设置调整核定工作的通知	鲁人职〔1995〕3号
18	关于进一步做好专业技术岗位核定工作的通知	鲁人科〔1996〕5号
19	关于专业技术人员职称外语考试等有关问题的通知	鲁人职〔1998〕34号
20	关于全面推行竞争聘任专业技术职务的通知	鲁人职〔1998〕38号
21	关于印发《山东省博士后管理工作暂行办法》的通知	鲁人〔1999〕38号

续表

序号	文件名称	发文号
22	关于印发《山东省高级专业技术职务任职资格破格申报指导条件》的通知	鲁人职〔1999〕11号
23	关于注册城市规划师执业资格认定工作及有关问题的通知	鲁人职〔2000〕9号
24	关于印发山东省中专和中小学教师职务岗位管理暂行办法的通知	鲁人发〔2001〕89号
25	关于印发《山东省药品技术职务结构比例指导标准》的通知	鲁人发〔2002〕24号
26	关于印发《山东省技工学校教师结构比例指导标准》的通知	鲁人发〔2002〕34号
27	关于印发《山东省专业技术职务岗位管理办法及实施意见》的通知	鲁人发〔2002〕39号
28	关于印发《山东省出版、档案专业和党校教师职务结构比例指导标准》的通知	鲁人发〔2003〕3号
29	关于印发《山东省农业技术职务结构比例指导标准》的通知	鲁人发〔2003〕19号
30	关于做好专业技术人员职称外语等级考试工作的通知	鲁人发〔2005〕6号
31	山东省专业技术人员计算机应用能力考试考务细则	鲁人考函〔2005〕48号
32	关于在事业单位登记管理中做好统一代码标识工作的通知	鲁编办〔1997〕88号

续表

序号	文件名称	发文号
33	关于《事业单位法人证书》和《山东省事业单位登记证书》使用问题的通知	鲁编办〔2002〕98号
二、失效文件目录(14件)		
1	关于印发《山东省人事系统法制宣传教育第四个五年规划》的通知	鲁人发〔2001〕109号
2	转发中央组织部、劳动人事部《关于颁发执行〈关于补充乡镇干部实行选任制和聘用制的暂行规定〉的通知》的通知	鲁人字〔1987〕第38号
3	关于补充乡镇机关干部实行选任制和聘用制几个问题的通知	鲁人字〔1991〕第19号
4	关于机关现有工作人员向国家公务员和机关工作者过渡考试有关问题的通知	鲁人〔1995〕56号
5	关于印发《山东省机关事业单位工作人员正常晋升工资档次的实施办法》的通知	鲁人薪〔1996〕13号
6	关于印发《山东省专业技术人员继续教育“八五”发展计划》的通知	鲁人〔1992〕29号
7	关于印发《山东省专业技术人员继续教育“九五”发展计划》的通知	鲁人〔1997〕40号
8	关于印发《1997~2000年山东省国家公务员培训工作规划》的通知	鲁人〔1997〕158号
9	关于印发《2003~2005年山东省专业技术人员继续教育规划》的通知	鲁人发〔2003〕7号

续表

序号	文件名称	发文号
10	关于做好 1997 年大中专毕业生就业分配签证工作的通知	鲁人〔1997〕54 号
11	关于大中专毕业生就业分配有关手续问题的通知	鲁人〔1997〕65 号
12	关于做好普通大中专毕业生户口、粮食关系迁移工作的通知	鲁人〔1997〕121 号
13	关于国家计划内自费、电大普通班毕业生择优录用的补充通知	鲁人〔1997〕127 号
14	关于做好省直、中央驻鲁单位接收大中专毕业生工作的通知	鲁人〔1998〕55 号
三、停止执行文件目录(4 件)		
1	关于调整公安民警特殊岗位津贴标准的通知	鲁人发〔2004〕25 号
2	关于调整省委政法委机关工作人员特殊岗位补贴标准的通知	鲁人字〔2005〕14 号
3	关于调整省信访局专职信访人员岗位补贴标准的通知	鲁人字〔2005〕15 号
4	关于建立省管企业监事会专职成员岗位补贴的通知	鲁人字〔2005〕16 号

2010年

一、人力资源社会保障部废止文件目录(11件)

依据:2010年11月12日人社部令第7号,计11件					
序号	制定机关	规章名称	发文号	施行日期	废止理由
1	劳动部	企业劳动争议调解委员会组织及工作规则	劳部发〔1993〕301号	1993.11.5	其制定依据《中华人民共和国企业劳动争议处理条例》已被《中华人民共和国劳动争议调解仲裁法》代替
2	劳动部	违反《中华人民共和国劳动法》行政处罚办法	劳部发〔1994〕532号	1995.1.1	已被《中华人民共和国劳动合同法》《劳动保障监察条例》等法律法规代替
3	劳动部	劳动行政处罚若干规定	劳动部令第1号	1996.10.1	已被《劳动保障监察条例》等法律法规代替
4	人事部	国家公务员考核暂行规定	人核发〔1994〕4号	1994.3.8	已被2007年1月4日颁布施行的《公务员考核规定(试行)》代替

续表

序号	制定机关	规章名称	发文号	施行日期	废止理由
5	人事部	国家公务员职务任免暂行规定	人核培发〔1995〕37号	1995.3.31	已被2008年2月29日颁布施行的《公务员职务任免与职务升降规定(试行)》代替
6	人事部	国家公务员辞职辞退暂行规定	人核培发〔1995〕77号	1995.7.18	已被2009年7月24日颁布施行的《公务员辞去公职规定(试行)》《公务员辞退规定(试行)》代替
7	人事部	国家公务员申诉控告暂行规定	人核培发〔1995〕91号	1995.8.11	关于公务员申诉,已被2008年5月14日颁布施行的《公务员申诉规定(试行)》代替;关于公务员控告,公务员法已作原则规定,暂行规定中有关内容与公务员法表述不一致

续表

序号	制定机关	规章名称	发文号	施行日期	废止理由
8	人事部	国家公务员出国培训暂行规定	人外发〔1995〕110号	1995.9.21	其制定依据《国家公务员暂行条例》已被废止，其内容已不符合公务员培训的需要
9	人事部	国家公务员职务升降暂行规定	人发〔1996〕13号	1996.1.29	已被2008年2月29日颁布施行的《公务员职务任免与职务升降规定（试行）》代替
10	人事部	国家公务员被辞退后有关问题的暂行办法	人发〔1996〕64号	1996.7.19	已被2009年7月24日颁布施行的《公务员辞退规定（试行）》代替
11	人事部	副省级市国家公务员非领导职务设置实施办法	人发〔1996〕86号	1996.9.13	已被2006年4月9日颁布施行的《综合管理类公务员非领导职务设置管理办法》代替

二、山东省人民政府废止文件目录(5件)

依据:2010年11月29日山东省人民政府令第229号,计5件

(一)废止文件目录,计3件

序号	文件名称	发文号	发文日期	施行日期
1	山东省实施《企业职工奖惩条例》的若干规定	鲁政发〔1986〕94号	1986.8.19	1986.8.19
2	山东省实施《劳动就业服务企业管理规定》细则	省人民政府令第25号	1992.2.1	1992.2.1
3	山东省实施《中华人民共和国尘肺病防治条例》办法	省人民政府令第76号	1997.4.9	1997.5.1

(二)失效文件目录,计2件

1	山东省职工学校工作试行条例	鲁政办发〔1983〕51号	1983.10.25	1983.10.25
2	山东省关于聘请外国专家引进国外技术的若干政策规定	鲁政发〔1988〕97号	1988.7.6	1988.7.6

2011年

一、国务院废止文件目录(4件)

序号	法规名称	发文号	发布日期	废止依据
1	关于各地厂矿对于法定假日工资发放办法的决定	政财董字〔1950〕第118号	1950.7.31	国务院令第588号
2	中华人民共和国企业劳动争议处理条例	国务院令第117号	1993.7.6	
3	退伍义务兵安置条例	国发〔1987〕106号	1987.12.12	国务院、中央军委令第608号
4	中国人民解放军士官退出现役安置暂行办法	国发〔1999〕27号	1999.12.13	

二、山东省人力资源社会保障厅废止文件目录(869件)

依据:2011年4月2日鲁人社办发〔2011〕67号,计869件

序号	文件名称	发布日期	文号	清理理由
一、就业(219件)				
1	山东省革委劳动局转发国家劳动总局、中国人民解放军总参、总政《关于军队转业干部爱人系军队编内职工办理调动手续问题的通知》	1976.10.28	鲁劳配字〔1976〕第104号	适用期已过

续表

序号	文件名称	发布日期	文号	清理理由
2	山东省革委劳动局转发《关于随军队转业干部调动的国家正式职工可相应增减职工人数的通知》	1978.8.23	鲁劳配便字〔1978〕第24号	适用期已过
3	山东省革委劳动局转发国家劳动总局《关于军队转业干部的爱人工作调动的通知》的通知	1979.1.18	鲁劳配字〔1979〕第8号	适用期已过
4	山东省革委劳动局关于印发《山东省招工试行办法》的通知	1979.4.3	鲁劳配字〔1979〕第60号	适用期已过
5	山东省革委劳动局关于印发《关于招工考核工作的意见》的通知	1979.4.3	鲁劳配字〔1979〕第61号	适用期已过
6	山东省革委劳动局关于军队转业干部爱人工作安置与调动问题的通知	1979.8.20	鲁劳配字〔1979〕第171号	适用期已过
7	山东省劳动局关于转发国家劳动总局劳总计字〔1979〕81号通知的通知	1979.8.27	鲁劳配字〔1979〕第183号	适用期已过

续表

序号	文件名称	发布日期	文 号	清理理由
8	山东省革委劳动局关于贯彻执行省革委鲁革发〔1979〕161号文件有关易地安排职工子女问题的通知	1979.10.23	鲁劳配字〔1979〕第237号	适用期已过
9	山东省革委劳动局关于易地安排退休、退职、死亡职工子女问题的补充通知	1979.12.15	鲁劳配字〔1979〕第318号	适用期已过
10	山东省劳动局印发《关于办好劳动服务公司的意见》的通知	1980.7.1	鲁劳社配字〔1980〕第180号	适用期已过
11	山东省劳动局关于简化中央和部队驻鲁单位使用临时工手续的通知	1980.7.30	鲁劳配字〔1980〕第217号	适用期已过
12	山东省劳动局关于60年代初期大中专下马学校的回乡学生转知青安排工作问题的复函	1981.1.9	鲁劳配字〔1981〕第6号	适用期已过
13	山东省劳动局转发国家劳动总局《关于西藏农垦厅一些单位内调职工安置问题的函》	1981.1.9	鲁劳配字〔1981〕第8号	适用期已过
14	山东省劳动局关于招收装卸工人问题的通知	1981.1.31	鲁劳配字〔1981〕第27号	适用期已过

续表

序号	文件名称	发布日期	文 号	清理理由
15	山东省劳动局关于转发国家劳动总局、总参、总政、总后《关于做好军队编内工人退休、退职工作的通知》的通知	1981.3.6	鲁劳配字〔1981〕第53号	适用期已过
16	山东省劳动局关于招工工作几个问题的通知	1981.6.9	鲁劳社字〔1981〕第138号	适用期已过
17	山东省劳动局等4部门转发国家劳动总局等4部门劳总劳字〔1981〕第27号文的通知	1981.6.24	鲁劳社字〔1981〕第152号	适用期已过
18	山东省劳动局关于《山东省城镇青年劳动就业经费管理使用暂行规定》的补充规定	1981.9.22	鲁劳计字〔1981〕第254号	适用期已过
19	山东省劳动局、省财政厅关于建立城镇劳动就业培训基地的通知	1981.9.25	鲁劳计字〔1981〕第253号	适用期已过
20	山东省劳动局转发国家劳动总局劳总劳字〔1981〕90号文的通知	1981.10.5	鲁劳社字〔1981〕第262号	适用期已过

续表

序号	文件名称	发布日期	文号	清理理由
21	山东省劳动局关于从农业人口中招收新工人的通知	1981.10.23	鲁劳配字〔1981〕第279号	适用期已过
22	山东省劳动局关于招用渔轮船员合同工问题的复函	1981.12.21	鲁劳配字〔1981〕第390号	适用期已过
23	山东省劳动局关于做好城镇社会劳动资源普查、登记、建卡、立档的通知	1982.3.9	鲁劳社字〔1982〕第56号	适用期已过
24	山东省劳动局关于转发国家劳动总局《关于工人退休、退职后从农村招收其子女问题的复函》的通知	1982.3.20	鲁劳配字〔1982〕第68号	适用期已过
25	山东省劳动局关于劳动服务公司所属网点从业青年等被招工后工资待遇问题的意见	1982.3.20	鲁劳薪字〔1982〕第67号	适用期已过
26	山东省劳动局转发国家劳动总局《关于加强职工调剂工作的通知》的通知	1982.4.9	鲁劳配字〔1982〕第86号	适用期已过
27	山东省劳动局关于印发《劳动服务公司生产服务单位财务管理几项暂行规定》的通知	1982.4.25	鲁劳计字〔1982〕第232号	适用期已过

续表

序号	文件名称	发布日期	文　号	清理理由
28	山东省劳动局等3部门转发国家劳动总局、国家人事局、国务院科技干部局《关于评定劳动定额专职干部职称问题的通知》的通知	1982.4.30	鲁劳配字〔1982〕第101号	适用期已过
29	山东省劳动局关于知青遗留问题处理意见的通知	1982.5.15	鲁劳社字〔1982〕第127号	适用期已过
30	山东省劳动局关于转发国家劳动总局《关于刑满释放人员就业安置问题的复函》的通知	1982.5.28	鲁劳社字〔1982〕第148号	适用期已过
31	山东省劳动局关于劳动服务公司生产服务单位有关会计事项的处理意见	1982.6.18	鲁劳计便字〔1982〕第42号	适用期已过
32	1982年劳动就业经费财务工作要点	1982.6.19	鲁劳计函字〔1982〕第43号	适用期已过
33	山东省劳动局关于城镇集体经济组织、劳动服务公司所属网点从业青年及个体经营者被招工后工龄计算问题的处理意见	1982.8.9	鲁劳薪字〔1982〕第208号	适用期已过

续表

序号	文件名称	发布日期	文　号	清理理由
34	山东省劳动局关于贯彻执行鲁政发〔1982〕79号文中的几个具体问题的通知	1982.8.17	鲁劳计字〔1982〕第219号	适用期已过
35	山东省劳动局关于试行《山东省工业企业整顿劳动组织的验收标准》和《山东省关于工业企业整顿劳动纪律的验收标准》的通知	1982.9.28	鲁劳配字〔1982〕第267号	适用期已过
36	山东省劳动局关于刑满释放人员就业安置问题的通知	1983.1.28	鲁劳社字〔1983〕第24号	适用期已过
37	山东省劳动局转发劳动人事部《关于〈企业职工奖惩条例〉若干问题的解答意见》的通知	1983.4.6	鲁劳配字〔1983〕第74号	依据的上位法已废止
38	山东省劳动局转发劳动人事部《关于积极实行劳动合同制的通知》的通知	1983.4.13	鲁劳配字〔1983〕第87号	适用期已过

续表

序号	文件名称	发布日期	文号	清理理由
39	山东省劳动局转发劳动人事部《颁发“关于招工考核择优录用的暂行规定”的通知》的通知	1983.4.30	鲁劳社字〔1983〕第108号	适用期已过
40	山东省劳动局关于印发《山东省城镇劳动合同制试行办法（修改稿）》的通知	1983.6.27	鲁劳配字〔1983〕第165号	适用期已过
41	山东省劳动局、省经济委员会转发劳动人事部、国家经委《关于企业职工要求“停薪留职”问题的通知》	1983.7.9	鲁劳配字〔1983〕第180号	适用期已过
42	山东省劳动局转发财政部《关于对企业清退的“混岗”人员和富余人员组织的集体企业征免税问题的通知》	1983.8.3	鲁劳配字〔1983〕第209号	适用期已过
43	山东省劳动局关于招收部分新工人的通知	1983.10.22	鲁劳社字〔1983〕第272号	适用期已过
44	山东省劳动局关于从农业人口中招收新工人的通知	1983.10.31	鲁劳社字〔1983〕第282号	适用期已过

续表

序号	文件名称	发布日期	文号	清理理由
45	山东省劳动局关于招收农民合同制工人是否转户口、粮食关系的复函	1984.1.7	鲁劳社字〔1984〕第005号	适用期已过
46	山东省劳动局关于废止“鲁劳配字〔1977〕第49号”文件的通知	1984.1.31	鲁劳配字〔1984〕第026号	适用期已过
47	山东省劳动局关于转发劳动人事部计划劳动力局《关于国营农林牧渔场职工调动问题的函》的通知	1984.2.9	鲁劳配字〔1984〕第022号	适用期已过
48	山东省劳动局、省财政厅转发劳动人事部、财政部“关于城镇青年就业和劳动服务公司补助费管理使用的暂行规定”的通知	1984.4.9	鲁劳计字〔1984〕第084号	适用期已过
49	山东省劳动局、省财政厅关于用工单位向劳动部门交纳管理费的批复	1984.8.11	鲁劳计字〔1984〕第233号	适用期已过
50	山东省劳动局转发劳动人事部《关于妥善解决插队青年遗留问题的通知》的通知	1984.9.26	鲁劳司字〔1984〕第290号	适用期已过

续表

序号	文件名称	发布日期	文号	清理理由
51	山东省劳动局关于下放刑满释放人员安置工作审批权限的通知	1984.10.5	鲁劳司字〔1984〕第304号	适用期已过
52	山东省劳动局、省财政厅关于印发《城镇劳动就业训练中心财务管理办法(试行草案)》和《城镇劳动就业训练中心会计制度(试行草案)》的通知	1985.5.14	鲁劳财字〔1985〕第122号	适用期已过
53	山东省劳动局转发劳动人事部《颁发〈关于就业训练若干问题的暂行办法〉的通知》的通知	1985.10.29	鲁劳司字〔1985〕第293号	适用期已过
54	山东省劳动局关于贯彻省政府改革劳动制度四个实施细则的几点意见	1986.12.23	鲁劳管字〔1986〕第475号	适用期已过
55	山东省劳动局关于做好就业训练工作几个问题的通知	1986.12.24	鲁劳司字〔1986〕第497号	适用期已过
56	山东省劳动局关于缴纳职工待业保险基金时如何划分企、事业单位问题的通知	1987.3.16	鲁劳司字〔1987〕第130号	适用期已过

续表

序号	文件名称	发布日期	文号	清理理由
57	山东省劳动局、济南铁路局关于转发劳动人事部对《关于改革劳动制度准备情况和有关问题的请示》复函的通知	1987.3.25	鲁劳管字〔1987〕第125号	适用期已过
58	山东省劳动局关于贯彻《山东省招用农民工轮换制工人试行办法》的几点意见	1987.4.16	鲁劳管字〔1987〕第170号	适用期已过
59	山东省劳动局等6部门关于印发《山东省职工待业保险基金管理使用暂行办法》的通知	1987.5.3	鲁劳办函字〔1987〕第192号	适用期已过
60	山东省劳动局等3部门关于印发《山东省劳动服务公司集体企业职工劳动保险试行办法》的通知	1987.5.18	鲁劳办函字〔1987〕第212号	适用期已过
61	山东省劳动局关于农民合同制工人交纳公益金问题的复函	1987.5.19	鲁劳管字〔1987〕第213号	适用期已过

续表

序号	文件名称	发布日期	文　号	清理理由
62	山东省劳动局转发劳动人事部《关于银行、保险系统职工待业保险基金缴纳和合同制职工养老金统筹问题的复函》	1987. 6. 1	鲁劳薪字〔1987〕第229号	适用期已过
63	山东省劳动局转发劳动人事部《关于严格禁止招用童工的通知》的通知	1987. 7. 24	鲁劳管字〔1987〕第299号	适用期已过
64	山东省劳动局关于印发《职工待业保险问题解答(一)》的通知	1987. 7. 27	鲁劳办函字〔1987〕第239号	适用期已过
65	山东省劳动局、省财政厅关于印发《县级以上劳动服务公司财务管理的几项暂行规定》和《山东省劳动服务公司会计制度》的通知	1987. 9. 7	鲁劳财字〔1987〕第369号	适用期已过
66	山东省劳动局、省财政厅关于劳动服务公司收取管理费使用问题的通知	1988. 1. 20	鲁劳财字〔1988〕第017号	适用期已过
67	山东省劳动局等3部门关于就业前培训收费标准问题的通知	1988. 2. 3	鲁劳办函字〔1988〕第052号	适用期已过

续表

序号	文件名称	发布日期	文　号	清理理由
68	山东省劳动服务公司关于房屋等建筑物会计账务处理的通知	1988. 3. 30	鲁劳公字〔1988〕第5号	适用期已过
69	山东省劳动局等3部门转发《关于解决老工人夫妻长期两地分居有关问题的通知》的通知	1988. 4. 18	鲁劳管字〔1988〕第132号	适用期已过
70	山东省劳动局关于无招工指标时照顾招用1959年底前参加工作家居农村职工子女为临时工审批权限的复函	1988. 7. 4	鲁劳管函字〔1988〕第34号	适用期已过
71	山东省劳动局关于城镇青年到乡镇企业就业有关问题的规定	1988. 7. 30	鲁劳办函字〔1988〕第200号	适用期已过
72	山东省劳动局等3部门关于进一步改革完善纺织工业劳动、工资分配制度的意见	1988. 8. 11	鲁劳薪字〔1988〕第287号	适用期已过
73	山东省劳动服务公司关于劳动服务公司集体企业实行承包经营责任制有关问题的通知	1988. 8. 18	鲁劳公字〔1988〕第11号	适用期已过

续表

序号	文件名称	发布日期	文号	清理理由
74	山东省劳动局转发劳动部《关于职工待业保险基金管理问题的通知》的通知	1988.10.4	鲁劳办函字〔1988〕第357号	适用期已过
75	山东省劳动局关于进一步做好城镇待业人员登记和就业统计工作的通知	1988.10.17	鲁劳办函字〔1988〕第419号	适用期已过
76	山东省劳动服务公司关于印发鲁玉光同志在省劳动就业工作汇报会上关于成建制“农转非”村建立劳动服务公司问题的讲话的通知	1988.12.12	鲁劳公字〔1988〕第20号	适用期已过
77	山东省劳动局关于贯彻执行劳动部劳险字〔1989〕10号文件的通知	1989.5.31	鲁劳险字〔1989〕第161号	适用期已过
78	山东省劳动局转发劳动部办公厅《关于制止非法劳务中介活动的通知》的通知	1989.8.17	鲁劳办函字〔1989〕第10号	适用期已过
79	山东省劳动局、省税务局转发劳动部、国家税务局《关于颁发〈劳动服务公司集体企业财务制度(试行)〉的通知》的通知	1989.8.19	鲁劳办函字〔1989〕第276号	适用期已过

续表

序号	文件名称	发布日期	文　号	清理理由
80	山东省劳动局关于农民轮换制工人组织轮换的复函	1989.12.4	鲁劳管函字〔1989〕第34号	适用期已过
81	山东省劳动局关于印发《集体企业待业保险基金和劳动保险基金用于扶持集体企业的试行办法》通知	1989.12.20	鲁劳办函字〔1989〕第585号	适用期已过
82	山东省劳动局转发劳动部《关于劳动服务公司发展和建设中若干问题的意见》的通知	1989.12.21	鲁劳办函字〔1989〕第587号	适用期已过
83	山东省劳动局、省物资局关于转发劳动部、物资部《关于劳动服务公司经营生产资料问题的通知》的通知	1990.1.12	鲁劳业字〔1990〕第026号	适用期已过
84	山东省劳动局关于善始善终做好照顾招收1959年底前参加工作家居农村老工人子女就业的通知	1990.1.12	鲁劳管字〔1990〕第033号	适用期已过
85	山东省劳动服务公司关于印发全省劳动服务公司直属企业工作会议两个文件的通知	1990.1.20	鲁劳就字〔1990〕第3号	适用期已过

续表

序号	文件名称	发布日期	文　号	清理理由
86	山东省劳动局印发《关于贯彻劳动部〈关于劳动服务公司清理整顿工作有关问题的通知〉的实施意见》的通知	1990.2.5	鲁劳业字〔1990〕第057号	适用期已过
87	山东省劳动局、省财政厅关于印发《城镇青年就业扶持生产资金使用暂行管理办法》的通知	1990.2.8	鲁劳业字〔1990〕第059号	适用期已过
88	山东省劳动局关于印发《山东省关于〈职业介绍暂行规定〉实施细则》的通知	1990.3.29	鲁劳业字〔1990〕第146号	已被新文件代替
89	山东省劳动局、省财政厅关于劳动部门收取劳动管理费有关问题的通知	1990.4.28	鲁劳业字〔1990〕第227号	适用期已过
90	山东省劳动局、省财政厅关于职工待业保险基金收缴收据问题的通知	1990.5.25	鲁劳业办字〔1990〕第210号	适用期已过
91	山东省劳动局转发劳动部《关于机关、事业单位招收工人管理问题的通知》的通知	1990.6.14	鲁劳业字〔1990〕第271号	适用期已过

续表

序号	文件名称	发布日期	文号	清理理由
92	山东省劳动局等3部门关于劳动部门收取劳动管理费有关问题的通知	1990.8.7	鲁劳业字〔1990〕第464号	适用期已过
93	山东省劳动局、省财政厅关于加强就业训练中心建设若干问题的意见	1990.10.15	鲁劳业字〔1990〕第478号	适用期已过
94	山东省劳动局、省财政厅关于职工待业保险基金中专业训练费和扶持生产自救费管理使用有关问题的通知	1990.11.15	鲁劳业字〔1990〕第532号	适用期已过
95	山东省劳动局关于印发《山东省城镇待业人员登记、管理、教育暂行办法》的通知	1990.11.16	鲁劳业字〔1990〕第531号	适用期已过
96	山东省劳动局等5部门关于发放就业难点贴息贷款的通知	1991.3.26	鲁劳业字〔1991〕第147号	适用期已过
97	山东省劳动局转发省税务局《关于安置城镇待业人员办企业有关税收政策的通知》的通知	1991.4.3	鲁劳业字〔1991〕第090号	适用期已过

续表

序号	文件名称	发布日期	文号	清理理由
98	山东省劳动局关于做好就业难点地区安置就业工作的通知	1991.4.18	鲁劳业字〔1991〕第106号	适用期已过
99	山东省劳动局关于执行省劳动局〔1989〕鲁劳司字第278号文件中有关问题的处理意见的通知	1991.5.13	鲁劳业字〔1991〕第152号	适用期已过
100	山东省劳动局关于积极参与社会治安综合治理做好就业管理工作的通知	1991.10.5	鲁劳业字〔1991〕第354号	适用期已过
101	山东省劳动局等5部门转发劳动部、中国人民银行《关于对劳动就业服务企业安排贷款问题的通知》的通知	1991.10.17	鲁劳业字〔1991〕第374号	适用期已过
102	山东省劳动局等5部门印发《关于企业实行全员劳动合同制的试点意见》的通知	1992.2.21	鲁劳发〔1992〕24号	适用期已过

续表

序号	文件名称	发布日期	文号	清理理由
103	山东省劳动局关于转发劳动部劳办力字〔1992〕8号文的通知	1992.3.7	鲁劳发〔1992〕36号	适用期已过
104	山东省劳动局转发劳动部《关于开展就业训练中心评估工作的通知》的通知	1992.3.12	鲁劳发〔1992〕55号	适用期已过
105	山东省劳动局等6部门关于兴办劳动就业服务企业安置富余职工若干问题的意见	1992.5.5	鲁劳发〔1992〕212号	适用期已过
106	山东省劳动局等3部门关于对外商投资企业缴纳劳动力管理费问题的批复	1992.5.20	鲁劳发〔1992〕161号	适用期已过
107	山东省劳动局关于进一步加强就业训练工作的通知	1992.6.4	鲁劳发〔1992〕184号	适用期已过
108	山东省劳动局转发劳动部《关于集体所有制企业职工待业保险管理问题的通知》的通知	1992.6.20	鲁劳发〔1992〕203号	适用期已过

续表

序号	文件名称	发布日期	文　号	清理理由
109	山东省劳动局关于对关停企业被精简职工实行待业保险的通知	1992.6.22	鲁劳发〔1992〕206号	适用期已过
110	山东省劳动局等6部门关于办理职工待业保险基金银行结算办法有关问题的通知	1992.6.22	鲁劳发〔1992〕250号	适用期已过
111	山东省计划委员会等3部门《关于外商投资企业、民办科技机构等单位接收应届毕业生有关问题的通知》	1992.6.27	鲁人〔1992〕66号	适用期已过
112	山东省劳动局认真学习贯彻劳动部关于进一步做好劳动就业工作电话会议精神的通知	1992.7.25	鲁劳发〔1992〕271号	适用期已过
113	山东省劳动服务公司转发国家税务局《关于调整集体企业经费提取和固定资产单位价值标准两个文件的通知》	1992.9.23	鲁劳就字〔1992〕第28号	适用期已过

续表

序号	文件名称	发布日期	文号	清理理由
114	山东省劳动局等3部门关于加强“路边店”用工管理的通知	1992.10.10	鲁劳发〔1992〕441号	适用期已过
115	山东省劳动局转发山东省物价局、山东省财政厅《关于加强短期培训班收费管理的通知》	1993.2.9	鲁劳发〔1993〕43号	适用期已过
116	山东省劳动局、省财政厅关于印发《山东省职工待业保险会计暂行规定》的通知	1993.2.9	鲁劳发〔1993〕48号	适用期已过
117	山东省劳动局等3部门关于印发《山东省职工待业保险基金管理使用办法》的通知	1993.2.23	鲁劳发〔1993〕58号	适用期已过
118	山东省劳动局关于招用农村劳动力审批问题的通知	1993.2.26	鲁劳发〔1993〕66号	适用期已过
119	山东省劳动局、省财政厅关于印发《山东省劳动合同管理试行规定》的通知	1993.2.26	鲁劳发〔1993〕288号	适用期已过

续表

序号	文件名称	发布日期	文　号	清理理由
120	山东省劳动服务公司关于转发山东省物价局、山东省财政厅鲁价涉字〔1993〕第46号文的通知	1993.3.8	鲁劳就函字〔1993〕第6号	适用期已过
121	山东省人事局关于印发《山东省国家不包分配的大中专毕业生就业办法》的通知	1993.4.14	鲁人〔1993〕41号	适用期已过
122	山东省劳动局关于印发山东省劳动局关于贯彻实施《山东省实施〈全民所有制工业企业转换经营机制条例〉办法》的意见（试行）的通知	1993.5.7	鲁劳发〔1993〕173号	适用期已过
123	山东省劳动服务公司转发鲁税二〔1993〕40号文的通知	1993.6.2	鲁劳就字〔1993〕第16号	适用期已过
124	山东省劳动局关于发挥待业保险基金作用支持企业改革有关问题的通知	1993.6.19	鲁劳发〔1993〕252号	适用期已过
125	山东省劳动局关于调整待业救济金发放标准的通知	1993.6.21	鲁劳发〔1993〕244号	适用期已过

续表

序号	文件名称	发布日期	文　号	清理理由
126	山东省劳动厅关于使用《城镇待业人员求职证》和《招聘职工登记表》的通知	1993.6.21	鲁劳发〔1993〕249号	适用期已过
127	山东省劳动厅关于就业训练中心培训农村劳动力有关问题的通知	1993.7.9	鲁劳发〔1993〕273号	适用期已过
128	山东省劳动厅等3部门关于贯彻劳动部《境外就业服务机构管理规定》开展境外就业服务工作试点的通知	1993.7.27	鲁劳发〔1993〕346号	适用期已过
129	山东省劳动厅关于加强对未取得居留证件的外国人就业管理的通知	1993.8.13	鲁劳发〔1993〕338号	适用期已过
130	山东省劳动厅关于转发劳动部劳部发〔1993〕66号文件的通知	1993.8.21	鲁劳发〔1993〕355号	适用期已过
131	山东省劳动厅转发劳动部《关于民办职业介绍机构管理问题的通知》	1993.8.25	鲁劳发〔1993〕356号	适用期已过
132	山东省劳动厅、省税务局关于转发劳部发〔1993〕181号文的通知	1993.9.6	鲁劳发〔1993〕377号	适用期已过

续表

序号	文件名称	发布日期	文　号	清理理由
133	山东省劳动厅关于坚决制止将买得非农业户口的人员转招为城镇合同制工人的通知	1993.9.10	鲁劳发〔1993〕380号	适用期已过
134	山东省劳动厅等3部门关于招收城镇合同制职工户、粮关系迁移问题的通知	1993.10.25	鲁劳发〔1993〕443号	适用期已过
135	山东省劳动厅等5部门关于1994年继续对劳服企业实行贴息贷款的通知	1993.10.28	鲁劳发〔1993〕529号	适用期已过
136	山东省劳动厅《关于公布全省优秀就业训练中心的通知》	1993.11.23	鲁劳发〔1993〕505号	适用期已过
137	山东省劳动厅等11部门关于贯彻国务院10部委局《关于劳动就业服务企业发展第三产业安置富余人员若干问题的通知》的通知	1993.12.27	鲁劳发〔1994〕1号	适用期已过
138	山东省劳动厅关于组织检查贯彻落实国务院110号令和省政府41号令情况的通知	1994.1.5	鲁劳发〔1994〕36号	适用期已过

续表

序号	文件名称	发布日期	文　号	清理理由
139	山东省劳动厅关于规范职业介绍服务机构名称的通知	1994.2.2	鲁劳发〔1994〕39号	适用期已过
140	山东省劳动厅转发劳动部办公厅劳办发〔1994〕1号文件的通知	1994.2.3	鲁劳发〔1994〕45号	适用期已过
141	山东省劳动厅关于对全省各级劳动部门职业介绍所（中心）检查评估情况的通报	1994.2.4	鲁劳发〔1994〕44号	适用期已过
142	山东省劳动厅关于转发劳动部《再就业工程》的通知	1994.3.25	鲁劳发〔1994〕100号	适用期已过
143	山东省劳动厅、省工商行政管理局关于加强招工（招聘）广告管理的通知	1994.4.29	鲁劳发〔1994〕141号	适用期已过
144	山东省劳动厅转发劳动部《关于实行职业技能鉴定社会化管理试点工作的通知》的通知	1994.7.27	鲁劳发〔1994〕349号	适用期已过
145	山东省劳动厅转发劳动部《关于开展失业保险基金和中央级扶持生产资金检查工作的通知》的通知	1994.9.26	鲁劳发〔1994〕275号	适用期已过

续表

序号	文件名称	发布日期	文　号	清理理由
146	山东省劳动厅转发劳动部《关于颁发〈台湾和香港、澳门居民在内地就业管理规定〉的通知》的通知	1994.12.8	鲁劳发〔1994〕412号	适用期已过
147	山东省劳动服务公司关于调整失业职工死亡供养直系亲属发放救济费的通知	1995.1.28	鲁劳就字〔1995〕6号	适用期已过
148	山东省劳动服务公司关于规范农村劳动力跨区域流动就业证卡发放管理的通知	1995.2.14	鲁劳就字〔1995〕第10号	适用期已过
149	山东省劳动厅关于印发《山东省关于贯彻〈就业训练规定〉的实施办法的通知》	1995.2.24	鲁劳发〔1995〕52号	适用期已过
150	山东省劳动厅关于配合企业深化改革试点做好失业保险工作的通知	1995.3.10	鲁劳发〔1995〕79号	适用期已过
151	山东省劳动厅关于加强境外劳务输出与就业管理工作的通知	1995.6.22	鲁劳发〔1995〕193号	适用期已过
152	山东省劳动厅关于转发劳动部办公厅〔1995〕129号文件的通知	1995.6.26	(95)鲁劳业函字第16号	适用期已过

续表

序号	文件名称	发布日期	文号	清理理由
153	山东省人事厅、省公安厅《关于国家不包分配大中专毕业生异地就业问题的通知》	1995.7.1	鲁人〔1995〕39号	适用期已过
154	山东省劳动服务公司关于印发《山东省失业职工生产自救基地管理暂行办法》的通知	1995.7.5	鲁劳就字〔1995〕第26号	适用期已过
155	山东省劳动厅关于运用失业保险基金对劳动就业服务企业实行贷款贴息的通知	1995.8.16	鲁劳发〔1995〕242号	适用期已过
156	山东省劳动厅关于执行省政府办公厅鲁政办发〔1995〕64号文件有关问题的通知	1995.12.29	鲁劳发〔1995〕372号	适用期已过
157	山东省劳动厅关于印发《全省就业训练工作暨经验交流会议纪要》的通知	1996.1.3	鲁劳业函字〔1996〕1号	适用期已过
158	山东省劳动厅等3部门关于加快培植发展骨干劳动就业服务企业的通知	1996.1.22	鲁劳发〔1996〕31号	适用期已过

续表

序号	文件名称	发布日期	文号	清理理由
159	山东省劳动厅关于调整失业救济金发放标准的通知	1996.2.7	鲁劳发〔1996〕22号	适用期已过
160	山东省劳动厅文件关于印发《山东省就业登记规定》的通知	1996.4.3	鲁劳发〔1996〕70号	适用期已过
161	山东省劳动厅关于印发《山东省〈职业介绍规定〉实施细则》的通知	1996.4.9	鲁劳发〔1996〕79号	适用期已过
162	山东省劳动服务公司转发劳动部办公厅《关于推行职业介绍文明用语和杜绝忌语的通知》的通知	1996.5.15	鲁劳就字〔1996〕第7号	适用期已过
163	山东省劳动厅、省残疾人联合会关于转发劳动部、中国残疾人联合会《关于做好“九五”期间残疾人就业工作的通知》的通知	1996.6.18	鲁劳发〔1996〕146号	适用期已过
164	山东省劳动厅等12部门转发劳动部等部门《关于做好困难企业职工生活保障、生产自救和分流安置工作的通知》的通知	1996.8.19	鲁劳发〔1996〕188号	适用期已过

续表

序号	文件名称	发布日期	文　号	清理理由
165	山东省劳动厅关于调整失业救济金发放标准的通知	1996.8.19	鲁劳发〔1996〕193号	适用期已过
166	山东省劳动厅关于转发劳动部办公厅《关于破产企业留守人员是否享受失业救济的复函》的通知	1996.8.30	鲁劳发〔1996〕211号	适用期已过
167	山东省劳动厅关于建立全省优秀就业训练中心评估认定制度的通知	1996.9.13	鲁劳发〔1996〕226号	适用期已过
168	山东省劳动厅、省工商行政管理局转发劳动部、国家工商行政管理局《关于加强职业介绍机构管理的通知》的通知	1996.11.12	鲁劳发〔1996〕269号	适用期已过
169	山东省劳动厅、省财政厅关于贯彻省委、省政府《关于进一步解决部分企业职工生活困难问题的通知》的通知	1997.1.14	鲁劳发〔1997〕10号	适用期已过
170	山东省劳动厅等4部门关于在全省开展“实施再就业工程宣传年”活动的通知	1997.3.18	鲁劳发〔1997〕57号	适用期已过

续表

序号	文件名称	发布日期	文　号	清理理由
171	山东省劳动服务公司关于失业保险基金用于实施再就业工程的通知	1997.4.4	鲁劳就〔1997〕11号	适用期已过
172	山东省劳动厅、省地方税务局转发劳动部、国家税务总局《关于加强劳动就业服务企业年度检查的通知》	1997.4.8	鲁劳发〔1997〕89号	适用期已过
173	山东省劳动厅、省公安厅转发劳动部、公安部《关于进一步规范境外就业服务工作有关问题的通知》的通知	1997.4.23	鲁劳发〔1997〕115号	适用期已过
174	山东省人事厅关于做好外商投资企业、乡镇企业、民营机构等单位接收国家计划内应届大中专毕业生有关工作的通知	1997.6.25	鲁人〔1997〕82号	适用期已过
175	山东省人事厅、省公安厅关于非国有单位接收国家计划内应届大中专毕业生落户问题的通知	1997.7.14	鲁人〔1997〕89号	适用期已过

续表

序号	文件名称	发布日期	文　号	清理理由
176	山东省劳动厅关于公布全国重点和省级优秀就业训练中心的通知	1997.8.7	鲁劳发〔1997〕253号	适用期已过
177	山东省劳动厅、省财政厅转发劳动部、财政部《关于开展企业职工养老保险基金、失业保险基金财务检查的通知》的通知	1997.9.15	鲁劳发〔1997〕304号	适用期已过
178	山东省劳动服务公司关于开展就业政策宣传月活动的通知	1997.9.25	鲁劳就〔1997〕21号	适用期已过
179	山东省劳动厅关于转发省经贸委等6部门《转发国家经贸委等6部门"印发〈关于推进企业质量管理小组活动意见〉的通知"》的函	1997.10.20	鲁劳业函字〔1997〕第24号	适用期已过
180	山东省劳动厅转发省财政厅《关于印发〈山东省劳动就业服务企业营业税先征税后财政返还审核退付管理办法〉的通知》的通知	1997.10.31	鲁劳发〔1997〕347号	适用期已过

续表

序号	文件名称	发布日期	文号	清理理由
181	山东省劳动厅等12部门转发劳动部等12部门《关于进一步做好企业职工解困和再就业工作的通知》的通知	1997.11.25	鲁劳发〔1997〕404号	适用期已过
182	山东省劳动服务公司关于印发《牛耀宗同志在全省劳动服务企业管理人员培训班暨劳服企业工作会议上的讲话》的通知	1997.12.12	鲁劳发〔1997〕28号	适用期已过
183	山东省劳动厅关于修改《山东省职工待业保险会计暂行规定》部分条款的通知	1998.3.5	鲁劳发〔1998〕58号	适用期已过
184	山东省劳动厅关于劳动合同管理有关问题的通知	1998.6.19	鲁劳发〔1998〕145号	适用期已过
185	山东省劳动厅等6部门关于加强企业下岗职工管理和再就业服务中心建设有关问题的通知	1998.8.25	鲁劳发〔1998〕197号	适用期已过
186	山东省劳动厅、省财政厅关于失业保险基金用于再就业服务中心开支有关问题的通知	1998.12.1	鲁劳发〔1998〕297号	适用期已过

续表

序号	文件名称	发布日期	文　号	清理理由
187	山东省劳动厅关于进一步做好下岗职工基本生活保障有关问题的通知	1999.1.6	鲁劳发〔1999〕16号	适用期已过
188	山东省劳动厅关于职工失业后未实现再就业到达退休年龄办理退休手续的批复	1999.3.30	鲁劳发〔1999〕101号	适用期已过
189	山东省劳动厅关于企业在改制、破产过程中农民合同制工人的复函	1999.6.6	鲁劳管函字〔1999〕6号	适用期已过
190	山东省劳动保障厅关于计发经济补偿金问题的批复	1999.6.22	鲁劳社发〔1999〕3号	适用期已过
191	山东省劳动保障厅、省财政厅关于中央驻鲁企业下岗职工基本生活保障和再就业工作中几个问题的通知	1999.8.16	鲁劳社发〔1999〕62号	适用期已过
192	山东省劳动保障厅、省财政厅关于提高下岗职工和失业人员保障水平的通知	1999.9.2	鲁劳社发〔1999〕72号	适用期已过
193	山东省人事厅、省教育委员会关于转发教育部《关于规范高校毕业生招聘工作维护教育教学秩序的通知》的通知	1999.10.13	鲁人〔1999〕88号	适用期已过

续表

序号	文件名称	发布日期	文　号	清理理由
194	山东省劳动保障厅关于中央驻鲁企业下岗职工基本生活保障有关问题的通知	1999.10.28	鲁劳社发〔1999〕134号	适用期已过
195	关于加大对劳动就业服务企业信贷扶持力度的通知	1999.11.26	鲁劳社发〔1999〕169号	已被新文件代替
196	关于贯彻劳动保障部等9部门《关于推动社区就业工作的若干意见》的通知	2001.8.16	鲁劳社〔2001〕44号	已被新文件代替
197	关于贯彻落实《中共山东省委、山东省人民政府关于进一步做好就业工作的决定》有关问题的通知	2003.1.13	鲁劳社〔2003〕4号	已被新文件代替
198	山东省劳动保障厅关于印发《进一步做好就业再就业工作宣传提纲》的通知	2003.1.14	鲁劳社〔2003〕5号	适用期已过
199	关于省直有关部门落实促进就业再就业职责有关问题的通知	2003.4.8	鲁劳社办〔2003〕26号	适用期已过
200	山东省人事厅关于2003年接收省外院校毕业生有关问题的函	2003.5.9	鲁人字〔2003〕19号	适用期已过

续表

序号	文件名称	发布日期	文　号	清理理由
201	关于开展省级劳务培训基地认定工作的通知	2004.1.12	鲁劳社函〔2004〕6号	适用期已过
202	关于开展农民工工资支付情况的报告	2004.1.15	鲁劳社函〔2004〕9号	适用期已过
203	关于请协查拖欠农民工工资案件的函	2004.1.15	鲁劳社函〔2004〕10号	适用期已过
204	关于开展“基层劳动保障工作机构省级示范单位”评选活动的通知	2004.4.19	鲁劳社函〔2004〕132号	适用期已过
205	关于开展职业中介清理和农民工劳动保障权益保护专项检查的通知	2004.5.8	鲁劳社办〔2004〕53号	适用期已过
206	关于印发《建设领域农民工工资支付管理暂行办法》的通知	2004.10.28	鲁劳社〔2004〕42号	适用期已过
207	关于开展“扬帆行动”促进下岗失业人员再就业的通知	2005.4.22	鲁劳社办〔2005〕25号	适用期已过
208	山东省人事厅、省教育厅关于做好2005年大中专学校毕业生就业工作的通知	2005.5.17	鲁人办发〔2005〕122号	适用期已过

续表

序号	文件名称	发布日期	文　号	清理理由
209	关于进一步加强境外就业中介机构管理的通知	2005.6.3	鲁劳社〔2005〕21号	适用期已过
210	关于做好全省下岗失业人员小额担保贷款工作现场推进会准备工作的通知	2005.6.13	鲁劳社办函〔2005〕59号	适用期已过
211	关于实施“零就业家庭”就业援助的通知	2005.7.8	鲁劳社〔2005〕28号	适用期已过
212	关于转发劳动保障部办公厅《关于开展维护农民工劳动保障权益普法宣传活动的通知》的通知	2005.9.28	鲁劳社办函〔2005〕99号	适用期已过
213	山东省人事厅等7部门关于组织开展高校毕业生到农村从事支教、支农、支医和扶贫工作的实施办法	2006.6.9	鲁人发〔2006〕12号	适用期已过
214	关于转发劳动保障部《关于做好2007年公共就业服务专项活动的通知》的通知	2006.12.27	鲁劳社函〔2006〕528号	适用期已过

续表

序号	文件名称	发布日期	文　号	清理理由
215	转发劳动保障部等3部门《关于联合举办民营企业招聘周活动的通知》的通知	2007.4.23	鲁劳社函〔2007〕120号	适用期已过
216	关于转发劳动保障部《〈中华人民共和国就业促进法〉宣传提纲》的通知	2007.10.8	鲁劳社办〔2007〕71号	适用期已过
217	山东省人事厅、省教育厅关于做好2008年省内高校特困家庭毕业生求职补贴发放工作的通知	2008.4.24	鲁人办发〔2008〕78号	适用期已过
218	关于切实做好2008年度农村劳动力技能就业计划实施工作的意见	2008.8.27	鲁劳社函〔2008〕343号	适用期已过
219	转发人力资源和社会保障部、商务部《关于做好境外就业管理职能划转工作的通知》的通知	2008.9.23	鲁劳社〔2008〕48号	适用期已过
二、人力资源市场和人员调配管理(1件)				
1	山东省人事厅等3部门关于加强人才招聘活动管理的通知	1999.6.24	鲁人〔1999〕49号	与上位法不一致

续表

序号	文件名称	发布日期	文　号	清理理由
三、职业能力建设(20)				
1	山东省劳动局等3部门关于调整技工学校招生经费收支标准的通知	1993.6.9	鲁劳发〔1993〕247号	适用期已过
2	山东省劳动厅、省工商行政管理局关于整顿我省技术等级培训、考核秩序的通知	1994.3.3	鲁劳发〔1994〕42号	适用期已过
3	山东省人事厅关于报送山东省机关事业单位工人技术等级岗位考核材料有关事项的通知	1995.4.11	鲁人薪〔1995〕7号	适用期已过
4	山东省劳动厅关于转发劳动部办公厅《关于印发首批技工学校专业目录的通知》的通知	1995.9.27	鲁劳发〔1995〕286号	适用期已过
5	山东省人事厅关于1996年全省机关事业单位工人技术业务理论考试有关事项的通知	1996.3.5	鲁人薪〔1996〕4号	适用期已过
6	山东省人事厅、省技术监督局关于机关事业单位工人技术监督工人技术考核的通知	1996.6.18	鲁人薪〔1996〕12号	适用期已过

续表

序号	文件名称	发布日期	文　号	清理理由
7	山东省劳动厅转发劳动部办公厅《关于印发第三批〈技工学校专业目录〉的通知》的通知	1997.1.9	鲁劳发〔1997〕5号	适用期已过
8	山东省人事厅关于1997年机关事业单位工人技术考核工作的实施意见	1997.11.3	鲁人薪〔1997〕12号	适用期已过
9	山东省人事厅关于1998年—1999年机关事业单位工人技术等级考核工作的通知	1999.1.28	鲁人薪〔1999〕1号	适用期已过
10	山东省人事厅关于2000年机关事业单位工人技术等级考核工作的通知	2000.2.22	鲁人薪〔2000〕1号	适用期已过
11	山东省劳动保障厅进一步加强技工学校安全工作的通知	2001.1.8	鲁劳社办〔2001〕136号	适用期已过
12	关于印发《技术学院设置标准(试行)》的通知	2002.5.28	鲁劳社办〔2002〕57号	适用期已过
13	关于2003年技师资格全省统一鉴定的通知	2003.10.20	鲁劳社〔2003〕107号	适用期已过

续表

序号	文件名称	发布日期	文 号	清理理由
14	关于印发《山东省3年5万新技师培养计划》的通知	2004.3.17	鲁劳社〔2004〕11号	适用期已过
15	转发劳动保障部、教育部《关于印发2004年高职院校毕业生职业资格培训工程的通知》的通知	2004.5.25	鲁劳社〔2004〕26号	适用期已过
16	关于印发山东省2008年职业培训工作要点的通知	2008.3.19	鲁劳社办函〔2008〕14号	适用期已过
17	关于做好2008年技师、高级技师评审工作的通知	2008.8.1	鲁劳社办〔2008〕39号	适用期已过
18	关于开展2008年全省技工院校优质课评选活动的通知	2008.9.11	鲁劳社办函〔2008〕64号	适用期已过
19	关于申请认定高级技工学校和国家级重点技工学校的请示	2008.12.31	鲁劳社〔2008〕64号	适用期已过
20	关于做好2009年度山东省技能扶贫招生与就业安置工作的通知	2009.6.4	鲁劳社办〔2009〕27号	适用期已过

续表

序号	文件名称	发布日期	文　号	清理理由
四、专业技术人员管理(229件)				
1	山东省职称改革领导小组关于印发《山东省专业技术职务评审委员会组织条例(试行)》的通知	1986.6.25	鲁职改字〔1986〕第7号	已被新文件代替
2	山东省职称改革领导小组关于贯彻中央、国务院《关于改革职称评定、实行专业技术职务聘任制度规定》的实施意见	1986.8.20	鲁职改字〔1986〕第9号	已被新文件代替
3	山东省职称改革领导小组关于印发《全省职称改革工作初步计划方案》的通知	1986.8.20	鲁职改字〔1986〕第10号	适用期已过
4	山东省职称改革领导小组关于批转《山东省执行高等学校教师职务试行条例的实施细则》的通知	1986.8.25	鲁职改字〔1986〕第11号	已被新文件代替
5	山东省职称改革领导小组关于批转《山东省执行社会科学研究人员职务试行条例的实施细则》的通知	1986.8.26	鲁职改字〔1986〕第14号	已被新文件代替

续表

序号	文件名称	发布日期	文号	清理理由
6	山东省职称改革领导小组关于批转《山东省执行自然科学研究人员职务试行条例的实施细则》的通知	1986.9.4	鲁职改字〔1986〕第16号	已被新文件代替
7	山东省职称改革领导小组关于实行专业技术职务聘任制度若干问题的说明	1986.9.10	鲁职改字〔1986〕第15号	已被新文件代替
8	山东省职称改革领导小组关于批转《山东省执行〈档案专业技术人员职务试行条例〉的实施细则》的通知	1986.10.6	鲁职改字〔1986〕第42号	已被新文件代替
9	山东省职称改革领导小组关于批转《山东省执行〈广播电视播音专业职务试行条例〉的实施细则》的通知	1986.10.10	鲁职改字〔1986〕第44号	已被新文件代替
10	山东省职称改革领导小组关于批转《山东省执行〈技工学校教师职务试行条例〉的实施细则》的通知	1986.10.23	鲁职改字〔1986〕第49号	已被新文件代替
11	山东省职称改革领导小组关于批转《山东省执行〈新闻专业人员职务试行条例〉的实施细则》的通知	1986.10.24	鲁职改字〔1986〕第50号	已被新文件代替

续表

序号	文件名称	发布日期	文　号	清理理由
12	山东省职称改革领导小组关于批转《山东省执行〈翻译专业职务试行条例〉的实施细则》的通知	1986.10.24	鲁职改字〔1986〕第51号	已被新文件代替
13	山东省职称改革领导小组关于批转《山东省执行〈工艺美术专业职务试行条例〉的实施细则》的通知	1986.10.24	鲁职改字〔1986〕第52号	已被新文件代替
14	山东省职称改革领导小组关于批转《山东省执行〈卫生技术人员职务试行条例〉的实施细则》的通知	1986.11.1	鲁职改字〔1986〕第58号	已被新文件代替
15	山东省职称改革领导小组关于批转《山东省执行〈教练员专业技术职务试行条例〉的实施细则》的通知	1986.11.3	鲁职改字〔1986〕第60号	已被新文件代替
16	山东省职称改革领导小组关于批转《山东省执行〈农业技术人员技术职务试行条例〉的实施细则》的通知	1986.11.4	鲁职改字〔1986〕第61号	已被新文件代替
17	山东省职称改革领导小组关于批转《山东省执行〈艺术专业职务（艺术等级）试行条例〉的实施细则》的通知	1986.11.6	鲁职改字〔1986〕第62号	已被新文件代替

续表

序号	文件名称	发布日期	文　号	清理理由
18	山东省职称改革领导小组关于批转《山东省执行〈会计专业职务试行条例〉的实施细则》的通知	1986.11.7	鲁职改字〔1986〕第63号	已被新文件代替
19	山东省职称改革领导小组关于我省高等学校进行第二批教师职称改革工作的安排意见	1986.11.11	鲁职改字〔1986〕第53号	适用期已过
20	山东省职称改革领导小组关于批转《山东省执行〈图书、资料专业职务试行条例〉的实施细则》的通知	1986.11.13	鲁职改字〔1986〕第64号	适用期已过
21	山东省职称改革领导小组关于批转《山东省执行〈出版专业人员职务试行条例〉的实施细则》的通知	1986.11.24	鲁职改字〔1986〕第66号	适用期已过
22	山东省职称改革领导小组关于批转《山东省执行〈文物博物专业职务试行条例〉的实施细则》的通知	1986.11.30	鲁职改字〔1986〕第70号	适用期已过
23	山东省职称改革领导小组关于批转《山东省执行〈经济专业职务试行条例〉的实施细则》的通知	1986.12.17	鲁职改字〔1986〕第72号	适用期已过

续表

序号	文件名称	发布日期	文　号	清理理由
24	山东省职称改革领导小组关于批转《山东省执行〈工程技术人员职务试行条例〉的实施细则》的通知	1986.12.17	鲁职改字〔1986〕第73号	适用期已过
25	山东省职称改革领导小组关于批转《山东省执行〈统计专业职务试行条例〉的实施细则》的通知	1986.12.29	鲁职改字〔1987〕第1号	适用期已过
26	山东省职称改革领导小组关于批转《山东省执行〈中等专业学校教师职务试行条例〉的实施细则》的通知	1987.3.10	鲁职改字〔1987〕第3号	已被新文件代替
27	山东省职称改革领导小组关于批转《山东省执行中、小学校教师职务试行条例的实施细则》的通知	1987.3.10	鲁职改字〔1987〕第4号	已被新文件代替
28	山东省职称改革领导小组印发《关于聘任(任命)专业技术职务若干具体问题的规定》的通知	1987.3.17	鲁职改字〔1987〕第8号	已被新文件代替
29	山东省职称改革领导小组关于批转《山东省执行〈实验技术人员职务试行条例〉的实施细则》的通知	1987.3.18	鲁职改字〔1987〕第7号	已被新文件代替

续表

序号	文件名称	发布日期	文　号	清理理由
30	山东省职称改革领导小组关于转发《山东省关于〈审计专业人员靠用会计专业职务系列、实行会计专业职务试行条例的实施细则〉的实施办法》的通知	1987.6.1	鲁职改字〔1987〕第38号	已被新文件代替
31	山东省职称改革领导小组关于转发《山东省执行〈群众文化专业人员实行图书资料、文物博物专业职务试行条例的实施细则〉的实施办法》的通知	1987.6.23	鲁职改字〔1987〕第83号	已被新文件代替
32	山东省职称改革领导小组关于全省企业职改工作计划安排意见	1987.8.4	鲁职改字〔1987〕第101号	适用期已过
33	山东省职称改革领导小组关于贯彻执行中央职称改革领导小组和国务院工资制度改革小组《关于国家机关和事业单位实行专业技术职务聘任制度有关职务工资发放问题的通知》的意见	1987.8.8	鲁职改字〔1987〕第110号	已被新文件代替

续表

序号	文件名称	发布日期	文　号	清理理由
34	山东省职称改革领导小组关于转发《成人中等专业学校和成人中等学校评聘教师职务有关问题的意见》的通知	1987.8.10	鲁职改字〔1987〕第107号	已被新文件代替
35	山东省职称改革领导小组关于批转《山东省企业实行专业技术职务聘任制度的实施办法(试行)》的通知	1987.8.10	鲁职改字〔1987〕第103号	已被新文件代替
36	山东省职称改革领导小组关于集体所有制事业单位实行专业技术职务聘任制度的意见	1987.8.14	鲁职改字〔1987〕第112号	已被新文件代替
37	山东省职称改革领导小组关于批转《关于市地、县市区委党校实行专业技术职务聘任制度的实施办法》的通知	1987.8.15	鲁职改字〔1987〕第104号	已被新文件代替
38	山东省职称改革领导小组关于批转《关于市(地)、县(市、区)委党校实行专业技术职务聘任制度的实施办法》的通知	1987.8.15	鲁职改字〔1987〕第104号	已被新文件代替

续表

序号	文件名称	发布日期	文号	清理理由
39	山东省职称改革领导小组关于批转省委宣传部《关于省、市(地)委讲师团实行专业技术职务聘任制度的几点意见》的通知	1987.9.17	鲁职改字〔1987〕第115号	已被新文件代替
40	山东省职称改革领导小组关于转发中央职称改革领导小组《对审计署关于"审计会计师"今后简称为"审计师"的报告的批复》的通知	1987.8.10	鲁职改字〔1987〕第117号	已被新文件代替
41	山东省职称改革领导小组关于转发中央职称改革领导小组转发全国博士后科研流动站管理协调委员会《关于博士后研究人员专业技术职务评审和任职的原则意见》的通知	1987.10.4	鲁职改字〔1987〕第118号	已被新文件代替
42	山东省科学技术干部局关于建立健全专业技术人员业务考绩档案的通知	1987.11.4	鲁科干字〔1987〕19号	已被新文件代替

续表

序号	文件名称	发布日期	文号	清理理由
43	山东省职称改革领导小组办公室关于转发省文化厅《关于艺术事业单位非干部编制的艺术专业人员评聘专业职务的意见(试行)》的通知	1987.12.31	鲁职改办字〔1988〕第2号	调整对象已消失
44	山东省职称改革领导小组办公室关于转发省教育厅《关于中小学民办教师评聘教师职务的意见(试行)》的通知	1988.1.3	鲁职改办字〔1988〕第1号	适用期已过
45	山东省职称改革领导小组关于转发中央职改领导小组关于《企业实行专业技术职务聘任制有关问题的原则意见》和张彦宁同志讲话的通知	1988.1.11	鲁职改字〔1988〕第2号	已被新文件代替
46	山东省职称改革领导小组关于批转《山东省执行〈律师职务试行条例〉的实施细则》的通知	1988.1.25	鲁职改字〔1988〕第1号	已被新文件代替

续表

序号	文件名称	发布日期	文　号	清理理由
47	山东省职称改革领导小组关于在全民所有制企事业单位专业技术岗位上的工人评聘专业技术职务的规定	1988. 2. 5	鲁职改字〔1988〕第3号	调整对象已消失
48	山东省职称改革领导小组关于部分公司单位如何进行职称改革的意见	1988. 2. 8	鲁职改字〔1988〕第5号	已被新文件代替
49	山东省职称改革领导小组关于印发《关于乡镇企业实行专业技术职务聘任制度的暂行规定》的通知	1988. 2. 11	鲁职改字〔1988〕第6号	已被新文件代替
50	山东省职称改革领导小组关于批转《集体企业实行专业技术职务聘任制度的意见》的通知	1988. 2. 11	鲁职改字〔1988〕第7号	已被新文件代替
51	山东省职称改革领导小组办公室关于转发《企业破格评聘高级工程、经济专业技术职务的意见》的通知	1988. 2. 22	鲁职改办字〔1988〕第3号	已被新文件代替
52	山东省职称改革领导小组关于下达使用促进科技人员流动专项指标的意见	1988. 3. 8	鲁职改字〔1988〕第23号	已被新文件代替

续表

序号	文件名称	发布日期	文 号	清理理由
53	山东省职称改革领导小组办公室关于转发《山东省律师职务评聘工作实施意见》的通知	1988.3.9	鲁职改办字〔1988〕第1号	适用期已过
54	山东省职称改革领导小组关于1988年全省职称改革工作意见	1988.3.10	鲁职改字〔1988〕第4号	已被新文件代替
55	山东省职称改革领导小组办公室关于在全民企事业单位专业技术岗位上的工人评聘专业技术职务申报限额问题的通知	1988.3.22	鲁职改办字〔1988〕第6号	适用期已过
56	山东省职称改革领导小组、省工资制度改革领导小组关于贯彻中央职称改革领导小组、国务院工资制度改革小组《关于试行提高部分高级工程师职务工资的通知》的意见	1988.4.5	鲁职改字〔1988〕第8号	适用期已过
57	山东省职称改革领导小组关于已经离退休又被返聘的专业技术人员评聘专业技术职务的意见	1988.4.5	鲁职改字〔1988〕第30号	调整对象已消失

续表

序号	文件名称	发布日期	文 号	清理理由
58	山东省卫生厅、省职称改革领导小组办公室关于在卫生技术岗位上的工人评聘技术职务有关问题的意见	1988.4.13	鲁卫人字〔1988〕164号	调整对象已消失
59	山东省劳动厅、省职称改革领导小组办公室关于在技工学校教师岗位上的工人评聘专业职务有关问题的意见	1988.4.12	鲁劳人培字〔1988〕119号	调整对象已消失
60	山东省职称改革领导小组关于批转《山东省执行〈公证员职务试行条例〉的实施细则》的通知	1988.4.15	鲁职改字〔1988〕第33号	适用期已过
61	山东省职称改革领导小组办公室、省农业厅印发《农业技术岗位上的工人评聘农业技术职务若干问题的意见》的通知	1988.6.3	鲁农人劳字〔1988〕63号	调整对象已消失
62	山东省广播电视厅、省职称改革领导小组办公室关于播音专业岗位上的工人评聘专业职务有关问题的意见	1988.6.7	鲁广厅字〔1988〕88号	调整对象已消失

续表

序号	文件名称	发布日期	文号	清理理由
63	山东省档案局、省职称改革领导小组办公室关于档案专业岗位上的工人评聘档案专业职务的实施意见	1988. 6. 13	鲁档发〔1988〕35号	调整对象已消失
64	山东省职称改革领导小组办公室转发省企业职改办"关于在全民所有制企业单位专业技术岗位上的工人评聘专业技术职务的具体意见"	1988. 7. 25	鲁职改办字〔1988〕第13号	调整对象已消失
65	山东省职称改革领导小组办公室、省经济委员会关于在工程、经济专业技术岗位上的工人评聘专业职务有关问题的意见	1988. 8. 15	鲁经人字〔1988〕536号	调整对象已消失
66	山东省职称改革领导小组关于批转山东省作协执行《文学创作专业人员实行〈艺术专业职务(艺术等级)试行条例〉的暂行办法》的实施意见的通知	1988. 8. 30	鲁职改字〔1988〕49号	已被新文件代替

续表

序号	文件名称	发布日期	文号	清理理由
67	山东省职称改革领导小组关于转发人事部《关于加强职称改革工作统一指导的通知》的通知	1988.9.2	鲁职改字〔1988〕第54号	已被新文件代替
68	山东省职称改革领导小组办公室、省出版总社关于在出版专业岗位上的工人评聘专业职务有关问题的意见	1988.9.5	鲁出字〔1988〕83号	调整对象已消失
69	山东省职称改革领导小组等3部门关于事业单位实行专业技术职务聘任制后有关工资兑现时间问题的通知	1988.9.10	鲁职改办字〔1988〕16号	已被新文件代替
70	山东省文化厅、省职称改革领导小组办公室关于在图书资料、群众文化专业岗位上的工人评聘专业职务有关问题的意见	1988.9.10	鲁文群字〔1988〕76号	调整对象已消失
71	山东省职改办、省教育厅关于中小学"以工代教"人员评聘教师职务的意见	1988.10.20	鲁教职改字〔1988〕11号	调整对象已消失

续表

序号	文件名称	发布日期	文　号	清理理由
72	山东省职称改革领导小组办公室、省文化厅关于在文物博物专业岗位上的工人评聘专业职务有关问题的意见	1988.10.20	鲁文物字〔1988〕20号	调整对象已消失
73	山东省统计局、省职称改革领导小组办公室关于在统计专业岗位上的工人评聘专业职务有关问题的意见	1988.12.10	鲁统职改字〔1988〕237号	调整对象已消失
74	山东省职称改革领导小组关于批转《山东省执行〈船舶技术人员职务试行条例〉的实施细则》的通知	1988.12.24	鲁职改字〔1988〕216号	已被新文件代替
75	山东省职称改革领导小组关于严格掌握经济专业职务评聘范围和标准条件的通知	1989.1.5	鲁职改字〔1989〕1号	已被新文件代替
76	山东省职称改革领导小组办公室转发省教委关于对企业属中专、中小学教师职务评聘工作中几个问题的处理意见的通知	1989.1.30	鲁职改办字〔1989〕2号	已被新文件代替

续表

序号	文件名称	发布日期	文　号	清理理由
77	山东省职称改革领导小组办公室、省多种经营乡镇企业局关于印发在乡镇企业评聘经济专业职务的试行意见的通知	1989.6.5	鲁职改办字〔1989〕19号	已被新文件代替
78	山东省职称改革领导小组关于查处职称改革工作中违反政策规定问题的通知	1989.11.24	鲁职改字〔1989〕12号	已被新文件代替
79	山东省职称改革领导小组办公室关于严格执行职称改革工作必须实行集中统一领导规定的通知	1989.12.2	鲁职改办字〔1989〕25号	已被新文件代替
80	山东省职称改革领导小组关于转发《统计员资格考试暂行规定》的通知	1990.6.29	鲁职改字〔1990〕第2号	已被新文件代替
81	山东省职称改革领导小组关于转发《经济员资格考试暂行规定》的通知	1991.5.10	鲁职改字〔1991〕3号	已被新文件代替
82	山东省职称改革领导小组关于转发《中国计算机软件专业技术资格和水平考试暂行规定》的通知	1991.5.14	鲁职改字〔1991〕2号	已被新文件代替

续表

序号	文件名称	发布日期	文　号	清理理由
83	山东省职称改革领导小组关于印发贯彻执行人事部《企事业单位评聘专业技术职务若干问题暂行规定》的实施意见及其它相配套的有关规定意见的通知	1991.10.29	鲁职改〔1991〕7号	已被新文件代替
84	山东省职称改革领导小组关于转发《法律顾问资格考试暂行规定》的通知	1991.10.31	鲁职改字〔1991〕8号	已被新文件代替
85	山东省职称改革领导小组关于批转高等学校教师职务岗位设置、严格任职条件及进行外语考试的意见的通知	1991.12.16	鲁职改〔1991〕10号	已被新文件代替
86	山东省职称改革领导小组关于转发人事部《企事业单位评聘专业技术职务若干问题暂行规定》有关具体问题的补充说明的通知	1991.12.30	鲁职改字〔1991〕11号	已被新文件代替
87	山东省职称改革领导小组关于批转《实验技术专业职务岗位设置和严格任职条件的意见》的通知	1992.2.14	鲁职改〔1992〕2号	已被新文件代替

续表

序号	文件名称	发布日期	文　号	清理理由
88	山东省职称改革领导小组关于转发人事部《关于全民所有制企业评聘专业技术职务工作的原则意见》的通知	1992.2.14	鲁职改〔1992〕1号	调整对象已消失
89	山东省职称改革领导小组关于批转《社会科学研究专业职务岗位设置、严格任职条件及外语考试的意见》的通知	1992.2.14	鲁职改〔1992〕3号	已被新文件代替
90	山东省职称改革领导小组关于批转《新闻专业职务岗位设置、严格任职条件及外语考试的意见》的通知	1992.3.6	鲁职改〔1992〕5号	调整对象已消失
91	山东省职称改革领导小组关于批转《农业专业职务岗位设置、严格任职条件及进行外语考试的意见》的通知	1992.3.14	鲁职改〔1992〕4号	已被新文件代替
92	山东省职称改革领导小组关于批转《工艺美术专业职务岗位设置、严格任职条件及进行外语考试的意见》的通知	1992.3.27	鲁职改〔1992〕7号	调整对象已消失

续表

序号	文件名称	发布日期	文　号	清理理由
93	山东省职称改革领导小组关于批转《党校教师专业职务岗位设置、严格任职条件及进行外语考试的意见》的通知	1992.3.30	鲁职改〔1992〕6号	调整对象已消失
94	山东省职称改革领导小组关于批转《播音专业职务岗位设置、严格任职条件及进行外语考试的意见》的通知	1992.3.30	鲁职改〔1992〕8号	调整对象已消失
95	山东省职称改革领导小组关于批转《翻译专业职务岗位设置、严格任职条件及进行第二外语水平考试（考核）的意见》的通知	1992.3.30	鲁职改〔1992〕9号	调整对象已消失
96	山东省职称改革领导小组关于批转《自然科学研究职务岗位设置、严格任职条件及进行外语考试的意见》的通知	1992.5.4	鲁职改〔1992〕10号	调整对象已消失
97	山东省职称改革领导小组关于批转《卫生技术职务岗位设置、严格任职条件及进行外语考试的意见》的通知	1992.5.4	鲁职改〔1992〕11号	调整对象已消失

续表

序号	文件名称	发布日期	文　号	清理理由
98	山东省职称改革领导小组关于批转《统计专业职务岗位设置、严格任职条件及进行外语考试的意见》的通知	1992.5.4	鲁职改〔1992〕12号	调整对象已消失
99	山东省职称改革领导小组关于批转《工程技术专业职务岗位设置、严格任职条件及进行外语考试的意见》的通知	1992.5.12	鲁职改〔1992〕13号	调整对象已消失
100	山东省职称改革领导小组关于进行职称改革评聘分开试点工作的意见	1992.5.14	鲁职改〔1992〕14号	适用期已过
101	山东省职称改革领导小组关于批转《经济专业职务岗位设置、严格任职条件及进行外语考试的意见》的通知	1992.5.23	鲁职改〔1992〕15号	适用期已过
102	山东省职称改革领导小组关于批转继续做好中小学教师职务评聘工作的通知	1992.5.23	鲁职改〔1992〕16号	适用期已过

续表

序号	文件名称	发布日期	文　号	清理理由
103	山东省职称改革领导小组关于批转《律师专业职务岗位设置、严格任职条件及进行外语考试的意见》的通知	1992.5.23	鲁职改〔1992〕17号	适用期已过
104	山东省职称改革领导小组关于批转《公证员专业职务岗位设置、严格任职条件及进行外语考试的意见》的通知	1992.5.23	鲁职改〔1992〕18号	适用期已过
105	山东省职称改革领导小组关于转发《助理统计师资格考试暂行规定》的通知	1992.5.23	鲁职改〔1992〕19号	已被新文件代替
106	山东省职称改革领导小组关于批转《审计专业职务岗位设置、严格任职条件及进行外语考试的意见》的通知	1992.6.2	鲁职改〔1992〕20号	已被新文件代替
107	山东省职称改革领导小组关于批转《档案专业职务岗位设置、严格任职条件及进行外语(或古汉语)考试的意见》的通知	1992.6.2	鲁职改〔1992〕21号	已被新文件代替

续表

序号	文件名称	发布日期	文　号	清理理由
108	山东省职称改革领导小组关于批转《技工学校专业职务岗位设置、严格任职条件及进行外语考试的意见》的通知	1992.6.2	鲁职改〔1992〕22号	已被新文件代替
109	山东省职称改革领导小组关于批转《美术专业职务岗位设置、严格任职条件及进行外语考试的意见》的通知	1992.6.2	鲁职改〔1992〕23号	已被新文件代替
110	山东省职称改革领导小组关于批转《图书、资料专业职务岗位设置、严格任职条件及进行外语考试的意见》的通知	1992.6.2	鲁职改〔1992〕24号	已被新文件代替
111	山东省职称改革领导小组关于批转《文博专业职务岗位设置、严格任职条件及进行外语考试的意见》的通知	1992.6.2	鲁职改〔1992〕25号	已被新文件代替
112	山东省职称改革领导小组关于批转《群众文化专业职务岗位设置、严格任职条件及进行外语考试的意见》的通知	1992.6.3	鲁职改〔1992〕26号	已被新文件代替

续表

序号	文件名称	发布日期	文号	清理理由
113	山东省职称改革领导小组关于批转《艺术专业职务(艺术等级)确定结构比例、严格任职条件及进行外语考试的意见》的通知	1992.6.13	鲁职改〔1992〕27号	已被新文件代替
114	山东省职称改革领导小组关于批转《继续做好中等专业学校教师职务评聘工作的意见》的通知	1992.6.13	鲁职改〔1992〕28号	已被新文件代替
115	山东省职称改革领导小组关于转发《会计专业技术资格考试暂行规定》和《实施办法》的通知	1992.7.6	鲁职改〔1992〕29号	已被新文件代替
116	山东省职称改革领导小组关于批转《会计专业职务岗位设置、严格任职条件及进行外语考试的意见》的通知	1992.7.6	鲁职改〔1992〕30号	已被新文件代替
117	山东省职称改革领导小组关于1992年山东工业大学组建教师职务高级评审委员会的通知	1992.7.6	鲁职改〔1992〕31号	调整对象已消失

续表

序号	文件名称	发布日期	文　号	清理理由
118	山东省职称改革领导小组关于1992年山东师范大学组建教师职务高级评审委员会的通知	1992.7.6	鲁职改〔1992〕32号	已被新文件代替
119	山东省职称改革领导小组关于1992年山东农业大学组建教师职务高级评审委员会的通知	1992.7.6	鲁职改〔1992〕33号	已被新文件代替
120	山东省职称改革领导小组关于1992年曲阜师范大学组建教师职务高级评审委员会的通知	1992.7.6	鲁职改〔1992〕34号	已被新文件代替
121	山东省职称改革领导小组关于1992年青岛大学组建教师职务高级评审委员会的通知	1992.7.6	鲁职改〔1992〕35号	已被新文件代替
122	山东省职称改革领导小组关于1992年烟台大学组建教师职务高级评审委员会的通知	1992.7.6	鲁职改〔1992〕36号	已被新文件代替

续表

序号	文件名称	发布日期	文　号	清理理由
123	山东省职称改革领导小组关于1992年山东中医学院组建教师职务高级评审委员会的通知	1992. 7. 6	鲁职改〔1992〕37号	已被新文件代替
124	山东省职称改革领导小组关于1992年青岛医学院组建教师职务高级评审委员会的通知	1992. 7. 6	鲁职改〔1992〕38号	调整对象已消失
125	山东省职称改革领导小组关于转发《审计专业技术资格考试暂行规定》和《实施办法》的通知	1992. 7. 10	鲁职改〔1992〕39号	已被新文件代替
126	山东省职称改革领导小组关于乡镇企业专业技术职务评聘和农民技术人员职称评定有关问题的通知	1992. 7. 29	鲁职改〔1992〕40号	已被新文件代替
127	山东省职称改革领导小组办公室关于组建专业技术职务中级评审委员会及时备案的通知	1992. 8. 1	鲁职改办〔1992〕4号	已被新文件代替

续表

序号	文件名称	发布日期	文　号	清理理由
128	山东省职称改革领导小组关于组建1992年山东省实验技术职务高级评审委员会的通知	1992.8.5	鲁职改〔1992〕42号	已被新文件代替
129	山东省职称改革领导小组关于组建1992年山东省社会科学研究职务高级评审委员会的通知	1992.8.5	鲁职改〔1992〕43号	已被新文件代替
130	山东省职称改革领导小组关于批转《医药专业技术岗位设置、严格任职条件和进行外语考试的意见》的通知	1992.8.7	鲁职改〔1992〕44号	已被新文件代替
131	山东省职称改革领导小组关于组建1992年山东省高等学校教师职务高级评审委员会的通知	1992.8.14	鲁职改〔1992〕41号	已被新文件代替
132	山东省职称改革领导小组办公室关于转发国务院职称改革领导小组办公室《关于加强对专业技术资格考试工作的领导、监督、检查的通知》的通知	1992.8.15	鲁职改办〔1992〕7号	适用期已过

续表

序号	文件名称	发布日期	文　号	清理理由
133	山东省职称改革领导小组关于批转确定文学创作专业职务(创作等级)结构比例、严格任职条件的意见的通知	1992.9.14	鲁职改〔1992〕46号	适用期已过
134	山东省职称改革领导小组关于批转出版专业职务岗位设置、严格任职条件和进行外语(古汉语)考试(考核)的意见的通知	1992.9.14	鲁职改〔1992〕47号	适用期已过
135	山东省职称改革领导小组办公室、省审计局关于严格掌握破格推荐晋升高级审计师职务条件的意见	1992.11.7	鲁职改办函〔1992〕6号	已被新文件代替
136	山东省职称改革领导小组办公室、省农业厅关于不具备规定学历人员评聘中、初级农业技术职务进行有关考试的意见	1992.11.14	鲁职改办〔1992〕10号	调整对象已消失

续表

序号	文件名称	发布日期	文号	清理理由
137	山东省职称改革领导小组关于组建1992年山东省医药专业职务高级评审委员会的通知	1992.12.24	鲁职改〔1992〕54号	已被新文件代替
138	山东省职称改革领导小组办公室、省教育委员会关于认真做好全省中专、中小学教师职务评审工作的意见	1992.12.25	鲁职改办〔1992〕22号	已被新文件代替
139	山东省职称改革领导小组关于组建青岛市工程技术职务高级评审委员会的通知	1993.1.4	鲁职改〔1993〕1号	已被新文件代替
140	山东省职称改革领导小组关于组建山东省播音专业职务高级评审委员会的通知	1993.1.8	鲁职改〔1993〕2号	已被新文件代替
141	关于组建山东省农业科学院自然科学研究职务高级评审委员会的通知	1993.1.8	鲁职改〔1993〕3号	已被新文件代替
142	山东省职称改革领导小组关于组建山东省医学科学院自然科学研究职务高级评审委员会的通知	1993.1.8	鲁职改〔1993〕4号	已被新文件代替

续表

序号	文件名称	发布日期	文　号	清理理由
143	山东省职称改革领导小组关于组建山东省出版专业职务高级评审委员会的通知	1993. 1. 8	鲁职改〔1993〕5号	已被新文件代替
144	山东省职称改革领导小组关于组建山东省科学院自然科学研究职务高级评审委员会的通知	1993. 1. 8	鲁职改〔1993〕7号	已被新文件代替
145	山东省职称改革领导小组关于组建山东省统计专业职务高级评审委员会的通知	1993. 1. 15	鲁职改〔1993〕8号	已被新文件代替
146	山东省职称改革领导小组关于组建山东省档案专业职务高级评审委员会的通知	1993. 2. 15	鲁职改〔1993〕10号	已被新文件代替
147	山东省职称改革领导小组关于下放高等院校教师职务资格评审权限的批复	1993. 2. 15	鲁职改〔1993〕11号	已被新文件代替
148	山东省职称改革领导小组关于授权青岛市组建卫生技术职务高级评审委员会的通知	1993. 2. 15	鲁职改〔1993〕12号	已被新文件代替

续表

序号	文件名称	发布日期	文　号	清理理由
149	山东省职称改革领导小组关于组建山东省会计专业职务高级评审委员会的通知	1993.2.15	鲁职改〔1993〕13号	已被新文件代替
150	山东省职称改革领导小组关于组建山东省艺术专业职务(艺术等级)高级评审委员会的通知	1993.2.23	鲁职改〔1993〕14号	已被新文件代替
151	山东省职称改革领导小组关于组建山东省经济专业职务高级评审委员会的通知	1993.2.23	鲁职改〔1993〕15号	已被新文件代替
152	山东省职称改革领导小组关于组建山东省新闻专业职务高级评审委员会的通知	1993.2.23	鲁职改〔1993〕16号	已被新文件代替
153	山东省职称改革领导小组关于组建山东省自然科学研究职务高级评审委员会的通知	1993.3.18	鲁职改〔1993〕17号	已被新文件代替
154	山东省职称改革领导小组关于组建山东省技工学校教师研究职务高级评审委员会的通知	1993.3.18	鲁职改〔1993〕18号	已被新文件代替

续表

序号	文件名称	发布日期	文　号	清理理由
155	山东省职称改革领导小组关于组建山东省图书资料专业职务高级评审委员会的通知	1993.3.18	鲁职改〔1993〕19号	已被新文件代替
156	山东省职称改革领导小组关于组建山东省审计专业职务高级评审委员会的通知	1993.3.18	鲁职改〔1993〕20号	已被新文件代替
157	山东省职称改革领导小组关于组建山东省群众文化专业职务高级评审委员会的通知	1993.3.18	鲁职改〔1993〕21号	已被新文件代替
158	山东省职称改革领导小组关于将中学高级教师职务资格评审权下放给部分市地的意见	1993.4.3	鲁职改〔1993〕23号	已被新文件代替
159	山东省职称改革领导小组关于组建山东省卫生技术职务高级评审委员会、山东省中医药技术职务高级评审委员会的通知	1993.4.3	鲁职改〔1993〕24号	已被新文件代替
160	山东省职称改革领导小组办公室关于当前职称改革工作中几个有关问题的意见	1993.4.3	鲁职改办〔1993〕9号	适用期已过

续表

序号	文件名称	发布日期	文　号	清理理由
161	山东省职称改革领导小组办公室、省统计局关于转发国家统计局、人事部《关于助理统计师资格考试报名条件的补充规定》和《1993年度统计专业资格考试工作安排》的通知	1993.4.12	鲁职改办〔1993〕13号	已被新文件代替
162	山东省职称改革领导小组关于组建山东省计划生育技术职务高级评审委员会的通知	1993.4.13	鲁职改〔1993〕27号	已被新文件代替
163	山东省职称改革领导小组关于组建山东省工程技术职务高级评审委员会及建筑、机械等专业工程技术职务高级评审委员会的通知	1993.4.13	鲁职改〔1993〕28号	已被新文件代替
164	山东省职称改革领导小组关于授权济南市组建工程技术职务高级评审委员会的通知	1993.4.28	鲁职改〔1993〕29号	已被新文件代替
165	山东省职称改革领导小组关于授权济南市组建卫生技术职务高级评审委员会的通知	1993.4.28	鲁职改〔1993〕30号	已被新文件代替

续表

序号	文件名称	发布日期	文　号	清理理由
166	山东省职称改革领导小组关于组建山东省高等学校图书资料专业职务高级评审委员会的通知	1993.5.18	鲁职改〔1993〕33号	已被新文件代替
167	山东省职称改革领导小组关于组建山东省中等专业学校教师职务高级评审委员会的通知	1993.5.18	鲁职改〔1993〕34号	已被新文件代替
168	山东省职称改革领导小组关于组建山东省中学教师职务高级评审委员会的通知	1993.5.18	鲁职改〔1993〕35号	已被新文件代替
169	山东省职称改革领导小组关于授权潍坊市组建中学教师职务高级评审委员会的通知	1993.5.24	鲁职改〔1993〕38号	已被新文件代替
170	山东省职称改革领导小组关于组建山东省美术专业职务高级评审委员会的通知	1993.6.12	鲁职改〔1993〕45号	已被新文件代替
171	山东省职称改革领导小组关于组建山东省文物博物专业职务高级评审委员会的通知	1993.6.12	鲁职改〔1993〕46号	已被新文件代替

续表

序号	文件名称	发布日期	文　号	清理理由
172	山东省职称改革领导小组关于授权青岛市组建中学教师职务高级评审委员会的通知	1993.6.12	鲁职改〔1993〕49号	已被新文件代替
173	山东省职称改革领导小组办公室、省人事厅考试中心关于发放《专业技术资格证书》有关问题的通知	1993.6.17	鲁职改办〔1993〕23号	已被新文件代替
174	山东省职称改革领导小组关于授权烟台市组建中学教师职务高级评审委员会的通知	1993.6.18	鲁职改〔1993〕54号	已被新文件代替
175	山东省职称改革领导小组关于组建山东省公证员专业职务高级评审委员会的通知	1993.6.18	鲁职改〔1993〕55号	已被新文件代替
176	山东省职称改革领导小组关于组建山东省律师专业职务高级评审委员会的通知	1993.6.18	鲁职改〔1993〕56号	已被新文件代替
177	山东处职称改革领导小组办公室、省人事厅考试中心关于晋升高、中级专业技术职务外语（古汉语）水平考试有关问题的通知	1993.6.22	鲁人职〔1993〕24号	已被新文件代替

续表

序号	文件名称	发布日期	文　号	清理理由
178	山东省人事局关于威海市组建中学教师职务高级评审委员会的通知	1993.6.30	鲁人职〔1993〕1号	已被新文件代替
179	山东省人事局关于转发人事部办公厅人办职〔1993〕3号文的通知	1993.7.5	鲁人职〔1993〕2号	适用期已过
180	山东省人事厅关于组建山东省高等学校工程技术职务高级评审委员会的通知	1993.7.22	鲁人职〔1993〕18号	已被新文件代替
181	山东省人事厅关于济南市组建中学教师职务高级评审委员会的通知	1993.7.22	鲁人职〔1993〕19号	已被新文件代替
182	山东省人事厅关于烟台市组建卫生技术职务高级评审委员会的通知	1993.7.25	鲁人职〔1993〕20号	已被新文件代替
183	山东省人事厅关于刘晋升高、中级专业技术职务人员办理外语免试审批手续有关问题的通知	1993.7.29	鲁人职〔1993〕27号	已被新文件代替
184	山东省人事厅关于泰安市组建中学教师职务高级评审委员会的通知	1993.8.5	鲁人职〔1993〕34号	已被新文件代替

续表

序号	文件名称	发布日期	文　号	清理理由
185	山东省人事厅关于专业技术职务评聘工作中一些有关具体问题的说明和意见	1993.9.17	鲁人职函〔1993〕649号	已被新文件代替
186	山东省人事厅关于事业单位调整增加专业技术岗位数额有关问题的通知	1993.10.18	鲁人职函〔1993〕884号	已被新文件代替
187	山东省人事厅关于批转体育教练员职务岗位设置、严格掌握任职条件的意见的通知	1993.12.14	鲁人职〔1993〕126号	已被新文件代替
188	山东省人事厅关于组建山东省体育教练员职务高级评审委员会的通知	1994.1.22	鲁人职〔1994〕2号	已被新文件代替
189	山东省人事厅、中共山东省统战部关于转发人事部、中共中央统战部人职发〔1993〕9号的通知	1994.3.7	鲁人职〔1994〕5号	已被新文件代替
190	山东省职称改革领导小组关于对晋升高、中级专业技术职务人员办理外语免试审批手续有关问题的通知	1994.3.21	鲁人职〔1994〕6号	已被新文件代替

续表

序号	文件名称	发布日期	文　号	清理理由
191	山东省人事厅关于1994年评聘专业技术职务有关问题的通知	1994.6.15	鲁人职〔1994〕8号	适用期已过
192	山东省人事厅关于事业单位调整、增加、核准专业技术岗位数额有关问题的通知	1994.8.4	鲁人职函〔1994〕4号	已被新文件代替
193	山东省人事厅关于转发人事部办公厅《关于通过BFT考试的人员可免予专业技术外语考试的通知》的通知	1994.10.10	鲁人职〔1994〕36号	已被新文件代替
194	山东省人事厅、省对外经济贸易委员会关于转发人事部、对外贸易经济合作部印发的《经济系列(外经贸类)专业技术职务转为国际商务专业技术职务的办法》的通知	1994.11.17	鲁人职〔1994〕82号	适用期已过
195	山东省人事厅关于今后评聘高、中级专业技术职务免试外语的通知	1995.1.11	鲁人职〔1995〕1号	已被新文件代替

续表

序号	文件名称	发布日期	文　号	清理理由
196	山东省人事厅关于做好1995年专业技术职务评聘工作的通知	1995.7.5	鲁人科〔1995〕1号	适用期已过
197	山东省人事厅关于报送专业技术职务高级评审委员会评审结果有关材料的通知	1995.10.30	鲁人科函〔1995〕72号	已被新文件代替
198	山东省人事厅关于做好1996年专业技术职务评聘工作有关问题的通知	1996.7.10	鲁人科〔1996〕11号	适用期已过
199	山东省人事厅关于报送高级评审委员会备选人员有关问题的函	1996.8.14	鲁人科函〔1996〕53号	已被新文件代替
200	山东省财政厅、省人事厅关于进一步加强会计专业技术资格考试培训管理工作的通知	1996.12.5	鲁财会字〔1996〕49号	适用期已过
201	山东省人事厅关于开展专业技术职务评聘工作有关问题调查研究的通知	1997.3.3	鲁人职函〔1997〕10号	适用期已过

续表

序号	文件名称	发布日期	文　号	清理理由
202	山东省人事厅关于做好1997年度专业技术职务评聘工作有关问题的通知	1997.7.5	鲁人职〔1997〕14号	适用期已过
203	山东省财政厅、省人事厅关于实行高级会计师资格考评制度试点工作有关问题的通知	1997.8.10	鲁人职函〔1997〕12号	适用期已过
204	山东省人事厅、省对外经济贸易委员会关于评聘高级国际商务师职务有关问题的通知	1998.6.23	鲁人职〔1998〕5号	已被新文件代替
205	山东省人事厅关于加强专业技术人员职称外语考前培训管理工作的通知	1998.12.11	鲁人职〔1998〕82号	调整对象已消失
206	山东省人事厅、省经济贸易委员会关于申报工程技术应用研究员任职资格评审材料等有关问题的通知	1998.12.17	鲁人职函〔1998〕47号	已被新文件代替
207	山东省人事厅、省对外经济贸易委员会关于评审高级国际商务师职务资格人员计算机应用能力考试等有关问题的通知	1999.4.2	鲁人职〔1999〕5号	已被新文件代替

续表

序号	文件名称	发布日期	文 号	清理理由
208	山东省人事厅关于专业技术人员职称外语有关问题的通知	1999.8.20	鲁人职〔1999〕10号	已被新文件代替
209	山东省人事厅关于做好1999年度专业技术职务评聘工作有关问题的通知	1999.8.20	鲁人职〔1999〕12号	已被新文件代替
210	山东省人事厅关于同意在淄博学院成立高校教师职务高级评审委员会的复函	1999.11.9	鲁人职函〔1999〕29号	调整对象已消失
211	山东省人事厅关于同意山东煤炭工业管理局临时组建卫生、工程技术、中学教师职务高级评审委员会的复函	1999.11.9	鲁人职函〔1999〕30号	调整对象已消失
212	山东省人事厅关于做好2000年度专业技术职称评聘工作有关问题的通知	2000.7.27	鲁人职〔2000〕14号	已被新文件代替
213	山东省人事厅关于组建山东省地质勘查工程技术职务高级评审委员会的通知	2000.10.23	鲁人职〔2000〕38号	已被新文件代替
214	山东省人事厅关于做好2001年度专业技术职称工作有关问题的通知	2001.7.31	鲁人发〔2001〕76号	适用期已过

续表

序号	文件名称	发布日期	文　号	清理理由
215	山东省人事厅关于印发山东省图书资料等专业职务结构比例指导标准的通知	2001.8.7	鲁人发〔2001〕79号	已被新文件代替
216	山东省人事厅关于评聘农业技术推广研究员职务有关问题的通知	2001.8.7	鲁人发〔2001〕80号	已被新文件代替
217	山东省人事厅、省教育厅关于印发山东省普通高等学校专业技术职务管理暂行办法的通知	2001.8.28	鲁人发〔2001〕88号	已被新文件代替
218	山东省人事厅关于做好2002年度专业技术职称工作有关问题的通知	2002.5.23	鲁人发〔2002〕18号	适用期已过
219	山东省人事厅、省审计厅关于印发山东省2002年度高级审计师资格评价工作实施方案的通知	2002.6.27	鲁人办发〔2002〕82号	适用期已过
220	山东省人事厅、省财政厅关于印发山东省高级会计师资格考评暂行办法的通知	2002.8.1	鲁人发〔2002〕36号	已被新文件代替

续表

序号	文件名称	发布日期	文　号	清理理由
221	山东省人事厅关于做好2003年度专业技术职称工作有关问题的通知	2003.6.10	鲁人办发〔2003〕90号	已被新文件代替
222	山东省人事厅关于做好2004年度专业技术职称评聘工作的意见	2004.7.7	鲁人发〔2004〕22号	适用期已过
223	山东省人事厅关于做好2005年度专业技术职称评聘工作的意见	2005.6.21	鲁人发〔2005〕16号	适用期已过
224	山东省人事厅关于做好2006年度专业技术职务资格评审工作的意见	2006.5.26	鲁人发〔2006〕10号	适用期已过
225	山东省人事厅关于2006年度全国职称外语等级考试成绩有关问题的通知	2006.6.14	鲁人办发〔2006〕108号	适用期已过
226	山东省人事厅关于做好2007年度专业技术职务资格评审工作的意见	2007.7.20	鲁人发〔2007〕46号	适用期已过
227	山东省人事厅关于2007年度全国职称外语等级考试成绩使用标准有关问题的通知	2007.8.6	鲁人办发〔2007〕151号	适用期已过

续表

序号	文件名称	发布日期	文　号	清理理由
228	山东省人事厅关于2008年度全国职称外语等级考试成绩使用标准有关问题的通知	2008.6.10	鲁人办发〔2008〕98号	适用期已过
229	山东省人事厅关于做好2008年度专业技术职务资格评审工作的意见	2008.7.24	鲁人发〔2008〕51号	适用期已过
五、机关、事业单位人事管理(4件)				
1	转发人事部《关于印发〈国家公务员申诉控告暂行规定〉的通知》的通知	1995.9.21	鲁人〔1995〕62号	依据的上位法已废止
2	山东省国家公务员录用考核办法	1997.1.9	鲁人调〔1997〕2号	依据的上位法已废止
3	关于转发人事部印发的《国家公务员行为规范》的通知	2002.3.15	鲁人发(2002〕6号	依据的上位法已废止
4	关于修改国家公务员录用体检标准的通知	2004.4.23	鲁人发(2004〕16号	已被新文件代替
六、劳动关系(28件)				
1	山东省劳动局关于进行企业自主确定工资总额试点的通知	1993.2.26	鲁劳发〔1993〕67号	调整对象已消失

续表

序号	文件名称	发布日期	文　号	清理理由
2	山东省劳动局关于招收烈士家属为城镇合同制工人的通知	1993.6.22	鲁劳发〔1993〕250号	调整对象已消失
3	山东省劳动厅、省财政厅关于企业工效挂钩工作中几个问题的处理意见	1994.6.8	鲁劳发〔1994〕182号	调整对象已消失
4	山东省劳动厅、省财政厅关于未实行工效挂钩企业工资总额管理有关问题的通知	1994.7.1	鲁劳发〔1994〕219号	调整对象已消失
5	山东省劳动厅、省财政厅关于做好企业自主确定工资总额试点工作的通知	1994.7.1	鲁劳发〔1994〕220号	调整对象已消失
6	山东省劳动厅关于适当解决企业职工工资问题的通知	1994.8.16	鲁劳发〔1994〕368号	已被新文件替代
7	山东省劳动厅关于转发劳动部《企业最低工资规定》的通知	1994.11.9	鲁劳发〔1994〕321号	已被新文件替代
8	山东省劳动厅转发劳动部《企业经济性裁减人员规定》的通知	1995.1.3	鲁劳发〔1995〕2号	已被新文件替代

续表

序号	文件名称	发布日期	文 号	清理理由
9	山东省劳动厅关于转发劳动部《工资支付暂行规定》的通知	1995.3.9	鲁劳发〔1995〕71号	依据的上位法已废止
10	山东省劳动厅关于除名时效问题的复函	1995.4.18	鲁劳发〔1995〕24号	依据的上位法已废止
11	山东省劳动厅转发劳动部《关于印发对〈工资支付暂行规定〉有关问题的补充规定的通知》的通知	1995.6.15	鲁劳发〔1995〕182号	依据的上位法已废止
12	山东省劳动厅等4部门关于农民合同制工人技术管理骨干转招为城镇合同制工人有关问题的通知	1996.10.15	鲁劳发〔1996〕251号	调整对象已消失
13	山东省劳动厅关于印发《山东省集体合同报送审查规定》的通知	1996.12.20	鲁劳发〔1996〕305号	已被新文件替代
14	山东省劳动厅转发劳动部《关于加强劳动合同管理完善劳动合同制度的通知》的通知	1997.9.8	鲁劳发〔1997〕297号	依据的上位法已废止

续表

序号	文件名称	发布日期	文　号	清理理由
15	山东省劳动厅等5部门关于转发劳部发〔1997〕178号文的通知	1997.9.17	鲁劳发〔1997〕327号	适用期已过
16	山东省劳动厅关于经济补偿金计发问题的批复	1998.4.9	鲁劳发〔1998〕95号	已被新文件替代
17	山东省劳动厅等3部门关于印发《企业工资内外收入监督检查领导小组和办公室工作规范》的通知	1998.7.29	鲁劳发〔1998〕193号	已被新文件替代
18	山东省劳动厅等3部门关于印发《山东省外贸企业工资总额与经济效益挂钩办法》的通知	1998.12.17	鲁劳发〔1998〕350号	适用期已过
19	山东省劳动厅等3部门关于加强企业工效挂钩工作的通知	1998.12.21	鲁劳发〔1998〕339号	已被新文件替代
20	山东省劳动厅关于企业职工奖惩有关问题的批复	1999.4.5	鲁劳发〔1999〕104号	依据的上位法已废止

续表

序号	文件名称	发布日期	文　号	清理理由
21	山东省劳动和社会保障厅关于转发劳动和社会保障部办公厅《关于部分公民放假有关工资问题的函》的通知	2000.3.1	鲁劳社发〔2000〕53号	依据的上位法已修改
22	山东省劳动和社会保障厅关于对擅自离职问题的复函	2000.5.15	鲁劳社发〔2000〕126号	依据的上位法已修改
23	山东省劳动和社会保障厅关于转发劳动和社会保障部《关于职工全年月平均工作时间和工资折算问题的通知》的通知	2000.6.21	鲁劳社发〔2000〕157号	依据的上位法已修改
24	山东省劳动和社会保障厅关于处理劳动关系有关问题的通知	2002.8.15	鲁劳社〔2002〕44号	与上位法不一致
25	关于对济宁市济劳社函〔2003〕60号函的批复	2003.8.25	鲁劳社函〔2003〕261号	依据的上位法已废止
26	关于发布2004年企业工资指导线的通知	2004.4.16	鲁劳社〔2004〕23号	适用期已过
27	转发劳动和社会保障部等3部门《关于做好2004年国有企业工资内外收入监督检查工作的通知》的通知	2004.12.17	鲁劳社〔2004〕48号	适用期已过

续表

序号	文件名称	发布日期	文　号	清理理由
28	关于印发《山东省全面推进劳动合同制度3年行动计划实施方案》的通知	2006.7.31	鲁劳社〔2006〕39号	适用期已过
七、工资福利(238件)				
1	山东省人民政府财政厅、省人事厅关于由供给制改为工资制降低原待遇如何处理的联合通知	1955.1.20	财行字〔1955〕第8号 人三字〔1955〕第1号	适用期已过
2	山东省人委人事局等3部门转发劳动部、内务部关于企业、企业单位和机关职工中的复员退伍军人被精减时的待遇问题的通知	1961.8.12	人工字〔1961〕第331号 民优字〔1961〕第52号 劳薪字〔1961〕第41号	适用期已过
3	山东省人民委员会人事局关于处理右派分子生活待遇等问题的函	1962.1.23	人工字〔1962〕第8号	适用期已过

续表

序号	文件名称	发布日期	文　号	清理理由
4	山东省民政厅、省人民委员会人事局转发内务部“关于符合长期供养条件人员退休时其退休费标准问题的通知”“关于已退休人员退休费不随工资区类别调整而变动的复函”	1963.11.25	人三退字〔1963〕第557号	适用期已过
5	山东省人民委员会人事局关于转发内务部“关于军队转业干部的工资待遇和工作人员死亡后家属补助问题的复函”的函	1964.1.21	人三工字〔1964〕第026号	适用期已过
6	山东省劳动厅、省人民委员会人事局关于高等学校和中等专业学校毕业生在见习期间取暖费发放问题的通知	1964.12.8	劳薪亍字〔1964〕第621号 人一福字〔1964〕第1392号	适用期已过
7	山东省民政厅等5部门关于1937年6月以前参加革命工作的人员供养和退休费标准问题的通知	1965.6.10	人一退字〔1965〕第28号	已被新文件代替

续表

序号	文件名称	发布日期	文　号	清理理由
8	山东省劳动厅等4部门转发内务部等3部门“关于贯彻执行国务院‘关于精简退职的老职工生活困难救济问题的通知’的联合通知”	1965.10.15	人退字〔1965〕第156号 劳薪李字〔1965〕第321号 财行字〔1965〕第155号 民城彬字〔1965〕第9号	适用期已过
9	山东省人民委员会人事局、省财政厅关于住城市的退休人员迁往农村安家费用问题的通知	1966.8.6	人干退字〔1966〕第167号	适用期已过
10	山东省革命委员会劳动局复关于退休人员本人工资计算是否包括海岛生活津贴的函	1971.3.5	劳薪字〔1971〕第071号	适用期已过
11	山东省革命委员会人事局关于符合离职休养条件的在职干部病假生活待遇问题的通知	1979.4.18	鲁革人字〔1979〕第12号	已被新文件代替

续表

序号	文件名称	发布日期	文　号	清理理由
12	山东省人民法院等5部门关于复查纠正冤假错案善后工作若干问题的有关规定	1979.5.8	鲁革人字〔1979〕第15号	适用期已过
13	山东省革命委员会人事局等3部门转发民政部、国家劳动总局、财政部《关于解决部分老红军、老干部工资过低和生活困难补助问题的通知》的通知	1979.6.9	鲁革人字〔1979〕第19号	适用期已过
14	山东省革命委员会劳动局关于副食品价格补贴、粮价补贴一些具体问题的处理意见	1979.12.4	鲁劳薪字〔1979〕第299号	适用期已过
15	山东省劳动局等4部门转发国家劳动总局等3部门《关于给退休职工发宿舍取暖补贴问题的通知》的通知	1980.1.18	鲁人字〔1980〕第7号鲁劳薪字〔1980〕第30号	适用期已过

续表

序号	文件名称	发布日期	文　号	清理理由
16	山东省劳动局等3部门转发教育部《关于“社来社去”毕业生工资待遇问题的复函》的通知	1980.7.5	鲁人字〔1980〕第39号 鲁劳薪字〔1980〕第212号 鲁教政字〔1980〕第74号	适用期已过
17	山东省人事局等4部门关于转发民政部等4部门《关于普通高等学校毕业生工资待遇的若干具体问题的处理意见》的通知	1980.8.18	鲁人字〔1980〕第53号 鲁劳薪字（80）第225号 鲁教政字〔1980〕第83号 鲁财行字〔1980〕第184号	适用期已过
18	山东省劳动局、省人事局转发国家劳动总局、国家人事局《关于普通高等学校毕业生工资待遇几个问题的答复》	1980.12.20	鲁人字〔1980〕第84号 鲁劳薪字〔1980〕第375号	适用期已过

续表

序号	文件名称	发布日期	文　号	清理理由
19	山东省人事局关于转发国家人事局《关于银行系统招收录用的干部工资待遇问题的通知》的通知	1980.12.27	鲁人字〔1980〕第95号	适用期已过
20	山东省人事局关于择优录用的闲散科技、外语人员试用期间工资待遇问题的通知	1981.1.5	鲁人字〔1981〕第1号	调整对象已消失
21	山东省人事局等3部门关于退休、退职干部、工人回农村后口粮供应办法的通知	1981.2.12	鲁人字〔1981〕第14号 粮计字〔1981〕第10号 鲁劳薪字〔1981〕第30号	适用期已过
22	山东省人事局关于修改择优录用的闲散科技、外语人员中中等专业学校毕业生试用期间工资待遇问题的通知	1981.3.20	鲁人字〔1981〕第26号	调整对象已消失

续表

序号	文件名称	发布日期	文　号	清理理由
23	山东省人事局关于中专毕业生定级问题的复函	1981.4.23	鲁人便字〔1981〕第9号	适用期已过
24	山东省劳动局、省人事局转发国家人事局、国家劳动总局“关于中等专业学校毕业生工资待遇若干问题的答复”的通知	1981.8.6	鲁人字〔1981〕第24号 鲁劳薪字〔1981〕第58号	适用期已过
25	山东省人事局关于对择优录用闲散科技、外语人员转正定级有关问题的补充通知	1981.10.14	鲁人字〔1981〕第82号	调整对象已消失
26	山东省委组织部、省人事局关于当前干部退休照顾招收子女就工中应注意问题的通知	1981.10.17	鲁人字〔1981〕第83号	适用期已过
27	山东省劳动局关于干部离休、退休、退职后从农村招收其子女工作问题的复函	1982.5.12	鲁劳配字〔1982〕第122号	适用期已过

续表

序号	文件名称	发布日期	文　号	清理理由
28	山东省劳动局等3部门关于提高职工退休、退职生活费的最低保证数的通知	1983.7.28	鲁劳薪字〔1983〕第202号	适用期已过
29	山东省人事局、省财政厅关于提高离休、退休干部建房补助费的通知	1984.7.2	鲁人老字〔1984〕第14号	适用期已过
30	山东省人事局关于离休退休干部建房补助费问题的答复意见	1984.8.8	鲁人老字〔1984〕第18号	适用期已过
31	山东省人事局等3部门关于对行政事业单位工作人员发放图书补助费的通知	1984.11.19	鲁人薪字(1984)第117号	适用期已过
32	中共山东省委老干部局等3部门关于对行政事业单位离休干部发放图书补助费的通知	1984.12.1	鲁人老字〔1984〕第67号	适用期已过
33	山东省财政厅等3部门关于修改行政事业单位增收节支奖发放标准的紧急通知	1985.2.13	鲁人薪字〔1985〕第71号	适用期已过
34	山东省工资制度改革领导小组转发《关于中小学工作人员工资制度改革实施意见》的通知	1985.8.9	鲁工改〔1985〕3号	适用期已过

续表

序号	文件名称	发布日期	文　号	清理理由
35	山东省工资制度改革领导小组关于国家机关和事业单位工作人员工资制度改革的实施意见的通知	1985.9.25	鲁工改〔1985〕5号	适用期已过
36	山东省人事局、省劳动局关于对原山东体育学院运动系、山东体育学校学生确认学历后工资问题的通知	1985.10.17	鲁人字〔1985〕第31号	适用期已过
37	山东省工资制度改革领导小组关于全省县以上供销社机关及直属事业单位列入国家机关、事业单位工资制度改革范围的通知	1985.10.18	鲁工改〔1985〕8号	适用期已过
38	山东省工资制度改革领导小组转发《关于中等专业学校和技工学校教职工工资制度改革实施意见》的通知	1985.10.25	鲁工改〔1985〕10号	适用期已过
39	中共山东省委组织部、省人事局关于转发中央组织部、劳动人事部《关于犯"三种人"错误和严重错误的人如何参加工资改革的通知》的通知	1985.11.7	鲁人字〔1985〕第32号	适用期已过

续表

序号	文件名称	发布日期	文　号	清理理由
40	山东省工资制度改革领导小组转发省卫生厅《关于医疗卫生事业单位工作人员工资制度改革实施意见》的通知	1985.11.11	鲁工改〔1985〕11号	适用期已过
41	山东省工资制度改革领导小组转发省文化厅制定的《关于全省文化艺术事业单位工资制度改革的实施意见》的通知	1985.11.19	鲁工改〔1985〕13号	适用期已过
42	山东省工资制度改革领导小组关于各级人民法院、人民检察院工作人员工资制度改革问题的通知	1985.11.19	鲁工改〔1985〕14号	适用期已过
43	山东省工资制度改革领导小组转发山东省体育运动委员会制定的《山东省运动员、教练员工资制度改革的实施意见》的通知	1985.12.14	鲁工改〔1985〕15号	适用期已过

续表

序号	文件名称	发布日期	文　号	清理理由
44	山东省工资制度改革领导小组关于从1986年1月起增发工龄津贴教龄津贴和护士工龄津贴的通知	1985.12.30	鲁工改〔1985〕16号	适用期已过
45	山东省工资制度改革领导小组关于划分行政性专业公司工资改革范围问题的通知	1985.12.30	鲁工改〔1985〕17号	适用期已过
46	山东省人事局关于提高工资区类别后国家机关、事业单位退休、退职人员如何计发待遇问题的通知	1986.2.5	鲁人薪字〔1986〕第1号	适用期已过
47	山东省工资制度改革领导小组关于工资制度改革前工资额低于原国家规定工资标准的部分人员工资套改问题的通知	1986.6.23	鲁工改〔1986〕5号	适用期已过

续表

序号	文件名称	发布日期	文　号	清理理由
48	山东省工资制度改革领导小组关于转发省教育厅《关于教育事业单位工资制度改革几个政策问题的处理意见》的通知	1986.6.30	鲁工改〔1986〕3号	适用期已过
49	中共山东省委组织部、省人事局关于国家机关事业单位工作人员职务变动后如何确定职务工资的通知	1986.7.15	鲁人薪字〔1986〕第5号	适用期已过
50	山东省人事局关于国家机关事业单位工资制度改革后工作人员退休费计算办法的通知	1986.7.15	鲁人老字〔1986〕第5号	适用期已过
51	山东省工资制度改革领导小组关于市（地）、县科（局）级干部职务工资有关问题的通知	1986.7.29	鲁工改〔1986〕6号	适用期已过

续表

序号	文件名称	发布日期	文　号	清理理由
52	山东省工资制度改革领导小组转发山东省卫生厅《关于山东省卫生事业单位工资制度改革几个问题的处理意见》的通知	1986.7.29	鲁工改〔1986〕7号	适用期已过
53	山东省工资制度改革领导小组关于国家机关所属事业单位行政管理人员职务工资确定问题的通知	1986.11.19	鲁工改〔1986〕9号	适用期已过
54	山东省工资制度改革领导小组关于统一工龄津贴计算办法的通知	1986.11.26	鲁工改〔1986〕11号	适用期已过
55	山东省工资制度改革领导小组关于适当解决国家机关、事业单位部分工作人员工资制度改革中有关套改问题的通知	1986.11.27	鲁工改〔1986〕10号	适用期已过

续表

序号	文件名称	发布日期	文　号	清理理由
56	山东省人事局等3部门关于贯彻《国务院工资制度改革小组、劳动人事部、财政部关于国家机关工作人员奖励工资问题的通知》的通知	1986.11.27	鲁工改行〔1986〕371号	适用期已过
57	山东省人事局等3部门关于给部分退休职工发放生活补助费的通知	1986.11.28	鲁人老字〔1986〕第7号	适用期已过
58	山东省劳动局、省人事局关于1986年调整部分工资区类别的通知	1986.12.3	鲁劳薪字〔1986〕393号	适用期已过
59	山东省人事局、省工资制度改革领导小组国家机关事业单位改革办公室关于调整国家机关事业单位部分离休退休人员工资区类别的通知	1986.12.11	鲁工改行〔1986〕437号	适用期已过

续表

序号	文件名称	发布日期	文　号	清理理由
60	山东省人事局关于享受教龄津贴和护士工龄津贴的人员离休、退休费计发问题的通知	1986.12.11	鲁人老字〔1986〕第8号	已被新文件代替
61	山东省工资制度改革领导小组国家机关事业单位改革办公室关于各级法院、检察院的审判人员、检察人员职务工资确定问题的通知	1986.12.20	鲁工改行〔1986〕459号	适用期已过
62	山东省人事局等4部门关于转发劳动人事部、财政部《关于调整离休退休人员护理费标准的通知》的通知	1986.12.29	鲁人薪字〔1987〕第1号	已有新文件
63	山东省工资制度改革领导小组关于贯彻执行国务院工资制度改革小组、劳动人事部《关于1986年解决国家机关和事业单位部分工作人员工资问题的通知》的通知	1987.8.5	鲁工改〔1987〕2号	已被新文件代替

续表

序号	文件名称	发布日期	文　号	清理理由
64	山东省人事局等6部门关于转发劳人薪〔1987〕9号、36号文件的通知	1987.11.3	鲁人薪字〔1987〕第5号	与上位法不一致
65	山东省工资制度改革领导小组印发国务院工资制度改革小组、劳动人事部《关于中小学教师职务工资标准问题的通知》的通知	1988.4.25	鲁工改〔1988〕2号	适用期已过
66	山东省工资制度改革领导小组转发劳人薪〔1987〕56号、〔1988〕5号文件的通知	1988.6.8	鲁工改〔1988〕4号	适用期已过
67	山东省工资制度改革领导小组关于公安、安全、劳改劳教系统干警中专业技术人员职务工资标准问题的通知	1988.6.8	鲁工改〔1988〕5号	适用期已过
68	山东省工资制度改革领导小组关于1986年解决部分海上船员工资问题的通知	1988.6.8	鲁工改〔1988〕6号	适用期已过
69	山东省工资制度改革领导小组转发山东省水产局《关于解决山东省水产事业单位部分船员工资问题的处理意见》的通知	1988.6.8	鲁工改〔1988〕7号	适用期已过

续表

序号	文件名称	发布日期	文　号	清理理由
70	山东省工资制度改革领导小组转发劳动人事部《关于律师和公证员职务工资标准两个复函》的通知	1988.6.21	鲁工改〔1988〕3号	适用期已过
71	山东省工资制度改革领导小组转发山东省公安厅等3部门制订的《关于解决公安、安全、劳改劳教系统部分专业技术人员工资问题的处理意见》的通知	1988.7.18	鲁工改〔1988〕8号	适用期已过
72	山东省工资制度改革领导小组关于贯彻执行劳人薪〔1986〕96号文件公安干警升级有关问题的补充通知	1988.7.18	鲁工改〔1988〕9号	适用期已过
73	山东省工资制度改革领导小组关于贯彻劳人薪〔1986〕96号文件中几个政策问题的处理意见	1988.7.21	鲁工改〔1988〕11号	适用期已过
74	山东省人事局、省财政厅转发劳动人事部、财政部《关于国家机关和部分事业单位工作人员增加奖励工资（奖金）问题的通知》的通知	1988.7.21	鲁人薪字〔1988〕第2号	适用期已过

续表

序号	文件名称	发布日期	文号	清理理由
75	山东省工资制度改革领导小组转发国务院工资制度改革小组、人事部《关于适当解决高等学校和中国科学院所属科研单位部分实验师职务工资问题的批复》的通知	1988.7.23	鲁工改〔1988〕10号	适用期已过
76	山东省人事局等3部门关于转发劳动人事部、国家教育委员会《关于下发〈提高中小学教师工资标准的实施办法〉的通知》的通知	1988.8.9	鲁人薪字〔1988〕第3号	适用期已过
77	山东省工资制度改革领导小组关于贯彻执行劳动人事部《关于1987年解决部分中年专业技术人员工资问题的通知》的通知	1988.8.10	鲁工改〔1988〕12号	适用期已过
78	山东省人事局、省财政厅关于调整国家机关事业单位工作人员图书补助费和洗理费标准的通知	1988.8.26	鲁人薪字〔1988〕第4号	适用期已过

续表

序号	文件名称	发布日期	文号	清理理由
79	山东省工资制度改革领导小组关于转发省文化厅《关于执行人字〔1988〕25号文件的具体意见》的通知	1988.9.9	鲁工改〔1988〕13号	适用期已过
80	山东省工资制度改革领导小组关于转发省体育运动委员会《关于贯彻执行国务院工资制度改革小组、劳动人事部劳人薪〔1985〕46号文件意见的报告》的通知	1988.9.9	鲁工改〔1988〕14号	适用期已过
81	山东省工资制度改革领导小组关于转发国务院工资制度改革小组、人事部《关于适当解决体育运动学校(含业余体校)部分教练员职务工资问题的批复》的通知	1988.9.9	鲁工改〔1988〕15号	适用期已过
82	山东省工资制度改革领导小组转发国务院工资制度改革小组、人事部《关于适当解决技工学校部分生产实习指导教师职务工资问题的复函》的通知	1988.12.9	鲁工改〔1988〕16号	适用期已过

续表

序号	文件名称	发布日期	文　号	清理理由
83	山东省人事局、省财政厅关于给国家机关事业单位退休人员发放交通补助费的通知	1989.3.8	鲁人老字〔1989〕第2号 鲁财行〔1989〕字17号	适用期已过
84	山东省人事局关于转发人事部《关于印发〈关于适当解决部分老专家、老干部工资问题实施办法〉的通知》的通知	1989.8.28	鲁人薪字〔1989〕第3号	适用期已过
85	山东省工资制度改革领导小组关于机动增资指标使用问题的通知	1989.9.4	鲁工改〔1989〕3号	适用期已过
86	山东省人事局等3部门关于转发人事部、卫生部、财政部《关于印发〈关于提高护士工资标准的实施办法〉的通知》的通知	1989.9.5	鲁人薪字〔1989〕第4号	适用期已过
87	山东省人事局关于国家机关工作人员牺牲、病故后配偶负担遗属生活费问题的复函	1989.10.13	鲁人福字〔1989〕第1号	已被新文件代替

续表

序号	文件名称	发布日期	文　号	清理理由
88	山东省人事局、省劳动局关于1989年度军队转业干部工资有关问题的通知	1990.2.12	鲁人字〔1990〕第5号	适用期已过
89	山东省人事局关于国家机关、事业单位1989年调整工资若干政策的补充规定	1990.3.31	鲁人薪字〔1990〕第4号	适用期已过
90	山东省人事局、省财政厅关于调整国家机关工作人员牺牲、病故后遗属生活困难补助的通知	1990.4.12	鲁人福字〔1990〕第2号	与上位法不一致
91	山东省人事局关于中小学教师和护士提高工资标准10%后退休费计算办法的通知	1990.4.16	鲁人退字〔1990〕第2号	已被新文件代替
92	山东省人事局关于交通事故死亡工作人员遗属生活困难照顾问题的复函	1990.4.24	鲁人福字〔1990〕第3号	与上位法不一致
93	山东省人事局转发《关于调整专业技术人员职务工资标准的通知》的通知	1990.6.9	鲁人薪字〔1990〕第10号	适用期已过
94	山东省人事局关于转发人事部《关于奖励晋升工资有关问题的复函》的通知	1990.8.7	鲁人字〔1990〕第51号	适用期已过

续表

序号	文件名称	发布日期	文　号	清理理由
95	山东省人事局等4部门关于转发人事部等4部门《关于公司、银行列入国家机关、事业或企业单位调整范围问题的通知》的通知	1990.8.7	鲁人薪字〔1990〕第12号	适用期已过
96	山东省人事局、省财政厅关于档案库房管理人员保健费问题的复函	1990.9.1	鲁人福字〔1990〕第4号	适用期已过
97	山东省人事局关于国家机关、事业单位1989年调整工资机动指标使用意见的通知	1990.9.13	鲁人薪字〔1990〕第14号	适用期已过
98	山东省人事局等5部门转发《关于提高公安干警执勤岗位津贴标准问题通知》的通知	1990.10.10	鲁人薪字〔1990〕第15号	与上位法不一致
99	山东省委组织部等4部门关于给国家机关和事业单位部分离休退休人员增发生活补贴的通知	1990.12.26	鲁人退字〔1990〕第14号	已被新文件代替
100	山东省人事局等3部门关于调整长岛县驻岛工作人员补贴和四种副食品价格补贴标准的复函	1990.12.26	鲁人福字〔1990〕第5号	已被新文件代替

续表

序号	文件名称	发布日期	文　号	清理理由
101	山东省人事局、省教委关于转发人事部、国家教委《关于北京大学1989级学生毕业参加工作后待遇问题的通知》的通知	1990.12.27	鲁人薪字〔1990〕第21号	适用期已过
102	山东省人事局、省财政厅转发人事部、财政部《关于博士后研究人员工资标准问题的通知》的通知	1990.12.27	鲁人薪字〔1990〕第22号	适用期已过
103	山东省人事局、省劳动局转发《关于1990年军队转业干部工资套改问题的通知》的通知	1990.12.28	鲁人薪字〔1990〕第20号	适用期已过
104	山东省人事局关于机关事业单位合同制工人牺牲病故遗属生活困难补助问题的复函	1991.1.23	鲁人福字〔1991〕第3号	与上位法不一致
105	山东省人事局关于全省党政群机关工作人员恢复实行休假的通知	1991.1.26	鲁人福字〔1991〕第1号	适用期已过
106	山东省委组织部、省人事局关于山东省国家机关、事业单位工作人员调动工作后工资待遇问题的暂行办法	1991.3.6	鲁人薪字〔1991〕第2号	适用期已过

续表

序号	文件名称	发布日期	文号	清理理由
107	山东省人事局、省财政厅关于适当调整国家机关和部分事业单位工作人员奖励工资标准的通知	1991.6.15	鲁人薪字〔1991〕第6号	适用期已过
108	山东省人事局、省财政厅关于农林第一线科技人员的岗位津贴转为工资的通知	1991.6.28	鲁人字〔1991〕第57号	适用期已过
109	山东省委组织部、省人事局关于贯彻中共中央办公厅、国务院办公厅中办发〔1987〕1号和中央组织部、劳动人事部劳人薪〔1987〕53号文件的通知	1991.9.27	鲁人薪字〔1991〕第13号	适用期已过
110	山东省人事局关于国家机关、事业单位少数转业干部工资问题的处理意见	1991.11.15	鲁人薪字〔1991〕第15号	适用期已过
111	山东省人事局关于贯彻鲁人薪字〔1991〕第2号文件几个问题的处理意见	1991.11.15	鲁人薪字〔1991〕第16号	适用期已过
112	山东省人事局、省财政厅关于转发人事部、财政部《关于解决早期回国定居专家生活津贴和部分人员工资偏低问题的通知》的通知	1991.12.23	鲁人科干字〔1991〕第34号	适用期已过

续表

序号	文件名称	发布日期	文 号	清理理由
113	山东省人事局关于机关事业单位工作人员病假期间奖励工资发放问题的复函	1991.12.27	鲁人福字〔1991〕第5号	适用期已过
114	山东省人事局转发《关于体委系统部分教练员进入职务工资标准最低档有关问题的复函》的通知	1992.1.6	鲁人薪字〔1992〕第1号	适用期已过
115	山东省人事局关于山东省水产系统事业单位新参加工作船员工资待遇问题的复函	1992.1.16	鲁人薪字〔1992〕第2号	适用期已过
116	山东省人事局关于贯彻执行《国务院关于调整机关、事业单位工作人员工龄津贴标准的通知》的通知	1992.1.22	鲁人薪字〔1992〕第3号	适用期已过
117	山东省人事局等3部门关于运动员退役分配工作后重新评定工资问题的通知	1992.6.9	鲁人薪〔1992〕8号	适用期已过

续表

序号	文件名称	发布日期	文号	清理理由
118	山东省委组织部、省人事局关于国家机关事业单位部分职务变动人员工资问题的处理意见	1992.11.8	鲁人薪函〔1992〕4号	适用期已过
119	山东省人事局等3部门关于人民法院干警实行岗位津贴的通知	1992.11.21	鲁人薪〔1992〕15号	已被新文件代替
120	山东省人事局等3部门关于人民检察院干警实行岗位津贴的通知	1992.12.9	鲁人薪〔1992〕第14号	已被新文件代替
121	山东省委统战部等3部门转发《关于增加部分党外人士生活费的通知》的通知	1992.12.24	鲁人薪〔1992〕16号	已被新文件代替
122	山东省人事局、省财政厅关于调整机关工作人员病故后遗属生活困难补助标准的通知	1993.1.3	鲁人福〔1993〕1号	与上位法不一致

续表

序号	文件名称	发布日期	文　号	清理理由
123	山东省委宣传部、省人事局关于企业化管理的事业单位思想政治工作人员聘任专业职务后实行职务工资的通知	1993.2.8	鲁人〔1993〕18号	适用期已过
124	山东省人事局、省财政厅转发人事部、财政部《关于地质野外艰苦岗位职工实行浮动一级工资有关问题的批复》的通知	1993.3.24	鲁人薪〔1993〕1号	适用期已过
125	山东省人事局、省财政厅关于转发《关于调整国家机关、事业单位因公致残人员护理费标准的通知》的通知	1993.3.30	鲁人福〔1993〕2号	已被新文件代替
126	山东省人事局、省财政厅转发人事部、财政部《关于监察、纪检部门办案人员实行外出办案补贴的通知》的通知	1993.4.1	鲁人薪〔1993〕2号	已被新文件代替
127	山东省人事局、省财政厅关于提高殡葬职工工资福利待遇问题的函	1993.4.3	鲁人函〔1993〕2号	已被新文件代替

续表

序号	文件名称	发布日期	文　号	清理理由
128	山东省人事局关于将机关事业单位工作人员工资附加部分并入职务工资的通知	1993.4.19	鲁人薪〔1993〕3号	适用期已过
129	山东省人事局等3部门转发人事部、财政部、司法部《关于司法助理员实行岗位津贴的通知》的通知	1993.5.31	鲁人薪〔1993〕5号	与上位法不一致
130	山东省人事厅关于实行企业化管理的事业单位聘任政工专业职务人员工资问题的复函	1993.8.12	鲁人薪函〔1993〕2号	适用期已过
131	山东省人事厅、省教委关于全省教育系统电化教育馆(站)电教师提高工资标准的通知	1993.9.30	鲁人薪〔1993〕7号	已被新文件代替
132	山东省人事厅等3部门转发《关于1993年军队转业干部工资套改问题的通知》的通知	1993.10.28	鲁人薪〔1993〕6号	适用期已过

续表

序号	文件名称	发布日期	文　号	清理理由
133	山东省人事厅、省财政厅关于调整国家机关、事业单位工作人员图书补助费、洗理费和交通补贴标准的通知	1993.12.2	鲁人薪〔1993〕8号	适用期已过
134	山东省人事厅关于印发《机关事业单位工作人员工资制度改革实施意见》的通知	1994.9.29	鲁人薪〔1994〕3号	适用期已过
135	山东省人事厅关于印发《机关事业单位工作人员工资制度改革若干问题的处理意见》的通知	1994.9.29	鲁人薪〔1994〕4号	适用期已过
136	山东省人事厅转发《关于印发野外地质勘探队贯彻〈事业单位工作人员工资制度改革方案〉的实施意见的通知》的通知	1994.11.19	鲁人薪〔1994〕6号	适用期已过
137	山东省人事厅、省测绘局转发《关于印发测绘系统测绘队贯彻〈事业单位工作人员工资制度改革方案〉的实施意见的通知》的通知	1994.11.19	鲁人薪〔1994〕9号	适用期已过

续表

序号	文件名称	发布日期	文　号	清理理由
138	山东省人事厅、省水产局转发人事部、农业部《关于印发水产事业单位船员贯彻〈事业单位工作人员工资制度改革方案〉的实施意见的通知》的通知	1994.11.19	鲁人薪〔1994〕10号	适用期已过
139	山东省人事厅转发《关于印发交通部所属海上救捞、港监、内河航道、航政等水上作业事业单位工作人员贯彻〈事业单位工作人员工资制度改革方案〉的实施意见的通知》的通知	1994.11.29	鲁人薪〔1994〕11号	适用期已过
140	山东省人事厅转发《关于印发国家海洋局所属事业单位船员贯彻〈事业单位工作人员工资制度改革方案〉的实施意见的通知》的通知	1994.11.29	鲁人薪〔1994〕12号	适用期已过
141	山东省人事厅关于机关事业单位工资制度改革后离退休人员有关待遇问题的通知	1994.11.30	鲁人退〔1994〕4号	适用期已过

续表

序号	文件名称	发布日期	文　号	清理理由
142	山东省人事厅、省财政厅关于机关事业单位工作人员遗属生活困难补助有关问题的通知	1994.12.5	鲁人福〔1994〕2号	与上位法不一致
143	山东省委组织部、省人事厅关于机关事业单位工作人员职务晋升后确定工资的暂行规定	1994.12.12	鲁人薪〔1994〕13号	适用期已过
144	山东省人事厅关于机关事业单位工作人员调动工作后确定工资的暂行规定	1994.12.13	鲁人薪〔1994〕14号	适用期已过
145	山东省人事厅、省财政厅关于转发人事部、财政部《关于工资制度改革后事业单位工作人员死亡一次性抚恤金计发问题的通知》的通知	1995.1.2	鲁人福〔1995〕1号	与上位法不一致
146	山东省人事厅关于机关执行职级工资制工作人员首次确定级别后部分人员晋升级别工资的通知	1995.1.10	鲁人薪〔1995〕1号	适用期已过

续表

序号	文件名称	发布日期	文　号	清理理由
147	山东省人事厅、省体育运动委员会转发人事部、国家体委《关于印发体育运动员、教练员贯彻〈事业单位工作人员工资制度改革方案〉的实施意见的通知》的通知	1995.1.17	鲁人薪〔1995〕2号	适用期已过
148	山东省人事厅等6部门《关于农业、林业、水利、水产、气象系统事业单位工资制度改革有关问题处理意见的通知》	1995.3.6	鲁人薪〔1995〕4号	适用期已过
149	山东省人事厅等3部门贯彻《国务院、中央军委关于确定军队转业干部工资待遇问题的通知》有关问题的处理意见	1995.4.13	鲁人薪〔1995〕25号	适用期已过
150	山东省人事厅转发人事部《关于国家机关事业单位工勤人员依照执行〈劳动法〉有关问题的复函》的通知	1995.5.17	鲁人薪〔1995〕16号	与上位法不一致
151	山东省人事厅等3部门关于全省公安机关交通警察实行防毒、防尘津贴的通知	1995.8.2	鲁人薪〔1995〕21号	与上位法不一致

续表

序号	文件名称	发布日期	文　号	清理理由
152	山东省人事厅等3部门关于调整殡葬职工特殊行业津贴标准的通知	1995.8.3	鲁人薪〔1995〕19号	与上位法不一致
153	山东省人事厅等3部门关于调整优抚社会福利事业单位岗位津贴的通知	1995.9.8	鲁人薪〔1995〕23号	与上位法不一致
154	山东省人事厅关于机关事业单位工资制度改革给离退休人员增加离退休费的补充通知	1995.11.17	鲁人退〔1995〕4号	适用期已过
155	山东省人事厅等3部门关于体育运动员、教练员奖励标准及运动员退役分配工作后确定工资办法的通知	1995.12.12	鲁人薪〔1995〕46号	适用期已过
156	山东省人事厅、省交通厅关于交通部门公路养护事业单位工作人员津贴发放问题的通知	1996.3.29	鲁人薪〔1996〕5号	适用期已过
157	山东省人事厅关于机关事业单位离退休人员增加离退休费的通知	1996.5.7	鲁人退〔1996〕2号	适用期已过

续表

序号	文件名称	发布日期	文　号	清理理由
158	山东省人事厅关于我省国家公务员辞退金计发标准问题的复函	1996.5.23	鲁人函〔1996〕10号	适用期已过
159	山东省人事厅等4部门转发人事部等4部门《关于实行人民武装部工作人员津贴问题的通知》的通知	1996.6.5	鲁人薪〔1996〕19号	适用期已过
160	山东省人事厅关于新录用的人民警察试用期和试用期满后确定工资待遇问题的复函	1996.6.28	鲁人薪函〔1996〕5号	适用期已过
161	山东省人事厅等3部门关于提高全省油区工作办公室工作人员野外津贴标准的复函	1996.7.5	鲁人薪函〔1996〕7号	与上位法不一致
162	山东省人事厅等3部门关于提高县、乡计划生育工作人员岗位津贴的通知	1996.7.9	鲁人薪〔1996〕17号	与上位法不一致
163	山东省人事厅等3部门关于在农村乡镇、村任教的教师实行浮动工资问题的通知	1996.7.18	鲁人薪〔1996〕20号	与上位法不一致

续表

序号	文件名称	发布日期	文　号	清理理由
164	山东省人事厅关于提高档案馆档案局事业编制人员津贴比例的复函	1996. 7. 18	鲁人薪函〔1996〕6 号	适用期已过
165	山东省人事厅等 3 部门关于提高任教三十年的中小学教师退休待遇问题的通知	1996. 7. 24	鲁人退〔1996〕3 号	已被新文件代替
166	山东省委组织部、省人事厅关于贯彻鲁办发〔1996〕1号文件有关问题的通知	1996. 9. 18	鲁人〔1996〕128 号	适用期已过
167	山东省人事厅、省卫生厅关于卫生事业单位工资制度改革有关问题处理意见的通知	1997. 2. 25	鲁人薪〔1997〕1 号	适用期已过
168	山东省人事厅、省财政厅关于转发人事部、财政部人发〔1997〕8 号文件的通知	1997. 3. 3	鲁人薪〔1997〕2 号	适用期已过

续表

序号	文件名称	发布日期	文　号	清理理由
169	山东省人事厅、省环保局关于环境保护事业单位中专门从事特殊工种工作人员津贴问题的处理意见	1997. 3. 13	鲁人薪〔1997〕3号	适用期已过
170	山东省人事厅关于执行职级工资制工作人员晋升级别工资有关问题的处理意见	1997. 3. 21	鲁人薪〔1997〕4号	适用期已过
171	山东省人事厅关于增加监狱、劳教所干警岗位津贴的通知	1997. 6. 2	鲁人薪函〔1997〕115号	与上位法不一致
172	山东省人事厅关于机关事业单位工人技术等级确定后工资处理有关问题的通知	1997. 7. 3	鲁人薪〔1997〕9号	适用期已过
173	山东省人事厅转发人事部《新录用国家公务员任职定级暂行规定》的通知	1997. 8. 5	鲁人〔1997〕103号	已被新文件代替

续表

序号	文件名称	发布日期	文号	清理理由
174	山东省委组织部、省人事厅关于新录用国家公务员和机关工作者工资待遇问题的通知	1997.9.4	鲁人薪〔1997〕10号	适用期已过
175	山东省人事厅、省卫生厅关于结核病防治人员实行浮动工资的通知	1997.10.20	鲁人薪〔1997〕11号	已被新文件代替
176	山东省人事厅、省财政厅关于转发人事部、财政部《关于1997年调整机关事业单位工作人员工资标准等问题的通知》的通知	1997.12.29	鲁人薪〔1997〕14号	适用期已过
177	山东省人事厅、省财政厅关于给驻济省直机关事业单位工作人员增发补贴的通知	1997.12.29	鲁人薪〔1997〕15号	适用期已过
178	山东省人事厅、省财政厅关于对我省机关事业单位现行津贴补贴进行简化归并的通知	1997.12.29	鲁人薪〔1997〕16号	适用期已过

续表

序号	文件名称	发布日期	文　号	清理理由
179	山东省人事厅关于司法行政系统人民警察增加特殊岗位津贴的通知	1998.1.20	鲁人薪函〔1998〕1号	与上位法不一致
180	山东省人事厅关于机关工作人员级别工资晋升问题的通知	1998.1.25	鲁人薪〔1998〕2号	适用期已过
181	山东省人事厅关于为加快发展个体私营经济搞好服务的通知	1998.2.16	鲁人〔1998〕20号	适用期已过
182	山东省人事厅关于贯彻鲁人薪〔1998〕2号文件几个具体问题的处理意见	1998.4.22	鲁人薪〔1998〕10号	适用期已过
183	山东省人事厅、省教育委员会、山东省财政厅关于鲁人退〔1996〕3号文件的补充通知	1998.5.12	鲁人退〔1998〕3号	已被新文件代替
184	山东省人事厅、省财政厅关于对机关事业单位离退休人员待遇项目再次简化归并及归类管理的通知	1998.5.12	鲁人退〔1998〕4号	适用期已过
185	山东省人事厅、省财政厅关于省委政法委机关工作人员实行特殊岗位补贴问题的通知	1998.5.28	鲁人薪〔1998〕18号	与上位法不一致

续表

序号	文件名称	发布日期	文　号	清理理由
186	山东省人事厅关于女性高级专家退休年龄问题的复函	1998.6.10	鲁人退函〔1998〕4号	已被新文件代替
187	山东省人事厅关于县(市区)委党校教师退休待遇问题的复函	1998.6.19	鲁人退函〔1998〕5号	已被新文件代替
188	山东省人事厅、省监察厅关于山东省国家行政机关、事业单位工作人员纪律惩戒有关问题的通知	1998.8.6	鲁人〔1998〕93号	调整对象已消失
189	中共山东省委组织部等5部门转发中共中央组织部、人事部、劳动和社会保障部、财政部《关于调整因瘫痪等原因生活长期完全不能自理的离休干部护理费标准的通知》的通知	1998.10.6	鲁人退〔1998〕5号	已被新文件代替
190	山东省人事厅、省财政厅关于调整省信访局专职信访人员岗位补贴标准的通知	1998.11.24	鲁人薪〔1998〕23号	与上位法不一致
191	山东省人事厅关于为加快发展个体私营经济搞好服务的补充通知	1998.11.26	鲁人〔1998〕135号	适用期已过

续表

序号	文件名称	发布日期	文　号	清理理由
192	山东省人事厅关于事业单位低聘专业技术职务等人员工资问题的通知	1998.11.26	鲁人薪〔1998〕24号	适用期已过
193	山东省人事厅关于对有重大贡献的高级专家提高退休费标准问题的复函	1999.4.7	鲁人退函〔1999〕3号	调整对象已消失
194	山东省人事厅关于中小学教师退休待遇问题的复函	1999.7.7	鲁人退函〔1999〕5号	适用期已过
195	山东省人事厅、省财政厅关于贯彻《人事部、财政部调整机关事业单位工作人员工资标准和增加离退休人员离退休费三个实施方案有关问题的通知》	1999.9.7	鲁人薪〔1999〕2号	适用期已过
196	山东省人事厅、省财政厅转发《关于1999年调整国家海洋局所属事业单位船员工资标准的通知》的通知	1999.12.16	鲁人薪〔1999〕3号	适用期已过
197	山东省人事厅等3部门转发《关于1999年调整测绘系统测绘队工作人员工资标准的通知》的通知	1999.12.17	鲁人薪〔1999〕6号	适用期已过

续表

序号	文件名称	发布日期	文　号	清理理由
198	山东省人事厅、省财政厅关于修订机关事业单位工作人员死亡后遗属生活困难补助规定的通知	1999. 12. 23	鲁人福〔1999〕1号	已被新文件代替
199	山东省人事厅等3部门转发《关于1999年调整交通部所属海上救捞、港监、内河航道、航政等水上作业事业单位工作人员工资标准的通知》的通知	1999. 12. 27	鲁人薪〔1999〕4号	适用期已过
200	山东省人事厅等3部门转发《关于1999年调整水产事业单位船员工资标准的通知》的通知	1999. 12. 27	鲁人薪〔1999〕5号	适用期已过
201	山东省人事厅等3部门转发《关于1999年调整野外地质勘探队工作人员工资标准的通知》的通知	1999. 12. 27	鲁人薪〔1999〕7号	适用期已过
202	山东省人事厅、省体育运动委员会关于调整部分体育运动员成绩津贴标准的通知	2000. 2. 16	鲁人薪〔2000〕2号	适用期已过

续表

序号	文件名称	发布日期	文号	清理理由
203	山东省人事厅关于对有突出贡献中青年专家奖励晋升工资问题的复函	2000.3.22	鲁人薪函〔2000〕1号	适用期已过
204	山东省人事厅、省财政厅关于调整机关事业单位因公致残人员护理费标准的通知	2000.7.11	鲁人退〔2000〕1号	已被新文件代替
205	山东省人事厅、省财政厅转发人事部、财政部《关于调整警衔津贴标准的通知》的通知	2000.7.12	鲁人薪〔2000〕6号	已被新文件代替
206	山东省人事厅关于机关事业单位部分退职人员生活费标准问题的复函	2000.8.7	鲁人退函(2000)2号	适用期已过
207	山东省人事厅等3部门关于提高基层计划生育工作人员岗位津贴的通知	2000.12.4	鲁人薪〔2000〕7号	与上位法不一致
208	山东省人事厅关于提高驻刘公岛、南黄岛工作人员补贴标准的复函	2001.2.9	鲁人办字〔2001〕6号	与上位法不一致

续表

序号	文件名称	发布日期	文　号	清理理由
209	山东省人事厅、省财政厅关于贯彻《人事部、财政部调整机关事业单位工作人员工资标准和增加离退休人员离退休费4个实施方案有关问题的通知》	2001.3.21	鲁人发〔2001〕27号	适用期已过
210	山东省人事厅、省财政厅关于驻济省直机关事业单位因公致残人员护理费标准的函	2001.4.9	鲁人办字〔2001〕12日	已被新文件代替
211	山东省人事厅关于省政府参事、文史馆员实行交通补贴问题的复函	2001.5.8	鲁人办字〔2001〕16日	与上位法不一致
212	山东省人事厅关于确定机关事业单位军转干部工资待遇问题的通知	2001.7.24	鲁人发〔2001〕73号	适用期已过
213	山东省人事厅关于事业单位部分职员晋升职务后工资问题的复函	2001.9.26	鲁人办字〔2001〕34号	适用期已过

续表

序号	文件名称	发布日期	文号	清理理由
214	山东省人事厅等3部门转发人事部、财政部、国土资源部人发〔2001〕75号和人事部、财政部、国家测绘局人发〔2001〕76号文件的通知	2001.10.12	鲁人发〔2001〕105号	适用期已过
215	山东省人事厅等3部门转发人事部、财政部、农业部《关于2001年调整水产事业单位船员工资标准的通知》的通知	2001.10.12	鲁人发〔2001〕106号	适用期已过
216	山东省人事厅等3部门转发《人事部、财政部、交通部关于2001年调整交通部所属海上救捞、港监、内河航道、航政等水上作业事业单位工作人员工资标准的通知》的通知	2001.10.12	鲁人发〔2001〕107号	适用期已过
217	山东省人事厅等3部门关于调整优抚社会福利事业单位岗位津贴的通知	2001.12.30	鲁人发〔2001〕113号	与上位法不一致
218	山东省人事厅关于简化省直机关事业单位工资变动审核手续的通知	2001.12.31	鲁人办发〔2001〕133号	适用期已过

续表

序号	文件名称	发布日期	文 号	清理理由
219	山东省人事厅、省财政厅转发人事部、财政部《关于调整警衔津贴标准的通知》的通知	2002.5.29	鲁人发〔2002〕19号	已被新文件代替
220	山东省人事厅、省财政厅转发人事部、财政部《关于从2001年10月1日起调整水产事业单位船员工资标准的通知》的通知	2002.5.30	鲁人发〔2002〕28号	适用期已过
221	山东省人事厅、省财政厅转发人事部、财政部《关于从2001年10月1日起调整野外地质勘探队工作人员工资标准的通知》《关于从2001年10月1日起调整测绘系统测绘队工作人员工资标准的通知》的通知	2002.5.30	鲁人发〔2002〕29号	适用期已过
222	山东省人事厅、省财政厅关于省直610机构专职工作人员实行特殊岗位补贴问题的复函	2002.6.18	鲁人字〔2002〕20号	与上位法不一致
223	山东省人事厅、省财政厅关于调整人大办公厅信访处专职信访人员岗位补贴标准的复函	2002.6.18	鲁人字〔2002〕21号	与上位法不一致

续表

序号	文件名称	发布日期	文　号	清理理由
224	山东省人事厅等3部门转发人事部、财政部、交通部《关于从2001年10月1日起调整交通部所属海上救捞、港监、内河航道、航政等水上作业事业单位工作人员工资标准的通知》的通知	2002.6.30	鲁人发〔2002〕30号	适用期已过
225	山东省人事厅关于省人大、省政协和群众团体机关人员分流有关政策问题的通知	2002.8.1	鲁人字〔2002〕44号	适用期已过
226	山东省人事厅等3部门关于调整殡葬职工特殊行业津贴标准的通知	2002.9.9	鲁人发〔2002〕44号	与上位法不一致
227	山东省人事厅关于驻济省直机关事业单位因公致残人员护理费执行标准的通知	2002.9.16	鲁人发〔2002〕45号	已被新文件代替
228	山东省人事厅转发人事部《关于直接从毕业生中录用获得硕士、博士学位的研究生试用期满后确定职务工资补充规定的通知》的通知	2002.10.21	鲁人发〔2002〕49号	适用期已过

续表

序号	文件名称	发布日期	文号	清理理由
229	山东省人事厅转发人事部办公厅《关于确定2002年计划分配到机关事业单位的军队转业干部工资待遇问题的通知》的通知	2002.10.21	鲁人办发〔2002〕144号	适用期已过
230	山东省人事厅、省财政厅关于为老干部工作人员发放岗位补贴的通知	2003.8.22	鲁人发〔2003〕24号	与上位法不一致
231	山东省人事厅关于调整驻济省直机关事业单位因公致残人员护理费标准的通知	2003.10.13	鲁人发〔2003〕27号	已被新文件代替
232	山东省人事厅、省财政厅转发人事部、财政部《关于调整警衔津贴标准的通知》的通知	2004.1.17	鲁人发〔2004〕2号	已被新文件代替
233	山东省人事厅、省财政厅转发人事部、财政部《关于从2003年7月1日起调整水产事业单位船员工资标准的通知》	2004.2.20	鲁人发〔2004〕8号	适用期已过
234	山东省人事厅、省财政厅转发人事部、财政部国人部发〔2003〕69号和国人部发〔2003〕70号文件的通知	2004.2.20	鲁人发〔2004〕9号	适用期已过

续表

序号	文件名称	发布日期	文　号	清理理由
235	山东省人事厅等3部门转发人事部、财政部、交通部《关于从2003年7月1日起调整交通部所属救助、打捞、海事、内河航道等水上作业事业单位工作人员工资标准的通知》	2004.2.23	鲁人发〔2004〕10号	适用期已过
236	山东省人事厅关于调整驻济省直机关事业单位因公致残人员护理费标准的通知	2004.7.20	鲁人发〔2004〕26号	已被新文件代替
237	山东省人事厅关于山东人民广播电台职工发放夜班津贴有关问题的复函	2005.3.10	鲁人字〔2005〕5号	与上位法不一致
238	山东省人事厅、省财政厅关于调整驻济省直机关事业单位因公致残人员护理费标准的通知	2007.12.4	鲁人发〔2007〕104号	已被新文件代替
八、养老保险(28件)				
1	关于合同制工人退休养老基金筹集、储存等问题的通知	1987.7.14	鲁劳险字〔1987〕第291号	已被新文件代替

续表

序号	文件名称	发布日期	文 号	清理理由
2	山东省劳动局关于贯彻鲁政发〔1986〕127号文件中有关劳动保险几个问题的处理意见	1988.3.14	鲁劳险字〔1988〕第078号	依据的上位法已废止
3	山东省劳动局转发劳动部《关于石油企业退休费用社会统筹问题的复函》的通知	1989.3.8	鲁劳险字〔1989〕第070号	已被新文件代替
4	山东省劳动局、省财政厅关于给企业退休职工发放生活补贴的通知	1989.3.13	鲁劳险字〔1989〕第084号	已被新文件代替
5	山东省劳动局关于天津铁路分局缴纳职工待业保险金和合同制工人退休养老金问题的意见	1990.1.5	鲁劳险字〔1990〕第001号	已被新文件代替
6	山东省劳动局、省财政厅关于执行鲁劳险字〔1989〕第084号文件中几个具体问题的处理意见	1990.4.11	鲁劳险字〔1990〕第153号	已被新文件代替
7	山东省劳动局关于1966—1969届推迟分配的大中专毕业生工龄计算问题的通知	1990.11.2	鲁劳险字〔1990〕第507号	已被新文件代替

续表

序号	文件名称	发布日期	文　号	清理理由
8	山东省劳动局关于贯彻鲁政发〔1991〕51号文件中有关问题处理意见的通知	1991.8.26	鲁劳险字〔1991〕第356号	已被新文件代替
9	山东省劳动局、省财政厅关于地方国营企业职工洗理费、书报费等问题的函	1992.6.1	鲁劳险函字〔1992〕第2号	已被新文件代替
10	山东省劳动局、省财政厅关于社会保险机构向铁道部等五部门移交其直属国营企业劳动合同制工人养老保险基金问题的通知	1992.8.18	鲁劳发〔1992〕385号	适用期已过
11	山东省劳动局关于合同制职工退休问题的通知	1992.8.20	鲁劳发〔1992〕326号	已被新文件代替
12	山东省劳动局关于印发进一步完善企业职工养老保险费用统筹运行机制的意见的通知	1992.10.24	鲁劳险函字〔1992〕4号	已被新文件代替
13	山东省劳动厅关于国有企业职工工作岗位变动后的保险福利待遇问题的通知	1993.7.25	鲁劳发〔1993〕299号	已被新文件代替

续表

序号	文件名称	发布日期	文　号	清理理由
14	山东省劳动厅关于对兵器工业总公司驻山东企业执行新工资标准后的离退休职工退休费问题的复函	1993.11.22	鲁劳发〔1993〕478号	适用期已过
15	山东省劳动厅等3部门关于调整企业精减老职工生活困难补助费标准的通知	1994.3.16	鲁劳发〔1994〕92号	适用期已过
16	山东省劳动厅等4部门印发《关于城镇县以下集体企业、私营企业职工和个体劳动者社会养老保险试行意见》的通知	1994.4.4	鲁劳发〔1994〕134号	已被新文件代替
17	山东省劳动厅关于养老保险实行行业统筹的中央部直属企业有关社会保险问题的复函	1995.5.3	鲁劳发〔1995〕139号	已被新文件代替
18	山东省劳动厅等3部门关于调整企业职工因病或非因工死亡后遗属生活困难补助标准的通知	1997.12.26	鲁劳发〔1997〕430号	适用期已过
19	山东省劳动厅、省财政厅关于淄博市企业缴纳养老保险费比例问题的复函	1998.5.15	鲁劳发〔1998〕121号	已被新文件代替

续表

序号	文件名称	发布日期	文 号	清理理由
20	山东省劳动厅、省财政厅关于济南市企业缴纳基本养老保险费比例问题的复函	1998. 10. 8	鲁劳发〔1998〕234号	已被新文件代替
21	山东省劳动和社会保障厅、省财政厅关于调整企业精减老职工生活困难补助费标准的通知	1999. 9. 15	鲁劳社发〔1999〕85号	适用期已过
22	山东省劳动和社会保障厅关于养老金计发基数等有关问题的批复	1999. 12. 30	鲁劳社发〔1999〕213号	已被新文件代替
23	山东省劳动和社会保障厅、省财政厅关于淄博市企业缴纳养老保险费比例问题的批复	2000. 4. 4	鲁劳社发〔2000〕93号	已被新文件代替
24	山东省劳动和社会保障厅、省财政厅关于调整2001年度企业和职工基本养老保险费缴纳比例的通知	2001. 1. 17	鲁劳社〔2001〕4号	已被新文件代替
25	关于调整部分省直管企业缴纳基本养老保险费率的通知	2003. 2. 18	鲁劳社〔2003〕7号	已被新文件代替
26	关于调整企业职工基本养老保险费缴纳比例的通知	2003. 3. 20	鲁劳社〔2003〕12号	已被新文件代替

续表

序号	文件名称	发布日期	文　号	清理理由
27	关于核拨2004年度企业基本养老保险省级调剂金的通知	2004.7.8	鲁劳社〔2004〕31号	适用期已过
28	关于调整企业精减老职工生活困难补助费标准的通知	2007.2.5	鲁劳社〔2007〕8号	适用期已过
九、失业保险(14件)				
1	山东省劳动厅、省财政厅关于失业保险基金用于再就业服务中心开支有关问题的通知	1998.12.1	鲁劳发〔1998〕297号	适用期已过
2	山东省劳动和社会保障厅、省财政厅关于提高下岗职工和失业人员保障水平的通知	1999.9.2	鲁劳社发〔1999〕72号	适用期已过
3	山东省劳动和社会保障厅关于贯彻省政府鲁政发〔1999〕103号文件有关问题的通知	2000.9.12	鲁劳社发〔2000〕245号	依据的上位法已废止
4	山东省劳动和社会保障厅、省财政厅关于失业保险工作中若干具体政策问题的处理意见	2001.12.29	鲁劳社〔2001〕57号	适用期已过

续表

序号	文件名称	发布日期	文　号	清理理由
5	山东省劳动和社会保障厅关于部分失业人员失业保险金领取期限问题的通知	2003.12.11	鲁劳社函〔2003〕389号	适用期已过
6	山东省劳动和社会保障厅关于调整枣庄市失业保险金标准的函	2004.2.12	鲁劳社函〔2004〕38号	已被新文件代替
7	山东省劳动和社会保障厅关于调整东营市失业保险金标准的函	2005.1.25	鲁劳社函〔2005〕23号	已被新文件代替
8	山东省劳动和社会保障厅、省财政厅转发劳动保障部、财政部适当扩大失业保险基金支出范围试点有关问题的通知	2006.11.9	鲁劳社〔2006〕58号	已被新文件代替
9	山东省劳动和社会保障厅关于调整部分市失业保险金标准的通知	2007.4.18	鲁劳社〔2007〕17号	已被新文件代替
10	山东省劳动和社会保障厅关于同意调整青岛市失业保险金标准的复函	2007.11.2	鲁劳社函〔2007〕372号	已被新文件代替
11	山东省劳动和社会保障厅关于同意调整泰安市失业保险金标准的复函	2007.12.3	鲁劳社函〔2007〕425号	已被新文件代替

续表

序号	文件名称	发布日期	文　号	清理理由
12	山东省劳动和社会保障厅关于同意调整东营市失业保险金标准的复函	2007.12.14	鲁劳社函〔2007〕426号	已被新文件代替
13	山东省劳动和社会保障厅关于调整失业保险金标准的通知	2008.2.4	鲁劳社〔2008〕10号	已被新文件代替
14	山东省劳动和社会保障厅关于调整失业保险金标准的通知	2009.1.5	鲁劳社〔2009〕3号	已被新文件代替
十、工伤保险(16件)				
1	山东省劳动厅关于职工在工作时间因意外原因负伤是否享受工伤待遇问题的批复	1995.1.16	鲁劳发〔1995〕12号	已被新文件代替
2	山东省劳动厅关于在交通事故中死亡的职工待遇问题的答复	1995.8.24	鲁劳险函字〔1995〕第8号	已被新文件代替
3	山东省劳动厅关于贯彻劳动部《企业职工工伤保险试行办法》的通知	1997.3.21	鲁劳发〔1997〕60号	已被新文件代替

续表

序号	文件名称	发布日期	文 号	清理理由
4	山东省社会劳动保险事业处关于大中专等学校的实习生一次性工伤保险待遇计算问题的复函	1997.10.30	鲁社险函字〔1997〕第12号	已被新文件代替
5	山东省劳动厅关于贯彻劳动部《企业职工工伤保险试行办法》的补充通知	1997.12.15	鲁劳发〔1997〕403号	已被新文件代替
6	山东省劳动厅关于劳动保险待遇有关问题的批复	1998.4.24	鲁劳发〔1998〕110号	已被新文件代替
7	山东省劳动厅关于如何确定“职工上下班的规定时间”等有关问题的复函	1998.8.21	鲁劳险函字〔1998〕7号	已被新文件代替
8	山东省社会劳动保险事业处关于对因工伤亡供养亲属有关问题的批复	1998.9.18	鲁社险函字〔1998〕第10号	已被新文件代替
9	山东省劳动厅关于企业职工工伤保险有关问题的复函	1998.11.19	鲁社险函字〔1998〕第16号	已被新文件代替
10	山东省劳动厅关于工伤职工违纪被解除劳动合同工伤保险待遇问题的批复	1998.12.30	鲁劳发〔1998〕340号	已被新文件代替

续表

序号	文件名称	发布日期	文　号	清理理由
11	山东省劳动厅关于职工病休期间上班病亡在工作岗位能否比照因工死亡待遇处理的批复	1999.2.11	鲁劳发〔1999〕44号	已被新文件代替
12	山东省劳动和社会保障厅关于企业职工工伤保险待遇有关问题的复函	1999.7.22	鲁劳社发〔1999〕34号	已被新文件代替
13	山东省劳动鉴定委员会关于省级劳动鉴定工作有关问题的通知	1999.10.20	鲁劳鉴发〔1999〕7号	已被新文件代替
14	山东省劳动和社会保障厅关于因工致残完全丧失劳动能力的职工可否办理退休的批复	1999.11.25	鲁劳社险函字〔1999〕第8号	已被新文件代替
15	山东省劳动和社会保障厅关于工伤认定有关问题的通知	2000.4.30	鲁劳社发〔2000〕119号	已被新文件代替
16	关于转发劳动和社会保障部《关于解释〈企业职工工伤保险试行办法〉中"蓄意违章"的复函》的通知	2001.6.19	鲁劳社函〔2001〕62号	已被新文件代替

续表

序号	文件名称	发布日期	文　号	清理理由
十一、农村社会保险(20件)				
1	山东省民政厅关于农村社会养老保险宣传报道问题的函	1991.12.5	鲁民函〔1991〕123号	适用期已过
2	山东省民政厅转发民政部《关于农村社会养老保险工作两个文件的通知》	1991.12.11	鲁民〔1991〕177号	已被新文件代替
3	山东省民政厅关于做好农村社会养老保险基金管理工作的通知	1992.2.13	鲁民电(92)4号	已被新文件代替
4	山东省民政厅关于印发《山东省农村社会养老保险基金使用办法(试行)》的通知	1992.9.26	鲁民〔1992〕134号	已被新文件代替
5	山东省民政厅关于转发民政部《农村社会养老保险管理服务费提取使用办法(试行)》的通知	1992.12.2	鲁民社〔1992〕175号	已被新文件代替
6	山东省民政厅转发民政部《关于印发〈农村社会养老保险会计制度〉(试行)的通知》的通知	1993.6.28	鲁民社〔1993〕137号	已被新文件代替

续表

序号	文件名称	发布日期	文　号	清理理由
7	山东省民政厅关于收取1994年度农村社会养老保险管理服务费的通知	1995.1.18	鲁民〔1995〕6号	调整对象已消失
8	山东省民政厅关于印发《山东省农村社会养老保险管理服务费管理办法(试行)》的通知	1995.3.31	鲁民险〔1995〕38号	调整对象已消失
9	山东省民政厅转发民政部《关于进一步做好农村社会养老保险工作的通知》的通知	1995.4.19	鲁民函〔1995〕44号	已被新文件代替
10	山东省民政厅关于转发《烟台市农村社会养老保险管理体系工作规程》等4个文件的通知	1995.8.23	鲁民险〔1995〕94号	调整对象已消失
11	山东省民政厅转发民政部办公厅《关于开展农村社会养老保险基金财务检查的通知》的通知	1996.8.5	鲁民险〔1996〕110号	适用期已过
12	山东省民政厅转发民政部办公厅《关于开展农村社会养老保险基金财务检查的通知》的通知	1997.11.28	鲁民函〔1997〕323号	适用期已过

续表

序号	文件名称	发布日期	文　号	清理理由
13	山东省民政厅转发民政部《关于统计农村社会养老保险机构和人员编制情况的通知》的通知	1998.6.17	鲁民险函〔1998〕3号	适用期已过
14	山东省劳动和社会保障厅关于农村社会养老保险调剂金审批使用有关问题的通知	1999.12.20	鲁劳社发〔1999〕197号	调整对象已消失
15	山东省劳动和社会保障厅关于加强农村社会养老保险基金管理工作的通知	1999.12.24	鲁劳社发〔1999〕198号	已被新文件代替
16	山东省劳动和社会保障厅关于加强农村社会养老保险基金管理工作的通知	2000.12.29	鲁劳社发〔2000〕357号	已被新文件代替
17	山东省劳动和社会保障厅关于对莱芜市劳动保障局《关于农村社会养老保险有关养老金计发问题的请示》的批复	2002.1.21	鲁劳社函〔2002〕12号	适用期已过
18	关于实行农村社会养老保险基金运营市级审核备案制度的通知	2003.7.9	鲁劳社办〔2003〕60号	已被新文件代替
19	关于印发《山东省农村社会养老保险风险备用金提取管理办法（试行）》的通知	2003.7.15	鲁劳社〔2003〕35号	调整对象已消失

续表

序号	文件名称	发布日期	文　号	清理理由
20	关于转发《关于做好当前农村养老保险工作的通知》的通知	2003.9.11	鲁劳社函〔2003〕275号	适用期已过
十二、社会保险基金监督(1件)				
1	山东省劳动和社会保障厅关于在全省开展农村养老保险投保缴费清查核对工作的通知	2001.8.20	鲁劳社〔2001〕45号	适用期已过
十三、调解仲裁管理(46件)				
1	山东省劳动局关于印发《山东省劳动争议仲裁组织及工作规则》和《山东省劳动争议仲裁案卷立卷归档试行办法》的通知	1988.4.6	鲁劳仲字〔1988〕第103号	已被新文件代替
2	山东省劳动局关于国务院《国营企业辞退违纪职工暂行规定》实施以前发生的职工违纪问题能否适用本规定的复函	1989.3.18	鲁劳仲字〔1989〕第066号	依据的上位法已废止
3	山东省劳动争议仲裁委员会办公室关于“审批职工处分的时间”问题的复函	1989.3.21	鲁劳仲办函字〔1989〕第002号	依据的上位法已废止

续表

序号	文件名称	发布日期	文　号	清理理由
4	山东省劳动局关于印发《山东省劳动仲裁工作目标管理试行办法》的通知	1989.5.4	鲁劳仲字〔1989〕第143号	已被新文件代替
5	山东省劳动局等3部门转发劳动部等3部门《关于印发〈劳动合同鉴证和劳动争议仲裁收费及使用范围暂行办法〉的通知》的通知	1989.5.9	鲁劳仲字〔1989〕第167号	与上位法不一致
6	山东省劳动局转发劳动部《关于加强劳动仲裁工作的通知》的通知	1989.7.24	鲁劳仲字〔1989〕第238号	依据的上位法已废止
7	山东省劳动局转发劳动部《关于劳动合同鉴证问题的通知》的通知	1989.9.13	鲁劳仲字〔1989〕第310号	依据的上位法已废止
8	山东省劳动局关于加强劳动合同鉴证工作巩固鉴证成果的通知	1990.9.18	鲁劳仲字〔1990〕第463号	依据的上位法已废止
9	山东省劳动局、山东省工商行政管理局关于对私营企业、个体工商户劳动合同实行鉴证的通知	1991.7.10	鲁劳仲字〔1991〕第243号	依据的上位法已废止

续表

序号	文件名称	发布日期	文　号	清理理由
10	山东省劳动局关于乡镇集体所有制企业招用职工签订劳动合同并实行鉴证的通知	1992.5.4	鲁劳发〔1992〕150号	依据的上位法已废止
11	山东省劳动局、省高级人民法院关于处理劳动争议案件试行仲裁员、仲裁庭制度有关问题的通知	1992.5.25	鲁劳发〔1992〕173号	已被新文件代替
12	山东省劳动争议仲裁委员会、省劳动局《关于印发〈山东省劳动争议仲裁庭办案规则〉和〈山东省劳动仲裁员聘任管理办法〉的通知》	1992.7.15	鲁劳发〔1992〕253号	已被新文件代替
13	山东省劳动局转发劳动部《劳动仲裁费和劳动合同鉴证费管理办法》的通知	1992.12.16	鲁劳发〔1992〕619号	与上位法不一致
14	山东省劳动厅关于企业干部发生的劳动争议有关问题的批复	1993.11.16	鲁劳发〔1993〕482号	依据的上位法已废止
15	山东省劳动局转发劳动部《劳动合同鉴证实施办法》的通知	1993.12.18	鲁劳发〔1993〕59号	依据的上位法已废止

续表

序号	文件名称	发布日期	文号	清理理由
16	山东省劳动厅转发劳动部《关于颁发劳动争议仲裁委员会办案规则的通知》和《关于颁发劳动争议仲裁委员会组织规则的通知》的通知	1993.12.29	鲁劳发〔1993〕565号	已被新文件代替
17	山东省劳动厅关于对职工退休时岗位确定问题请示的复函	1995.3.21	鲁劳仲函字〔1995〕第02号	已被新文件代替
18	山东省劳动厅关于劳动者提出解除劳动合同有关问题的复函	1995.7.4	鲁劳仲函字〔1995〕第11号	依据的上位法已废止
19	山东省劳动厅关于更正鲁劳发〔1995〕159号文有关内容的通知	1995.7.26	鲁劳仲函字〔1995〕第12号	依据的上位法已废止
20	山东省劳动厅关于如何执行农民轮换工回乡补助金等问题的答复	1995.8.14	鲁劳仲函字〔1995〕第13号	适用期已过
21	山东省劳动厅转发劳动部劳部发〔1995〕223号文件的通知	1995.8.25	鲁劳发〔1995〕252号	与上位法不一致
22	山东省劳动厅关于涉外人员劳动争议案件送达方式的复函	1995.9.25	鲁劳仲函字〔1995〕第015号	依据的上位法已废止

续表

序号	文件名称	发布日期	文　号	清理理由
23	山东省劳动厅关于如何确定职工违约金计算基数的复函	1995.10.5	鲁劳仲函字〔1995〕第016号	已被新文件代替
24	山东省劳动厅对《关于〈劳动法〉第三十一条如何理解的请示》的复函	1995.11.3	鲁劳仲函字〔1995〕第017号	与上位法不一致
25	山东省劳动厅关于事业单位聘任制干部签订劳动合同问题的批复	1996.6.6	鲁劳仲函字〔1996〕第05号	适用期已过
26	山东省劳动厅对《关于职工在停薪留职期间发生工伤伤残如何处理的请示》的复函	1996.8.14	鲁劳仲函字〔1996〕第06号	已被新文件代替
27	山东省劳动厅关于对企业与其私招乱雇的农村劳动力及跨区域招用的城镇劳动力所签劳动合同是否有效的复函	1996.9.19	鲁劳仲函字〔1996〕第11号	适用期已过
28	山东省劳动厅关于执行《企业职工奖惩条例》有关问题的复函	1996.9.19	鲁劳仲函字〔1996〕第12号	依据的上位法已废止
29	山东省劳动厅对《关于职工职业病待遇该由谁负责的请示》的复函	1996.11.13	鲁劳仲函字〔1996〕第17号	依据的上位法已废止

续表

序号	文件名称	发布日期	文 号	清理理由
30	山东省劳动厅关于供养直系亲属认定问题的复函	1997. 7. 31	鲁劳仲函字〔1997〕10号	已被新文件代替
31	山东省劳动厅关于心脏起搏器是否属于贵重药费问题的复函	1997. 8. 5	鲁劳仲函字〔1997〕11号	已被新文件代替
32	山东省劳动厅关于女职工产假期间奖金待遇及期满后的工作安排问题的复函	1997. 8. 12	鲁劳仲函字〔1997〕13号	已被新文件代替
33	山东省劳动厅关于职工因工伤残抚恤金计算基数问题的通知	1997. 9. 17	鲁劳仲函字〔1997〕14号	已被新文件代替
34	山东省劳动厅关于如何处理逾期终止劳动合同争议的复函	1998. 3. 13	鲁劳仲函字〔1998〕第02号	已被新文件代替
35	山东省劳动厅关于外商投资企业职工劳动合同终止经济补偿金如何执行的复函	1999. 1. 28	鲁劳发〔1999〕26号	依据的上位法已废止
36	山东省劳动厅关于因工致残被评为七至十级的人员合同期满用人单位可否与其终止合同的复函	1999. 5. 26	鲁劳仲函字〔1999〕4号	适用期已过

续表

序号	文件名称	发布日期	文　号	清理理由
37	山东省劳动争议仲裁委员会关于企业下岗职工到其他单位从事有报酬劳动因医疗费等问题发生纠纷是否受理的函	2000.1.11	鲁劳仲委字〔2000〕1号	适用期已过
38	山东省劳动保障厅关于对擅自离职问题的复函	2000.5.15	鲁劳社发〔2000〕126号	适用期已过
39	山东省劳动保障厅关于处理企业从未上岗人员问题的复函	2000.5.17	鲁劳社发〔2000〕130号	适用期已过
40	山东省劳动争议仲裁委员会关于印发《山东省劳动争议仲裁监督办法》的通知	2001.11.21	鲁劳仲发〔2001〕02号	已被新文件代替
41	山东省劳动保障厅关于济南市范桂珍等16名职工中国济南化纤总公司劳动争议案件有关问题的批复	2002.3.26	鲁劳社函〔2002〕45号	适用期已过
42	山东省劳动保障厅关于《对未发生法律效力的仲裁裁决书仲裁费如何处理等问题的请示》的批复	2002.11.28	鲁劳社函〔2002〕375号	适用期已过

续表

序号	文件名称	发布日期	文　号	清理理由
43	山东省劳动和社会保障厅关于进行劳动争议处理机构实体化试点的通知	2003.9.30	鲁劳社函〔2003〕303号	适用期已过
44	山东省劳动和社会保障厅关于转发省物价局、省财政厅《关于劳动争议仲裁收费标准的批复》的通知	2005.4.21	鲁劳社函〔2005〕149号	与上位法不一致
45	山东省劳动和社会保障厅、山东省财政厅关于印发《山东省劳动争议仲裁费征收使用管理办法》的通知	2005.9.22	鲁劳社〔2005〕43号	与上位法不一致
46	山东省劳动和社会保障厅关于进一步做好劳动争议处理统计工作的通知	2007.11.31	鲁劳社办函〔2007〕7号	依据的上位法已废止
十四、劳动监察(2件)				
1	关于统一使用劳动保障监察执法办案文书的通知	2001.11.8	鲁劳社函〔2001〕147号	已被新文件代替

续表

序号	文件名称	发布日期	文　号	清理理由
2	关于实行劳动保障监察一体执法的通知	2004. 3. 17	鲁劳社办〔2004〕26 号	已被新文件代替
十五、外国专家管理(2 件)				
1	关于赴国(境)外培训项目办理程序的通知	1994. 7. 21	鲁人〔1994〕51 号	已被新文件代替
2	山东省人事厅、省财政厅转发国家外专局、财政部《关于调整中长期出国(境)培训人员费用开支标准的通知》的通知	2002. 8. 20	鲁人发〔2002〕40 号	已被新文件代替
十六、考试管理(1 件)				
1	关于全省人事系统考试机构微机联网和严格考试费用管理问题的通知	1995. 1. 12	鲁人考〔1995〕2 号	适用期已过

2012年

一、国务院废止文件目录（1件）

序号	发文机关	文件标题	发文日期	发文号	依据
1	国务院	女职工劳动保护规定	1988.7.21	国务院令第9号	国务院令第619号

二、人力资源社会保障部废止文件目录（2件）

序号	发文机关	文件标题	发文日期	发文号	依据
1	劳动和社会保障部	高级技工学校标准	2007.7.5	劳社部发〔2007〕27号	人社部发〔2012〕8号
2	人事部 公安部	公安机关录用人民警察体能测评项目和标准		人发〔2001〕74号	人社部发〔2011〕48号

2013年

一、最高人民法院废止文件目录(4件)

依据:2013年2月26日法释〔2013〕7号,计4件				
序号	文件名称	发文日期	发文号	废止理由
1	最高人民法院关于工伤认定法律适用的请示的答复	2001.6.15	法行〔2000〕26号	情况已变化,实际已失效
2	最高人民法院关于企业离退休人员的养老保险统筹金应当列入破产财产分配方案问题的批复	2002.4.18	法释〔2002〕12号	已被企业破产法代替
3	最高人民法院关于国内船员劳务合同纠纷案件是否应劳动仲裁前置的请示的复函	2002.6.10	民四他字〔2002〕第16号	已被《最高人民法院关于适用〈中华人民共和国海事诉讼特别程序法〉若干问题的解释》代替
4	最高人民法院行政审判庭关于如何适用《工伤保险条例》第五十三条有关问题的答复	2005.8.15	行他字〔2005〕第19号	与工伤保险条例规定相冲突

二、人力资源社会保障部废止文件目录(1件)

依据:2013年9月26日人社部令第20号,计1件		
序号	文件名称	发文号
1	社会保险费申报缴纳管理暂行办法	劳动保障部令第2号

三、山东省人大常委会废止文件目录(1件)

依据:2013年8月1日修订的《山东省劳动合同条例》第62条,计1件		
序号	文件名称	发文日期
1	山东省企业集体合同条例	1999.12.16

四、山东省人民政府废止文件目录(3件)

依据:2013年7月30日鲁政发〔2013〕13号,计3件			
序号	文件名称	发文号	依　据
1	山东省按比例安排残疾人就业办法	山东省人民政府令第115号	山东省人民政府令第270号
2	山东省人民政府关于开展新型农村社会养老保险试点的实施意见	鲁政发〔2009〕131号	鲁政发〔2013〕13号
3	山东省人民政府关于贯彻国发〔2011〕18号文件开展城镇居民社会养老保险试点的意见	鲁政发〔2011〕24号	鲁政发〔2013〕13号

2014年

一、山东省人民政府废止文件目录(1件)

序号	发文机关	文件标题	发文号	废止依据
1	山东省人民政府	山东省按比例安排残疾人就业办法	省政府令第115号	被省政府令第270号宣布

二、山东省人力资源社会保障厅废止文件目录(3件)

<table>
<tr><th>序号</th><th>发文机关</th><th>文件标题</th><th>发文号</th><th>废止依据</th></tr>
<tr><td>1</td><td>山东省人事厅</td><td>关于从机关工人分流人员中吸收干部的通知</td><td>鲁人〔1996〕44号</td><td rowspan="2">被鲁人社发〔2014〕12号宣布失效</td></tr>
<tr><td>2</td><td>山东省人事厅</td><td>关于从机关工人分流人员中吸收干部几个问题的通知</td><td>鲁人〔1996〕72号</td></tr>
<tr><td>3</td><td>山东省人民政府</td><td>山东省按比例安排残疾人就业办法</td><td>省政府令第115号</td><td>被省政府令第270号宣布失效</td></tr>
</table>

2015 年

一、国务院废止文件目录（24 件）

依据：2015 年 11 月 27 日国发〔2015〕68 号		
序号	文件标题	发文号
1	国务院批转《劳动保障部等部门关于辽宁省完善城镇社会保障体系试点情况报告》的通知	国发〔2003〕6 号
2	国务院关于进一步做好城镇退役士兵安置工作的通知	国发〔2005〕23 号
3	国务院批转《劳动和社会保障事业发展"十一五"规划纲要》的通知	国发〔2006〕35 号
4	国务院关于做好当前经济形势下就业工作的通知	国发〔2009〕4 号
5	国务院关于开展新型农村社会养老保险试点的指导意见	国发〔2009〕32 号
6	国务院关于开展城镇居民社会养老保险试点的指导意见	国发〔2011〕18 号
7	国务院办公厅转发《人事部、财政部关于调整机关事业单位人员工资和增加离退休人员离退休费四个实施方案》的通知	国办发〔2001〕14 号
8	国务院办公厅转发《人事部、财政部关于从 2001 年 10 月 1 日起调整机关事业单位工作人员工资标准和增加离退休人员离退休费三个实施方案》的通知	国办发〔2001〕14 号

续表

序号	文件标题	发文号
9	国务院办公厅转发人事部财政部关于从 2001 年 10 月 1 日起调整机关事业单位工作人员工资标准和增加离退休人员离退休费 3 个实施方案的通知	国办发〔2001〕70 号
10	国务院办公厅转发《人事部 2001 年—2005 年国家公务员培训纲要》的通知	国办发〔2001〕77 号
11	国务院办公厅关于进一步加强城市居民最低社会保障工作的通知	国办发〔2001〕87 号
12	国务院办公厅关于下岗失业人员从事个体经营有关收费优惠政策的通知	国办发〔2002〕57 号
13	国务院办公厅关于做好农民进城务工就业管理和服务工作的通知	国办发〔2003〕1 号
14	国务院办公厅转发《国家经贸委等部门关于解决国有困难企业和关闭破产企业职工基本生活问题若干意见》的通知	国办发〔2003〕2 号
15	国务院办公厅关于加快推进再就业工作的通知	国办发〔2003〕40 号
16	国务院办公厅关于做好 2003 年普通高等学校毕业生就业工作的通知	国办发〔2003〕49 号
17	国务院办公厅转发《农业部等部门 2003 年—2010 年全国农民工培训规划》的通知	国办发〔2003〕79 号
18	国务院办公厅转发《农业部等部门扶持城镇退役士兵自谋职业优惠政策意见》的通知	国办发〔2004〕10 号

续表

序号	文件标题	发文号
19	国务院办公厅转发《全国企业兼并破产和职工再就业工作领导小组关于进一步做好国有企业政策性关闭破产工作意见》的通知	国办发〔2006〕3号
20	国务院办公厅转发《人事部“十一五”国家机关公务员培训纲要》的通知	国办发〔2007〕8号
21	国务院办公厅关于切实做好2007年普通高等学校毕业生就业工作的通知	国办发〔2007〕26号
22	国务院办公厅关于成立国务院城镇居民基本医疗保险部际联席会议的通知	国办发〔2007〕33号
23	国务院办公厅转发《扶贫办等部门关于做好农村最低社会保障制度和扶贫开发政策有效衔接扩大试点工作意见》的通知	国办发〔2010〕31号
24	国务院办公厅印发《关于县级公立医院综合改革试点意见》的通知	国办发〔2012〕33号

二、人力资源社会保障部废止文件目录(2件)

序号	发文机关	文件标题	发文日期	发文号	废止依据
1	人事部	全国专业技术人员继续教育暂行规定	1995.11.1	人核培发〔1995〕131号	被2015年8月13日人力资源和社会保障部令第25号《专业技术人员继续教育规定》明令废止

续表

序号	发文机关	文件标题	发文日期	发文号	废止依据
2	劳动和社会保障部	招用技术工种从业人员规定	2000.3.16	劳动和社会保障部令第6号	被2015年11月12日人力资源和社会保障部令第26号《关于废止〈招用技术工种从业人员规定〉的决定》明令废止

三、总后勤部废止文件目录(1件)

序号	发文机关	文件标题	发文日期	发文号	废止依据
1	总后勤部等5部门	关于军人退役养老保险关系转移接续有关问题的通知	2012.8.20	后财〔2012〕547号	被2015年9月30日后财〔2015〕1726号总后勤部等5部门《关于军人退役基本养老保险关系转移接续有关问题的通知》废止

四、山东省人民政府废止文件目录(3件)

序号	发文机关	文件标题	发文日期	发文号	废止依据
1	山东省人民政府	山东省实施《退伍义务兵安置条例》细则	1989.1.13	鲁政发〔1989〕5号	被2015年2月25日山东省人民政府令第287号《山东省退役士兵安置办法》明令废止
2	山东省人民政府	山东省人民政府规章制定程序规定	2003.2.11	山东省人民政府令第154号	被2015年5月12日山东省人民政府令第288号《山东省政府规章制定程序规定》明令废止
3	山东省人民政府办公厅	山东省首席技师选拔管理办法	2011.11.10	鲁政办发〔2011〕63号	被2015年12月1日鲁政办字〔2015〕233号山东省人民政府办公厅《关于印发〈齐鲁首席技师选拔管理办法〉的通知》废止

五、山东省人力资源社会保障厅废止文件目录(4件)

序号	发文机关	文件标题	发文日期	发文号	废止依据
1	山东省人力资源社会保障厅	关于印发失业保险支持企业转岗培训和岗位技能提升培训补贴办法的通知	2014.3.28	鲁人社发〔2014〕21号	被2015年4月20日鲁人社发〔2015〕23号山东省人力资源和社会保障厅等4部门《关于贯彻落实人社部发〔2014〕76号文件进一步明确失业保险支持企业稳定岗位有关问题的通知》废止
2	山东省劳动保障厅	关于调整企业职工夏季防暑降温费标准的通知	2006.8.16	鲁劳社〔2006〕44号	被2015年7月28日鲁人社发〔2015〕45号山东省人力资源和社会保障厅等5部门《关于调整企业职工防暑降温费标准的通知》废止

续表

序号	发文机关	文件标题	发文日期	发文号	废止依据
3	山东省人力资源社会保障厅	关于省属事业单位改企有关问题的处理意见	2009.8.11	鲁人社〔2009〕29号	被2015年10月8日鲁人社发〔2015〕56号山东省人力资源和社会保障厅、省财政厅《关于省属事业单位转制为企业有关问题的处理意见》废止
4	山东省人事厅	关于事业单位专业技术岗位实行竞聘上岗的指导意见	2009.1.12	鲁人发〔2009〕4号	被2015年12月24日鲁人社发〔2015〕67号中共山东省委组织部、省人力资源和社会保障厅《关于印发〈山东省事业单位工作人员竞聘上岗试行办法〉的通知》废止

2016 年

一、国务院废止文件目录(9 件)

宣布失效文件目录

依据:2016 年 6 月 25 日国发〔2016〕38 号

序号	文件名称	文　号
1	国务院关于进一步加强工资基金管理的通知	国发〔1989〕31 号
2	国务院关于在全国建立城市居民最低生活保障制度的通知	国发〔1997〕29 号
3	国务院办公厅转发劳动人事部关于企业合理使用奖励基金的若干意见的通知	国办发〔1984〕35 号
4	国务院办公厅转发人事部关于加强专业技术队伍建设促进中青年专业技术人才迅速成长意见的通知	国办发〔1991〕14 号
5	国务院办公厅关于印发机关、事业单位工资制度改革三个实施办法的通知	国办发〔1993〕85 号
6	国务院办公厅转发人事部等部门关于培养跨世纪学术和技术带头人意见的通知	国办发〔1995〕28 号
7	国务院办公厅转发民政部关于进一步做好农村社会养老保险工作意见的通知	国办发〔1995〕51 号
8	国务院办公厅转发劳动保障部等部门关于积极推进劳动预备制度加快提高劳动者素质意见的通知	国办发〔1999〕60 号

续表

序号	文件名称	文号
9	国务院办公厅转发劳动保障部等部门关于做好提高三条社会保障线水平等有关工作意见的通知	国办发〔1999〕69号

二、人力资源社会保障部废止文件目录(1138件)

一、废止文件目录(15件)

依据:2016年4月12日人力资源和社会保障部令第28号

序号	制定机关	规章名称	文号	施行日期
1	劳动部	女职工禁忌劳动范围的规定	劳安字〔1990〕2号	1990.1.18
2	人事部	全民所有制事业单位专业技术人员和管理人员辞职暂行规定	人调发〔1990〕19号	1990.9.8
3	人事部、中国人民银行	国家机关、事业单位工资基金管理暂行办法	人计发〔1990〕20号	1990.11.9
4	人事部	全民所有制事业单位辞退专业技术人员和管理人员暂行规定	人调发〔1992〕18号	1992.10.16
5	人事部	国家公务员职位分类工作实施办法	人职发〔1994〕2号	1994.1.11

续表

序号	制定机关	规章名称	文 号	施行日期
6	劳动部	就业训练规定	劳部发〔1994〕490号	1995.1.1
7	劳动部、国家体改委	股份有限公司劳动工资管理规定	劳部发〔1994〕497号	1995.1.1
8	人事部、财政部	有条件的事业单位实行工资总额同经济效益指标挂钩暂行办法	人计发〔1995〕51号	1995.4.24
9	人事部	国家不包分配大专以上毕业生择业暂行办法	人发〔1996〕5号	1996.1.9
10	人事部	国家公务员任职回避和公务回避暂行办法	人发〔1996〕48号	1996.5.27
11	人事部	国家公务员职位轮换（轮岗）暂行办法	人发〔1996〕70号	1996.7.31
12	劳动部、国家经贸委	企业职工培训规定	劳部发〔1996〕370号	1996.10.30
13	人事部、公安部、国家粮食储备局	高等学校毕业生就业后调整办法	人发〔1997〕7号	1997.1.8
14	人事部	人事统计工作管理暂行办法（试行）	人发〔1997〕78号	1997.10.1
15	人事部	公务员申诉案件办案规则	人发〔1998〕76号	1998.8.20

续表

二、废止文件目录(565件) 1. 失效文件目录(555件) 依据:2016年2月17日人社部发〔2016〕16号附件一				
序号	文号	文件名称	清理意见	理由
1	人社部发〔2008〕19号	关于下达2008年中央单位职工人数和工资总额计划的通知	宣布失效	适用期已满
2	人社部发〔2008〕39号	关于做好2008年城镇居民基本医疗保险试点工作的通知	宣布失效	试点工作已结束
3	人社部发〔2008〕55号	关于印发社会保险基金专项治理工作方案的通知	宣布失效	工作已完成
4	人社部发〔2008〕58号	关于开展第八届农业技术推广研究员评审工作的通知	宣布失效	工作已完成
5	人社部发〔2008〕98号	关于做好当前失业保险工作有关问题的通知	宣布失效	工作已完成
6	人社部发〔2008〕100号	关于发布《劳动能力鉴定 职工工伤与职业病致残等级代码》行业标准的通知	宣布失效	标准已失效

续表

序号	文 号	文件名称	清理意见	理 由
7	人社部发〔2009〕8号	关于实施特别职业培训计划的通知	宣布失效	工作已完成
8	人社部发〔2009〕48号	关于进一步规范农村劳动者转移就业技能培训工作的通知	宣布失效	工作已完成
9	人社部发〔2009〕51号	关于进一步加强社会保险基金专项治理工作的通知	宣布失效	工作已完成
10	人社部发〔2009〕127号	关于批复北京市新型农村社会养老保险试点的通知	宣布失效	工作已完成
11	人社部发〔2009〕128号	关于批复上海市新型农村社会养老保险试点的通知	宣布失效	工作已完成
12	人社部发〔2009〕129号	关于批复河南省首批列入新型农村社会养老保险试点县的名单的通知	宣布失效	工作已完成
13	人社部发〔2009〕130号	关于批复天津市新型农村社会养老保险试点的通知	宣布失效	工作已完成
14	人社部发〔2009〕131号	关于批复江苏省首批列入新型农村社会养老保险试点县的名单的通知	宣布失效	工作已完成

续表

序号	文 号	文件名称	清理意见	理 由
15	人社部发〔2009〕132号	关于批复新疆维吾尔自治区首批列入新型农村社会养老保险试点县的名单的通知	宣布失效	工作已完成
16	人社部发〔2009〕133号	关于批复浙江省首批列入新型农村社会养老保险试点县的通知	宣布失效	工作已完成
17	人社部发〔2009〕134号	关于批复广东省首批列入新型农村社会养老保险试点县的通知	宣布失效	工作已完成
18	人社部发〔2009〕135号	关于批复吉林省首批列入新型农村社会养老保险试点县的通知	宣布失效	工作已完成
19	人社部发〔2009〕136号	关于批复海南省首批列入新型农村社会养老保险试点县的通知	宣布失效	工作已完成
20	人社部发〔2009〕137号	关于批复湖南省首批列入新型农村社会养老保险试点县的通知	宣布失效	工作已完成
21	人社部发〔2009〕138号	关于批复江西省首批列入新型农村社会养老保险试点县的通知	宣布失效	工作已完成
22	人社部发〔2009〕139号	关于批复西藏自治区首批列入新型农村社会养老保险试点县的通知	宣布失效	工作已完成

续表

序号	文号	文件名称	清理意见	理由
23	人社部发〔2009〕140号	关于批复山西省首批列入新型农村社会养老保险试点县的通知	宣布失效	工作已完成
24	人社部发〔2009〕141号	关于批复青海省首批列入新型农村社会养老保险试点县的通知	宣布失效	工作已完成
25	人社部发〔2009〕142号	关于批复云南省首批列入新型农村社会养老保险试点县的通知	宣布失效	工作已完成
26	人社部发〔2009〕143号	关于批复宁夏回族自治区首批列入新型农村社会养老保险试点县的通知	宣布失效	工作已完成
27	人社部发〔2009〕144号	关于批复广西壮族自治区首批列入新型农村社会养老保险试点县的通知	宣布失效	工作已完成
28	人社部发〔2009〕145号	关于批复贵州省首批列入新型农村社会养老保险试点县的通知	宣布失效	工作已完成
29	人社部发〔2009〕148号	关于批复山东省首批列入新型农村社会养老保险试点县的通知	宣布失效	工作已完成
30	人社部发〔2009〕149号	关于批复陕西省首批列入新型农村社会养老保险试点县的通知	宣布失效	工作已完成

续表

序号	文号	文件名称	清理意见	理由
31	人社部发〔2009〕155号	关于批复内蒙古自治区首批列入新型农村社会养老保险试点县的通知	宣布失效	工作已完成
32	人社部发〔2009〕156号	关于批复四川省首批列入新型农村社会养老保险试点县的通知	宣布失效	工作已完成
33	人社部发〔2009〕157号	关于批复甘肃省首批列入新型农村社会养老保险试点县的通知	宣布失效	工作已完成
34	人社部发〔2009〕158号	关于批复辽宁省首批列入新型农村社会养老保险试点县的通知	宣布失效	工作已完成
35	人社部发〔2009〕160号	关于批复河北省首批列入新型农村社会养老保险试点县的通知	宣布失效	工作已完成
36	人社部发〔2009〕162号	关于批复福建省首批列入新型农村社会养老保险试点县的通知	宣布失效	工作已完成
37	人社部发〔2009〕163号	关于批复安徽省首批列入新型农村社会养老保险试点县的通知	宣布失效	工作已完成
38	人社部发〔2009〕168号	关于批复黑龙江省首批列入新型农村社会养老保险试点县的通知	宣布失效	工作已完成

续表

序号	文号	文件名称	清理意见	理由
39	人社部发〔2009〕169号	关于批复重庆市首批列入新型农村社会养老保险试点有关事宜的通知	宣布失效	工作已完成
40	人社部发〔2009〕171号	关于批复湖北省首批列入新型农村社会养老保险试点县的通知	宣布失效	工作已完成
41	人社部发〔2010〕13号	关于进一步实施特别职业培训计划的通知	宣布失效	工作已完成
42	人社部发〔2010〕42号	关于做好人社系统承担的2010年度医疗卫生体制改革工作的通知	宣布失效	工作已完成
43	人社部发〔2010〕48号	关于批复甘肃省藏区2010年新型农村社会养老保险试点县名单的通知	宣布失效	工作已完成
44	人社部发〔2010〕49号	关于批复青海省藏区2010年新型农村社会养老保险试点县名单的通知	宣布失效	工作已完成
45	人社部发〔2010〕55号	关于做好国家职业分类大典修订工作的通知	宣布失效	工作已完成
46	人社部发〔2010〕72号	关于批复内蒙古自治区2010年新型农村社会养老保险试点县名单的通知	宣布失效	工作已完成

续表

序号	文 号	文件名称	清理意见	理 由
47	人社部发〔2010〕72号	关于批复陕西省2010年新型农村社会养老保险试点县名单的通知	宣布失效	工作已完成
48	人社部发〔2010〕72号	关于批复河南省2010年新型农村社会养老保险试点县名单的通知	宣布失效	工作已完成
49	人社部发〔2010〕72号	关于批复湖南省2010年新型农村社会养老保险试点县名单的通知	宣布失效	工作已完成
50	人社部发〔2010〕72号	关于批复四川省2010年新型农村社会养老保险试点县名单的通知	宣布失效	工作已完成
51	人社部发〔2010〕72号	关于批复吉林省2010年新型农村社会养老保险试点县名单的通知	宣布失效	工作已完成
52	人社部发〔2010〕72号	关于批复黑龙江省2010年新型农村社会养老保险试点县名单的通知	宣布失效	工作已完成
53	人社部发〔2010〕72号	关于批复山西省2010年新型农村社会养老保险试点县名单的通知	宣布失效	工作已完成
54	人社部发〔2010〕72号	关于批复云南省2010年新型农村社会养老保险试点县名单的通知	宣布失效	工作已完成

续表

序号	文号	文件名称	清理意见	理由
55	人社部发〔2010〕72号	关于批复海南省2010年新型农村社会养老保险试点县名单的通知	宣布失效	工作已完成
56	人社部发〔2010〕72号	关于批复天津市2010年新型农村社会养老保险试点有关事宜的通知	宣布失效	工作已完成
57	人社部发〔2010〕72号	关于批复福建省2010年新型农村社会养老保险试点县名单的通知	宣布失效	工作已完成
58	人社部发〔2010〕72号	关于批复甘肃省2010年新型农村社会养老保险试点县名单的通知	宣布失效	工作已完成
59	人社部发〔2010〕72号	关于批复广东省2010年新型农村社会养老保险试点县名单的通知	宣布失效	工作已完成
60	人社部发〔2010〕72号	关于批复北京市2010年新型农村社会养老保险试点有关事宜的通知	宣布失效	工作已完成
61	人社部发〔2010〕72号	关于批复重庆市2010年新型农村社会养老保险试点有关事宜的通知	宣布失效	工作已完成
62	人社部发〔2010〕72号	关于批复山东省2010年新型农村社会养老保险试点县名单的通知	宣布失效	工作已完成

续表

序号	文号	文件名称	清理意见	理由
63	人社部发〔2010〕72号	关于批复安徽省2010年新型农村社会养老保险试点县名单的通知	宣布失效	工作已完成
64	人社部发〔2010〕72号	关于批复湖北省2010年新型农村社会养老保险试点县名单的通知	宣布失效	工作已完成
65	人社部发〔2010〕72号	关于批复江西省2010年新型农村社会养老保险试点县名单的通知	宣布失效	工作已完成
66	人社部发〔2010〕72号	关于批复河北省2010年新型农村社会养老保险试点县名单的通知	宣布失效	工作已完成
67	人社部发〔2010〕72号	关于批复青海省2010年新型农村社会养老保险试点县名单的通知	宣布失效	工作已完成
68	人社部发〔2010〕72号	关于批复贵州省2010年新型农村社会养老保险试点县名单的通知	宣布失效	工作已完成
69	人社部发〔2010〕72号	关于批复广西壮族自治区2010年新型农村社会养老保险试点县名单的通知	宣布失效	工作已完成
70	人社部发〔2010〕72号	关于批复江苏省2010年新型农村社会养老保险试点县名单的通知	宣布失效	工作已完成

续表

序号	文号	文件名称	清理意见	理由
71	人社部发〔2010〕72号	关于批复浙江省2010年新型农村社会养老保险试点县名单的通知	宣布失效	工作已完成
72	人社部发〔2010〕72号	关于批复辽宁省2010年新型农村社会养老保险试点县名单的通知	宣布失效	工作已完成
73	人社部发〔2010〕72号	关于批复宁夏回族自治区2010年新型农村社会养老保险试点县名单的通知	宣布失效	工作已完成
74	人社部发〔2011〕22号	关于做好人社系统承担的2011年度医药卫生体制改革工作的通知	宣布失效	工作已完成
75	人社部发〔2011〕26号	关于做好2011年城镇居民基本医疗保险工作的通知	宣布失效	工作已完成
76	人社部发〔2011〕56号	关于做好2011年扩大新型农村社会养老保险试点和开展城镇居民社会养老保险试点工作的通知	宣布失效	工作已完成
77	人社部发〔2011〕69号	关于实施2011年国家级技能大师工作室建设项目有关问题的通知	宣布失效	工作已完成

续表

序号	文 号	文件名称	清理意见	理 由
78	人社部发〔2011〕70号	关于实施2011年国家级高技能人才培训基地建设项目有关问题的通知	宣布失效	工作已完成
79	人社部发〔2011〕78号	关于批复北京市2011年新型农村和城镇居民社会养老保险试点有关事宜的通知	宣布失效	工作已完成
80	人社部发〔2011〕78号	关于批复天津市2011年新型农村和城镇居民社会养老保险试点有关事宜的通知	宣布失效	工作已完成
81	人社部发〔2011〕78号	关于批复上海市2011年新型农村和城镇居民社会养老保险试点有关事宜的通知	宣布失效	工作已完成
82	人社部发〔2011〕78号	关于批复四川省2011年新型农村和城镇居民社会养老保险试点有关事宜的通知	宣布失效	工作已完成
83	人社部发〔2011〕78号	关于批复河北省2011年新型农村和城镇居民社会养老保险试点有关事宜的通知	宣布失效	工作已完成

续表

序号	文号	文件名称	清理意见	理由
84	人社部发〔2011〕78号	关于批复河南省2011年新型农村和城镇居民社会养老保险试点有关事宜的通知	宣布失效	工作已完成
85	人社部发〔2011〕78号	关于批复浙江省2011年新型农村和城镇居民社会养老保险试点有关事宜的通知	宣布失效	工作已完成
86	人社部发〔2011〕78号	关于批复江苏省2011年新型农村和城镇居民社会养老保险试点有关事宜的通知	宣布失效	工作已完成
87	人社部发〔2011〕78号	关于批复江西省2011年新型农村和城镇居民社会养老保险试点有关事宜的通知	宣布失效	工作已完成
88	人社部发〔2011〕78号	关于批复山西省2011年新型农村和城镇居民社会养老保险试点有关事宜的通知	宣布失效	工作已完成
89	人社部发〔2011〕78号	关于批复山东省2011年新型农村和城镇居民社会养老保险试点有关事宜的通知	宣布失效	工作已完成

续表

序号	文号	文件名称	清理意见	理由
90	人社部发〔2011〕78号	关于批复陕西省2011年新型农村和城镇居民社会养老保险试点有关事宜的通知	宣布失效	工作已完成
91	人社部发〔2011〕78号	关于批复安徽省2011年新型农村和城镇居民社会养老保险试点有关事宜的通知	宣布失效	工作已完成
92	人社部发〔2011〕78号	关于批复黑龙江省2011年新型农村和城镇居民社会养老保险试点有关事宜的通知	宣布失效	工作已完成
93	人社部发〔2011〕78号	关于批复辽宁省2011年新型农村和城镇居民社会养老保险试点有关事宜的通知	宣布失效	工作已完成
94	人社部发〔2011〕78号	关于批复吉林省2011年新型农村和城镇居民社会养老保险试点有关事宜的通知	宣布失效	工作已完成
95	人社部发〔2011〕78号	关于批复湖南省2011年新型农村和城镇居民社会养老保险试点有关事宜的通知	宣布失效	工作已完成

续表

序号	文号	文件名称	清理意见	理由
96	人社部发〔2011〕78号	关于批复湖北省2011年新型农村和城镇居民社会养老保险试点有关事宜的通知	宣布失效	工作已完成
97	人社部发〔2011〕78号	关于批复甘肃省2011年新型农村和城镇居民社会养老保险试点有关事宜的通知	宣布失效	工作已完成
98	人社部发〔2011〕78号	关于批复宁夏回族自治区2011年新型农村和城镇居民社会养老保险试点有关事宜的通知	宣布失效	工作已完成
99	人社部发〔2011〕78号	关于批复青海省2011年新型农村和城镇居民社会养老保险试点有关事宜的通知	宣布失效	工作已完成
100	人社部发〔2011〕78号	关于批复广东省2011年新型农村和城镇居民社会养老保险试点有关事宜的通知	宣布失效	工作已完成
101	人社部发〔2011〕78号	关于批复福建省2011年新型农村和城镇居民社会养老保险试点有关事宜的通知	宣布失效	工作已完成

续表

序号	文 号	文件名称	清理意见	理 由
102	人社部发〔2011〕78号	关于批复海南省2011年新型农村和城镇居民社会养老保险试点有关事宜的通知	宣布失效	工作已完成
103	人社部发〔2011〕78号	关于批复广西壮族自治区2011年新型农村和城镇居民社会养老保险试点有关事宜的通知	宣布失效	工作已完成
104	人社部发〔2011〕78号	关于批复内蒙古自治区2011年新型农村和城镇居民社会养老保险试点有关事宜的通知	宣布失效	工作已完成
105	人社部发〔2011〕78号	关于批复贵州省2011年新型农村和城镇居民社会养老保险试点有关事宜的通知	宣布失效	工作已完成
106	人社部发〔2011〕78号	关丁批复云南省2011年新型农村和城镇居民社会养老保险试点有关事宜的通知	宣布失效	工作已完成
107	人社部发〔2011〕78号	关于批复新疆维吾尔自治区2011年新型农村和城镇居民社会养老保险试点有关事宜的通知	宣布失效	工作已完成

续表

序号	文号	文件名称	清理意见	理由
108	人社部发〔2011〕78号	关于批复新疆生产建设兵团2011年新型农村和城镇居民社会养老保险试点有关事宜的通知	宣布失效	工作已完成
109	人社部发〔2011〕78号	关于批复重庆市2011年新型农村和城镇居民社会养老保险试点有关事宜的通知	宣布失效	工作已完成
110	人社部发〔2011〕80号	关于印发留学人员回国工作“十二五”规划的通知	宣布失效	工作已完成
111	人社部发〔2011〕91号	关于印发博士后事业发展“十二五”规划的通知	宣布失效	工作已完成
112	人社部发〔2011〕98号	关于做好当前新型农村和城镇居民社会养老保险试点工作的通知	宣布失效	工作已完成
113	人社部发〔2012〕27号	关于做好新型农村和城镇居民社会养老保险制度全覆盖工作的通知	宣布失效	工作已完成

续表

序号	文号	文件名称	清理意见	理由
114	人社部发〔2012〕37号	关于批复北京市2012年新型农村和城镇居民社会养老保险试点有关事宜的通知	宣布失效	工作已完成
115	人社部发〔2012〕37号	关于批复天津市2012年新型农村和城镇居民社会养老保险试点有关事宜的通知	宣布失效	工作已完成
116	人社部发〔2012〕37号	关于批复河北省2012年新型农村社会养老保险试点县名单的通知	宣布失效	工作已完成
117	人社部发〔2012〕37号	关于批复上海市2012年新型农村和城镇居民社会养老保险试点有关事宜的通知	宣布失效	工作已完成
118	人社部发〔2012〕37号	关于批复浙江省2012年新型农村社会养老保险试点县名单的通知	宣布失效	工作已完成
119	人社部发〔2012〕37号	关于批复江西省2012年新型农村社会养老保险试点县名单的通知	宣布失效	工作已完成

续表

序号	文 号	文件名称	清理意见	理 由
120	人社部发〔2012〕37号	关于批复江苏省2012年新型农村社会养老保险试点县名单的通知	宣布失效	工作已完成
121	人社部发〔2012〕37号	关于批复广东省2012年新型农村社会养老保险试点县名单的通知	宣布失效	工作已完成
122	人社部发〔2012〕37号	关于批复山东省2012年新型农村社会养老保险试点县名单的通知	宣布失效	工作已完成
123	人社部发〔2012〕37号	关于批复河南省2012年新型农村社会养老保险试点县名单的通知	宣布失效	工作已完成
124	人社部发〔2012〕37号	关于批复湖北省2012年新型农村社会养老保险试点县名单的通知	宣布失效	工作已完成
125	人社部发〔2012〕37号	关于批复湖南省2012年新型农村社会养老保险试点县名单的通知	宣布失效	工作已完成

续表

序号	文号	文件名称	清理意见	理由
126	人社部发〔2012〕37号	关于批复山西省2012年新型农村社会养老保险试点县名单的通知	宣布失效	工作已完成
127	人社部发〔2012〕37号	关于批复陕西省2012年新型农村社会养老保险试点县名单的通知	宣布失效	工作已完成
128	人社部发〔2012〕37号	关于批复安徽省2012年新型农村社会养老保险试点县名单的通知	宣布失效	工作已完成
129	人社部发〔2012〕37号	关于批复辽宁省2012年新型农村社会养老保险试点县名单的通知	宣布失效	工作已完成
130	人社部发〔2012〕37号	关于批复吉林省2012年新型农村社会养老保险试点县名单的通知	宣布失效	工作已完成
131	人社部发〔2012〕37号	关于批复黑龙江省2012年新型农村社会养老保险试点县名单的通知	宣布失效	工作已完成

续表

序号	文号	文件名称	清理意见	理由
132	人社部发〔2012〕37号	关于批复云南省2012年新型农村社会养老保险试点县名单的通知	宣布失效	工作已完成
133	人社部发〔2012〕37号	关于批复内蒙古自治区2012年新型农村社会养老保险试点县名单的通知	宣布失效	工作已完成
134	人社部发〔2012〕37号	关于批复重庆市2012年新型农村社会养老保险试点县名单的通知	宣布失效	工作已完成
135	人社部发〔2012〕37号	关于批复四川省2012年新型农村社会养老保险试点县名单的通知	宣布失效	工作已完成
136	人社部发〔2012〕37号	关于批复甘肃省2012年新型农村社会养老保险试点县名单的通知	宣布失效	工作已完成
137	人社部发〔2012〕37号	关于批复贵州省2012年新型农村社会养老保险试点县名单的通知	宣布失效	工作已完成

续表

序号	文号	文件名称	清理意见	理由
138	人社部发〔2012〕37号	关于批复海南省2012年新型农村社会养老保险试点县名单的通知	宣布失效	工作已完成
139	人社部发〔2012〕37号	关于批复福建省2012年新型农村社会养老保险试点县名单的通知	宣布失效	工作已完成
140	人社部发〔2012〕37号	关于批复广西壮族自治区2012年新型农村社会养老保险试点县名单的通知	宣布失效	工作已完成
141	人社部发〔2013〕60号	人力资源社会保障部关于推荐第十二届中华技能大奖全国技术能手候选人和国家技能人才培育突出贡献候选单位候选个人的通知	宣布失效	工作已完成
142	人社厅发〔2008〕44号	关于继续开展高层次留学人才回国资助试点工作的通知	宣布失效	工作已完成
143	人社厅发〔2008〕75号	关于印发2009年度专业技术人员资格考试工作计划的通知	宣布失效	工作已完成

续表

序号	文号	文件名称	清理意见	理由
144	人社厅发〔2008〕81号	关于转发国家发展改革委财政部关于重新核定投资项目管理师职业水平考试收费标准及有关问题的通知	宣布失效	工作已完成
145	人社厅发〔2008〕94号	关于2009年度卫生专业技术资格考试工作有关问题的通知	宣布失效	工作已完成
146	人社厅发〔2009〕28号	关于印发农民工平安计划二期工作方案的通知	宣布失效	任务已完成
147	人社厅发〔2009〕39号	关于做好2009年度全国公安机关刑事科学技术和技术侦察队伍专业技术职位专业考试与资格评审工作有关问题的通知	宣布失效	工作已完成
148	人社厅发〔2009〕49号	关于2009年度房地产估价师 房地产经纪人资格考试有关问题的通知	宣布失效	工作已完成
149	人社厅发〔2009〕117号	关于2010年度专业技术人员资格考试计划及有关问题的通知	宣布失效	工作已完成

续表

序号	文 号	文件名称	清理意见	理 由
150	人社厅发〔2009〕138号	关于2010年度卫生专业技术资格考试工作有关问题的通知	宣布失效	工作已完成
151	人社厅发〔2010〕23号	关于2010年度一级地震安全性评价工程师资格考试有关问题的通知	宣布失效	工作已完成
152	人社厅发〔2010〕33号	关于做好2010年全国公安机关刑事科学技术和技术侦察队伍专业技术职位专业考试与资格评审工作有关问题的通知	宣布失效	工作已完成
153	人社厅发〔2010〕35号	关于做好2010年技工学校招生有关工作的通知	宣布失效	工作已完成
154	人社厅发〔2010〕38号	关于2010年度房地产估价师资格考试和房地产经纪人资格考试有关问题的通知	宣布失效	工作已完成
155	人社厅发〔2010〕49号	关于2010年举行物业管理师资格考试有关问题的通知	宣布失效	工作已完成

续表

序号	文号	文件名称	清理意见	理由
156	人社厅发〔2010〕87号	关于选择部分国有企业开展劳动争议预防调解示范工作的通知	宣布失效	工作已完成
157	人社厅发〔2010〕90号	关于2010年度专业技术人员资格考试计划及有关问题的通知	宣布失效	工作已完成
158	人社厅发〔2010〕104号	关于2011年举行一级注册计量师资格考试有关问题的通知	宣布失效	工作已完成
159	人社厅发〔2010〕110号	关于2011年度卫生专业技术资格考试工作有关问题的通知	宣布失效	工作已完成
160	人社厅发〔2011〕41号	关于2011年度房地产估价师资格考试和房地产经纪人资格考试有关问题的通知	宣布失效	工作已完成
161	人社厅发〔2011〕93号	关于做好工伤保险费率浮动工作的通知	宣布失效	费率政策已调整，部分内容与现行规定不一致
162	人社厅发〔2011〕110号	关于2012年度卫生专业技术资格考试工作有关问题的通知	宣布失效	工作已完成

续表

序号	文号	文件名称	清理意见	理由
163	人社厅发〔2011〕121号	关于2012年度一级地震安全性评价工程师资格考试有关问题的通知	宣布失效	工作已完成
164	人社厅发〔2011〕123号	关于做好2012年度全国公安机关刑事科学技术和技术侦察队伍专业技术职位专业考试与资格评审工作有关问题的通知	宣布失效	工作已完成
165	人社厅发〔2012〕28号	关于印发2012年国家专业技术人才知识更新工程工作计划的通知	宣布失效	工作已完成
166	人社厅发〔2012〕35号	关于2012年度房地产估价师资格考试和房地产经纪人资格考试有关问题的通知	宣布失效	工作已完成
167	人社厅发〔2012〕39号	关于开展医疗服务监控系统建设试点工作的通知	宣布失效	工作已完成
168	人社厅发〔2012〕41号	关于举行2012年度机动车检测维修专业技术人员职业水平考试有关问题的通知	宣布失效	工作已完成

续表

序号	文号	文件名称	清理意见	理由
169	人社厅发〔2012〕52号	关于开展2012年海外赤子为国服务行动计划的通知	宣布失效	工作已完成
170	人社厅发〔2012〕85号	关于举办2012年全国人力资源市场高校毕业生就业服务周活动的通知	宣布失效	任务已完成
171	人社厅发〔2012〕89号	关于编报2012年度失业保险年报和2013年度失业保险基金预算的通知	宣布失效	任务已完成
172	人社厅发〔2012〕110号	人力资源社会保障部办公厅 卫生部办公厅关于2013年度卫生专业技术资格考试工作有关问题的通知	宣布失效	工作已完成
173	人社厅发〔2013〕34号	人力资源社会保障部办公厅关于开展2013年“海外赤子为国服务行动计划”的通知	宣布失效	工作已完成
174	人社厅发〔2013〕47号	人力资源社会保障部办公厅 住房城乡建设部办公厅关于2013年度房地产估价师资格考试和房地产经纪人资格考试有关问题的通知	宣布失效	工作已完成

续表

序号	文号	文件名称	清理意见	理由
175	人社厅发〔2013〕64号	人力资源社会保障部办公厅关于甘肃省2013年工资指导线方案的批复	宣布失效	适用期已满
176	人社厅发〔2013〕65号	人力资源社会保障部办公厅关于辽宁省最低工资标准调整方案的批复	宣布失效	适用期已满
177	人社厅发〔2013〕68号	人力资源社会保障部办公厅关于安徽省最低工资标准调整方案的批复	宣布失效	适用期已满
178	人社厅发〔2013〕71号	人力资源社会保障部办公厅 中华全国工商联合会办公厅关于开展非公有制企业、商会（协会）劳动争议预防调解示范工作的通知	宣布失效	任务已完成
179	人社厅发〔2013〕75号	人力资源社会保障部办公厅关于海南省2013年工资指导线方案的批复	宣布失效	适用期已满
180	人社厅发〔2013〕76号	人力资源社会保障部办公厅关于青海省2013年工资指导线方案的批复	宣布失效	适用期已满
181	人社厅发〔2013〕78号	人力资源社会保障部办公厅关于湖北省最低工资标准调整方案的批复	宣布失效	适用期已满

续表

序号	文号	文件名称	清理意见	理由
182	人社厅发〔2013〕79号	人力资源社会保障部办公厅关于福建省2013年工资指导线方案的批复	宣布失效	适用期已满
183	人社厅发〔2013〕80号	人力资源社会保障部办公厅关于福建省最低工资标准调整方案的批复	宣布失效	适用期已满
184	人社厅发〔2013〕82号	人力资源社会保障部办公厅关于广东省2013年工资指导线方案的批复	宣布失效	适用期已满
185	人社厅发〔2013〕87号	人力资源社会保障部办公厅关于企业年金基金管理机构资格延续有关问题的通知	宣布失效	任务已完成
186	人社厅发〔2013〕95号	人力资源社会保障部办公厅关于辽宁省2013年工资指导线方案的批复	宣布失效	适用期已满
187	人社厅发〔2013〕96号	人力资源社会保障部办公厅关于内蒙古自治区最低工资标准调整方案的批复	宣布失效	适用期已满
188	人社厅发〔2013〕102号	人力资源社会保障部办公厅关于湖南省最低工资标准调整方案的批复	宣布失效	适用期已满

续表

序号	文号	文件名称	清理意见	理由
189	人社厅发〔2013〕103号	人力资源社会保障部办公厅关于湖南省2013年工资指导线方案的批复	宣布失效	适用期已满
190	人社厅发〔2013〕104号	关于举办2013年全国人力资源市场高校毕业生就业服务周活动的通知	宣布失效	任务已完成
191	人社厅发〔2013〕106号	人力资源社会保障部办公厅关于编报2013年度失业保险年报和2014年度失业保险基金预算的通知	宣布失效	任务已完成
192	人社厅发〔2013〕107号	人力资源社会保障部办公厅关于内蒙古自治区2013年工资指导线方案的批复	宣布失效	适用期已满
193	人社厅发〔2013〕108号	人力资源社会保障部办公厅关于海南省最低工资标准调整方案的批复	宣布失效	适用期已满
194	人社厅发〔2013〕118号	人力资源社会保障部办公厅关于重庆市最低工资标准调整方案的批复	宣布失效	适用期已满

续表

序号	文 号	文件名称	清理意见	理 由
195	人社厅发〔2013〕119号	人力资源社会保障部办公厅关于陕西省最低工资标准调整方案的批复	宣布失效	适用期已满
196	人社厅发〔2014〕9号	人力资源社会保障部办公厅关于做好2014年国家职业资格全国统一鉴定工作的通知	宣布失效	工作已完成
197	人社厅发〔2014〕22号	人力资源社会保障部办公厅关于山东省2014年工资指导线方案的批复	宣布失效	适用期已满
198	人社厅发〔2014〕23号	人力资源社会保障部办公厅关于山东省最低工资标准调整方案的批复	宣布失效	适用期已满
199	人社厅发〔2014〕28号	人力资源社会保障部办公厅关于上海市最低工资标准调整方案的批复	宣布失效	适用期已满
200	人社厅发〔2014〕29号	人力资源社会保障部办公厅关于山西省2014年工资指导线方案的批复	宣布失效	适用期已满
201	人社厅发〔2014〕38号	人力资源社会保障部办公厅关于山西省最低工资标准调整方案的批复	宣布失效	适用期已满

续表

序号	文号	文件名称	清理意见	理由
202	人社厅发〔2014〕40号	人力资源社会保障部办公厅关于甘肃省最低工资标准调整方案的批复	宣布失效	适用期已满
203	人社厅发〔2014〕53号	人力资源社会保障部办公厅关于新疆维吾尔自治区2014年工资指导线方案的批复	宣布失效	适用期已满
204	人社厅发〔2014〕54号	人力资源社会保障部办公厅关于河南省2014年工资指导线方案的批复	宣布失效	适用期已满
205	人社厅发〔2014〕56号	人力资源社会保障部办公厅关于云南省最低工资标准调整方案的批复	宣布失效	适用期已满
206	人社厅发〔2014〕59号	人力资源社会保障部办公厅关于陕西省2014年工资指导线方案的批复	宣布失效	适用期已满
207	人社厅发〔2014〕61号	人力资源社会保障部办公厅关于北京市2014年工资指导线方案的批复	宣布失效	适用期已满
208	人社厅发〔2014〕63号	人力资源社会保障部办公厅关于贵州省最低工资标准调整方案的批复	宣布失效	适用期已满

续表

序号	文号	文件名称	清理意见	理由
209	人社厅发〔2014〕64号	人力资源社会保障部办公厅关于四川省最低工资标准调整方案的批复	宣布失效	适用期已满
210	人社厅发〔2014〕65号	人力资源社会保障部办公厅关于贵州省2014年工资指导线方案的批复	宣布失效	适用期已满
211	人社厅发〔2014〕66号	人力资源社会保障部办公厅关于四川省2014年工资指导线方案的批复	宣布失效	适用期已满
212	人社厅发〔2014〕68号	人力资源社会保障部办公厅关于江西省最低工资标准调整方案的批复	宣布失效	适用期已满
213	人社厅发〔2014〕69号	人力资源社会保障部办公厅关于河南省最低工资标准调整方案的批复	宣布失效	适用期已满
214	人社厅发〔2014〕75号	人力资源社会保障部办公厅关于内蒙古自治区最低工资标准调整方案的批复	宣布失效	适用期已满
215	人社厅发〔2014〕76号	人力资源社会保障部办公厅关于云南省2014年工资指导线方案的批复	宣布失效	适用期已满

续表

序号	文 号	文件名称	清理意见	理 由
216	人社厅发〔2014〕77号	人力资源社会保障部办公厅关于海南省2014年工资指导线方案的批复	宣布失效	适用期已满
217	人社厅发〔2014〕86号	人力资源社会保障部办公厅关于江西省2014年工资指导线方案的批复	宣布失效	适用期已满
218	人社厅发〔2014〕87号	人力资源社会保障部办公厅关于吉林省2014年企业工资指导线方案的批复	宣布失效	适用期已满
219	人社厅发〔2014〕89号	人力资源社会保障部办公厅关于福建省2014年工资指导线方案的批复	宣布失效	适用期已满
220	人社厅发〔2014〕91号	人力资源社会保障部办公厅关于内蒙古自治区2014年工资指导线方案的批复	宣布失效	适用期已满
221	人社厅发〔2014〕93号	人力资源社会保障部办公厅关于宁夏回族自治区最低工资标准调整方案的批复	宣布失效	适用期已满

续表

序号	文 号	文件名称	清理意见	理 由
222	人社厅发〔2014〕96号	人力资源社会保障部办公厅关于甘肃省2014年工资指导线方案的批复	宣布失效	适用期已满
223	人社厅发〔2014〕97号	人力资源社会保障部办公厅关于广东省2014年工资指导线方案的批复	宣布失效	适用期已满
224	人社厅发〔2014〕100号	人力资源社会保障部办公厅关于宁夏回族自治区2014年工资指导线方案的批复	宣布失效	适用期已满
225	人社厅发〔2014〕114号	人力资源社会保障部办公厅关于编报2014年度失业保险年报和2015年度失业保险基金预算的通知	宣布失效	任务已完成
226	人社厅发〔2014〕116号	关于举办2014年全国人力资源市场高校毕业生就业服务周活动的通知	宣布失效	任务已完成
227	人社厅发〔2014〕118号	人力资源社会保障部办公厅关于江苏省最低工资标准调整方案的批复	宣布失效	适用期已满
228	人社厅发〔2015〕39号	人力资源社会保障部办公厅关于做好2015年国家职业资格全国统一鉴定工作的通知	宣布失效	工作已完成

续表

序号	文号	文件名称	清理意见	理由
229	人社部函〔2008〕1号	关于做好对地震灾区开展对口就业援助协议续签准备工作的通知	宣布失效	工作已完成
230	人社部函〔2008〕6号	对《关于我省甘南州延期举行职称外语考试的请示》的批复	宣布失效	工作已完成
231	人社部函〔2008〕11号	关于对海南省2008年工资指导线方案的批复	宣布失效	适用期已满
232	人社部函〔2008〕12号	关于对山西省2008年工资指导线方案的批复	宣布失效	适用期已满
233	人社部函〔2008〕15号	关于对北京市2008年工资指导线方案的批复	宣布失效	适用期已满
234	人社部函〔2008〕23号	关于对湖南省2008年工资指导线方案的批复	宣布失效	适用期已满
235	人社部函〔2008〕24号	对关于推迟全国卫生专业技术资格考试西藏考区考试时间的请示的批复	宣布失效	工作已完成

续表

序号	文 号	文件名称	清理意见	理 由
236	人社部函〔2008〕26号	关于对河南省2008年工资指导线方案的批复	宣布失效	适用期已满
237	人社部函〔2008〕36号	关于确定第二批金保工程建设示范城市名单的通知	宣布失效	工作已完成
238	人社部函〔2008〕37号	关于对河北省2008年工资指导线方案的批复	宣布失效	适用期已满
239	人社部函〔2008〕67号	关于对云南省2008年工资指导线方案的批复	宣布失效	适用期已满
240	人社部函〔2008〕68号	关于对陕西省2008年工资指导线方案的批复	宣布失效	适用期已满
241	人社部函〔2008〕69号	关于对辽宁省2008年工资指导线方案的批复	宣布失效	适用期已满
242	人社部函〔2008〕79号	关于对宁夏回族自治区2008年工资指导线方案的批复	宣布失效	适用期已满
243	人社部函〔2008〕80号	关于对贵州省2008年工资指导线方案的批复	宣布失效	适用期已满

续表

序号	文号	文件名称	清理意见	理由
244	人社部函〔2008〕84号	关于企业年金基金管理机构资格延续有关问题的通知	宣布失效	任务已完成
245	人社部函〔2008〕93号	关于同意在浙江省温州市开展公务员职位聘任制试点工作的函	宣布失效	任务已完成
246	人社部函〔2008〕99号	关于对山东省2008年工资指导线方案的批复	宣布失效	适用期已满
247	人社部函〔2008〕112号	关于助理广告师、广告师职业水平考试收费标准的函	宣布失效	工作已完成
248	人社部函〔2008〕113号	关于对四川省2008年工资指导线方案的批复	宣布失效	适用期已满
249	人社部函〔2008〕117号	关于对青海省2008年工资指导线方案的批复	宣布失效	适用期已满
250	人社部函〔2008〕120号	关于对广东省2008年工资指导线方案的批复	宣布失效	适用期已满
251	人社部函〔2008〕123号	关于切实做好2008年度农村劳动力技能就业计划实施工作的通知	宣布失效	工作已完成

续表

序号	文号	文件名称	清理意见	理由
252	人社部函〔2008〕132号	关于农民工“平安计划”实施情况和下一步工作安排的通知	宣布失效	任务已完成
253	人社部函〔2008〕133号	关于对安徽省2008年工资指导线方案的批复	宣布失效	适用期已满
254	人社部函〔2008〕199号	关于对甘肃省2008年工资指导线方案的批复	宣布失效	适用期已满
255	人社部函〔2008〕206号	关于做好2008年企业工资总额同经济效益挂钩工作的通知	宣布失效	工作已完成
256	人社部函〔2008〕274号	关于开展全国就业援助周活动的通知	宣布失效	工作已完成
257	人社部函〔2009〕21号	关于开展春风送岗位活动的通知	宣布失效	工作已完成
258	人社部函〔2009〕59号	关于做好第三期对地震灾区对口就业援助工作的通知	宣布失效	工作已完成
259	人社部函〔2009〕122号	关于申报2009年企业工资总额的通知	宣布失效	工作已完成

续表

序号	文 号	文件名称	清理意见	理 由
260	人社部函〔2009〕128号	关于对海南省2009年工资指导线方案的复函	宣布失效	适用期已满
261	人社部函〔2009〕129号	关于对山西省2009年工资指导线方案的复函	宣布失效	适用期已满
262	人社部函〔2009〕132号	关于对陕西省2009年工资指导线方案的复函	宣布失效	适用期已满
263	人社部函〔2009〕133号	关于对云南省2009年工资指导线方案的复函	宣布失效	适用期已满
264	人社部函〔2009〕157号	关于申请继续使用全国统一公益服务专用电话号码12370与12333的函	宣布失效	工作已完成
265	人社部函〔2009〕162号	关于对河北省2009年工资指导线方案的复函	宣布失效	适用期已满
266	人社部函〔2009〕163号	关于对湖南省2009年工资指导线方案的复函	宣布失效	适用期已满
267	人社部函〔2009〕166号	关于对广东省2009年工资指导线方案的复函	宣布失效	适用期已满

续表

序号	文号	文件名称	清理意见	理由
268	人社部函〔2009〕200号	关于对辽宁省2009年工资指导线方案的复函	宣布失效	适用期已满
269	人社部函〔2009〕201号	关于对重庆市2009年工资指导线方案的复函	宣布失效	适用期已满
270	人社部函〔2009〕202号	关于对山东省2009年工资指导线方案的复函	宣布失效	适用期已满
271	人社部函〔2009〕203号	关于对贵州省2009年工资指导线方案的复函	宣布失效	适用期已满
272	人社部函〔2009〕227号	关于对北京市2009年工资指导线方案的复函	宣布失效	适用期已满
273	人社部函〔2009〕228号	关于对内蒙古自治区2009年工资指导线方案的复函	宣布失效	适用期已满
274	人社部函〔2009〕238号	关于对浙江省2009年工资指导线方案的复函	宣布失效	适用期已满
275	人社部函〔2009〕239号	关于河南省2009年企业工资指导线实施方案的复函	宣布失效	适用期已满

续表

序号	文号	文件名称	清理意见	理由
276	人社部函〔2009〕249号	关于对甘肃省2009年工资指导线方案的复函	宣布失效	适用期已满
277	人社部函〔2009〕272号	关于颁布全国技工院校专业目录(2009年修订)的通知	宣布失效	工作已完成
278	人社部函〔2009〕277号	关于对四川省2009年工资指导线方案的复函	宣布失效	适用期已满
279	人社部函〔2009〕292号	关于开展2010年就业援助月活动的通知	宣布失效	工作已完成
280	人社部函〔2009〕296号	关于做好2009年企业工资总额同经济效益挂钩工作的通知	宣布失效	工作已完成
281	人社部函〔2010〕13号	关于开展2010年春风行动的通知	宣布失效	工作已完成
282	人社部函〔2010〕51号	关于推荐第十届中华技能大奖全国技术能手候选人和国家技能人才培育突出贡献奖候选单位候选个人的通知	宣布失效	工作已完成

续表

序号	文号	文件名称	清理意见	理由
283	人社部函〔2010〕54号	关于山西省最低工资标准调整方案的复函	宣布失效	适用期已满
284	人社部函〔2010〕111号	关于山西省2010年工资指导线方案的函	宣布失效	适用期已满
285	人社部函〔2010〕114号	关于印发2010年全国职业技能竞赛系列活动工作安排的通知	宣布失效	工作已完成
286	人社部函〔2010〕121号	关于开展创建创业型城市工作绩效考核评估的通知	宣布失效	工作已完成
287	人社部函〔2010〕126号	关于申报2010年企业工资总额的通知	宣布失效	工作已完成
288	人社部函〔2010〕129号	关于申请使用12370和继续使用12333全国统一公益服务专用短消息号码的函	宣布失效	工作已完成
289	人社部函〔2010〕130号	关于对陕西省2010年工资指导线方案的函	宣布失效	适用期已满

续表

序号	文号	文件名称	清理意见	理由
290	人社部函〔2010〕131号	关于山东省2010年工资指导线方案的函	宣布失效	适用期已满
291	人社部函〔2010〕135号	关于同意在归并过渡期内开展安全评价师职业资格鉴定的函	宣布失效	工作已完成
292	人社部函〔2010〕162号	关于开展第九届农业技术推广研究员评审工作的通知	宣布失效	工作已完成
293	人社部函〔2010〕166号	对北京市2010年工资指导线方案的复函	宣布失效	适用期已满
294	人社部函〔2010〕169号	对辽宁省2010年工资指导线方案的复函	宣布失效	适用期已满
295	人社部函〔2010〕175号	对云南省2010年工资指导线方案的复函	宣布失效	适用期已满
296	人社部函〔2010〕191号	对青海省2010年工资指导线方案的复函	宣布失效	适用期已满
297	人社部函〔2010〕230号	关于增加“三支一扶”中央经费补助名额的通知	宣布失效	工作已完成

续表

序号	文 号	文件名称	清理意见	理 由
298	人社部函〔2010〕231号	对海南省2010年工资指导线方案的复函	宣布失效	适用期已满
299	人社部函〔2010〕240号	对广东省2010年工资指导线方案的复函	宣布失效	适用期已满
300	人社部函〔2010〕242号	对内蒙古自治区2010年工资指导线方案的复函	宣布失效	适用期已满
301	人社部函〔2010〕243号	对河南省2010年工资指导线方案的复函	宣布失效	适用期已满
302	人社部函〔2010〕250号	关于企业年金基金管理机构资格延续有关问题的通知	宣布失效	任务已完成
303	人社部函〔2010〕252号	对甘肃省2010年工资指导线方案的复函	宣布失效	适用期已满
304	人社部函〔2010〕253号	对贵州省2010年工资指导线方案的复函	宣布失效	适用期已满
305	人社部函〔2010〕254号	对宁夏回族自治区2010年工资指导线方案的复函	宣布失效	适用期已满

续表

序号	文号	文件名称	清理意见	理由
306	人社部函〔2010〕261号	关于安徽省2010年工资指导线方案的复函	宣布失效	适用期已满
307	人社部函〔2010〕269号	关于开展2010年海外赤子为国服务行动计划的通知	宣布失效	任务已完成
308	人社部函〔2010〕289号	关于同意苏州国际精英创业周活动的函	宣布失效	任务已完成
309	人社部函〔2010〕302号	对四川省2010年工资指导线方案的复函	宣布失效	适用期已满
310	人社部函〔2010〕309号	对湖南省2010年工资指导线方案的复函	宣布失效	适用期已满
311	人社部函〔2010〕339号	关于开展2011年就业援助月活动的通知	宣布失效	任务已完成
312	人社部函〔2010〕354号	关于做好2010年企业工资总额同经济效益挂钩工作的通知	宣布失效	任务已完成
313	人社部函〔2011〕16号	关于开展2011年春风行动的通知	宣布失效	任务已完成

续表

序号	文 号	文件名称	清理意见	理 由
314	人社部函〔2011〕21号	关于印发国家职业分类大典修订工作委员会工作规则和国家职业分类大典修订工作专家委员会工作规则的通知	宣布失效	工作已完成
315	人社部函〔2011〕31号	关于创建创业型城市工作绩效评估有关问题的通知	宣布失效	工作已完成
316	人社部函〔2011〕79号	关于做好2011年国家职业资格全国统一鉴定工作的通知	宣布失效	工作已完成
317	人社部函〔2011〕98号	对山西省2011年工资指导线方案的复函	宣布失效	适用期已满
318	人社部函〔2011〕99号	对宁夏回族自治区2011年工资指导线方案的复函	宣布失效	适用期已满
319	人社部函〔2011〕122号	对新疆维吾尔自治区2011年工资指导线方案的复函	宣布失效	适用期已满
320	人社部函〔2011〕123号	对云南省2011年工资指导线方案的复函	宣布失效	适用期已满

续表

序号	文号	文件名称	清理意见	理由
321	人社部函〔2011〕124号	对辽宁省2011年工资指导线方案的复函	宣布失效	适用期已满
322	人社部函〔2011〕133号	关于加快做好2011年国家职业分类大典修订工作的通知	宣布失效	工作已完成
323	人社部函〔2011〕140号	对陕西省2011年工资指导线方案的复函	宣布失效	适用期已满
324	人社部函〔2011〕157号	对山东省2011年工资指导线方案的复函	宣布失效	适用期已满
325	人社部函〔2011〕167号	对贵州省2011年工资指导线方案的复函	宣布失效	适用期已满
326	人社部函〔2011〕172号	对北京市2011年工资指导线方案的复函	宣布失效	适用期已满
327	人社部函〔2011〕176号	对青海省2011年工资指导线方案的函	宣布失效	适用期已满
328	人社部函〔2011〕205号	关于海南省2011年工资指导线方案的函	宣布失效	适用期已满

续表

序号	文号	文件名称	清理意见	理由
329	人社部函〔2011〕225号	对安徽省2011年工资指导线方案的函	宣布失效	适用期已满
330	人社部函〔2011〕231号	对江西省2011年工资指导线方案的函	宣布失效	适用期已满
331	人社部函〔2011〕239号	对河南省2011年工资指导线方案的函	宣布失效	适用期已满
332	人社部函〔2011〕247号	对内蒙古自治区2011年工资指导线方案的函	宣布失效	适用期已满
333	人社部函〔2011〕258号	对广东省2011年工资指导线方案的函	宣布失效	适用期已满
334	人社部函〔2011〕277号	对湖南省2011年工资指导线方案的函	宣布失效	适用期已满
335	人社部函〔2011〕295号	对重庆市2011年工资指导线方案的函	宣布失效	适用期已满

续表

序号	文 号	文件名称	清理意见	理 由
336	人社部函〔2011〕296号	关于申请拨付2011年高校毕业生“三支一扶”计划中央补助专项经费的函	宣布失效	任务已完成
337	人社部函〔2011〕322号	关于印发2011—2015年全国职业培训教材建设规划的通知	宣布失效	工作已完成
338	人社部函〔2011〕331号	关于开展2012年就业援助月活动的通知	宣布失效	任务已完成
339	人社部函〔2011〕337号	关于开展2012年春风行动的通知	宣布失效	任务已完成
340	人社部函〔2011〕343号	对四川省2011年工资指导线方案的函	宣布失效	适用期已满
341	人社部函〔2011〕356号	关于调整2011年三支一扶中央补助专项经费名额的通知	宣布失效	任务已完成

续表

序号	文号	文件名称	清理意见	理由
342	人社部函〔2012〕8号	关于四川省2012年工资指导线方案的函	宣布失效	适用期已满
343	人社部函〔2012〕23号	关于做好2012年国家职业资格全国统一鉴定工作的通知	宣布失效	工作已完成
344	人社部函〔2012〕57号	对宁夏回族自治区2012年工资指导线方案的函	宣布失效	适用期已满
345	人社部函〔2012〕58号	对山东省2012年工资指导线方案的函	宣布失效	适用期已满
346	人社部函〔2012〕71号	对新疆维吾尔自治区2012年工资指导线方案的函	宣布失效	适用期已满
347	人社部函〔2012〕83号	关于印发2012年全国职业技能大赛暨第42届世界技能大赛选拔赛计划安排的通知	宣布失效	工作已完成

续表

序号	文号	文件名称	清理意见	理由
348	人社部函〔2012〕88号	关于实施2012年国家级高技能人才培训基地建设项目的通知	宣布失效	工作已完成
349	人社部函〔2012〕89号	关于实施2012年国家级技能大师工作室建设项目的通知	宣布失效	工作已完成
350	人社部函〔2012〕97号	对山西省2012年工资指导线方案的函	宣布失效	适用期已满
351	人社部函〔2012〕135号	对河北省2012年工资指导线方案的函	宣布失效	适用期已满
352	人社部函〔2012〕144号	对陕西省2012年工资指导线方案的函	宣布失效	适用期已满
353	人社部函〔2012〕161号	对北京市2012年工资指导线方案的函	宣布失效	适用期已满

续表

序号	文 号	文件名称	清理意见	理 由
354	人社部函〔2012〕162号	关于举办第四届全国技工院校技能大赛暨第42届世界技能大赛选拔赛的通知	宣布失效	工作已完成
355	人社部函〔2012〕180号	对青海省2012年工资指导线方案的函	宣布失效	适用期已满
356	人社部函〔2012〕187号	对云南省2012年工资指导线方案的函	宣布失效	适用期已满
357	人社部函〔2012〕191号	对江西省2012年工资指导线方案的函	宣布失效	适用期已满
358	人社部函〔2012〕206号	关于海南省2012年工资指导线方案的函	宣布失效	适用期已满
359	人社部函〔2012〕207号	关于广东省2012年工资指导线方案的函	宣布失效	适用期已满

续表

序号	文号	文件名称	清理意见	理由
360	人社部函〔2012〕231号	关于甘肃省2012年工资指导线方案的函	宣布失效	适用期已满
361	人社部函〔2012〕240号	关于申报2012年企业工资总额的通知	宣布失效	任务已完成
362	人社部函〔2012〕243号	关于开展第十届农业技术推广研究员任职资格评审工作的通知	宣布失效	工作已完成
363	人社部函〔2012〕254号	关于辽宁省2012年工资指导线方案的函	宣布失效	适用期已满
364	人社部函〔2012〕256号	关于河南省2012年工资指导线方案的函	宣布失效	适用期已满
365	人社部函〔2012〕264号	关于贵州省2012年工资指导线方案的函	宣布失效	适用期已满

续表

序号	文号	文件名称	清理意见	理由
366	人社部函〔2012〕298号	关于内蒙古自治区2012年工资指导线方案的函	宣布失效	适用期已满
367	人社部函〔2012〕300号	关于福建省2012年工资指导线方案的函	宣布失效	适用期已满
368	人社部函〔2012〕320号	关于确定第42届世界技能大赛中国集训基地和中国技术指导专家组组长的通知	宣布失效	工作已完成
369	人社部函〔2012〕348号	关于湖南省2012年工资指导线方案的函	宣布失效	适用期已满
370	人社部函〔2012〕380号	关于开展2013年就业援助月专项活动的通知	宣布失效	工作已完成
371	人社部函〔2013〕1号	关于做好2013年全国高校毕业生就业工作的通知	宣布失效	适用期满

续表

序号	文 号	文件名称	清理意见	理 由
372	人社部函〔2013〕33号	人力资源社会保障部关于做好2013年国家职业资格全国统一鉴定工作的通知	宣布失效	工作已完成
373	人社部函〔2013〕35号	人力资源社会保障部对山东省2013年工资指导线方案的函	宣布失效	适用期已满
374	人社部函〔2013〕36号	人力资源社会保障部关于确定第42届世界技能大赛中国技术指导专家技术翻译和教练名单的通知	宣布失效	工作已完成
375	人社部函〔2013〕47号	人力资源社会保障部关于宁夏回族自治区2013年工资指导线方案的函	宣布失效	适用期已满
376	人社部函〔2013〕70号	人力资源社会保障部关于做好2013年职业技能竞赛工作的通知	宣布失效	工作已完成
377	人社部函〔2013〕76号	人力资源社会保障部关于江西省2013年工资指导线方案的函	宣布失效	适用期已满

续表

序号	文号	文件名称	清理意见	理由
378	人社部函〔2013〕77号	人力资源社会保障部关于云南省2013年工资指导线方案的函	宣布失效	适用期已满
379	人社部函〔2013〕89号	人力资源社会保障部关于陕西省2013年工资指导线方案的函	宣布失效	适用期已满
380	人社部函〔2013〕99号	人力资源社会保障部关于北京市2013年工资指导线方案的函	宣布失效	适用期已满
381	人社部函〔2013〕104号	人力资源社会保障部、财政部关于实施2013年国家级高技能人才培训基地建设项目的通知	宣布失效	工作已完成
382	人社部函〔2013〕105号	人力资源社会保障部、财政部关于实施2013年国家级技能大师工作室建设项目的通知	宣布失效	工作已完成
383	人社部函〔2013〕108号	人力资源社会保障部关于确定第42届世界技能大赛中国参赛选手名单的通知	宣布失效	工作已完成
384	人社部函〔2013〕110号	人力资源社会保障部关于四川省2013年工资指导线方案的函	宣布失效	适用期已满

续表

序号	文号	文件名称	清理意见	理由
385	人社部函〔2013〕111号	人力资源社会保障部关于山西省2013年工资指导线方案的函	宣布失效	适用期已满
386	人社部函〔2013〕251号	关于开展2014年就业援助月专项活动的通知	宣布失效	工作已完成
387	人社部函〔2013〕254号	关于开展2014年春风行动的通知	宣布失效	工作已完成
388	人社部函〔2014〕24号	关于做好2014年全国高校毕业生就业工作的通知	宣布失效	适用期满
389	人社部函〔2014〕28号	关于开展2015年就业援助月专项活动的通知	宣布失效	工作已完成
390	人社部函〔2014〕31号	人力资源社会保障部关于确定第43届世界技能大赛中国集训基地的通知	宣布失效	工作已完成
391	人社部函〔2014〕42号	人力资源社会保障部关于组织开展2014年中国技能大赛的通知	宣布失效	工作已完成

续表

序号	文 号	文件名称	清理意见	理 由
392	人社部函〔2014〕54号	人力资源社会保障部 财政部关于实施2014年国家级高技能人才培训基地和国家级技能大师工作室建设项目的通知	宣布失效	工作已完成
393	人社部函〔2014〕97号	人力资源社会保障部关于报送第四批国家级专业技术人员继续教育基地评议情况并请划拨经费的函	宣布失效	任务已完成
394	人社部函〔2014〕106号	人力资源社会保障部、教育部、科学技术部、中华全国总工会、中国机械工业联合会关于举办2014年中国技能大赛——第六届全国数控技能大赛的通知	宣布失效	工作已完成
395	人社部函〔2014〕117号	人力资源社会保障部、农业部关于开展第十一届农业技术推广研究员任职资格评审工作的通知	宣布失效	工作已完成
396	人社部函〔2014〕133号	人力资源社会保障部关于青岛市财富管理金融综合改革试验区建设实施方案等问题的函	宣布失效	任务已完成

续表

序号	文号	文件名称	清理意见	理由
397	人社部函〔2014〕172号	人力资源社会保障部关于确定第43届世界技能大赛中国技术指导专家技术翻译和教练名单的通知	宣布失效	工作已完成
398	人社部函〔2014〕181号	关于申请拨付2014年高校毕业生“三支一扶”计划中央补助专项经费的函	宣布失效	工作已完成
399	人社部函〔2014〕202号	人力资源社会保障部关于确定第43届世界技能大赛钣金技术项目中国集训基地的通知	宣布失效	工作已完成
400	人社部函〔2014〕219号	关于开展2015年春风行动的通知	宣布失效	工作已完成
401	人社部函〔2015〕21号	关于做好2015年全国高校毕业生就业创业工作的通知	宣布失效	工作已完成
402	人社部函〔2015〕38号	人力资源社会保障部关于组织开展2015年中国技能大赛的通知	宣布失效	工作已完成

续表

序号	文 号	文件名称	清理意见	理 由
403	人社部函〔2015〕39号	人力资源社会保障部关于确定第43届世界技能大赛钣金技术项目中国技术指导专家技术翻译和教练的通知	宣布失效	工作已完成
404	人社部函〔2015〕71号	人力资源社会保障部关于确定第43届世界技能大赛中国参赛选手名单的通知	宣布失效	工作已完成
405	人社部函〔2015〕77号	人力资源社会保障部、财政部关于实施2015年国家级高技能人才培训基地和国家级技能大师工作室建设项目的通知	宣布失效	工作已完成
406	人社部函〔2015〕79号	人力资源社会保障部关于调整第43届世界技能大赛中国技术指导专家和技术翻译的通知	宣布失效	工作已完成
407	人社部函〔2015〕168号	人力资源社会保障部关于做好国家职业分类大典修订工作委员会及专家委员会人员调整工作的函	宣布失效	工作已完成

续表

序号	文 号	文件名称	清理意见	理 由
408	人社部函〔2015〕198号	关于申请拨付2015年高校毕业生“三支一扶”计划中央补助专项经费的函	宣布失效	工作已完成
409	人社厅函〔2008〕50号	关于公示确认6所国家重点技工学校和7所高级技工学校名单的通知	宣布失效	工作已完成
410	人社厅函〔2008〕94号	关于做好2008年高技能人才师资培训示范项目工作的通知	宣布失效	工作已完成
411	人社厅函〔2008〕105号	对湖南省最低工资标准调整方案的函	宣布失效	适用期已满
412	人社厅函〔2008〕108号	对《关于调整推迟我省部分职称考试时间和清理规范职业资格相关工作情况上报时间的报告》和《关于调整我省原上报的推迟部分职称考试时间的报告》的批复	宣布失效	工作已完成
413	人社厅函〔2008〕141号	关于广西壮族自治区最低工资标准调整方案的函	宣布失效	适用期已满

续表

序号	文号	文件名称	清理意见	理由
414	人社厅函〔2008〕156号	关于同意建设全国示范技工院校暨农村劳动力转移培训基地的批复	宣布失效	工作已完成
415	人社厅函〔2008〕171号	关于开展地震灾区工伤康复援助行动的通知	宣布失效	任务已完成
416	人社厅函〔2008〕181号	关于湖北省最低工资标准调整方案的函	宣布失效	适用期已满
417	人社厅函〔2008〕203号	关于推迟的部分职称考试时间安排等问题的复函	宣布失效	工作已完成
418	人社厅函〔2008〕227号	关于同意广东省筹建国家级技工院校师资培训基地的复函	宣布失效	工作已完成
419	人社厅函〔2008〕262号	关于加快落实被征地农民社会保障政策的函	宣布失效	工作已完成
420	人社厅函〔2008〕273号	关于山西省最低工资标准调整方案的复函	宣布失效	适用期已满
421	人社厅函〔2008〕284号	关于开展金保工程部分应用软件统一实施工作的通知	宣布失效	工作已完成

续表

序号	文 号	文件名称	清理意见	理 由
422	人社厅函〔2008〕287号	关于实施紧急创办和改善你的企业项目的通知	宣布失效	工作已完成
423	人社厅函〔2008〕291号	关于请对因工作原因受到事故伤害并导致自杀行为是否可以认定为因工死亡问题进行答复的函	宣布失效	任务已完成
424	人社厅函〔2008〕297号	关于申请采用单一来源方式采购职业资格证书印刷项目的函	宣布失效	工作已完成
425	人社厅函〔2008〕331号	关于贵州省最低工资标准调整方案的复函	宣布失效	适用期已满
426	人社厅函〔2008〕353号	关于做好2009年度中央机关及其直属机构考试录用公务员申论阅卷工作的通知	宣布失效	任务已完成
427	人社厅函〔2008〕482号	关于做好2008年度失业保险年报和2009年度失业保险基金预算编制工作的函	宣布失效	任务已完成

续表

序号	文号	文件名称	清理意见	理由
428	人社厅函〔2009〕66号	关于继续开展高层次留学人才回国资助试点工作的通知	宣布失效	任务已完成
429	人社厅函〔2009〕68号	对开展房地产投资信托基金试点工作意见的函	宣布失效	任务已完成
430	人社厅函〔2009〕76号	关于对内蒙古自治区开展革命老区农牧民技能培训工作的复函	宣布失效	工作已完成
431	人社厅函〔2009〕98号	关于加大农村实用人才培养力度的函	宣布失效	工作已完成
432	人社厅函〔2009〕135号	关于公示拟确认39所国家重点技工学校和28所高级技工学校名单的通知	宣布失效	工作已完成
433	人社厅函〔2009〕164号	关于2009年度招标师职业水平考试有关问题的通知	宣布失效	工作已完成
434	人社厅函〔2009〕181号	关于做好2009年全国职业技能竞赛有关工作的通知	宣布失效	工作已完成

续表

序号	文号	文件名称	清理意见	理由
435	人社厅函〔2009〕184号	关于开展专业技术人员创新案例公需科目继续教育的通知	宣布失效	任务已完成
436	人社厅函〔2009〕196号	关于做好高校毕业生就业见习有关工作的通知	宣布失效	任务已完成
437	人社厅函〔2009〕237号	关于将黑龙江省农垦总局列入城镇居民基本医疗保险范围意见的函	宣布失效	工作已完成
438	人社厅函〔2009〕249号	关于公布首批全国技工院校师资培训基地的通知	宣布失效	工作已完成
439	人社厅函〔2009〕250号	关于房地产投资信托基金试点实施方案意见的函	宣布失效	任务已完成
440	人社厅函〔2009〕283号	关于2009年度一级地震安全性评价工程师资格考试有关问题的通知	宣布失效	工作已完成
441	人社厅函〔2009〕321号	关于上海企业年金过渡计划到期有关问题的复函	宣布失效	任务已完成
442	人社厅函〔2009〕355号	关于确定城镇居民生育保障试点城市的通知	宣布失效	工作已完成

续表

序号	文号	文件名称	清理意见	理由
443	人社厅函〔2009〕505号	关于云南省重点国有森工企业特殊政策扶持意见的函	宣布失效	任务已完成
444	人社厅函〔2009〕539号	关于编报2009年度失业保险年报和2010年度失业保险基金预算的通知	宣布失效	任务已完成
445	人社厅函〔2010〕35号	关于做好当前失业保险工作稳定就业岗位有关问题的通知	宣布失效	任务已完成
446	人社厅函〔2010〕51号	关于企业工资总额管理有关口径问题的函	宣布失效	适用期已满
447	人社厅函〔2010〕54号	关于开展2010年农民工劳动合同签订“春暖行动”的通知	宣布失效	已过计划截至日期
448	人社厅函〔2010〕93号	关于同意筹建海南省技师学院的函	宣布失效	工作已完成
449	人社厅函〔2010〕98号	关于浙江省最低工资标准调整方案的复函	宣布失效	适用期已满
450	人社厅函〔2010〕115号	关于开展城镇居民基本医疗保险门诊统筹重点联系工作的通知	宣布失效	工作已完成

续表

序号	文 号	文件名称	清理意见	理 由
451	人社厅函〔2010〕157号	关于山东省最低工资标准调整方案的函	宣布失效	适用期已满
452	人社厅函〔2010〕165号	关于做好申报认定国家级充分就业示范社区和省(区、市)充分就业星级社区的通知	宣布失效	工作已完成
453	人社厅函〔2010〕180号	关于湖北省最低工资标准调整方案的函	宣布失效	适用期已满
454	人社厅函〔2010〕197号	关于湖南省最低工资标准调整方案的函	宣布失效	适用期已满
455	人社厅函〔2010〕215号	关于调整人才高交会举办模式的复函	宣布失效	任务已完成
456	人社厅函〔2010〕217号	关于云南省最低工资标准调整方案的复函	宣布失效	适用期已满
457	人社厅函〔2010〕227号	关于江西省最低工资标准调整方案的复函	宣布失效	适用期已满

续表

序号	文号	文件名称	清理意见	理由
458	人社厅函〔2010〕257号	关于印发重点联系城市门诊统筹政策和管理指导要点和重点联系城市门诊统筹基础数据采集表（试用）的通知	宣布失效	工作已完成
459	人社厅函〔2010〕260号	对安徽省最低工资标准调整方案的复函	宣布失效	适用期已满
460	人社厅函〔2010〕268号	关于做好2010年高技能人才师资培训示范项目工作的通知	宣布失效	工作已完成
461	人社厅函〔2010〕284号	关于河北省最低工资标准调整方案的复函	宣布失效	适用期已满
462	人社厅函〔2010〕285号	关于四川省最低工资标准调整方案的复函	宣布失效	适用期已满
463	人社厅函〔2010〕312号	关于2010年举行注册验船师（船舶和海上设施类）资格考试有关问题的通知	宣布失效	工作已完成
464	人社厅函〔2010〕364号	关于内蒙古自治区最低工资标准调整方案的函	宣布失效	适用期已满

续表

序号	文 号	文件名称	清理意见	理 由
465	人社厅函〔2010〕391号	关于上半年特别职业培训计划实施情况的通报	宣布失效	工作已完成
466	人社厅函〔2010〕435号	对贵州省最低工资标准调整方案的复函	宣布失效	适用期已满
467	人社厅函〔2010〕444号	关于中国太平洋人寿保险股份有限公司企业年金账户管理业务转移问题的函	宣布失效	任务已完成
468	人社厅函〔2010〕513号	对湖北省2010年工资指导线方案的复函	宣布失效	适用期已满
469	人社厅函〔2010〕556号	关于做好2010—2011学年度全国技工院校华育奖助学金评定发放工作的通知	宣布失效	工作已完成
470	人社厅函〔2010〕586号	关于陕西省最低工资标准调整方案的复函	宣布失效	适用期已满
471	人社厅函〔2010〕651号	关于编报2010年度失业保险年报和2011年度失业保险基金预算的通知	宣布失效	任务已完成

续表

序号	文 号	文件名称	清理意见	理 由
472	人社厅函〔2010〕691号	关于重庆市最低工资标准调整方案的函	宣布失效	适用期已满
473	人社厅函〔2011〕33号	关于开展职业技能鉴定所(站)质量管理评估工作的通知	宣布失效	工作已完成
474	人社厅函〔2011〕85号	关于山东省最低工资标准调整方案的函	宣布失效	适用期已满
475	人社厅函〔2011〕102号	关于山西省最低工资标准调整方案的复函	宣布失效	适用期已满
476	人社厅函〔2011〕135号	关于宁夏回族自治区最低工资标准调整方案的函	宣布失效	适用期已满
477	人社厅函〔2011〕218号	关于云南省最低工资标准调整方案的复函	宣布失效	适用期已满
478	人社厅函〔2011〕281号	关于开展2011年海外赤子为国服务行动计划的通知	宣布失效	工作已完成
479	人社厅函〔2011〕319号	关于河北省最低工资标准调整方案的函	宣布失效	适用期已满

续表

序号	文号	文件名称	清理意见	理由
480	人社厅函〔2011〕340号	关于安徽省最低工资标准调整方案的函	宣布失效	适用期已满
481	人社厅函〔2011〕368号	关于贵州省最低工资标准调整方案的函	宣布失效	适用期已满
482	人社厅函〔2011〕513号	关于湖南省最低工资标准调整方案的函	宣布失效	适用期已满
483	人社厅函〔2011〕523号	关于做好2011年国家级高技能人才培训基地建设项目实施工作的通知	宣布失效	工作已完成
484	人社厅函〔2011〕527号	关于内蒙古自治区最低工资标准调整方案的函	宣布失效	适用期已满
485	人社厅函〔2011〕533号	关于加强创新社会管理相关工作实施意见的函	宣布失效	任务已完成
486	人社厅函〔2011〕591号	关于湖北省最低工资标准调整方案的函	宣布失效	适用期已满
487	人社厅函〔2011〕638号	关于编报2011年度失业保险年报和2012年度失业保险基金预算的通知	宣布失效	任务已完成

续表

序号	文 号	文件名称	清理意见	理 由
488	人社厅函〔2011〕641号	人力资源社会保障部关于对第一批技能大师工作室授牌的通知	宣布失效	工作已完成
489	人社厅函〔2011〕671号	关于陕西省最低工资标准调整方案的函	宣布失效	适用期已满
490	人社厅函〔2011〕681号	关于四川省最低工资标准调整方案的函	宣布失效	适用期已满
491	人社厅函〔2011〕683号	关于广西壮族自治区最低工资标准调整方案的函	宣布失效	适用期已满
492	人社厅函〔2011〕692号	关于江西省最低工资标准调整方案的函	宣布失效	适用期已满
493	人社厅函〔2011〕714号	关于2012年举行通信专业技术人员初级和中级职业水平考试有关问题的通知	宣布失效	工作已完成
494	人社厅函〔2012〕69号	关于上海市最低工资标准调整方案的函	宣布失效	适用期已满
495	人社厅函〔2012〕78号	关于宁夏回族自治区最低工资标准调整方案的函	宣布失效	适用期已满

续表

序号	文号	文件名称	清理意见	理由
496	人社厅函〔2012〕79号	关于甘肃省最低工资标准调整方案的函	宣布失效	适用期已满
497	人社厅函〔2012〕80号	关于山东省最低工资标准调整方案函	宣布失效	适用期已满
498	人社厅函〔2012〕157号	关于山西省最低工资标准调整方案的函	宣布失效	适用期已满
499	人社厅函〔2012〕181号	关于做好十二五期间职业技能鉴定工作的意见	宣布失效	工作已完成
500	人社厅函〔2012〕196号	关于重庆市最低工资标准调整方案的函	宣布失效	适用期已满
501	人社厅函〔2012〕226号	关于云南省最低工资标准调整方案的函	宣布失效	适用期已满
502	人社厅函〔2012〕237号	关于做好2012年度全国技工院校华育奖助学金评定发放工作的通知	宣布失效	工作已完成
503	人社厅函〔2012〕243号	关于做好2012年高技能人才师资培训示范项目工作的通知	宣布失效	工作已完成

续表

序号	文 号	文件名称	清理意见	理 由
504	人社厅函〔2012〕244号	关于江苏省最低工资标准调整方案的函	宣布失效	适用期已满
505	人社厅函〔2012〕253号	关于新疆维吾尔自治区最低工资标准调整方案的函	宣布失效	适用期已满
506	人社厅函〔2012〕264号	关于2012年度矿业权评估师资格考试日期及有关问题的通知	宣布失效	工作已完成
507	人社厅函〔2012〕283号	关于河北省最低工资标准调整方案的函	宣布失效	适用期已满
508	人社厅函〔2012〕310号	关于福建省最低工资标准调整方案的函	宣布失效	适用期已满
509	人社厅函〔2012〕329号	关于启用2012年版职业技能鉴定国家题库的通知	宣布失效	工作已完成
510	人社厅函〔2012〕330号	关于海南省最低工资标准调整方案的函	宣布失效	适用期已满

续表

序号	文号	文件名称	清理意见	理由
511	人社厅函〔2012〕448号	关于2013年度专业技术人员资格考试计划及有关问题的通知	宣布失效	工作已完成
512	人社厅函〔2012〕451号	关于内蒙古自治区最低工资标准调整方案的函	宣布失效	适用期已满
513	人社厅函〔2012〕487号	关于河南省最低工资标准调整方案的函	宣布失效	适用期已满
514	人社厅函〔2012〕517号	关于湖南省最低工资标准调整方案的函	宣布失效	适用期已满
515	人社厅函〔2012〕558号	关于陕西省最低工资标准调整方案的函	宣布失效	适用期已满
516	人社厅函〔2012〕563号	关于印发《第42届世界技能大赛参赛集训工作技术指导意见》的通知	宣布失效	工作已完成
517	人社厅函〔2012〕582号	关于贵州省最低工资标准调整方案的函	宣布失效	适用期已满
518	人社厅函〔2013〕29号	关于广西壮族自治区最低工资标准调整方案的函	宣布失效	适用期已满

续表

序号	文号	文件名称	清理意见	理由
519	人社厅函〔2013〕63号	人力资源社会保障部办公厅关于山东省最低工资标准调整方案的函	宣布失效	适用期已满
520	人社厅函〔2013〕79号	人力资源社会保障部办公厅关于上海市最低工资标准调整方案的函	宣布失效	适用期已满
521	人社厅函〔2013〕80号	人力资源社会保障部办公厅关于江西省最低工资标准调整方案的函	宣布失效	适用期已满
522	人社厅函〔2013〕82号	人力资源社会保障部办公厅关于甘肃省最低工资标准调整方案的函	宣布失效	适用期已满
523	人社厅函〔2013〕122号	人力资源社会保障部办公厅关于宁夏回族自治区最低工资标准调整方案的函	宣布失效	适用期已满
524	人社厅函〔2013〕143号	人力资源社会保障部办公厅关于天津市最低工资标准调整方案的函	宣布失效	适用期已满
525	人社厅函〔2013〕151号	人力资源社会保障部办公厅关于山西省最低工资标准调整方案的函	宣布失效	适用期已满
526	人社厅函〔2013〕171号	人力资源社会保障部办公厅关于云南省最低工资标准调整方案的函	宣布失效	适用期已满

续表

序号	文 号	文件名称	清理意见	理 由
527	人社厅函〔2013〕214号	人力资源社会保障部办公厅关于新疆维吾尔自治区最低工资标准调整方案的函	宣布失效	适用期已满
528	人社厅函〔2013〕221号	人力资源社会保障部办公厅关于江苏省最低工资标准调整方案的函	宣布失效	适用期已满
529	人社厅函〔2013〕224号	人力资源社会保障部办公厅关于四川省最低工资标准调整方案的函	宣布失效	适用期已满
530	人社厅函〔2013〕259号	人力资源社会保障部办公厅关于吉林省最低工资标准调整方案的函	宣布失效	适用期已满
531	人社厅函〔2013〕287号	人力资源社会保障部办公厅 中国地震局办公室关于2013年度一级地震安全性评价工程师资格考试有关问题的通知	宣布失效	工作已完成
532	人社厅函〔2013〕471号	人力资源社会保障部办公厅 财政部办公厅关于做好2011年国家级高技能人才培训基地建设项目检查工作的通知	宣布失效	工作已完成

续表

序号	文号	文件名称	清理意见	理由
533	人社厅函〔2013〕544号	人力资源社会保障部办公厅关于2014年度专业技术人员资格考试计划及有关问题的通知	宣布失效	工作已完成
534	人社厅函〔2013〕650号	人力资源社会保障部办公厅关于开展第四批国家级专业技术人员继续教育基地申报工作的通知	宣布失效	任务已完成
535	人社厅函〔2013〕664号	人力资源社会保障部办公厅关于开展国家基本公共服务体系“十二五”规划有关内容试评估的通知	宣布失效	工作已完成
536	人社厅函〔2014〕65号	人力资源社会保障部办公厅关于开展2014年12333全国统一咨询日活动的通知	宣布失效	工作已完成
537	人社厅函〔2014〕100号	人力资源社会保障部办公厅、中国银监会办公厅关于2014年度首次银行业专业人员初级职业资格考试有关工作的通知	宣布失效	工作已完成

续表

序号	文号	文件名称	清理意见	理由
538	人社厅函〔2014〕0154号	人力资源社会保障部办公厅关于开展2014年“海外赤子为国服务行动计划”的通知	宣布失效	工作已完成
539	人社厅函〔2014〕0188号	人力资源社会保障部办公厅关于对第五届全国残疾人职业技能竞赛承办意见的函	宣布失效	工作已完成
540	人社厅函〔2014〕193号	人力资源社会保障部办公厅关于第一批企业年金基金管理机构资格延续有关问题的通知	宣布失效	任务已完成
541	人社厅函〔2014〕203号	关于报送全国人力资源诚信服务示范机构推荐名单有关事项的通知	宣布失效	任务已完成
542	人社厅函〔2014〕0218号	人力资源社会保障部办公厅关于开展2014年技工院校一体化师资培训工作的通知	宣布失效	工作已完成

续表

序号	文号	文件名称	清理意见	理由
543	人社厅函〔2014〕299号	人力资源社会保障部办公厅、中国银监会办公厅关于2014年下半年银行业专业人员初级职业资格考试有关工作的通知	宣布失效	工作已完成
544	人社厅函〔2014〕328号	人力资源社会保障部办公厅关于开展全国技工院校学生资助管理专项核查工作的通知	宣布失效	工作已完成
545	人社厅函〔2014〕345号	人力资源社会保障部办公厅关于做好2014—2015学年度全国技工院校华育奖助学金评定发放工作的通知	宣布失效	工作已完成
546	人社厅函〔2014〕471号	人力资源社会保障部办公厅关于公布2014—2015年度劳动出版“技能雏鹰”奖学金获奖名单的通知	宣布失效	工作已完成
547	人社厅函〔2015〕4号	人力资源社会保障部办公厅关于开展第五批国家级专业技术人员继续教育基地申报工作的通知	宣布失效	任务已完成

续表

序号	文号	文件名称	清理意见	理由
548	人社厅函〔2015〕83号	人力资源社会保障部办公厅关于做好2015年技工院校学生资助管理工作的通知	宣布失效	工作已完成
549	人社厅函〔2015〕103号	人力资源社会保障部办公厅关于印发2015年西部和东北地区高层次人才援助项目的通知	宣布失效	工作已完成
550	人社厅函〔2015〕183号	人力资源社会保障部办公厅关于组成第43届世界技能大赛中国代表团和技术保障团的通知	宣布失效	工作已完成
551	人社厅函〔2015〕345号	人力资源社会保障部办公厅关于举办2015年全国人力资源市场高校毕业生就业服务周活动的通知	宣布失效	工作已完成
552	人社部通告1号(2008年)	关于延续企业年金基金管理机构资格的通告	宣布失效	任务已完成

续表

序号	文号	文件名称	清理意见	理由
553	人社部通告2号(2009年)	关于延续新华人寿保险股份有限公司企业年金基金账户管理人资格的通告	宣布失效	任务已完成
554	人社部通告1号(2010年)	关于延续企业年金基金管理机构资格的通告	宣布失效	任务已完成
555	人社部通告1号(2011年)	关于延续企业年金基金管理机构资格的通告	宣布失效	任务已完成
2. 废止文件目录(10件) 依据:2016年2月17日人社部发〔2016〕16号附件二				
1	人社部发〔2009〕161号	关于印发新型农村社会养老保险经办规程(试行)的通知	宣布废止	已有新规定
2	人社部发〔2009〕190号	关于基本医疗保险异地就医结算服务工作的意见	宣布废止	已有新规定

续表

序号	文号	文件名称	清理意见	理由
3	人社部发〔2012〕10号	关于贯彻落实实施社会保险服务总则和社会保障服务中心设施设备要求国家标准的通知	宣布废止	已有新规定
4	人社厅发〔2008〕23号	关于进一步规范社会保障卡发放和管理工作的通知	宣布废止	已有新规定
5	人社厅发〔2008〕52号	关于建立企业职工基本养老保险个人账户记账利率专项报告制度的通知	宣布废止	已有新规定
6	人社厅发〔2011〕43号	关于印发企业年金基金管理信息报告样表的通知	宣布废止	已有新规定
7	人社部函〔2008〕255号	关于同意中国农业发展银行提高基本养老保险单位缴费比例的函	宣布废止	已有新规定
8	人社厅函〔2008〕174号	关于江西省在基本医疗保险和工伤保险药品目录中增加儿童用药品种的函	宣布废止	新版目录已印发
9	人社厅函〔2008〕200号	关于进一步加强社会保障卡密钥安全管理的通知	宣布废止	已有新规定

续表

序号	文 号	文件名称	清理意见	理 由
10	人社厅函〔2008〕341号	关于改装电动自行车发生交通事故后工伤认定问题的复函	宣布废止	新修订《工伤保险条例》已有新规定

三、废止文件目录(第2批,344件)

1. 失效文件目录(147件)

依据:2016年4月13日人社部发〔2016〕34号附件一

1	劳办厅字〔1988〕14号	关于对从事劳动、工资、保护工作满30年人员发给荣誉证书问题的复函	宣布失效	已不再执行
2	人专发〔1989〕5号	关于争取优秀留学博士回国做博士后的通知	宣布失效	任务已完成
3	人专发〔1989〕14号	关于进一步做好博士后工作的通知	宣布失效	任务已完成
4	人专发〔1989〕16号	关于少数博士后研究人员出国逾期不归问题的通知	宣布失效	任务已完成
5	人专发〔1989〕17号	关于博士后研究人员期满出站后分配工作若干问题的通知	宣布失效	任务已完成
6	劳力字〔1989〕37号	关于劳动服务公司清理整顿工作有关问题的通知	宣布失效	任务已完成

续表

序号	文 号	文件名称	清理意见	理 由
7	劳力字〔1989〕38号	关于劳动服务公司清理整顿工作的实施意见	宣布失效	任务已完成
8	劳险字〔1989〕16号	关于应用电子计算机管理退休养老保险基金有关事项的通知	宣布失效	任务已完成
9	劳险字〔1989〕19号	关于制止在退休、退职职工易地安置工作中乱收费的通知	宣布失效	已不再执行
10	人专发〔1990〕5号	关于新设博士后流动站申报和评审办法的通知	宣布失效	任务已完成
11	劳办力字〔1990〕54号	关于组织待业人员参加以工代赈的通知	宣布失效	任务已完成
12	劳力字〔1991〕34号	关于劳动就业服务企业安排贷款问题的通知	宣布失效	任务已完成
13	劳力字〔1991〕57号	关于劳动就业服务企业证书定价的函	宣布失效	任务已完成
14	劳办力字〔1991〕22号	关于深化待业保险制度改革试点工作的复函	宣布失效	调整对象已消失

续表

序号	文号	文件名称	清理意见	理由
15	人专发〔1992〕4号	关于选拔享受政府特殊津贴的专家、学者、技术人员工作的通知	宣布失效	任务已完成
16	劳险字〔1992〕20号	劳动部、财政部关于铁道部等五部门直属国营企业劳动合同制工人养老保险基金问题的通知	宣布失效	任务已完成
17	劳部发〔1993〕10号	关于反映企业离退休人员要求享受工龄工资的函	宣布失效	任务已完成
18	劳部发〔1993〕64号	关于农村就业试点工作有关问题建议的函	宣布失效	适用期满
19	劳部发〔1993〕66号	关于开展有关劳动事务工作“一条龙”综合服务的意见的通知	宣布失效	任务已完成
20	劳部发〔1993〕200号	关于劳动就业服务企业发展第三产业安置富余人员若干问题的通知	宣布失效	适用期满
21	劳办发〔1993〕179号	关于印制《劳动仲裁员资格证书》等证件的函	宣布失效	任务已完成

续表

序号	文 号	文件名称	清理意见	理 由
22	劳办发〔1993〕182号	关于印制《劳动仲裁员资格证书》等证件的通知	宣布失效	任务已完成
23	劳办发〔1993〕219号	关于职工医疗保险制度改革试点意见的补充通知	宣布失效	任务已完成
24	劳部发〔1994〕278号	关于印发《劳动争议仲裁委员会仲裁文书样本》的通知	宣布失效	任务已完成
25	劳部发〔1994〕328号	关于印发《促进劳动力市场发展,完善就业服务体系建设的实施计划》的通知	宣布失效	任务已完成
26	劳部发〔1994〕430号	关于劳动就业服务企业实行股份合作制试点工作的通知	宣布失效	任务已完成
27	劳部发〔1994〕510号	关于认真做好城镇就业与失业调查试点工作的通知	宣布失效	任务已完成
28	劳办发〔1994〕286号	关于切实搞好农村劳动力开发就业省级试点工作的通知	宣布失效	适用期满

续表

序号	文号	文件名称	清理意见	理由
29	劳部发〔1995〕59号	关于严禁滥发流动就业证卡的紧急通知	宣布失效	适用期满
30	劳部发〔1995〕60号	关于加强民工流动情况的信息通报的通知	宣布失效	任务已完成
31	劳部发〔1995〕195号	关于表彰1995年春运期间组织民工有序流动工作先进单位的通知	宣布失效	任务已完成
32	劳部发〔1995〕196号	对沈阳市人民政府《关于申请建立中国沈阳劳动力市场的函》的复函	宣布失效	任务已完成
33	劳部发〔1995〕413号	关于确定劳动部指导企业养老保险制度改革的重点联系城市的通知	宣布失效	任务已完成
34	劳办发〔1995〕10号	关于转发江西省劳动厅《关于做好春节期间困难企业职工基本生活保障工作的紧急通知》的通知	宣布失效	任务已完成
35	劳办发〔1995〕31号	关于确保部—省间信息网畅通的紧急通知	宣布失效	任务已完成

续表

序号	文 号	文件名称	清理意见	理 由
36	劳办发〔1995〕122号	关于转发山东省职业介绍机构评估经验的通知	宣布失效	任务已完成
37	劳办发〔1995〕175号	关于落实流动就业凭证管理制度几项具体工作的通知	宣布失效	任务已完成
38	劳办发〔1995〕250号	关于做好国有企业职工失业保险基金1995年度决算和1996年度预算工作的通知	宣布失效	任务已完成
39	劳办函〔1995〕7号	关于确认劳动部指导企业养老保险制度改革的重点联系城市名单的函	宣布失效	任务已完成
40	人专发〔1995〕147号	人事部等7部门关于印发《“百千万人才工程”实施方案》的通知	宣布失效	任务已完成
41	人发〔1996〕20号	关于开展1996年享受政府特殊津贴人员选拔工作的通知	宣布失效	任务已完成
42	人发〔1996〕21号	关于1996年选拔享受政府特殊津贴人员控制指标参考数的通知	宣布失效	任务已完成

续表

序号	文 号	文件名称	清理意见	理 由
43	人发〔1996〕22号	关于1995年享受政府特殊津贴人员有关问题的通知	宣布失效	任务已完成
44	人发〔1996〕31号	关于聘请国家公务员考试录用监督巡视员的通知	宣布失效	适用期满
45	人发〔1996〕102号	关于进一步加强博士后管理工作的通知	宣布失效	任务已完成
46	劳部发〔1996〕10号	关于切实做好春运期间返乡返岗民工运输组织工作的通知	宣布失效	任务已完成
47	劳部发〔1996〕17号	关于加强1996年春节前后流动就业民工管理工作的通知	宣布失效	任务已完成
48	劳部发〔1996〕85号	劳动部、全国总工会、国家经贸委关于进一步完善劳动争议仲裁三方机制的通知	宣布失效	任务已完成
49	劳部发〔1996〕137号	关于印发《农村劳动力跨地区流动有序化工程1996年实施计划》的通知	宣布失效	任务已完成

续表

序号	文 号	文件名称	清理意见	理 由
50	劳部发〔1996〕150 号	关于在京、沪、闽、粤、桂、黔、滇开展劳务输出扶贫试点工作的通知	宣布失效	任务已完成
51	劳部发〔1996〕163 号	关于印发《重点联系城市企业职工养老保险制度改革 1996 年度评价指标(试行)》的通知	宣布失效	任务已完成
52	劳部发〔1996〕172 号	关于做好“九五”期间残疾人就业工作的通知	宣布失效	适用期满
53	劳部发〔1996〕235 号	关于加强职业介绍机构管理的通知	宣布失效	任务已完成
54	劳部发〔1996〕414 号	关于在国家社会发展综合实验区全面建立生育保险制度的通知	宣布失效	任务已完成
55	劳部发〔1996〕420 号	关于加快养老金社会化发放工作的通知	宣布失效	任务已完成
56	劳办发〔1996〕47 号	关于养老金发放问题给河北省劳动厅的函	宣布失效	任务已完成

续表

序号	文 号	文件名称	清理意见	理 由
57	人办发〔1996〕56号	关于1997年度职称外语等级考试的通知	宣布失效	任务已完成
58	人办发〔1996〕75号	关于发布《1997年度专业技术人员资格考试工作计划》的通知	宣布失效	任务已完成
59	劳办发〔1996〕34号	关于切实做好节后组织民工有序流动工作的通知	宣布失效	任务已完成
60	劳办发〔1996〕148号	关于确定完善劳动争议处理体制试点地区的通知	宣布失效	任务已完成
61	劳办发〔1996〕227号	关于做好企业职工失业保险基金1996年度决算和1997年度预算的通知	宣布失效	任务已完成
62	劳办发〔1996〕272号	关于做好春运期间民工流动信息收集和通报工作的通知	宣布失效	任务已完成
63	劳办函〔1996〕27号	关于对交通银行郑州分行未按国家规定实行养老保险统筹问题处理意见的函	宣布失效	任务已完成

续表

序号	文 号	文件名称	清理意见	理 由
64	劳办发〔1997〕101 号	关于做好企业职工失业保险基金 1997 年度决算和 1998 年度预算的通知	宣布失效	任务已完成
65	劳办发〔1997〕111 号	关于切实做好 1998 年春运期间组织民工有序流动工作的通知	宣布失效	任务已完成
66	劳办函〔1997〕218 号	关于河南省女高知退休年龄问题的复函	宣布失效	任务已完成
67	人发〔1998〕40 号	关于选拔录用部分优秀高校毕业生到基层公安机关工作的通知	宣布失效	任务已完成
68	劳部发〔1998〕59 号	关于印发《劳动工作配合国有企业改革规划》的通知	宣布失效	任务已完成
69	劳社部发〔1998〕13 号	关于进一步加强就业服务大力促进下岗职工再就业的通知	宣布失效	任务已完成
70	劳社部函〔1998〕168 号	关于加强医疗保险费用管理的紧急通知	宣布失效	任务已完成
71	劳社厅函〔1998〕148 号	关于做好失业保险基金 1998 年度决算和 1999 年度预算编制工作的通知	宣布失效	任务已完成

续表

序号	文 号	文件名称	清理意见	理 由
72	人发〔1999〕127号	关于印发《关于积极开展企业博士后工作的意见》的通知	宣布失效	任务已完成
73	劳社部发〔1999〕28号	关于调整失业保险基金支出项目有关问题的通知	宣布失效	任务已完成
74	劳社部发〔1999〕12号	关于切实加强国有企业下岗职工基本生活保障资金监督管理工作的紧急通知	宣布失效	任务已完成
75	劳社部函〔1999〕183号	关于调整农村养老保险个人账户计息标准的通知	宣布失效	失去时效性
76	劳社部函〔1999〕132号	关于调整农村社会养老保险退保计息标准的通知	宣布失效	失去时效性
77	劳社部函〔1999〕142号	劳动和社会保障部、财政部关于解决吉林省煤炭行业养老保险基金缺口问题的函	宣布失效	执行完毕
78	劳社厅函〔1999〕17号	关于确定医疗保险制度改革重点联系城市有关问题的通知	宣布失效	任务已完成

续表

序号	文 号	文件名称	清理意见	理 由
79	劳社厅函〔1999〕162号	关于首钢总公司迁安矿集体劳动争议有关问题的函	宣布失效	任务已完成
80	人发〔2000〕55号	人事部、农业部关于印发《县乡村实用人才工程实施方案》的通知	宣布失效	任务已完成
81	人发〔2000〕84号	关于严肃人事工作纪律认真处理违规进人严格录用考试纪律的通知	宣布失效	任务已完成
82	劳社部发〔2000〕30号	劳动和社会保障部、财政部关于铁道行业离休人员基本养老保险移交地方管理有关问题的通知	宣布失效	执行完毕
83	劳社部函〔2000〕14号	劳动和社会保障部、财政部关于做好新疆生产建设兵团基本养老保险统筹工作的通知	宣布失效	执行完毕
84	劳社部函〔2000〕25号	劳动和社会保障部、财政部关于原中央所属煤炭行业的部分单位养老统筹移交河北省管理有关事项的函	宣布失效	执行完毕

续表

序号	文号	文件名称	清理意见	理由
85	劳社部函〔2000〕26号	劳动和社会保障部、财政部关于原中央所属煤炭行业的部分单位养老统筹移交江苏省管理有关事项的函	宣布失效	执行完毕
86	劳社部函〔2000〕27号	劳动和社会保障部、财政部关于原中央所属煤炭行业的部分单位养老统筹移交山东省管理有关事项的函	宣布失效	执行完毕
87	劳社部函〔2000〕28号	劳动和社会保障部、财政部关于原中央所属煤炭行业的部分单位养老统筹移交山西省管理有关事项的函	宣布失效	执行完毕
88	劳社部函〔2000〕29号	劳动和社会保障部、财政部关于原中央所属煤炭行业的部分单位养老统筹移交海南省管理有关事项的函	宣布失效	执行完毕
89	劳社部函〔2000〕30号	劳动和社会保障部、财政部关于原中央所属煤炭行业的部分单位养老统筹移交安徽省管理有关事项的函	宣布失效	执行完毕

续表

序号	文号	文件名称	清理意见	理由
90	劳社部函〔2000〕31号	劳动和社会保障部、财政部关于原中央所属煤炭行业的部分单位养老统筹移交上海市管理有关事项的函	宣布失效	执行完毕
91	劳社部函〔2000〕32号	劳动和社会保障部、财政部关于原中央所属煤炭行业的部分单位养老统筹移交辽宁省管理有关事项的函	宣布失效	执行完毕
92	劳社部函〔2000〕33号	劳动和社会保障部、财政部关于原中央所属煤炭行业的部分单位养老统筹移交黑龙江省管理有关事项的函	宣布失效	执行完毕
93	劳社部函〔2000〕34号	劳动和社会保障部、财政部关于原中央所属煤炭行业的部分单位养老统筹移交吉林省管理有关事项的函	宣布失效	执行完毕
94	劳社部函〔2000〕35号	劳动和社会保障部、财政部关于原中央所属煤炭行业的部分单位养老统筹移交陕西省管理有关事项的函	宣布失效	执行完毕

续表

序号	文号	文件名称	清理意见	理由
95	劳社部函〔2000〕36号	劳动和社会保障部、财政部关于原中央所属煤炭行业的部分单位养老统筹移交河南省管理有关事项的函	宣布失效	执行完毕
96	劳社部函〔2000〕37号	劳动和社会保障部、财政部关于原中央所属煤炭行业的部分单位养老统筹移交湖北省管理有关事项的函	宣布失效	执行完毕
97	劳社部函〔2000〕38号	劳动和社会保障部、财政部关于原中央所属煤炭行业的部分单位养老统筹移交四川省管理有关事项的函	宣布失效	执行完毕
98	劳社部函〔2000〕39号	劳动和社会保障部、财政部关于原中央所属煤炭行业的部分单位养老统筹移交广东省管理有关事项的函	宣布失效	执行完毕
99	劳社部函〔2000〕40号	劳动和社会保障部、财政部关于原中央所属煤炭行业的部分单位养老统筹移交天津市管理有关事项的函	宣布失效	执行完毕

续表

序号	文 号	文件名称	清理意见	理 由
100	劳社部函〔2000〕41 号	劳动和社会保障部、财政部关于原中央所属煤炭行业的部分单位养老统筹移交北京市管理有关事项的函	宣布失效	执行完毕
101	劳社部函〔2000〕185 号	劳动和社会保障部、财政部关于原中国建筑工程总公司部分单位基本养老保险移交地方管理有关问题的通知	宣布失效	执行完毕
102	劳社厅函〔2000〕49 号	关于允许农村社会养老保险基金办理长期存款业务的函	宣布失效	失去时效性
103	人发〔2001〕47 号	关于“十五”期间继续做好考试录用优秀大学生到基层公安机关工作的通知	宣布失效	任务已完成
104	人发〔2001〕64 号	人事部 国家煤矿安全监察局关于做好从大中型煤矿企业专业技术人员中考试录用煤矿安全监察办事处国家公务员工作的通知	宣布失效	任务已完成

续表

序号	文 号	文件名称	清理意见	理 由
105	人发〔2001〕68号	关于调整博士后日常经费标准的通知	宣布失效	任务已完成
106	人办发〔2001〕98号	关于启用人事争议仲裁徽有关问题的通知	宣布失效	任务已完成
107	劳社厅函〔2001〕287号	关于对实行补充养老保险规范管理的函	宣布失效	任务已完成
108	人发〔2002〕27号	关于申请设立博士后科研工作站有关事项的通知	宣布失效	任务已完成
109	人发〔2002〕55号	关于印发《新世纪百千万人才工程实施方案》的通知	宣布失效	任务已完成
110	人发〔2002〕75号	关于修改《人事争议处理暂行规定》和《人事争议处理办案规则》有关条款的通知	宣布失效	任务已完成
111	人发〔2002〕76号	关于设立中央国家行政机关在京直属事业单位人事争议仲裁委员会的通知	宣布失效	任务已完成

续表

序号	文 号	文件名称	清理意见	理 由
112	劳社部发〔2002〕14号	关于进一步做好劳动保障事业发展规划工作的意见	宣布失效	任务已完成
113	劳社部函〔2002〕66号	关于基本养老保险个人账户基金办理人民币协议存款的函	宣布失效	任务已完成
114	人办函〔2002〕14号	关于对在机构改革中提前离岗国家公务员所犯错误如何追究行政纪律责任有关问题的复函	宣布失效	任务已完成
115	劳社部发〔2003〕6号	关于调整基本养老保险个人缴费比例的通知	宣布失效	任务已完成
116	劳社部发〔2003〕11号	关于贯彻落实工伤保险条例的通知	宣布失效	任务已完成
117	劳社部发〔2003〕14号	关于贯彻落实国务院办公厅关于做好2003年普通高等学校毕业生就业工作的通知若干问题的意见	宣布失效	适用期满
118	劳社部发〔2003〕24号	关于妥善处理国有企业下岗职工出中心再就业有关问题的通知	宣布失效	任务已完成

续表

序号	文 号	文件名称	清理意见	理 由
119	劳社部函〔2003〕115号	关于做好当前农村养老保险工作的通知	宣布失效	失去时效性
120	劳社部函〔2003〕148号	关于认真做好当前农村养老保险工作的通知	宣布失效	失去时效性
121	劳社厅明电〔2003〕6号	关于做好参加基本医疗保险人员非典型肺炎防治工作的通知	宣布失效	适用期满
122	劳社厅函〔2003〕21号	关于加强劳动保障监察工作的通知	宣布失效	任务已完成
123	劳社厅函〔2003〕338号	关于严禁流动就业管理服务乱收费的通知	宣布失效	任务已完成
124	国人部发〔2005〕15号	关于在内蒙古、黑龙江、江苏、福建、云南等五省（自治区）质检机构开展行政执法类公务员管理试点工作的通知	宣布失效	任务已完成
125	国人部发〔2005〕73号	关于印发《专业技术人才知识更新工程（“653工程”）实施方案》的通知	宣布失效	任务已完成

续表

序号	文 号	文件名称	清理意见	理 由
126	劳社部发〔2005〕2号	关于印发2005年就业再就业专项计划的通知	宣布失效	任务已完成
127	劳社部发〔2005〕6号	关于切实做好国有企业下岗职工基本生活保障制度向失业保险制度并轨有关工作的通知	宣布失效	任务已完成
128	劳社部函〔2005〕31号	劳动和社会保障部、财政部关于解决电力体制改革中水电施工企业养老保险有关问题的函	宣布失效	任务已完成
129	国人厅发〔2005〕12号	关于继续开展高层次留学人才回国资助试点工作的通知	宣布失效	任务已完成
130	劳社厅函〔2005〕362号	关于第二批转制为企业的水利工程管理单位纳入所在省企业职工基本养老保险的函	宣布失效	任务已完成
131	劳社厅发〔2005〕3号	关于充分发挥失业保险作用积极推进并轨工作的通知	宣布失效	任务已完成

续表

序号	文号	文件名称	清理意见	理由
132	国人部发〔2006〕122号	关于印发《关于加快实施专业技术人才知识更新工程（“653工程”）的意见》的通知	宣布失效	任务已完成
133	劳社部发〔2006〕30号	关于实施就业新起点计划试点工作的通知	宣布失效	任务已完成
134	劳社部发〔2006〕28号	关于发布职业技能实训和鉴定设备通用技术规范等9项行业标准的通知	宣布失效	相关工作已不再进行
135	劳社部发〔2006〕19号	关于实施农民工“平安计划”加快推进农民工参加工伤保险工作的通知	宣布失效	任务已完成
136	劳社部发〔2006〕27号	关于印发统筹城乡就业试点工作指导意见的通知	宣布失效	任务已完成
137	劳社部函〔2006〕1号	关于印发贯彻落实国务院完善企业职工基本养老保险制度决定工作安排意见的通知	宣布失效	任务已完成

续表

序号	文 号	文件名称	清理意见	理 由
138	劳社部明电〔2006〕5号	关于开展社会保险经办机构养老保险内部控制检查的通知	宣布失效	任务已完成
139	劳社厅发〔2006〕12号	关于加快开展失业监测数据整理及上报工作全面完成失业监测建设任务的通知	宣布失效	任务已完成
140	劳社厅函〔2006〕475号	关于进一步做好涉外就业管理工作的函	宣布失效	适用期满
141	国人部发〔2007〕94号	关于规范人才招聘会管理改进人才招聘服务的通知	宣布失效	任务已完成
142	国人部发〔2007〕133号	关于加强人事系统收费管理的通知	宣布失效	任务已完成
143	劳社部函〔2007〕174号	关于认定2007年城镇居民基本医疗保险试点城市名单的批复	宣布失效	任务已完成
144	国人厅发〔2007〕84号	关于继续开展高层次留学人才回国资助试点工作的通知	宣布失效	任务已完成
145	劳社厅函〔2007〕281号	关于切实做好城镇居民基本医疗保险试点工作有关问题的通知	宣布失效	任务已完成

续表

序号	文号	文件名称	清理意见	理由
146	人社部明电〔2008〕5号	关于认真做好地震灾区救灾期间基本医疗保险和工伤保险工作的紧急通知	宣布失效	任务已完成
147	劳社部函〔2008〕24号	关于认定2008年城镇居民基本医疗保险扩大试点城市名单的批复	宣布失效	任务已完成
2. 废止文件目录(197件) 依据:2016年4月13日人社部发〔2016〕34号附件二				
1	劳字〔1988〕43号	关于做好外国人在中国就业管理工作几个问题的通知	宣布废止	已有新规定
2	劳字〔1988〕20号	劳动部、财政部关于邮电部所属企业固定职工离退休费用统筹问题的复函	宣布废止	已有新规定
3	劳字〔1988〕23号	劳动部、财政部关于中国建筑工程总公司直属企业固定职工离退休费用统筹问题的复函	宣布废止	已有新规定
4	劳字〔1988〕17号	关于退休养老基金管理问题的复函	宣布废止	已有新规定效

续表

序号	文 号	文件名称	清理意见	理 由
5	劳力字〔1988〕2号	关于加强贫困地区劳动力资源开发工作的通知	宣布废止	已有新规定
6	劳险字〔1988〕1号	关于石油企业退休费用社会统筹问题的复函	宣布废止	已有新规定
7	劳人干〔1988〕2号	关于国家机关干部受开除留用察看处分期满后被分配当工勤人员身份问题的复函	宣布废止	已有新规定
8	人核司函〔1988〕4号	关于过失犯罪人员问题的复函	宣布废止	已有新规定
9	人调发〔1988〕5号	关于加强流动人员人事档案管理工作的通知	宣布废止	已有新规定
10	人调发〔1989〕11号	关于进一步加强流动人员人事档案管理的补充通知	宣布废止	已有新规定
11	劳力字〔1989〕5号	关于劳动服务公司发展和改革建设中若干问题的意见	宣布废止	已有新规定

续表

序号	文号	文件名称	清理意见	理由
12	劳力字〔1989〕43号	关于颁发《城镇青年就业经费中中央级扶持生产资金管理使用暂行办法》的通知	宣布废止	已有新规定
13	劳力字〔1989〕44号	关于定期报送企业停产半停产及停工待工人员情况的通知	宣布废止	已有新规定
14	劳力字〔1989〕19号	关于加强劳动仲裁工作的通知	宣布废止	已有新规定
15	人录发〔1989〕1号	关于国家行政机关补充工作人员实行考试办法的通知	宣布废止	已有新规定
16	人录发〔1989〕3号	关于印发《中央国家行政机关国家公务员制度试点总体方案》的通知	宣布废止	原有依据已废止
17	劳险字〔1989〕12号	关于归侨、侨眷职工出境探亲期间是否准予办理退休手续问题的复函	宣布废止	已有新规定
18	劳险字〔1989〕24号	关于人民银行、人民保险公司系统参加当地退休费用统筹问题的复函	宣布废止	已有新规定

续表

序号	文号	文件名称	清理意见	理由
19	劳办险字〔1989〕3号	关于合同制工人在试用期内患病医疗问题的复函	宣布废止	已有新规定
20	劳办险字〔1989〕4号	劳动部办公厅、全国总工会办公厅转发卫生部、财政部《关于器官移植医疗费保险问题的复函》的通知	宣布废止	已有新规定
21	人培干司〔1989〕47号	关于转发职位职称司《对关于专业技术人员犯错误受处理后是否取消专业技术职务任职资格的请示的答复》的通知	宣布废止	已有新规定
22	劳力字〔1990〕36号	关于加强就业经费管理工作的通知	宣布废止	已有新规定
23	劳办力〔1990〕57号	关于劳动仲裁受理范围的复函	宣布废止	已有新规定
24	人职发〔1990〕6号	关于增补和调整全民所有制事业单位专业技术职务岗位数额的通知	宣布废止	已有新规定

续表

序号	文号	文件名称	清理意见	理由
25	人核函〔1990〕5号	关于惩戒工作有关问题的复函	宣布废止	已有新规定
26	人退司函〔1990〕1号	关于实行企业化管理的事业单位是否参加退(离)休费用社会统筹问题的复函	宣布废止	已有新规定
27	劳险字〔1990〕18号	关于交通部直属水上运输和水上施工企业职工退休费用社会统筹问题的函	宣布废止	已有新规定
28	劳办力字〔1991〕50号	关于使用待业保险基金解决企业停产整顿期间职工生活困难问题的复函	宣布废止	已有新规定
29	人法发〔1991〕5号	关于印发《全民所有制企业聘用制干部管理暂行规定》的通知	宣布废止	已有新规定
30	劳办力字〔1991〕23号	关于加强就业难点转化工作的通知	宣布废止	已有新规定
31	劳险字〔1991〕19号	关于加强养老保险基金中有价证券和库存现金管理的通知	宣布废止	已有新规定

续表

序号	文 号	文件名称	清理意见	理 由
32	劳险字〔1991〕25号	关于机关、事业单位劳动合同制工人养老和待业保险基金是否移交人事部门管理问题的复函	宣布废止	已有新规定
33	劳办险字〔1991〕4号	关于能源部直属电力企业厂办集体是否参加当地统筹问题的复函	宣布废止	已有新规定
34	人录发〔1992〕2号	关于印发《关于进一步坚持和完善乡镇干部聘用制的意见》的通知	宣布废止	已有新规定
35	劳力字〔1992〕17号	关于企业开除职工问题的复函	宣布废止	原有依据已废止
36	劳力字〔1992〕22号	转发国家物价局、财政部《关于发布中央管理的劳动部门行政事业性收费项目和标准的通知》的通知	宣布废止	已有新规定
37	劳力字〔1992〕45号	关于进一步做好外国人在华就业管理工作的通知	宣布废止	已有新规定
38	劳力字〔1992〕51号	关于城镇青年就业经费中扶持生产资金挂账及审批权限问题的通知	宣布废止	已有新规定

续表

序号	文 号	文件名称	清理意见	理 由
39	劳力字〔1992〕53号	关于印发《劳动仲裁费和劳动合同鉴证费管理办法》的通知	宣布废止	原有依据已废止
40	劳办力字〔1992〕5号	关于患有精神病的合同制工人医疗期问题的复函	宣布废止	已有新规定
41	劳办力字〔1992〕15号	关于受理职工违反计划生育政策规定引起的劳动争议问题的复函	宣布废止	已有新规定
42	劳办力字〔1992〕45号	关于职工擅自离职按自动离职处理发生争议属劳动争议处理范围的复函	宣布废止	已有新规定
43	人核发〔1992〕10号	关于加强国家行政机关工作人员晋升行政职务管理工作的通知	宣布废止	原有依据已废止
44	人核函〔1992〕7号	关于实行企业管理性质的事业单位职工违反劳动纪律能否作除名处理问题的复函	宣布废止	已有新规定
45	人职发〔1992〕3号	关于法律顾问资格考试有关问题的补充通知	宣布废止	企业法律顾问职业资格制度已被取消

续表

序号	文号	文件名称	清理意见	理由
46	人退发〔1992〕2号	人事部关于机关、事业单位养老保险制度改革有关问题的通知	宣布废止	已有新规定
47	劳险字〔1992〕19号	关于做好养老保险基金收缴、支付和管理工作的通知	宣布废止	已有新规定
48	劳险字〔1992〕30号	对交通部等八个部门要求实行养老保险系统统筹的意见的函	宣布废止	已有新规定
49	劳险函字〔1992〕2号	关于机关、事业单位劳动合同制工人养老保险管理问题的复函	宣布废止	已有新规定
50	人录发〔1993〕1号	关于按照吸收录用干部程序录用人民警察的通知	宣布废止	已有新规定
51	劳部发〔1993〕43号	关于境外人员入境就业工作几点具体意见的通知	宣布废止	已有新规定
52	劳部发〔1993〕61号	关于做好离退休人员管理服务工作的通知	宣布废止	已有新规定
53	劳部发〔1993〕88号	关于一些部门要求实行系统统筹问题的函	宣布废止	已有新规定

续表

序号	文号	文件名称	清理意见	理由
54	劳部发〔1993〕95号	关于社会保险管理体制问题的函	宣布废止	国家已建立新的社会保险管理体制
55	劳部发〔1993〕244号	关于《中华人民共和国企业劳动争议处理条例》若干问题的解释	宣布废止	已有新规定
56	劳部发〔1993〕301号	关于颁发《企业劳动争议调解委员会组织及工作规则》的通知	宣布废止	已有新规定
57	劳办发〔1993〕90号	关于离退休人员在单位组织外出疗养途中发生意外伤亡问题的复函	宣布废止	已有新规定
58	劳办发〔1993〕199号	关于企业辞退违纪职工生效时间的复函	宣布废止	已有新规定
59	劳办发〔1993〕224号	关于履行企业内部承包责任合同的争议是否受理的复函	宣布废止	原有依据已废止
60	劳办力发〔1993〕8号	关于转发《山东省职工待业保险办法》的通知	宣布废止	已有新规定
61	人职函〔1993〕1号	关于对吉林省企业法律顾问资格考试合格人员如何对待问题的复函	宣布废止	企业法律顾问职业资格制度已被取消

续表

序号	文 号	文件名称	清理意见	理 由
62	劳部发〔1994〕39号	关于邯郸市社会保险管理体制问题的批复	宣布废止	国家已建立新的社会保险管理体制
63	劳部发〔1994〕42号	关于涉外劳动争议管辖权问题的复函	宣布废止	原有依据已废止
64	劳部发〔1994〕94号	关于加强基层劳动争议仲裁委员会建设的通知	宣布废止	原有依据已废止
65	劳部发〔1994〕241号	劳动部、财政部对有色金属工业总公司企业职工养老保险费用统筹问题的批复	宣布废止	已有新规定
66	劳部发〔1994〕310号	关于促进纺织行业产业结构调整分流企业富余人员的通知	宣布废止	已有新规定
67	劳部发〔1994〕314号	关于中国石油天然气总公司直属单位职工养老保险费用统筹问题的批复	宣布废止	已有新规定
68	劳部发〔1994〕321号	对交通部直属企业职工养老保险费用统筹问题的批复	宣布废止	已有新规定

续表

序号	文号	文件名称	清理意见	理由
69	劳部发〔1994〕349 号	劳动部、人事部、民政部关于保持社会保险管理体制稳定的通知	宣布废止	国家已建立新的社会保险管理体制
70	劳部发〔1994〕386 号	关于煤炭工业部直属单位职工养老保险费用统筹问题的批复	宣布废止	已有新规定
71	劳部发〔1994〕468 号	关于进一步加强劳动争议处理工作的通知	宣布废止	原有依据已废止
72	劳办发〔1994〕16 号	关于企业劳动争议处理条例若干问题解释中时效问题的复函	宣布废止	已有新规定
73	劳办发〔1994〕30 号	关于再就业工程试点城市的通知	宣布废止	已有新规定
74	劳办发〔1994〕47 号	关于劳动争议仲裁疑难问题的复函	宣布废止	已有新规定
75	劳办发〔1994〕50 号	关于人寿保险公司不得代办社会保险业务的函	宣布废止	已有新规定
76	劳办发〔1994〕96 号	关于劳动争议受理问题的复函	宣布废止	原有依据已废止

续表

序号	文 号	文件名称	清理意见	理 由
77	劳办发〔1994〕115号	关于劳动合同制工人医疗期满后定期复查问题的复函	宣布废止	已有新规定
78	劳办发〔1994〕126号	关于劳动争议受理范围的复函	宣布废止	原有依据已废止
79	劳办发〔1994〕142号	关于承包合同引起劳动争议问题的复函	宣布废止	原有依据已废止
80	劳办发〔1994〕248号	关于因企业职工流动等问题发生劳动争议是否受理的复函	宣布废止	原有依据已废止
81	劳办发〔1994〕257号	关于对《中华人民共和国企业劳动争议处理条例》第二十三条如何理解的复函	宣布废止	原有依据已废止
82	劳办发〔1994〕312号	关于是否受理企业与职工因住房出售等问题发生争议的复函	宣布废止	原有依据已废止
83	劳办发〔1994〕322号	关于处理劳动争议案件若干政策性问题的复函	宣布废止	已有新规定
84	劳办发〔1994〕324号	关于企业职工因承包在外劳动过程中发生伤亡问题的复函	宣布废止	已有新规定

续表

序号	文 号	文件名称	清理意见	理 由
85	劳办发〔1994〕341号	劳动部办公厅转发卫生部、财政部关于公费医疗用药报销范围有关规定的通知	宣布废止	已有新规定
86	劳办发〔1994〕370号	关于职工被处理后原单位能否再行处理的复函	宣布废止	原有依据已废止
87	劳办发〔1994〕391号	关于在劳动争议仲裁程序中能否适用部分裁决问题的复函	宣布废止	已有新规定
88	人国人字〔1994〕16号	关于印发《人事部推行国家公务员制度实施方案》的通知	宣布废止	原有依据已废止
89	人薪发〔1994〕44号	关于机关、事业单位工人进行技术等级岗位考核有关问题的通知	宣布废止	已有新规定
90	人职发〔1994〕19号	关于新建事业单位核定专业技术职务岗位数额、结构比例有关问题的通知	宣布废止	已有新规定
91	劳部发〔1995〕1号	关于印发《劳动争议处理人员培训纲要》的通知	宣布废止	已有新规定

续表

序号	文号	文件名称	清理意见	理由
92	劳部发〔1995〕206号	关于劳动争议案件管辖范围的复函	宣布废止	原有依据已废止
93	劳部发〔1995〕222号	关于进一步完善劳动争议处理工作的通知	宣布废止	已有新规定
94	劳部发〔1995〕233号	关于贯彻落实《国务院办公厅转发劳动部关于实施再就业工程报告的通知》的通知	宣布废止	已有新规定
95	劳部发〔1995〕268号	关于中国民用航空总局直属单位职工养老保险费用统筹问题的批复	宣布废止	已有新规定
96	劳部发〔1995〕321号	关于印发《建立健全社会保险基金监督机构的试行意见》的通知	宣布废止	已根据国务院规定设置社会保险基金监督机构
97	劳部发〔1995〕338号	关于劳动争议仲裁工作几个问题的通知	宣布废止	原有依据已废止
98	劳部发〔1995〕356号	关于印发《就业登记规定》的通知	宣布废止	已有新规定

续表

序号	文号	文件名称	清理意见	理由
99	劳部发〔1995〕464号	关于印发《关于建立企业补充养老保险制度的意见》的通知	宣布废止	已有新规定
100	劳部发〔1995〕465号	关于对《电力行业职工养老保险制度改革试点方案》的批复	宣布废止	已有新规定
101	劳办发〔1995〕94号	关于劳动争议受案范围的复函	宣布废止	已有新规定
102	劳办发〔1995〕209号	关于职工从事业余兼职劳动发生劳动争议如何处理的复函	宣布废止	原有依据已废止
103	劳办发〔1995〕223号	关于调入合同有关问题的复函	宣布废止	已有新规定
104	劳办发〔1995〕264号	关于试用期内解除劳动合同处理依据问题的复函	宣布废止	已有新规定
105	劳办发〔1995〕323号	关于仲裁裁决生效前企业能否对职工再行处理的复函	宣布废止	已有新规定
106	人核培发〔1995〕66号	关于国家公务员非领导职务设置实施工作若干问题的通知	宣布废止	原有依据已废止

续表

序号	文 号	文件名称	清理意见	理 由
107	人职发〔1995〕104号	关于印发《注册资产评估师执业资格认定办法》的通知	宣布废止	原注册资产评估师执业资格制度已调整
108	人发〔1996〕9号	关于实施国家公务员考核制度有关问题的补充通知	宣布废止	已有新规定
109	人发〔1996〕18号	关于印发《国际商务专业高级技术资格评审条件(试行)》的通知	宣布废止	国际商务专业技术资格已被取消
110	人发〔1996〕58号	关于印发《全国老中医药专家学术经验继承工作管理办法》的通知	宣布废止	已有新规定
111	人发〔1996〕82号	关于国家公务员纪律惩戒有关问题的通知	宣布废止	原有依据已废止
112	人发〔1996〕84号	关于印发《公安机关人民警察录用办法》的通知	宣布废止	已有新规定
113	劳部发〔1996〕196号	关于人民法院驳回劳动争议仲裁第三人起诉有关问题的复函	宣布废止	原有依据已废止
114	劳部发〔1996〕216号	关于劳动争议当事人对纠正后裁决不服是否有申诉权问题的复函	宣布废止	已有新规定

续表

序号	文 号	文件名称	清理意见	理 由
115	劳部发〔1996〕237号	关于劳动争议仲裁程序问题的复函	宣布废止	原有依据已废止
116	劳部发〔1996〕240号	关于用人单位不服部分裁决申请复议期限问题的复函	宣布废止	原有依据已废止
117	劳部发〔1996〕377号	关于建立解困工作信息通报制度的函	宣布废止	已有新规定
118	劳部发〔1996〕349号	劳动部转发卫生部、财政部《关于印发〈公费医疗用药报销范围(试行)西药—麻醉等十四类〉的通知》的通知	宣布废止	已有新规定
119	人函〔1996〕295号	关于机关事业单位因公(工)致残完全丧失工作能力人员退休费问题的复函	宣布废止	已有新规定
120	人办发〔1996〕2号	关于1996年度国际商务专业、执业药师和执业中药师资格考试有关问题的通知	宣布废止	国际商务专业技术资格已被取消;原执业药师和执业中药师资格已合并

续表

序号	文号	文件名称	清理意见	理由
121	人办发〔1996〕10号	关于1996年度国际商务、执业药师和执业中药师资格考试考务工作有关问题的通知	宣布废止	国际商务专业技术资格已被取消；原执业药师和执业中药师资格已合并
122	人办发〔1996〕22号	关于经济专业技术资格考试商业专业中增设商业营销子专业等有关问题的通知	宣布废止	经济专业技术资格考试专业已重新设置
123	人办发〔1996〕39号	关于执业中药师资格认定申报工作的通知	宣布废止	原执业中药师资格已与执业药师资格合并
124	人办函〔1996〕83号	关于外派劳务人员享受工伤保险待遇问题的复函	宣布废止	已有新规定
125	劳办发〔1996〕28号	关于处理工伤争议有关问题的复函	宣布废止	已有新规定

续表

序号	文 号	文件名称	清理意见	理 由
126	劳办发〔1996〕35号	关于印发职工基本养老保险个人账户表式的通知	宣布废止	已有新规定
127	劳办发〔1996〕100号	关于职工因岗位变更与企业发生争议等有关问题的复函	宣布废止	原有依据已废止
128	劳办发〔1996〕134号	对《关于海南、福建两省社会养老保险制度改革情况的调查报告》有关问题的复函	宣布废止	已有新规定
129	人发〔1997〕83号	关于国家公务员辞职或被辞退后有关问题的通知	宣布废止	原有依据已废止
130	劳部发〔1997〕269号	关于印发《关于进一步建立和完善国有企业困难职工解困工作制度的意见》的通知	宣布废止	已有新规定

续表

序号	文 号	文件名称	清理意见	理 由
131	劳部发〔1997〕291 号	关于印发《生育保险覆盖计划》的通知	宣布废止	已有新规定
132	劳部发〔1997〕346 号	关于促进粮食系统扭亏增盈减员增效分流安置富余人员的通知	宣布废止	已有新规定
133	人办发〔1997〕87 号	关于报送国家公务员辞职辞退情况的通知	宣布废止	原有依据已废止
134	劳办发〔1997〕15 号	关于处理劳动争议案件几个问题的复函	宣布废止	原有依据已废止
135	劳办发〔1997〕24 号	关于对超过退休年龄的职工能否开除的复函	宣布废止	已有新规定

续表

序号	文 号	文件名称	清理意见	理 由
136	劳办发〔1997〕43号	关于转发江苏省劳动厅《关于县(市、区)劳动争议仲裁委员会建立乡镇办事处的通知》的通知	宣布废止	已有新规定
137	劳办发〔1997〕110号	关于对跨省市的中直单位职工失业保险能否实行集中管理的复函	宣布废止	已有新规定
138	劳办函〔1997〕146号	关于执行《职业介绍规定》有关问题的复函	宣布废止	已有新规定
139	劳办函〔1997〕159号	关于破产企业职工安置问题的复函	宣布废止	已有新规定
140	人发〔1998〕4号	关于实施《企业法律顾问执业资格制度暂行规定》及《企业法律顾问执业资格考试实施办法》补充规定的通知	宣布废止	企业法律顾问执业资格制度已被取消

续表

序号	文号	文件名称	清理意见	理由
141	劳部发〔1998〕37号	关于做好纺织行业压锭减员分流安置工作的通知	宣布废止	已有新规定
142	劳办发〔1998〕4号	关于解困工作有关问题的复函	宣布废止	已有新规定
143	人发〔1999〕65号	关于事业单位专业技术职务实行结构比例管理的通知	宣布废止	已有新规定
144	人发〔1999〕23号	关于调整注册资产评估师执业资格考试有关规定的通知	宣布废止	原注册资产评估师执业资格制度已调整
145	劳社部函〔1999〕145号	关于加强基本医疗保险用药范围管理工作的通知	宣布废止	已有新规定

续表

序号	文 号	文件名称	清理意见	理 由
146	劳社部函〔1998〕167号	关于失业保险基金管理工作有关问题的紧急通知	宣布废止	已有新规定
147	劳社厅发〔1999〕22号	关于严格执行职工基本养老保险个人账户转移政策的通知	宣布废止	已有新规定
148	劳社厅发〔1999〕28号	关于印发劳动和社会保障部就业补助费管理办法的通知	宣布废止	已有新规定
149	劳社厅函〔1999〕90号	关于对用人单位无理阻挠劳动保障监督检查行为实施行政处罚问题的复函	宣布废止	已有新规定
150	劳社厅函〔1999〕113号	关于受劳动争议仲裁委员会委托进行工伤认定有关问题的复函	宣布废止	原有依据已废止

续表

序号	文 号	文件名称	清理意见	理 由
151	劳社厅函〔1998〕118号	关于破产企业职工安置有关政策问题的复函	宣布废止	已有新规定
152	人发〔2000〕33号	关于监狱劳教系统人民警察实行公务员制度有关问题的通知	宣布废止	原有依据已废止
153	人发〔2000〕57号	关于变更国家公务员行政处分后有关问题的通知	宣布废止	原有依据已废止
154	人发〔2000〕58号	关于印发《关于地方公安机关录用人民警察实行省级统一招考的意见》的通知	宣布废止	已有新规定
155	人发〔2000〕78号	关于印发《关于加快推进事业单位人事制度改革的意见》的通知	宣布废止	已有新规定

续表

序号	文号	文件名称	清理意见	理由
156	人发〔2000〕106 号	关于进一步加强国家公务员考核工作的意见	宣布废止	已有新规定
157	人发〔2000〕123 号	关于印发《质量专业技术人员职业资格考试暂行规定》和《质量专业技术人员职业资格考试实施办法》的通知	宣布废止	质量专业技术人员职业资格制度已被取消
158	劳社部发〔2000〕11 号	关于印发国家基本医疗保险药品目录的通知	宣布废止	已有新规定
159	劳社部函〔2000〕171 号	关于提前退休人员养老金计发有关问题的复函	宣布废止	已有新规定
160	劳社厅发〔2000〕3 号	关于印发做好农村富余劳动力流动就业工作意见的通知	宣布废止	已有新规定

续表

序号	文号	文件名称	清理意见	理由
161	劳社厅函〔2000〕136号	关于劳动争议仲裁委员会对不予受理的劳动争议案件应制作不予受理通知书的通知	宣布废止	原有依据已废止
162	人发〔2001〕65号	关于印发《国家公务员录用面试暂行办法》和《国务院工作部门面试考官资格管理暂行细则》的通知	宣布废止	已有新规定
163	人发〔2001〕74号	人事部、公安部关于印发《国家公务员(公安机关人民警察)录用计划审批表》《国家公务员(公安机关人民警察)录用审批表》《公安机关录用人民警察体检项目和标准》和《公安机关录用人民警察体能测评项目和标准》的通知	宣布废止	已有新规定
164	人发〔2001〕118号	关于对《关于进一步加强和改进党政机关年度考核工作的意见(试行稿)》进行试点的通知	宣布废止	已有新规定

续表

序号	文 号	文件名称	清理意见	理 由
165	人办函〔2001〕1号	关于政法机关录用工作人员实行全国统招统考制度有关意见的函	宣布废止	已有新规定
166	劳社部函〔2001〕97号	关于做好基本医疗保险药品目录乙类药品调整工作有关问题的通知	宣布废止	已有新规定
167	劳社厅函〔2001〕188号	关于从基本医疗保险用药范围中删除“西立伐他汀”药品品种的通知	宣布废止	已有新规定
168	劳社厅函〔2001〕261号	关于工伤认定时效问题的答复	宣布废止	已有新规定
169	人办函〔2001〕15号	关于对由县级以上各级人大常委会依据职权做出的撤销职务和企事业单位中由国家行政机关任命的人员的行政处分能否解除问题的复函	宣布废止	已有新规定
170	人发〔2002〕21号	关于调整企业法律顾问执业资格考试有关规定的通知	宣布废止	企业法律顾问执业资格制度已被取消

续表

序号	文号	文件名称	清理意见	理由
171	人发〔2002〕54号	关于实施房地产经纪人执业资格认定考试工作有关问题的通知	宣布废止	房地产经纪人职业资格制度已调整
172	人发〔2002〕68号	关于注册咨询工程师(投资)执业资格认定工作及有关问题的通知	宣布废止	原注册咨询工程师[投资]职业资格制度已调整
173	人发〔2002〕70号	关于印发《国际商务专业技术人员职业资格制度暂行规定》和《国际商务专业技术人员职业资格考试实施办法》的通知	宣布废止	国际商务专业技术资格已被取消
174	劳社部函〔2002〕146号	关于明确劳动争议仲裁收费问题的函	宣布废止	已有新规定
175	劳社厅发〔2002〕4号	关于进一步规范管理《社会保险审计检查证》的通知	宣布废止	已有新规定
176	劳社厅函〔2002〕190号	关于对户籍不在参保地的人员办理退休手续有关问题的复函	宣布废止	已有新规定
177	劳社厅函〔2002〕365号	关于对做好农民进城务工就业管理和服务工作意见的函	宣布废止	已有新规定

续表

序号	文 号	文件名称	清理意见	理 由
178	劳社部发〔2003〕25 号	关于劳动能力鉴定有关问题的通知	宣布废止	已有新规定
179	劳社部发〔2003〕29 号	关于工伤保险费率问题的通知	宣布废止	已有新规定
180	劳社部发〔2003〕2 号	转发财政部、国家税务总局关于下岗失业人员再就业有关税收政策问题的通知	宣布废止	已有新规定
181	劳社部发〔2003〕19 号	关于转发国家税务总局关于落实再就业税收优惠政策减省税收收入有关问题的通知	宣布废止	已有新规定
182	劳社厅函〔2003〕11 号	关于辽宁省企业职工基本养老保险个人账户做实后跨省转移问题的复函	宣布废止	已有新规定
183	劳社厅函〔2003〕314 号	劳动和社会保障部办公厅关于企业职工提前退休基本养老金计发办法问题的复函	宣布废止	已有新规定

续表

序号	文 号	文件名称	清理意见	理 由
184	劳社厅发〔2004〕9号	关于加强跨省劳务输出工作有关问题的通知	宣布废止	已有新规定
185	劳社厅发〔2004〕11号	关于对不符合领取失业保险金条件人员原有缴费时间的处理意见	宣布废止	已有新规定
186	劳社厅发〔2004〕18号	关于做好残疾失业人员登记工作的通知	宣布废止	已有新规定
187	国人厅发〔2005〕121号	关于开展高级统计师资格考评结合试点工作的通知	宣布废止	已建立高级统计师资格评审办法
188	劳社部发〔2005〕36号	关于事业单位、民间非营利组织工作人员工伤有关问题的通知	宣布废止	已有新规定
189	劳社部函〔2005〕180号	劳动和社会保障部、中华全国总工会、中国企业联合会/中国企业家协会关于进一步加强劳动争议调解工作的通知	宣布废止	已有新规定
190	劳社部发〔2006〕44号	关于做好建筑施工企业农民工参加工伤保险有关工作的通知	宣布废止	已有新规定

续表

序号	文 号	文件名称	清理意见	理 由
191	国人部发〔2007〕116号	关于印发《广告专业技术人员职业水平评价暂行规定》和《助理广告师、广告师职业水平考试实施办法》的通知	宣布废止	广告专业技术人员职业水平评价制度已取消
192	劳社部发〔2007〕8号	关于新旧劳动能力鉴定标准衔接有关问题处理意见的通知	宣布废止	已有新规定
193	劳社厅发〔2007〕7号	关于印发加强工伤康复试点工作指导意见的通知	宣布废止	已有新规定
194	劳社厅函〔2007〕162号	关于规范国家基本医疗保险和工伤保险药品目录部分药品名称剂型等问题的通知	宣布废止	已有新规定
195	劳社厅函〔2007〕226号	关于从医疗保险和工伤保险药品目录中删除替加色罗制剂的通知	宣布废止	已有新规定
196	人电字〔2007〕1号	关于建立人事系统舆情工作联动机制的通知	宣布废止	已有新规定
197	劳社部函〔2008〕31号	关于印发《工伤康复诊疗规范（试行）》和《工伤康复服务项目（试行）》的通知	宣布废止	已有新规定

续表

序号	文号	文件名称	清理意见	理由
四、废止文件目录(第3批,122件) 1. 失效文件目录(52件) 依据:2016年5月31日人社部发〔2016〕50号附件一				
1	劳总险字〔1979〕8号	关于职工被判处拘役、有期徒刑宣告缓刑后,其供养直系亲属可否继续享受劳动保险待遇问题给上海市劳动局的复函	宣布失效	执行完毕
2	劳总险字〔1979〕9号	关于临时工劳动保险待遇问题给内蒙古自治区劳动局的复函	宣布失效	执行完毕
3	劳总险字〔1979〕28号	关于撤销单位的职工的退休费由谁支付问题给河南省冶金局的复函	宣布失效	执行完毕
4	劳总险字〔1979〕29号	关于主要副食品提高销价后,有关职工劳保福利待遇若干问题的通知	宣布失效	执行完毕
5	劳总计字〔1979〕71号	关于做好工人退休、退职工作给各省、市等的通知	宣布失效	执行完毕
6	劳总险字〔1980〕46号	关于退休费、退职生活费、精减人员救济费可随工资区类别的调整而变动的通知	宣布失效	执行完毕

续表

序号	文号	文件名称	清理意见	理由
7	劳总险字〔1980〕55号	关于华侨农场归侨职工退休、退职问题给国务院侨务办公室的复函	宣布失效	执行完毕
8	劳险字〔1981〕13号	关于退休退职到深圳、珠海市的职工,可否加发当地的生活津贴问题给上海市劳动局的复函	宣布失效	执行完毕
9	劳总薪字〔1981〕21号	关于纠正一些单位对升级的技术人员不按现行工资标准级差增加工资问题的通知	宣布失效	已过时效
10	劳险便字〔1981〕36号	关于渡口市的艰苦地区津贴能否作为计算退休费基数问题给辽宁省劳动局的复函	宣布失效	执行完毕
11	劳总险字〔1981〕59号	关于林区津贴应否作为计算退休费退职生活费技术问题给云南省劳动局的复函	宣布失效	执行完毕
12	国人〔1981〕191号	关于下达1981年度全国中等专业学校毕业生统一调剂计划的通知	宣布失效	任务完成

续表

序号	文号	文件名称	清理意见	理由
13	劳险字〔1982〕4号	关于学徒工因工残废、死亡的待遇问题	宣布失效	调整对象已消失
14	劳险字〔1982〕5号	关于患一期矽肺病代偿机能属于乙、丙两类的职工退休后的粮食定量问题的函	宣布失效	调整对象已消失
15	劳险字〔1982〕8号	关于工人退休、退职当月工资照发问题给天津市劳动局的复函	宣布失效	执行完毕
16	劳人培〔1982〕12号	关于发出《关于劳动服务公司若干问题的意见》给各省、市、自治区劳动局(厅)等的通知	宣布失效	任务已完成
17	〔1982〕劳险便字14号	关于供养亲属患病医疗时其输血费用补助问题给广东省劳动局的函	宣布失效	调整对象已消失
18	劳人培〔1982〕15号	关于颁发《城镇待业人员登记管理的试行办法》给各省、市、自治区劳动局(厅)等的通知	宣布失效	任务已完成

续表

序号	文 号	文件名称	清理意见	理 由
19	劳险便字〔1982〕29 号	关于对甘肃省劳动局“关于执行劳总险字〔1980〕36 号文件具体问题的请示报告”给甘肃省劳动局的复函	宣布失效	执行完毕
20	劳险便字〔1982〕31 号	关于对国家劳动总局保险福利司劳险字〔1982〕8 号函中“领取疾病或非因工负伤救济费的工人退休、退职时,其退休、退职当月也应当按他们的标准工资发给”的解释给广东省劳动局的函	宣布失效	执行完毕
21	劳人培局〔1983〕2 号	关于对《关于城镇待业人员登记管理的试行办法》的补充解释	宣布失效	任务已完成
22	劳人计〔1983〕88 号	关于实行《工资基金管理试行办法》的通知	宣布失效	适用期已满
23	劳人薪〔1983〕12 号	关于调整部分文艺工作人员和广播电视播音员工资问题的补充通知	宣布失效	任务已完成

续表

序号	文 号	文件名称	清理意见	理 由
24	劳人培局〔1983〕36号	关于印发城镇青年就业和劳动服务公司补助费年度(半年)决算报表给各省、市、自治区劳动人事厅(劳动局)的通知	宣布失效	适用期已满
25	劳人培〔1983〕56号	关于改革技工学校助学金使用办法的意见给各省、市、自治区劳动人事厅(劳动局)等的函	宣布失效	任务已完成
26	劳人险〔1983〕60号	劳动人事部 财政部关于提高职工退休费、退职生活费的最低保证数的通知	宣布失效	执行完毕
27	劳人干函〔1983〕116号	关于对山东省曹县劳动服务公司代干人员可否转干给山东省人事局的批复	宣布失效	任务已完成
28	劳人险〔1985〕13号	关于国营企业职工因工死亡后遗属生活困难补助问题的通知	宣布失效	适用期已满
29	劳人险局〔1985〕14号	关于企业职工死亡后遗属生活困难补助问题的通知	宣布失效	适用期已满

续表

序号	文 号	文件名称	清理意见	理 由
30	劳人险〔1985〕15号	关于国营企业离退休职工死亡后,其生前所领取的生活补助费如何发给各省、自治区、直辖市劳动人事厅(劳动局、人事局)财政厅(局)的通知	宣布失效	已宣布失效
31	劳人干〔1986〕3号	关于解决检察院等系统民警改干遗留问题给各省、自治区、直辖市劳动人事厅等的通知	宣布失效	任务已完成
32	劳人办险〔1986〕3号	关于"全国边陲优秀儿女"退休时不能享受全国劳动模范优异待遇给新疆维吾尔自治区劳动人事厅、总工会的复函	宣布失效	执行完毕
33	劳人险函〔1986〕6号	关于武汉钢铁公司要求放宽退休年龄和解决矿山井下职工家属落户问题给湖北省劳动人事厅的答复	宣布失效	执行完毕
34	劳人培〔1986〕10号	关于天津职业技术师范学院招收技工学校应届毕业生进行单独考试给有关省、自治区、直辖市招生委员会等的通知	宣布失效	任务已完成

续表

序号	文 号	文件名称	清理意见	理 由
35	劳人培〔1986〕12号	关于党政机关办劳动服务公司几个问题的规定给各省、自治区、直辖市劳动人事厅等的通知	宣布失效	任务已完成
36	劳人干函〔1986〕16号	关于哈尔滨工商局工作人员来信反映哈尔滨工商局转干问题给黑龙江人事监察局的函	宣布失效	任务已完成
37	劳人薪〔1986〕26号	关于请继续做好企业内部工资改革工作的通知	宣布失效	任务已完成
38	劳人险函〔1986〕24号	关于提高退休、退职人员生活费问题给山西省劳动局的复函	宣布失效	执行完毕
39	劳人薪〔1986〕52号	关于国营企业领导干部增加工资问题的通知	宣布失效	任务已完成
40	劳人干函〔1986〕61号	关于劳人干局〔1983〕8号《整顿“以工代干”工作中一些问题的意见》文件第七条的解释给曹晶的复函	宣布失效	任务已完成
41	劳人薪〔1986〕97号	关于1986年适当解决国营企业工资问题的通知	宣布失效	任务已完成

续表

序号	文 号	文件名称	清理意见	理 由
42	劳人薪〔1986〕98号	关于提高邮电企业外勤人员津贴标准的通知	宣布失效	任务已完成
43	劳人培〔1987〕4号	关于清理城镇青年就业经费中扶持生产资金给各省、自治区、直辖市劳动人事厅(劳动局)等的通知	宣布失效	任务已完成
44	劳人薪〔1987〕20号	关于对调整铁路乘务津贴和流动施工津贴标准的意见	宣布失效	任务已完成
45	劳人培函〔1987〕32号	关于进一步做好中央级扶持生产资金回收给各省、自治区、直辖市劳动人事厅(局)的函	宣布失效	任务已完成
46	劳人计〔1987〕40号	关于落实基层水利、水土保持管理服务机构人员的劳动计划等问题的意见给各省、自治区、直辖市,计划单列市劳动人事厅(局)、水利(水电)厅(局)的函	宣布失效	任务已完成
47	劳险字〔1989〕23号	关于健全劳动鉴定委员会和工作制度的通知	宣布失效	任务已完成

续表

序号	文 号	文件名称	清理意见	理 由
48	劳办力字〔1991〕14号	关于农民工因工致残返乡吃粮问题的函	宣布失效	调整对象已消失
49	劳办险函字〔1991〕20号	关于临时工工伤后有关问题的复函	宣布失效	调整对象已消失
50	劳办发〔1993〕84号	关于工伤保险提法问题的函	宣布失效	调整对象已消失
51	劳部发〔1994〕201号	关于贯彻中共中央办公厅、国务院办公厅厅字〔1994〕13号文件精神加强劳动监察工作的通知	宣布失效	任务已完成
52	劳部发〔1994〕462号	劳动部关于全面开展劳动监察工作的通知	宣布失效	任务已完成
2. 废止文件目录(70件) 依据:2016年5月31日人社部发〔2016〕50号附件二				
1	劳总险字〔1980〕27号	国家劳动总局、中华全国总工会关于整顿与加强劳动保险工作的通知	宣布废止	已有新规定
2	国人奖〔1980〕759号	关于贯彻执行《国务院关于国家行政机关工作人员的奖惩暂行规定》的通知	宣布废止	已有新规定

续表

序号	文 号	文件名称	清理意见	理 由
3	劳险字〔1981〕14 号	国家劳动总局保险福利司全国总工会劳动保险部关于荣获全国劳动英雄、劳动模范称号的职工退休时享受特殊贡献待遇问题给湖北省劳动局、总工会的答复	宣布废止	已有新规定
4	劳总险字〔1981〕52 号	关于患一期矽肺病代偿机能属于乙、丙两类职工的待遇问题的通知	宣布废止	已有新规定
5	劳总劳字〔1981〕82 号	关于国营农林牧渔场职工调动问题给湖南省劳动局的复函	宣布废止	原依据已废止
6	劳总劳字〔1981〕85 号	关于不再从农村社员中招工“顶替”退休、退职工人问题的复函	宣布废止	原依据已废止
7	国人〔1981〕98 号	关于统一管理社会科学专业干部业务技术职称评定工作的通知	宣布废止	已有新规定
8	国人〔1981〕340 号	印发《关于国务院颁发的七种业务技术职称评定工作试点情况和今后工作的意见》的通知	宣布废止	已有新规定

续表

序号	文 号	文件名称	清理意见	理 由
9	劳险字〔1982〕3号	关于因交通事故负伤致残问题的函	宣布废止	已有新规定
10	劳总劳字〔1982〕3号	关于工人退休、退职后从农村招收其子女问题的复函	宣布废止	原依据已废止
11	劳总险字〔1982〕4号	关于已经退休、退职的患一期矽肺病代偿机能属于乙、丙两类职工的待遇问题的复函	宣布废止	已有新规定
12	劳险字〔1982〕9号	关于因工残废抚恤费等问题的复函	宣布废止	已有新规定
13	劳人劳〔1982〕13号	关于在企业整顿中加强定员定额工作的通知	宣布废止	原依据已废止
14	劳险便字〔1982〕25号	关于患振动病等职业病的职工在休养期间的待遇问题给辽宁省劳动局的复函	宣布废止	已有新规定
15	劳人干〔1982〕144号	关于撤销行政处分问题的复函	宣布废止	已有新规定

续表

序号	文 号	文件名称	清理意见	理 由
16	劳人干〔1982〕147号	关于制定《吸收录用干部问题的若干规定》的通知	宣布废止	已有新规定
17	劳人干〔1982〕157号	关于建立国家行政机关工作人员岗位责任制给各省、市、自治区人事局等的通知	宣布废止	已有新规定
18	劳人干〔1982〕160号	劳动人事部印发《劳动人事部关于国家行政机关工作人员的奖惩暂行规定中几个问题的解答》的通知	宣布废止	已有新规定
19	劳人干〔1983〕3号	关于惩戒问题的复函	宣布废止	已有新规定
20	劳人干〔1983〕47号	关于奖惩审批权限等有关问题给江苏省人事局的复函	宣布废止	已有新规定
21	劳人计〔1983〕61号	关于企业职工要求“停薪留职”问题的通知	宣布废止	原依据已废止

续表

序号	文号	文件名称	清理意见	理由
22	劳人计〔1983〕62号	劳动人事部、国家计划委员会关于国营农林牧渔场职工调动是否需要占用劳动指标给新疆维吾尔自治区计划委员会、劳动局、人事局的复函	宣布废止	原依据已废止
23	劳人干〔1983〕82号	关于贯彻落实中央领导同志重要批示进一步做好出国进修人员回国后专业不对口调整工作的通知	宣布废止	已有新规定
24	劳人干〔1983〕101号	关于奖惩问题的复函	宣布废止	已有新规定
25	劳人计局〔1983〕24号	劳动人事部计划劳动力局关于国营农林牧渔场职工调动问题的函	宣布废止	原依据已废止
26	公发（研）〔1983〕161号	关于对职工中被收容劳动教养并注销城市户口的人员是否开除公职问题的答复	宣布废止	原依据已废止
27	劳人险〔1984〕11号	劳动人事部、中国人民保险公司关于城镇集体企业建立养老保险制度的原则和管理问题的函	宣布废止	已有新规定

续表

序号	文 号	文件名称	清理意见	理 由
28	劳人计〔1985〕5号	关于劳动制度改革综合试点问题给河南省劳动人事厅的批复	宣布废止	原依据已废止
29	劳人险〔1985〕14号	关于探亲假工资和探亲路费计算技术问题的复函	宣布废止	原依据已废止
30	劳人险函〔1986〕13号	关于城镇下乡知识青年在插队期间患血吸虫病可否比照因工待遇问题给四川省劳动局的答复	宣布废止	已有新规定
31	劳人干〔1986〕13号	关于做好国家行政机关专业技术职务系列设置准备工作给各省、自治区、直辖市劳动人事厅、局(人事局)的通知	宣布废止	已有新规定
32	劳人办计〔1986〕27号	对各地贯彻《国务院关于鼓励外商投资的规定》中所提问题的答复意见	宣布废止	原依据已废止
33	劳人计〔1986〕34号	关于实施劳动制度改革四个规定有关问题的复函	宣布废止	原依据已废止

续表

序号	文 号	文件名称	清理意见	理 由
34	劳人险〔1987〕1号	关于国营企业劳动合同制工人退休养老基金存款利率问题给中国人民银行的复函	宣布废止	已有新规定
35	劳人办教〔1987〕4号	关于印发《劳动人事部门工程技术职务设置范围、任职条件和工作任务的意见》的通知	宣布废止	与现行规定相抵触
36	劳人办教〔1987〕5号	关于印发《劳动人事部门经济专业职务设置范围、任职条件和工作任务》给各省、自治区、直辖市劳动人事厅(劳动局、人事局)等的通知	宣布废止	已有新规定
37	劳人办计〔1987〕9号	关于同意湖北省扩大劳动计划体制改革试点的批复	宣布废止	原依据已废止
38	劳人劳〔1987〕15号	关于对黑龙江省有些单位办理职工退休子女顶替中存在问题的处理意见的函	宣布废止	原依据已废止
39	劳人劳〔1987〕20号	劳动人事部、公安部关于全民所有制单位劳动合同制工人跨地区转移工作单位有关问题的通知	宣布废止	原依据已废止

续表

序号	文号	文件名称	清理意见	理由
40	劳人培〔1987〕22号	关于颁发《未取得居留证件的外国人和来中国留学的外国人在中国就业的若干规定》给各省、自治区直辖市、计划单列市劳动人事厅(劳动局)、公安厅(局)的通知	宣布废止	已有新规定
41	劳人劳〔1987〕31号	关于印发《〈国营企业辞退违纪职工暂行规定〉若干问题解答》的通知	宣布废止	原依据已废止
42	劳人计〔1987〕42号	关于在安徽省国营农林牧渔场进行劳动计划管理体制改革和实行劳动合同制试点的通知	宣布废止	原依据已废止
43	劳人干〔1987〕62号	关于发布《国家行政机关工作人员职级奖惩暂行处理办法》的通知	宣布废止	已有新规定
44	劳险字〔1992〕16号	关于外派劳务人员伤、残、亡善后处理问题的复函	宣布废止	已有新规定
45	劳办险字〔1992〕23号	关于乡镇企业事故赔偿问题是否由劳动部门处理的复函	宣布废止	已有新规定

续表

序号	文号	文件名称	清理意见	理由
46	劳险字〔1992〕27号	关于企业内部个人承包中保险待遇问题的复函	宣布废止	已有新规定
47	劳办力字〔1993〕16号	关于因工负伤致残的劳动合同制工人被判刑后可否享受因工负伤待遇问题的复函	宣布废止	已有新规定
48	劳办发〔1993〕90号	关于离退休人员在单位组织外出疗养途中发生意外伤亡问题的复函	宣布废止	已有新规定
49	劳部发〔1993〕246号	关于切实保障企业职工合法权益的通知	宣布废止	与现行规定相抵触
50	劳办发〔1994〕18号	关于印制劳动监察证件的通知	宣布废止	已有新规定
51	劳部发〔1994〕54号	关于开展受理群众举报劳动违法案件工作的通知	宣布废止	已有新规定
52	劳部发〔1994〕118号	关于加强外商投资企业和私营企业劳动管理切实保障职工合法权益的通知	宣布废止	与现行规定相抵触

续表

序号	文 号	文件名称	清理意见	理 由
53	劳部发〔1994〕130号	关于劳动监察证件发放管理问题的通知	宣布废止	已有新规定
54	劳办发〔1994〕131号	关于外派劳务人员因工伤亡保险待遇问题的复函	宣布废止	已有新规定
55	劳办发〔1994〕177号	关于在工作时间发病不作工伤处理的复函	宣布废止	已有新规定
56	劳办发〔1994〕282号	关于外派船员伤亡善后处理问题的复函	宣布废止	已有新规定
57	劳办发〔1994〕296号	关于对企业职工伤亡事故处理时限问题的复函	宣布废止	已有新规定
58	劳办发〔1994〕324号	关于企业职工因承包在外劳动过程中发生伤亡问题的复函	宣布废止	已有新规定
59	劳办发〔1995〕11号	关于私人包工负责人工伤待遇支付问题的复函	宣布废止	已有新规定
60	劳办发〔1995〕120号	对“关于劳动监察中执行劳动部文件有关行政处罚标准问题的请示”的复函	宣布废止	原依据已废止

续表

序号	文 号	文件名称	清理意见	理 由
61	劳办发〔1995〕153号	关于企业招工考核时发生伤亡事故问题的批复	宣布废止	已有新规定
62	劳办发〔1996〕70号	对“关于如何适用《违反〈中华人民共和国劳动法〉行政处罚办法》第十九条的请示”的复函	宣布废止	原依据已废止
63	劳办发〔1996〕133号	关于在工作时间发病是否可比照工伤处理的复函	宣布废止	已有新规定
64	劳办发〔1996〕151号	对《关于对非法用工主体能否实施行政处罚的请示》的复函	宣布废止	已有新规定
65	劳部发〔1996〕266号	关于发布《企业职工工伤保险试行办法》的通知	宣布废止	已有新规定
66	劳办发〔1996〕271号	关于司机工伤认定问题的复函	宣布废止	已有新规定
67	劳办发〔1997〕51号	对《关于工伤确认等问题的请示》的复函	宣布废止	已有新规定
68	劳办发〔1997〕62号	关于对企业在租赁过程中发生伤亡事故如何划分事故单位的复函	宣布废止	已有新规定

续表

序号	文 号	文件名称	清理意见	理 由
69	劳部发〔1997〕338号	关于对新开办用人单位实行劳动规章制度备案审查制度的通知	宣布废止	已有新规定
70	劳办发〔1998〕9号	关于在国内发生并由外方支付赔偿的工伤事故待遇处理问题的复函	宣布废止	已有新规定
五、废止文件目录(第4批,90件) 1. 失效文件目录(13件) 依据2016年10月21日人社部发〔2016〕96号附件1				
1	中劳薪字〔1964〕第115号	劳动部工资局关于开除留用察看处分期间的工资、工龄计算等问题的复函	宣布失效	适用期已满
2	中劳计字〔1965〕42号	劳动部、农垦部关于国营农场劳动工资计划管理问题的通知	宣布失效	任务已完成
3	无文号	劳动部、公安部、粮食部关于简化委托代训学徒审批手续问题的联合通知(1965年6月1日)	宣布失效	任务已完成
4	劳薪字〔1978〕37号	国家劳动总局关于冶金企业高温临时补贴问题给福建省劳动局的复函	宣布失效	任务已完成

续表

序号	文号	文件名称	清理意见	理由
5	劳总薪字〔1979〕2号	国家劳动总局、化学工业部复关于天津大沽农药厂等试行有毒有害岗位津贴问题的函	宣布失效	任务已完成
6	国青字〔1979〕1号	国家劳动总局关于加强职工调剂工作的通知	宣布失效	适用期已满
7	劳培字〔1979〕第39号	财政部、国家劳动总局颁发《关于技工学校经费管理和开支标准的暂行规定》的补充通知	宣布失效	任务已完成
8	劳总薪字〔1980〕174号	国家劳动总局关于在化工企业有毒有害工种中试行岗位津贴问题给辽宁省劳动局的复函	宣布失效	任务已完成
9	劳总培字〔1981〕28号	国家劳动总局关于加强和改进学徒培训工作的意见	宣布失效	任务已完成
10	劳人培〔1982〕12号	劳动人事部关于发出《关于劳动服务公司若干问题的意见》的通知	宣布失效	适用期已满
11	劳人培〔1983〕45号	劳动人事部关于改革技工学校毕业生分配制度等问题的意见	宣布失效	任务已完成

续表

序号	文号	文件名称	清理意见	理由
12	劳人培〔1983〕51号	劳动人事部、财政部印发《关于城镇青年就业和劳动服务公司补助费管理使用的暂行规定》的通知	宣布失效	调整对象已消失
13	劳人培局〔1983〕28号	劳动人事部培训就业局印发关于新编技工学校机械类通用工种教材编审经费使用范围及开支标准的通知	宣布失效	任务已完成
2. 废止文件目录(77件) 依据2016年10月21日人社部发〔2016〕96号附件2				
1	中劳保〔1953〕字第534号	劳动部关于残废军人转入企业工作其原领的残废金应否继续发给的通报	宣布废止	已有新规定
2	劳寅〔1955〕10号	劳动部关于厂矿、建筑企业中临时工人办理兵役登记和应征事宜时假期和工资如何处理问题给山东省劳动局、内蒙古自治区劳动局的复函	宣布废止	已有新规定
3	中劳薪字〔1955〕第160号	劳动部复湖北省劳动局关于企业职工投考高等学校考试期间的工资及往返旅费如何处理问题	宣布废止	已有新规定

续表

序号	文 号	文件名称	清理意见	理 由
4	中劳薪字〔1956〕第347号	劳动部关于计算病假工资时是否包括保留工资的复函	宣布废止	已有新规定
5	中劳薪字〔1958〕第46号	劳动部关于地质钻探、勘测部门的工人、职员在冬季非工作期间的工资待遇问题给辽宁省劳动厅的复函	宣布废止	已有新规定
6	中劳薪字〔1958〕第96号	劳动部关于工人职员调到工人技术学校学习毕业后是否需要见习期和有关工资的评定问题给吉林机械电气工人技术学校的复函	宣布废止	已有新规定
7	中劳薪字〔1958〕第172号	劳动部关于越籍职工请假参加本国国庆纪念活动时的工资支付问题的复函	宣布废止	已有新规定
8	中劳薪字〔1958〕第213号	劳动部复关于停工津贴问题的函	宣布废止	已有新规定

续表

序号	文号	文件名称	清理意见	理由
9	中劳配亚字〔1960〕第437号	劳动部关于练习生的学习期限与待遇问题给广西壮族自治区、甘肃省劳动局的批复	宣布废止	已有新规定
10	中劳薪字〔1961〕第6号	劳动部关于基本建设单位、筹建单位和建筑材料生产企业单位的职工在冬闲整训期间的工资待遇问题给河南省经济建设委员会的复函	宣布废止	已有新规定
11	中劳薪字〔1962〕第30号	劳动部工资局复关于企业学徒在请事假期间及旷工期间的生活补贴费的发放问题	宣布废止	已有新规定
12	中劳薪字〔1962〕第336号	劳动部、内务部关于经济建设民工因工负伤未愈返家或伤口复发的医疗费支付问题给河南省劳动厅、民政厅的复函	宣布废止	已有新规定
13	中劳薪字〔1963〕第88号	劳动部关于企业职工半日工作半日休养工资如何处理问题给煤炭工业部的复函	宣布废止	已有新规定

续表

序号	文 号	文件名称	清理意见	理 由
14	中劳薪字〔1963〕第311号	劳动部工资局复北京市劳动局关于汞中毒职工安置待遇问题的意见	宣布废止	已有新规定
15	中劳薪字〔1963〕第440号	劳动部、全国总工会关于患硅肺病职工的若干待遇问题的通知	宣布废止	已有新规定
16	中劳薪字〔1963〕第459号	劳动部工资局关于国家机关、事业单位借用的临时工因工负伤治疗时的待遇问题给内蒙古自治区劳动局的复函	宣布废止	已有新规定
17	中劳薪字〔1963〕第614号	劳动部关于患硅肺病的职工的几个生活待遇方面问题给吉林省劳动厅的复函	宣布废止	已有新规定
18	中劳薪字〔1963〕第755号	劳动部关于患硅肺病职工生活待遇的若干问题给内蒙古自治区劳动局的复函	宣布废止	已有新规定
19	中劳薪字〔1963〕第160号	劳动部工资局复关于学徒的劳动保险待遇问题的函	宣布废止	已有新规定

续表

序号	文 号	文件名称	清理意见	理 由
20	中劳薪字〔1963〕第520号	劳动部、全国总工会关于企业职工半日工作半日休养工资待遇如何处理的通知	宣布废止	已有新规定
21	中劳薪字〔1963〕第526号	劳动部工资局复有关处理矽肺病职工的几个问题	宣布废止	已有新规定
22	劳薪字〔1964〕第8号	劳动部工资局关于因工残废部分丧失劳动能力已被精简的人员旧伤复发医疗费如何处理的问题给四川省委精简办公室的复函	宣布废止	已有新规定
23	中劳薪字〔1964〕第24号	劳动部关于患硅肺病职工的生活待遇问题给煤炭工业部的复函	宣布废止	已有新规定
24	中劳薪字〔1964〕56号	劳动部工资局复关于患一期矽肺病职工退休、退职后要求复查问题的函	宣布废止	已有新规定
25	中劳薪字〔1964〕第60号	劳动部、全国总工会关于企业职工半日工作半日休养工资待遇如何处理问题的补充通知	宣布废止	已有新规定

续表

序号	文 号	文件名称	清理意见	理 由
26	中劳薪便字〔1964〕第68号	劳动部工资局关于因工负伤职工去外地治疗不能入院前的膳费、宿费问题的复函	宣布废止	已有新规定
27	中劳薪字〔1964〕第140号	劳动部工资局关于患煤肺病工人待遇问题给煤炭部劳动工资司的复函	宣布废止	已有新规定
28	中劳薪字〔1964〕第212号	劳动部工资局复关于矽肺病待遇问题的函	宣布废止	已有新规定
29	中劳薪字〔1964〕第553号	劳动部、中华全国总工会关于患一期矽肺病职工的待遇问题给京西矿务局、中国煤矿工会京西矿区委员会的复函	宣布废止	已有新规定
30	中劳护字〔1964〕第121号	劳动部、卫生部、全国总工会关于将煤矿井下工人的滑囊炎试列为职业病的通知	宣布废止	已有新规定
31	中劳薪字〔1965〕第270号	劳动部、全国总工会关于修改“关于患矽肺病职工的若干待遇问题的通知”第一项规定的通知	宣布废止	已有新规定

续表

序号	文 号	文件名称	清理意见	理 由
32	中劳薪字〔1965〕第285号	劳动部工资局复关于因工扭伤后查出患有骨结核病症如何处理的复函	宣布废止	已有新规定
33	内人工字〔1965〕第157号	内务部关于国家机关、党派团体、事业单位工作人员因公负伤安装假肢等所需费用开支问题给甘肃省人民委员会人事局的复函	宣布废止	已有新规定
34	中劳薪字〔1966〕第51号	劳动部工资局关于何时退职的职工可以享受矽肺病待遇问题给河北省劳动局的复函	宣布废止	已有新规定
35	中劳薪字〔1967〕第87号	劳动部工资局、内务部办公厅关于自动离职的患矽肺病职工待遇问题给湖北省劳动厅、民政厅、总工会的复函	宣布废止	已有新规定
36	中劳薪字〔1967〕第105号	劳动部工资局复湖南省劳动局关于矽肺病待遇方面的几个问题	宣布废止	已有新规定
37	中劳薪便字〔1967〕第539号	劳动部工资局关于错拘留期间工资处理问题	宣布废止	已有新规定

续表

序号	文号	文件名称	清理意见	理由
38	计劳业字〔1973〕57号	国家计划革命委员会劳动局关于临时工因工致残待遇问题给四川省劳动局的复函	宣布废止	已有新规定
39	劳薪字〔1977〕60号	国家劳动总局关于原长期接触矽尘职工精减回家又从事矽尘作业检查出二、三期矽肺可否改按退休处理问题给四川省劳动局的复函	宣布废止	已有新规定
40	劳薪字〔1977〕111号	国家劳动总局关于国劳字〔1966〕11号文件的实行范围问题给天津市革命委员会办公厅的答复	宣布废止	已有新规定
41	劳薪字〔1977〕112号	国家劳动总局关于在职职工在中等专业学校毕业后的工资待遇问题给内蒙古自治区劳动局的复函	宣布废止	已有新规定
42	劳薪字〔1977〕178号	国家劳动总局、冶金工业部关于对钢铁冶炼企业从事高温繁重劳动的工人实行临时补贴问题的通知	宣布废止	已有新规定

续表

序号	文号	文件名称	清理意见	理由
43	劳薪字〔1977〕180号	国家劳动总局关于职工患血吸虫病待遇问题的意见	宣布废止	已有新规定
44	劳薪字〔1978〕21号	国家劳动总局关于患有矽肺病的刑满就业人员能否享受矽肺病待遇的问题给新疆维吾尔自治区劳动局的复函	宣布废止	已有新规定
45	劳总薪字〔1979〕46号	国家劳动总局关于矽肺病工人离职休养期间的待遇问题给甘肃省劳动局的答复	宣布废止	已有新规定
46	劳总薪〔1979〕63号	国家劳动总局关于矿山井下职工调动工作后工资待遇问题给湖北省劳动局的复函	宣布废止	已有新规定
47	劳总险字〔1979〕6号	国家劳动总局关于患炭黑尘肺、电焊混合尘肺的工人退休待遇问题给卫生部的复函	宣布废止	已有新规定

续表

序号	文 号	文件名称	清理意见	理 由
48	劳险便字〔1979〕15号	国家劳动总局办公室关于患三期矽肺病的退休工人可发给护理费问题给广西壮族自治区劳动局的复函	宣布废止	已有新规定
49	劳险便字〔1979〕25号	国家劳动总局办公室关于因支农患钩端螺旋体病比照因工处理问题给江西省劳动局的答复	宣布废止	已有新规定
50	劳总险字〔1979〕37号	国家劳动总局关于从事过矽尘作业的精减职工现查出患有矽肺病的待遇问题给新疆维吾尔自治区劳动局的答复	宣布废止	已有新规定
51	劳总培字〔1979〕50号	国家劳动总局关于提高技工学校学生助学金标准的通知	宣布废止	已有新规定
52	劳总薪字〔1980〕174号	国家劳动总局关于在化工企业有毒有害工种中试行岗位津贴问题给辽宁省劳动局的复函	宣布废止	已有新规定

续表

序号	文号	文件名称	清理意见	理由
53	劳总险字〔1980〕13号	国家劳动总局关于患二、三期矽肺病工人退休待遇问题给河北省劳动局的复函	宣布废止	已有新规定
54	劳总险字〔1980〕36号	国家劳动总局关于职工自动离职后查出患有二、三期矽肺病的待遇问题给山东省劳动局的复函	宣布废止	已有新规
55	劳总险字〔1980〕35号	国家劳动总局、粮食部、商业部关于患矽肺病职工改按退休处理后粮食定量和保健食品供应问题给江西省劳动局的复函	宣布废止	已有新规定
56	劳险便字〔1980〕61号	国家劳动总局保险福利局关于矽肺病退休工人护理费问题给湖南省劳动局的复函	宣布废止	已有新规定
57	劳总薪字〔1980〕85号	国家劳动总局关于冻结职工的附加工资问题的通知	宣布废止	已有新规定

续表

序号	文号	文件名称	清理意见	理由
58	国人〔1981〕128号	国家人事局关于军队转业人员旧战伤复发医疗期间工资待遇问题给河北省人事局的答复	宣布废止	已有新规定
59	劳总薪字〔1981〕61号	国家劳动总局 交通部 财政部关于沿海各港口装卸工人实行计件工资制度中几个问题的通知	宣布废止	已有新规定
60	劳险便字〔1981〕17号	国家劳动总局关于硅肺合并结核问题的复函	宣布废止	已有新规定
61	劳险便字〔1981〕80号	国家劳动总局保险福利司关于学徒工因工致残完全丧失劳动能力后的待遇问题给湖北省劳动局的复函	宣布废止	已有新规定
62	劳险便字〔1981〕88号	国家劳动总局保险福利司关于学徒工因工致残完全丧失劳动能力后的待遇问题给广西壮族自治区劳动局的复函	宣布废止	已有新规定

续表

序号	文号	文件名称	清理意见	理由
63	劳险便字〔1981〕122号	国家劳动总局保险福利司关于职工被开除、劳教或劳改后的矽肺病待遇问题给黑龙江省劳动局的复函	宣布废止	已有新规定
64	劳总险字〔1982〕1号	国家劳动总局关于修改〔1981〕劳总劳字47号复函第二条意见给五机部的函	宣布废止	已有新规定
65	劳险字〔1982〕7号	国家劳动总局保险福利司、国家人事局工资福利司关于享受因工残废补助费的职工调到国家机关、事业单位后,其因工残废补助费如何办理给甘肃省劳动局的复函	宣布废止	已有新规定
66	劳险便字〔1982〕32号	国家劳动总局保险福利司关于因工致残完全丧失劳动能力的职工非因工负伤住院时保险待遇的复函	宣布废止	已有新规定
67	劳险便字〔1982〕32号	劳动人事部保险福利司关于因工残废职工因病和非因工负伤住院待遇问题给四川省劳动局的答复	宣布废止	已有新规定

续表

序号	文 号	文件名称	清理意见	理 由
68	劳险字〔1982〕10号	国家劳动总局保险福利司关于矽肺病待遇问题给四川省劳动局的复函	宣布废止	已有新规定
69	劳人险函〔1982〕9号	劳动人事部关于因工作接触布氏杆菌致病有关待遇的函	宣布废止	已有新规定
70	劳人险函〔1982〕14号	劳动人事部关于因工负伤休养期间受刑事处分劳动保险待遇如何处理的函	宣布废止	已有新规定
71	劳人险函〔1982〕40号	劳动人事部关于矽肺病职工退休问题的复函	宣布废止	已有新规定
72	劳人劳〔1982〕13号	国家经济委员会、劳动人事部关于在企业整顿中加强定员定额工作的通知	宣布废止	已有新规定
73	劳人险函〔1983〕15号	劳动人事部保险福利局关于工龄计算和矽肺病待遇问题给吉林省劳动厅的复函	宣布废止	已有新规定

续表

序号	文号	文件名称	清理意见	理由
74	劳人险函〔1983〕48号	劳动人事部保险福利局关于电焊混合尘肺、石棉肺职工待遇问题给上海市劳动局的答复	宣布废止	已有新规定
75	劳人培〔1983〕56号	劳动人事部、财政部关于改革技工学校助学金使用办法的意见	宣布废止	已有新规定
76	劳人险函〔1984〕55号	劳动人事部保险福利局关于铅中毒问题有关待遇的复函	宣布废止	已有新规定
77	劳人险函〔1986〕23号	劳动人事部保险福利局关于冤狱期间劳动致残待遇的函	宣布废止	已有新规定
六、明令废止文件目录(2件)				
1	人力资源和社会保障部令第4号	公务员录用考试违纪违规行为处理办法(试行)	人力资源和社会保障部令第30号	被《公务员考试录用违纪违规行为处理办法》替代
2	人社险中心函〔2010〕58号	流动就业人员基本医疗保险关系转移接续业务经办规程(试行)	人社厅发〔2016〕94号	被《流动就业人员基本医疗保险关系转移接续业务经办规程》替代

三、山东省人民政府废止文件目录(1 件)

序号	发文机关	文件标题	发文日期	发文号	废止依据
1	山东省人民政府	关于公布全省最低工资标准的通知	2015. 2. 28	鲁政字〔2015〕39 号	被鲁政字〔2016〕117 号废止

四、山东省人力资源社会保障厅废止文件目录(139 件)

一、废止文件目录(一,131 件)

1. 失效文件目录(计 39 件)

依据:2016 年 1 月 7 日鲁人社发〔2016〕4 号,附件 2

序号	发文机关	文件标题	发文号
(1)劳动就业(11 件)			
1	山东省劳动保障厅	关于印发《山东省企业职工岗位技能工资参考标准》的通知	鲁劳社〔2001〕42 号
2	山东省劳动保障厅	转发劳动和社会保障部办公厅《关于妥善处理劳动关系有关问题的通知》的通知	鲁劳社函〔2003〕158 号
3	山东省劳动保障厅、省建设厅	关于转发劳动保障部、建设部《关于印发〈建设领域农民工工资支付管理暂行办法〉的通知》的通知	鲁劳社〔2004〕42 号
4	山东省劳动保障厅等 3 部门	转发劳动和社会保障部等 3 部门《关于加强建设等行业农民工劳动合同管理的通知》的通知	鲁劳社〔2005〕26 号

续表

序号	发文机关	文件标题	发文号
5	山东省劳动保障厅等部门	转发劳动保障部等部门《关于进一步解决拖欠农民工工资问题的通知》	鲁劳社〔2005〕52号
6	山东省保障厅等3部门	关于进一步推动非公有制企业加强劳动合同管理的通知	鲁劳社〔2006〕33号
7	山东省劳动保障厅	转发劳动和社会保障部办公厅《关于在建筑业、住宿和餐饮业开展签约行动的通知》的通知	鲁劳社函〔2007〕161号
8	山东省人力资源和社会保障厅	转发人力资源和社会保障部办公厅《关于开展完善企业在岗职工工资和人工成本调查探索企业薪酬调查方法试点的通知》的通知	鲁人社办字〔2010〕124号
9	山东省人力资源和社会保障厅	关于建立劳动关系工作联系点开展送法律送政策送服务到企业活动的通知	鲁人社字〔2010〕292号
10	山东省人力资源和社会保障厅等部门	关于印发《山东省全面推进小企业劳动合同制度实施专项行动计划实施方案》的通知	鲁人社发〔2010〕33号
11	山东省人力资源和社会保障厅等部门	关于深入推进集体合同制度实施彩虹计划的意见	鲁人社发〔2010〕41号

续表

序号	发文机关	文件标题	发文号
(2)社会保险 ①职工基本养老保险(27件)			
12	山东省革命委员会劳动局	关于参军前当临时工的时间可否计算连续工龄问题的复函	鲁劳薪便字〔1977〕第12号
13	山东省革命委员会劳动局	关于亦工亦农人员做工期间不应计算工龄的函	鲁劳薪便字〔1978〕第8号
14	山东省劳动局	《关于贯彻执行〈国务院关于工人退休、退职的暂行办法〉的若干具体问题的处理意见(试行稿)》	鲁劳薪便字〔1979〕11号
15	山东省革命委员会劳动局	关于工人退休、退职几个具体问题的处理意见	鲁劳薪字〔1979〕第161号
16	山东省劳动局工资处	关于复员军人安置工作后,其原在部队因犯罪被判刑,而仍保留军籍的工龄计算问题的复函	
17	山东省劳动局工资处	关于工人离职后又参加工作的工龄计算问题的复函	
18	山东省劳动局	关于确定革命工作时间问题的复函	

续表

序号	发文机关	文件标题	发文号
19	山东省劳动局	关于因组织原因中断工作以后又参加工作的工人其参加革命时间的确定问题	鲁劳薪便字〔1981〕第11号
20	山东省劳动局	关于亦工亦农人员被本单位招工顶替的工龄计算问题	鲁劳薪便字〔1981〕第17号
21	山东省劳动局	关于知识青年在组建兵团前插场劳动的时间不计算工龄的函	鲁劳薪函字〔1982〕第10号
22	山东省劳动局等3部门	对获得省劳动模范称号的干部、工人退休时享受特殊贡献待遇中有关问题的解答意见	鲁劳薪字〔1983〕第118号
23	山东省劳动局	关于对1971年临时工改制遗留问题处理意见的通知	鲁劳管字〔1986〕第202号
24	山东省劳动局	关于调整企业单位中部分离休、退休人员工资区类别的通知	鲁劳薪字〔1986〕第533号
25	山东省劳动局	关于贯彻鲁政发〔1986〕127号文件中有关劳动保险几个问题的处理意见	鲁劳险字〔1988〕第078号
26	山东省劳动局等3部门	关于企业非因工死亡职工供养直系亲属待遇问题的通知	鲁劳险字〔1988〕第397号

续表

序号	发文机关	文件标题	发文号
27	山东省劳动局	关于1971年临时工改制有关遗留保险问题的复函	鲁劳险字〔1991〕第063号
28	山东省劳动厅等部门	关于调整国有企业因工与非因工死亡职工供养直系亲属生活困难补助标准的通知	鲁劳发〔1993〕343号
29	山东省劳动厅	关于贯彻鲁劳发〔1998〕141号文件有关问题的补充通知	鲁劳发〔1998〕205号
30	山东省劳动厅、省财政厅	关于中央驻鲁企业基本养老保险由市地统筹移交省级管理的通知	鲁劳发〔1999〕111号
31	山东省劳动保障厅	关于因病和破产企业提前退休人员适用政策规定的批复	鲁劳社发〔1999〕214号
32	山东省劳动保障厅	关于扩大养老保险覆盖范围有关问题的通知	鲁劳社发〔2000〕69号
33	山东省劳动保障厅	关于机关事业单位职工调入企业后有关养老保险问题的批复	鲁劳社发〔2000〕274号
34	山东省劳动保障厅	关于原行业统筹企业养老保险有关问题的通知	鲁劳社函〔2001〕52号

续表

序号	发文机关	文件标题	发文号
35	山东省劳动保障厅等部门	关于进一步做好企业养老保险扩面征缴工作的意见	鲁劳社(2007)47号
36	山东省劳动保障厅	关于转发劳动保障部《关于做好原有企业年移交工作的意见》的通知	鲁劳社〔2007〕60号
37	山东省劳动保障厅、省财政厅	关于城镇个体工商户和灵活就业人员养老保险有关问题的通知	鲁劳社〔2008〕65号
38	山东省劳动保障厅、省财政厅	关于解决城镇未参保集体企业退休人员养老保障等遗留问题中几个具体政策问题的意见	鲁人社发〔2011〕87号
②职工基本医疗保险(1件)			
39	山东省劳动保障厅	关于进一步规范省直公费医疗管理有关问题的通知	鲁劳社函〔2008〕530号

2. 废止文件目录(计92件)

依据:2016年1月7日鲁人社发〔2016〕4号,附件3

(1)劳动就业

①就业(10件)

序号	发文机关	文件标题	发文号
1	山东省劳动保障厅等13部门	关于贯彻落实《中共山东省委、山东省人民政府关于进一步做好就业工作的决定》有关问题的通知	鲁劳社〔2003〕4号

续表

序号	发文机关	文件标题	发文号
2	山东省劳动保障厅	关于贯彻落实《山东省人民政府关于进一步落实就业工作通知》若干问题的意见	鲁劳社〔2006〕9号
3	山东省劳动保障厅	关于印发《山东省农村劳动力技能就业计划》的通知	鲁劳社〔2006〕41号
4	山东省劳动保障厅	关于贯彻落实省政府《关于做好城镇零就业家庭和农村零转移就业贫困家庭就业援助工作的意见》的通知	鲁劳社〔2007〕45号
5	山东省劳动保障厅办公室	转发劳动保障部办公厅《关于贯彻落实〈残疾人就业条例〉的通知》的通知	鲁劳社办〔2007〕61号
6	山东省劳动保障厅等部门	关于进一步做好高校毕业生就业服务工作的通知	鲁劳社〔2009〕29号
7	山东省劳动保障厅、省财政厅	关于印发《山东省加强就业培训提高就业与创业能力培训项目定点培训机构招投标办法》的通知	鲁劳社办〔2009〕24号
8	山东省劳动保障厅等部门	关于实施“就业伙伴行动”的通知	鲁劳社〔2009〕33号
9	山东省人力资源社会保障厅、省财政厅	关于印发《山东省加强就业培训提高就业与创业能力培训项目绩效考评办法》的通知	鲁人社办〔2009〕27号

续表

序号	发文机关	文件标题	发文号
10	山东省人力资源和社会保障厅等部门	关于转发人力资源和社会保障部等部门《关于进一步实施特别职业培训计划的通知》的通知	鲁人社发〔2010〕22号
②劳动关系(8件)			
11	山东省劳动保障厅等部门	转发劳动和社会保障部等8部门《关于贯彻落实〈禁止使用童工规定〉的通知》的通知	鲁劳社〔2003〕42号
12	山东省劳动保障厅、省财政厅	转发劳动和社会保障部、财政部《关于进一步做好企业工资总额同经济效益挂钩工作的通知》的通知	鲁劳社〔2004〕3号
13	山东省劳动保障厅	关于加强农民工劳动合同管理有关问题的通知	鲁劳社函〔2004〕152号
14	山东省劳动保障厅	关于转发劳动和社会保障部《关于进一步健全最低工资制度的通知》的通知	鲁劳社函〔2007〕232号
15	山东省劳动保障厅	关于建立停产半停产企业职工情况快报制度的紧急通知	鲁劳社办函〔2008〕104号
16	山东省人力资源社会保障厅	转发人力资源和社会保障部《关于开展完善企业在岗职工工资和人工成本调查探索企业薪酬调查方法试点有关工作的通知》的通知	鲁人社电〔2009〕25号

续表

序号	发文机关	文件标题	发文号
17	山东省人力资源社会保障厅	转发人力资源和社会保障部办公厅《关于企业工资总额管理有关口径问题的函》的通知	鲁人社办字〔2010〕27号
18	山东省劳动厅	关于印发《山东省劳动监察规程（试行）》的通知	鲁劳发〔1996〕10号
2. 人事人才 ①人事管理(7件)			
19	山东省人事厅	关于印发《山东省人才交流会审批管理办法》的通知	鲁人〔1998〕66号
20	山东省人事厅、省工商行政管理局	关于印发《山东省人才市场中介机构管理办法》的通知	鲁人〔1998〕67号
21	山东省人事厅等3部门	关于印发《山东省利用互联网从事人才市场中介活动管理办法》的通知	鲁人〔2000〕121号
22	山东省人事厅	关于印发《全省性人才交流会审批办法》的通知	鲁人发〔2008〕16号
23	山东省人事厅	关于开展留学人员创业园综合评估及共建工作的通知	鲁人办发〔2007〕154号

续表

序号	发文机关	文件标题	发文号
24	山东省人力资源社会保障厅	关于开展留学人员创业园综合评估及共建工作的通知	鲁人社办〔2009〕18号
25	山东省人力资源社会保障厅	关于进一步加强人力资源市场监管有关工作的通知	鲁人社发〔2010〕54号
②专业技术人员(7件)			
26	山东省科学技术委员会、省乡镇企业局	关于乡镇企业不具备规定学历的专业技术人员评聘专业技术职务有关问题的意见	鲁科干字〔1988〕第57号
27	山东省人事厅	关于进一步做好专业技术职务评聘工作的意见	鲁人职〔1993〕35号
28	山东省人事厅	关于专业技术人员职称外语等级考试有关问题的通知	鲁人发〔2001〕97号
29	山东省人事厅	关于印发《山东省博士后研究人员专业技术职称审定与聘任暂行办法》的通知	鲁人发〔2003〕15号
30	山东省人事厅、省建设厅	关于印发《山东省房地产经纪人协理从业资格考试实施办法和考核认定实施办法》的通知	鲁人发〔2004〕28号

续表

序号	发文机关	文件标题	发文号
31	山东省人事厅、省建设厅	关于参加全国高级会计师资格考评结合扩大试点工作有关问题的通知	鲁人办发〔2004〕29号
32	山东省人事厅、省统计局	关于开展高级统计师资格考评结合试点工作的通知	鲁人发〔2005〕26号
3. 社会保险 ①职工基本养老保险(48件)			
33	山东省革命委员会劳动局、中国人民银行山东省分行	关于农村信用合作社专职脱产职工退休问题的通知	鲁劳薪字〔1977〕第11号
34	山东省革命委员会劳动局	关于贯彻执行国务院〔1977〕89号文若干具体政策问题的处理意见	鲁劳薪字〔1977〕第92号
35	山东省革命委员会劳动局、省革命委员会冶金工业局	关于同意将电解铝等17个工种列为铝冶炼企业的高温、有毒有害和特别繁重体力劳动的通知	鲁劳薪字〔1977〕第128号
36	山东省革命委员会劳动局	关于进一步贯彻执行鲁革发〔1977〕83号《关于老弱残职工退休安置和照顾接收退休职工子女问题的报告》的通知	鲁劳薪字〔1978〕第28号

续表

序号	发文机关	文件标题	发文号
37	山东省革命委员会劳动局	关于职工退休问题紧急通知	鲁劳薪字〔1978〕第134号
38	山东省革命委员会劳动局	关于贯彻省革委《关于集体所有制单位工人退休退职处理意见的通知》的几个具体问题的处理意见	鲁劳薪字〔1979〕第209号
39	山东省革命委员会财政局等4部门	贯彻执行国务院关于合作商店实行退休办法的通知	鲁劳薪字〔1979〕第41号
40	山东省劳动局	关于商业技校毕业生参加工作时间的计算问题复函	鲁劳培便字〔1981〕第9号
41	山东省劳动局	关于刑满释放戴帽重新就业人员退休处理的复函	鲁劳薪函字〔1983〕第10号
42	山东省劳动局	关于提高退休费标准审批权限下放有关问题的函	鲁劳薪函字〔1984〕第13号
43	山东省劳动局、省物资局	关于物资部门提前退休工种的批复	鲁劳安字〔1986〕第377号
44	山东省劳动局、省医药总公司	关于试行《医药行业有毒有害作业提前退休工种范围》的通知	鲁劳安字〔1986〕第420号

续表

序号	发文机关	文件标题	发文号
45	山东省劳动局等6部门	关于合同制工人退休养老基金筹集、储存等问题的通知	鲁劳险字〔1987〕第291号
46	山东省劳动局	关于贯彻执行鲁政发〔1987〕55号文件中几个问题的处理意见	鲁劳险字〔1988〕第079号
47	山东省劳动局、省人事局	关于曾获得国家计生委和省委、省政府授予“计划生育先进工作者”称号的干部、工人可否提高退休费标准的复函	鲁劳险字〔1988〕第217号
48	山东省劳动局	关于执行〔1988〕鲁劳险字第397号文件中几个具体问题的处理意见	鲁劳险函字〔1989〕第1号
49	山东省劳动局	关于省劳改局所属企业退休费用统筹问题的通知	鲁劳险字〔1989〕第294号
50	山东省劳动局、省财政厅	关于执行〔1989〕鲁劳险字第084号文件中几个具体问题的处理意见	鲁劳险字〔1990〕第153号
51	山东省劳动局	关于贯彻鲁劳险字〔1991〕第003号文件中几个具体政策问题的补充处理意见（内部掌握）	鲁劳发电〔1991〕2号
52	山东省劳动局、省财政厅	关于地方国营企业职工洗理费、书报费等问题的函	鲁劳险函字〔1992〕第2号

续表

序号	发文机关	文件标题	发文号
53	山东省劳动局	关于合同制职工退休问题的通知	鲁劳发〔1992〕326号
54	山东省劳动局	关于印发《进一步完善企业职工养老保险费用统筹运行机制的意见》的通知	鲁劳险函字〔1992〕4号
55	山东省劳动局	关于改革基本养老金计发办法的试点意见	鲁劳发〔1993〕163号
56	山东省劳动厅	关于改革基本养老金计发办法试点中具体问题的处理意见	鲁劳发〔1993〕281号
57	山东省劳动厅	关于企业职工个人缴纳基本养老保险费有关问题的处理意见	鲁劳发〔1993〕483号
58	山东省劳动厅	关于调整企业职工图书补助费洗理费和交通补贴标准的通知	鲁劳发〔1994〕60号
59	山东省劳动厅等3部门	关于调整企业精简老职工生活困难补助费标准的通知	鲁劳发〔1994〕92号
60	山东省劳动厅等4部门	印发《关于城镇县以下集体企业、私营企业职工和个体劳动者社会养老保险试行意见》的通知	鲁劳发〔1994〕134号

续表

序号	发文机关	文件标题	发文号
61	山东省劳动厅	关于建立企业离退休人员基本养老金正常调整机制的试行意见	鲁劳发〔1994〕367号
62	山东省劳动厅	关于实行岗位技能工资的职工离退休费计算基数问题的复函	鲁劳险〔1992〕函字第3号
63	山东省劳动厅	关于农民合同制工人合同期满终止劳动合同后保险待遇问题的复函	鲁劳险〔1992〕函字第6号
64	山东省劳动厅	关于养老保险实行行业统筹的中央部直属企业有关社会保险问题的复函	鲁劳发〔1995〕139号
65	山东省劳动厅	关于企业中执行机关事业工资保险福利制度的离退休人员增加退休金的通知	鲁劳发〔1996〕53号
66	山东省劳动厅	关于企业属中小学教师任教30年退休待遇问题的通知	鲁劳发〔1997〕120号
67	山东省劳动厅	关于计发基本养老金基数问题的通知	鲁劳发〔1997〕167号
68	山东省劳动厅、省财政厅	关于印发《山东省基本养老保险行业统筹移交地方管理实施办法(暂行)》的通知	鲁劳发〔1998〕195号

续表

序号	发文机关	文件标题	发文号
69	山东省劳动厅	关于职工退休后单位给予增资晋级能否作为退休费计发基数的复函	鲁劳发〔1998〕312号
70	山东省劳动厅	关于缴费年限满5年不满10年的参保人员可否办理退休的批复	鲁劳发〔1999〕137号
71	山东省劳动厅、省财政厅	关于原行业统筹企业1999年以后退休人员基本养老金计发问题的通知	鲁劳发〔1999〕146号
72	山东省劳动保障厅	关于中央驻鲁企业基本养老保险移交省级管理后几个具体问题的通知	鲁劳社发〔1999〕44号
73	山东省劳动保障厅、省财政厅	关于调整企业精减老职工生活困难补助费标准的通知	鲁劳社发〔1999〕85号
74	山东省劳动保障厅	关于原行业统筹单位死亡职工直系亲属救济费适用政策规定的批复	鲁劳社发〔1999〕126号
75	山东省劳动保障厅	关于养老金计发基数等有关问题的批复	鲁劳社发〔1999〕213号
76	山东省劳动保障厅	关于按特殊工种退休的年限条件的批复	鲁劳社发〔2000〕4号

续表

序号	发文机关	文件标题	发文号
77	山东省劳动保障厅	关于企业改为事业单位前离退人员待遇问题的批复	鲁劳社发〔2000〕214号
78	山东省劳动保障厅等部门	关于农村信用社参加基本养老保险社会统筹有关问题的通知	鲁劳社〔2002〕38号
79	山东省劳动保障厅	关于省直监狱系统合同制工人转(考)干人员缴纳的基本养老保险基金转移问题的复函	鲁劳社函〔2002〕363号
80	山东省人力资源和保障厅等部门	关于省属事业单位改企中有关问题的处理意见	鲁人社〔2009〕29号
②居民基本养老保险(4件)			
81	山东省劳动保障厅	转发劳动和社会保障部办公厅《关于调整〈农村社会养老保险会计制度(试行)〉部分内容的通知》	鲁劳社办函〔2001〕226号
82	山东省劳动保障厅、省财政厅	关于进一步加强农村社会养老保险基金管理工作的通知	鲁劳社〔2007〕39号
83	山东省劳动保障厅	关于对农村社会养老保险基金核算办法和个人账户计息标准调整的通知	鲁劳社函〔2008〕156号
84	山东省人力资源社会保障厅	关于加强新型农村社会养老保险个人账户管理有关问题的通知	鲁人社办发〔2011〕91号

续表

序号	发文机关	文件标题	发文号
③居民基本医疗保险(1件)			
85	山东省劳动保障厅	转发劳动和社会保障部《关于城镇居民基本医疗保险儿童用药有关问题的通知》的通知	鲁劳社〔2007〕61号
④工伤保险部分(7件)			
86	山东省劳动厅	关于贯彻劳动部《企业职工工伤保险试行办法》的通知	鲁劳发〔1997〕60号
87	山东省劳动厅	关于贯彻劳动部《企业职工工伤保险试行办法》的补充通知	鲁劳发〔1997〕403号
88	山东省劳动保障厅	转发劳动和社会保障部《关于实施〈工伤保险条例〉若干问题的意见》的通知	鲁劳社函〔2005〕135号
89	山东省劳动保障厅	关于印发《山东省工伤认定工作规程》的通知	鲁劳社〔2006〕14号
90	山东省劳动保障厅	关于农民工参加工伤保险有关问题的通知	鲁劳社〔2006〕23号
91	山东省劳动保障厅等部门	转发劳动和社会保障部、人事部、民政部、财政部《关于事业单位、民间非营利组织工作人员工伤有关问题的通知》的通知	鲁劳社〔2006〕80号

续表

序号	发文机关	文件标题	发文号
92	山东省人力资源和社会保障厅	关于省属驻济事业单位民间非营利组织工伤处理有关问题的通知	鲁人社办发〔2010〕135号

二、废止文件目录(二,8件)

序号	发文机关	文件标题	发文号	处理结果	依　据
1	山东省人力资源社会保障厅、省教育厅	关于印发山东省深化中小学教师职称制度改革实施方案的通知	鲁人社发〔2012〕53号	停止执行	鲁人社发〔2016〕16号
2	山东省人事厅、省教育厅	山东省高等学校岗位设置结构比例指导标准	鲁人发〔2007〕77号	不再执行	鲁人社发〔2016〕27号
3	山东省人力资源社会保障厅	关于印发《山东省事业单位专业技术二级岗位设置管理办法》的通知	鲁人社发〔2011〕30号	废止	鲁人社发〔2016〕32号
4	山东省人事厅、省教育厅	山东省中等职业学校岗位设置结构比例指导标准	鲁人发〔2007〕78号	废止	鲁人社发〔2016〕37号
5	山东省人事厅	山东省技工学校岗位设置结构比例指导标准	鲁人发〔2007〕119号	废止	鲁人社发〔2016〕37号

续表

序号	发文机关	文件标题	发文号	处理结果	依　据
6	山东省人力资源社会保障厅、省教育厅	山东省深化中等职业学校教师职称制度改革试点工作实施方案	鲁人社发〔2015〕18号	停止执行	鲁人社发〔2016〕39号
7	山东省人力资源社会保障厅	山东省深化技工学校教师职称制度改革试点工作实施方案	鲁人社发〔2015〕20号	停止执行	鲁人社发〔2016〕40号
8	山东省人事厅	山东省省直和中央驻鲁有关单位人事争议处理协调联络员工作规则(试行)	鲁人仲〔2008〕2号	废止	鲁劳人仲〔2016〕1号

2017年

一、国务院废止文件目录(1件)

序号	发文机关	文件标题	发文日期	发文号	废止依据
1	国务院	工资基金暂行管理办法	1985.9.24	国发〔1985〕115号	国务院令第676号

二、人力资源社会保障部废止文件目录(10件)

序号	发文机关	文件标题	发文日期	发文号	废止依据
1	人力资源社会保障部	专业技术人员资格考试违纪违规行为处理规定	2011.3.15	人力资源和社会保障部令第12号	人力资源和社会保障部令第31号
2		劳动人事争议仲裁组织规则	2010.1.20	人力资源和社会保障部令第5号	人力资源和社会保障部令第34号
3	原劳动保障部	企业年金试行办法	2004.1.6	劳动和社会保障部令第20号	人力资源和社会保障部、财政部令第36号

续表

序号	发文机关	文件标题	发文日期	发文号	废止依据
4	原人事部、原建设部	关于印发《注册城市规划师执业资格制度暂行规定》及《注册城市规划师执业资格认定办法》的通知	1999.4.7	人发〔1999〕39号	人社部规〔2017〕6号
5		关于印发《注册城市规划师执业资格考试实施办法》的通知	2000.2.23	人发〔2000〕20号	
6	原人事部办公厅、原建设部办公厅	关于注册城市规划师执业资格认定工作及有关问题的通知	1999.12.16	人办发〔1999〕121号	
7		关于注册城市规划师执业资格考试报名补充规定的通知	2001.5.25	人办发〔2001〕38号	
8	人力资源社会保障部、财政部	关于印发《资产评估师职业资格制度暂行规定和资产评估师职业资格考试实施办法》的通知	2015.4.27	人社部发〔2015〕43号	人社部规〔2017〕7号

续表

序号	发文机关	文件标题	发文日期	发文号	废止依据
9	人力资源社会保障部	关于印发《国家基本医疗保险、工伤保险和生育保险药品目录》的通知	2009.11.27	人社部发〔2009〕159号	人社部发〔2017〕15号
10	财政部、人力资源社会保障部	关于印发《就业补助资金管理暂行办法》的通知	2015.12.30	财社〔2015〕290号	财社〔2017〕164号

三、财政部部废止文件目录(5件)

序号	发文机关	文件标题	发文号	废止依据
1	财政部、劳动社会保障部	《关于印发〈社会保险基金财务制度〉的通知》	财社字〔1999〕60号	财社〔2017〕144号
2	财政部、劳动社会保障部	关于加强社会保险基金财务管理有关问题的通知	财社〔2003〕47号	
3	财政部、卫生部	关于印发新型农村合作医疗基金财务制度的通知	财社〔2008〕8号	
4	财政部、人力资源社会保障部	《关于印发〈新型农村社会养老保险基金财务管理暂行办法〉的通知》	财社〔2011〕16号	
5	财政部、人力资源社会保障部	关于机关事业单位基本养老保险基金财务管理有关问题的通知	财社〔2016〕101号	

四、山东省人力资源社会保障厅废止文件目录(17件)

依据:2017年10月30日 鲁人社字〔2017〕307号				
序号	文件名称	文号	统一编号	有效期
1	《关于创建创业型城市(县、区)的指导意见》	鲁劳社〔2009〕31号	SDPR-2016-0140008	2020.12.31
2	《关于转发〈人社部、财政部关于进一步规范农村劳动者转移就业技能培训工作的通知〉的通知》	鲁人社〔2009〕33号	SDPR-2016-0140009	2018.12.31
3	《关于进一步做好企业工资集体协商工作的意见》	鲁劳社〔2002〕31号	SDPR-2016-0140012	2020.12.31
4	《关于进一步做好解决企业拖欠工资工作的通知》	鲁劳社函〔2004〕376号	SDPR-2016-0140016	2020.12.31
5	《关于进一步做好涉军劳动保障工作,促进双拥工作深入开展的通知》	鲁劳社〔2006〕38号	SDPR-2016-0140021	2020.12.31
6	《关于转发人力资源和社会保障部办公厅〈关于开展春暖行动提高农民工劳动合同签订率的通知〉的通知》	鲁劳社电〔2008〕11号	SDPR-2016-0140027	2020.12.31
7	《关于开展劳动保障年检工作的通知》	鲁劳社〔2001〕9号	SDPR-2016-0140042	2020.12.31

续表

序号	文件名称	文　号	统一编号	有效期
8	《关于印发〈山东省省管单位人力资源社会保障诚信等级认定办法〉和〈山东省省管单位人力资源社会保障违法行为社会公布办法〉的通知》	鲁人社发〔2011〕18号	SDPR－2016－0140043	2020.12.31
9	《关于印发山东省高级会计师资格评价试行办法的通知》	鲁人社〔2009〕12号	SDPR－2016－0140075	2017.12.31
10	《关于扩大职业资格证书覆盖面提高职业技能鉴定质量的通知》	鲁劳社办〔2001〕19号	SDPR－2016－0140079	2020.12.31
11	《转发劳动保障部办公厅关于加强职业技能鉴定质量管理有关工作的通知》	鲁劳社函〔2003〕336号	SDPR－2016－0140083	2020.12.31
12	《关于全省技工学校高级班毕业生进行职业技能统一鉴定的通知》	鲁劳社办〔2004〕34号	SDPR－2016－0140084	2020.12.31
13	《关于印发〈山东省民办职业培训学院设置标准（试行）〉的通知》	鲁劳社函〔2006〕405号	SDPR－2016－0140090	2017.12.31
14	《关于在全省中等职业学校实施“提升技能促进就业培训计划”的通知》	鲁劳社〔2009〕38号	SDPR－2016－0140094	2020.12.31

续表

序号	文件名称	文　号	统一编号	有效期
15	《关于进一步做好全省技工院校毕业证书验印发放管理有关工作的通知》	鲁人社办发〔2010〕79号	SDPR－2016－0140097	2020.12.31
16	《关于机关事业单位工人技术等级考核有关问题的通知》	鲁人社办发〔2011〕135号	SDPR－2016－0140099	2020.12.31
17	《关于开展城镇居民基本医疗保险门诊统筹试点的指导意见》	鲁人社发〔2010〕35号	SDPR－2016－0140193	2020.12.31